재외한인 정보자원 생성과 변천
-재외한인 정보자원 네트워크-

저자

임채완 전남대학교 정치외교학과 교수, 전남대학교 세계한상·문화연구단 단장, 정치사회학박사
Chaewan Lim

김홍길 전남대학교 세계한상·문화연구단 전임연구원, 정치학박사
Honggil Kim

장우권 전남대학교 문헌정보학과 교수, 문헌정보학박사
Wookwon Chang

김정현 전남대학교 문헌정보학과 교수, 문학박사
Jeungheon Kim

전남대학교 세계한상·문화연구 3차총서 **9**

재외한인 정보자원 생성과 변천

2008년 4월 20일 초판 인쇄
2008년 4월 25일 초판 발행

지 은 이　임채완, 김홍길, 장우권, 김정현
펴 낸 이　이찬규
펴 낸 곳　**북코리아**
등록번호　제03-01240호
주　　소　121-020 서울시 마포구 공덕동 115-13 201호
전　　화　(02) 704-7840
팩　　스　(02) 704-7848
이 메 일　sunhaksa@korea.com
홈페이지　www.ibookorea.com

값 19,000원

ISBN 978-89-92521-56-7　94020
ISBN 978-89-92521-47-5　(전11권)

전남대학교 세계한상 · 문화연구 3차총서 **9**

재외한인 정보자원 생성과 변천

Information Resources for Overseas Koreans

임채완, 김홍길, 장우권, 김정현 지음

북코리아

21세기에 들어서 세계적으로 가속화되고 있는 초국가적인 인구이동과 더불어 다문화시대가 도래하면서 민족간 공생의 개념이 점점 확산되고 있다. 이러한 시대적 배경 속에서 이 총서는 2003년 9월 한국학술진흥재단 기초학문육성사업 인문사회과학 분야의 연구과제로 선정된 전남대 세계 · 한상문화연구단의 '세계한상네트워크 구축과 한민족공동체 조사연구' 사업의 3차년도 연구성과를 집약하여 출판한 것이다.

이번에 출판으로 완성된 3차년도 연구과제는 제1차년도 재외한인 사회의 경제환경 및 문화영역, 제2차년도 재외한인 기업의 경영활동 및 사회 · 문화영역에 이어 각 영역별로 재외한인의 네트워크 실태를 진단하고 지구적 차원에서 민족네트워크 구축을 위한 전략 및 구체적인 대안을 제시하는 데 초점이 맞추어져 있다.

제1차 총서와 제2차 총서에 이어 세 번째로 발간되는 이번 총서는『재미한인 기업의 네트워크』,『재일코리안 기업의 네트워크』,『중국조선족 기업의 네트워크』,『러시아 · 중앙아시아 한상네트워크』,『재외한인 민족교육 모형개발과 네트워크 구축』,『재외한인 권익보호 단체와 활동가 네트워크』,『재외한인 언론인 네트워크』,『재외한인 여성공동체 네트워크』,『재외한인 정보자원 생성과 변천』,『재외한인 사회단체 네트워크』,『재외한인 문화예술 네트워크』 등 총 11권으로 구성되어 있다. 각 지역별 재외한인사회의 특성을 반영하되 글로벌 수준의 디아스포라 네트워크 구축이라는 공통적인 주제로 집약되어 발간되는 이번 총서는 연구단이 1년간에 걸쳐 수행한 연구성과들이 체계적으로 집약되어 있다. 또한 세부과제팀별로 지구화 시대 글로벌 네트워크 구축이라는 큰 틀 속에서 재외한인들의 자본, 노동력, 정보교류의 특징 등을 상세히 분석하고 있다.

이번 총서는 2005년 9월부터 1년간 67명의 연구원을 비롯해 총 200여 명의 국내외 연구자와 현지조사자들이 투입된 연구결과물이다. 이 연구의 대상 및 국가는 재외한인들이 가장 많이 밀집되어 있는 미국, 일본, 중국, 러시아·중앙아시아 지역의 25개 재외한인 거점지역들이다. 연구단이 3차년도에 수집한 연구성과 중에서 재외한인 관련 데이터베이스 및 네트워크 구축의 가치가 있는 주요 성과들을 살펴보면 다음과 같다.

먼저 한상분야에서, 미국한상연구팀은 재미한인 기업연감 4,000개 리스트, 재미한인 9개 금융기관 리스트, 재미한인기업 리스트 252개, LA 재미한인 의류업 리스트 104개 등을 확보했다. 기타 재미한인 사회단체 리스트 341개, 사진 100장, 오디오 파일 20개를 입수했다. 재일한상연구팀은 기업가 리스트 1,059개, 뉴커머 기업가 리스트 195개, 기업가 관련 사진 80장, 개인 디렉토리 12,000여건, 단체 디렉토리 20건 등을 확보하였다. 중국한상연구팀의 경우, 기업 디렉토리 300개, 명함 100장, 기업가 및 각종 사진 900장, 오디오 30여건 등을 입수하였다. 러시아·중앙아시아 한상팀은 고려인 기업 87개, 고려인 자영업자 48개, 고려인 단체 26개, 고려인 교민단체 39개, 한국진출기업 리스트 151개, 한국진출 교민 자영업 리스트 191개 등을 수집하였다. 이처럼 풍부한 자료들은 그동안 공식·비공식적으로 산재하였던 각종 문헌들을 재조사하거나 현지조사 과정을 통해 직접 입수한 자료들로서 한상의 실태에 대한 학문적, 실용적 기초자료로서 가치를 지닌다 하겠다.

다음으로 재외한인 교육연구팀에서는 재미한인학교 100개, 재일조선인 학교 140개, 중국조선족 학교 240개, 러시아·중앙아시아 한인학교 230개 리스트를 확보하였고, 기타 관련사진 27장, 오디오 파일 33개를 수집하였다. 재외한인 사회단체팀에서는 미국한인단체 100개, 일본한인단체 100개, 중국한인단체 100개, 개인 디렉토리 60개, 단체 디렉토리 90개 리스트, 사진 55장을 수집하였다. 재외한인 언론팀에서는 개인 디렉토리 89개, 단체 디렉토리 86개, 국가별 신문과 언론인 사진 60장, 오디오 파일 6개 등을 수집하였다. 재외한인 법률인권팀에서는 개인 디렉토리 101개, 단체 디렉토리 65개 등을 수집하였는데, 구체적으로 중국조선족 변호사 리스트 110명, 중국조선족 변호사 인적사항 52명, 중국조선족 로펌 및 변호사 소개 32건, 재외한인 법적 분쟁 및 제한사례 208건, 재외한인 제한 법령 50건을 수집하였다. 재외한인 집거지 사회문화팀에서는 개인 디렉토리 197개, 단체 디렉토리 79개, 사진 200장, 비디오 및 DVD 1건, 재외한인 문화예술인 리스트 300개, 재외한인 문화예술공간 리스트 50개, 재외한인 집거지 사진 550매를 수집하였다. 재외한인 정보자원팀에서는 개인 디렉토리 65개, 단체 디렉토리 57개, 사진 1400장, 오디오 파일 28개, 중국 조선문 정보자원, 중국조선족 자작곡 및 악보, 동영상 및 영상, 러시아·중앙아시아 고려인 정보자원 등 다수를 발굴하였다. 재외한인 여성팀에서는 개인 디렉토리 377개, 단체 디렉토리 58 개, 사진 209장, 오디오 파일 97개, 그리고 여성지도자 활동사 100건, 여성활동가 103명, 재외한인 여성의 사회적 불평등사례 94건, 여성활동가 녹취자료 85건, 재외한인 여성단체 및 복지기관 58개 리스트를 확보하였다.

이처럼 제3차년도 연구총서는 세계 주요 국가에 분포한 재외한인을 대상으로 수집한 자료를 바탕으로, 그들의 경제와 교육, 문화, 사회, 언론, 인권, 여성, 정보자원 등 광범위한 영역에 걸친 활동상황 및 네트워크 구축실태에 관한 풍부한 정보를 담고 있다. 11권의 책들은 주요 한인 집중 거주지역인 5개 지역에 걸쳐 11개 팀의 연구자들이 그동안 조사한 자료를 바탕으로 수차례에 걸친 국제학술회의 등을 통해 전문가 집단의 논평과 보완과정을 거쳤으며, 전문가 초청 집담회와 워크숍 등의 과정을 통하여 수정 보완한 내용들을 토대로 완성된 것이다. 이번 제3차 총서 발간을 계기로 해외 각지에 분포된 재외한인의 연결망과 교류실태에 관한 더욱 실감나고 흥미 있는 정보들을 얻을 수 있을 것으로 기대한다. 주지하다시피 제1차 총서와 제2차 총서의 발간은 국내외 학계와 관련단체는 물론 연구자들의 큰 관심과 반향을 불러 일으켰고 그 중 7권은 대한민국학술원과 문화관광부로부터 우수도서에 선정되는 성과를 거두기도 하였다.

우리 연구단은 이번 총서를 통하여 재외한인 연구가 학문적으로 더욱 심화되어 작금에 국내에서 논의되고 있는 '재외동포학' 내지 '디아스포라 연구'가 새롭게 정초되는 기회가 되었으면 하는 바람을 가져본다. 이를 위해서는 재외동포사회에 대한 연구가 일회적 산물로 그치지 않고, 향후 전문교재의 발간, 학제간 강좌의 개발 등 구체적인 프로그램 개발은 물론 '디아스포라와 인문학' '디아스포라 연구의 인문학적 지평' 등 인문학적으로 참신한 의제(agenda)를 개발하여 이를 한국사회 내에 담론화시켜 내는 데 성공해야 할 것이다.

이 총서가 발간되기까지 많은 사람들이 물심양면으로 지원을 아끼지 않았다. 무엇보다도 지난 3년간 현지조사과정에서 만났던 수많은 재외한인 관련 단체장, 기업가, 연구조력자, 현지조사자의 노고에 깊이 감사드린다. 그분들의 순수한 열정과 도움없이는 이 총서가 완성되기 힘들었을 것이다. 또한 연구과제를 지원해 주고 연구과정이 원활하도록 배려를 아끼지 않으신 한국학술진흥재단의 허상만 이사장님과 관계자들, 전남대학교 강정채 총장님과 산학협력단 관계자들, 국내외 학술회의 참가자 및 전문가, 연구단 홍보를 위해 지원을 아끼지 않으신 사회단체 및 언론사 관계자, 비좁은 연구실에서 밤잠을 설쳐가며 함께 노력해 온 연구단 식구들께 진심으로 감사를 드린다. 또한 총서의 출간을 허락해 준 북코리아출판사 이찬규 사장님과 편집자들께도 심심한 감사의 뜻을 전한다.

2008년 4월
용봉골 연구동에서
세계한상 · 문화연구단장　임 채 완

오늘날 우리 사회에서 초국가주의와 디아스포라에 관한 담론은 더 이상 낯선 주제가 아니다. 국경을 넘는 지구적인 인구이동 과정에서 새로운 삶의 터전을 형성한 이산민족 집단, 즉 '디아스포라(diaspora)'의 실존적 경험에 관해 한국사회가 학문적인 관심을 갖기 시작한 지 십년이 넘고 있다. 재외한인분야에서 시작한 이러한 관심은 점차적으로 타 민족의 경험을 반영한 보편적 디아스포라 현상과 다문화주의에 대한 새로운 담론으로 증폭되고 있다.

한국사회가 건국 후 60년 만에 세계 10위권의 교역강국으로 부상하면서 세계의 주목을 받은 것처럼 재외한인들도 현지에서 경제적 지위나 문화적 영향력을 강화시키며 사회의 주역으로 성장해 왔다. 어느새 145년을 넘긴 한인디아스포라의 역사는 전 세계 174개국에 걸쳐 수많은 한인공동체를 정착시키고 있다. 재외한인은 한반도 전체인구의 10% 정도인 700만 명을 넘어섰다. 이들은 유럽과 북미지역뿐만 아니라 중국, 러시아, 일본, 아프리카, 알래스카, 브라질 등 다양한 지역과 영역에서 활동하고 있다.

재외한인들은 일찍부터 거주지에서 민족고유의 문화유산을 계승발전하면서도 다양한 민족과 교류하면서 현지화를 추구하였다는 점에서 모국에 살고 있는 한국인들보다 먼저 국제화의 길을 개척했다. 모국이 척박한 가난을 극복하고 선진국의 대열에 도달하는 동안에 재외한인들이 낯선 이역에서 정착해 온 과정은 결코 순탄치 않은 역경이었다. 그러나 민족의식을 결절(結節)로 한 초국가적인 네트워크의 출현으로 세계 각국에 분산되었던 한민족은 통합적인 구심력과 함께 원거리 디아스포라

공동체의 가능성을 얻게 되었다.

그런가 하면 세계 전역에 걸친 한인공동체의 존재만큼이나 한국사회 내에도 지구상의 어느 곳 못지않게 다양한 인종과 민족이 혼거하는 다문화사회로 변모하고 있다. 1980년대 말 이후 한국에 직장을 구해 장기적으로 체류하는 외국인력은 약 100만 명에 달하고 있다. 인구통계에 따르면 한국에서 국제결혼을 통해 성립된 다문화가정은 전체적으로 11만 쌍이 넘으며 출신국가도 무려 112개국에 달한다. 뿐만 아니라 2025년에는 한국에 상주하는 외국인의 규모는 250만 명에 달할 것으로 보인다. 이처럼 한국은 바야흐로 이민송출국에서 이민대상국으로 변모하고 있는 것이다.

지난 수년간 한국사회는 국제이주여성, 외국인노동자문제 등과 같은 다문화사회의 도전과 충격을 겪으면서 글로벌 시대에 대한 준비의 부족을 질책하는 목소리가 작지 않았다. 재외동포재단, 노동부, 법무부 등의 관련기관에 의해 부분적인 지원책이 모색되었지만, 글로벌 사회공동체 패러다임을 주도할 학술적 기반을 제공하는 전문기관은 많지 않다.

이 점에서 세계한상·문화연구단의 재외한인과 디아스포라 연구는 그동안 근대적 영토공간의 경계 안에 제한되어 있던 민족구성원에 대한 관심을 탈영토적인 공간으로 확장시켰으며, 초국가적인 인구이동의 흐름과 정착과정에 대한 생생한 경험들을 학문적으로 정립하였다는 점에서 의미를 높이 평가할 만하다. 더욱이 재외한인에 대한 연구를 보편적인 '디아스포라' 현상에 대한 관점에서 바라보게 함으로써 최근의 다문화주의 담론과 연결시켜 생각할 수 있게 하였다는 점에서 우리 사회에 기여한 바가 크다 하겠다. 세계한상네트워크와 한민족문화공동체 조사연구가 가진 학술적 가치는 디아스포라, 국제인구이동, 해외정보, 초국가 민족연결망, 국제교류, 국제비즈니스 등에 걸친 다양한 학제적 연계성을 제공하는 단초를 마련했다는 점이라 할 수 있다.

전남대학교 세계한상문화연구단이 적극적으로 제기했던 디아스포라 연구의 중요성은 이제 사회적으로 큰 관심사로 등장하고 있다. 첫째, 초국가적 디아스포라 네트워크에 대한 관심이 크게 증가했다. 거대 중국대륙을 부활시킨 세계 화상(華商), 브릭스(BRICs) 경제권의 축인 인도인상(印商), 미국과 러시아 경제에 막강한 영향력을 가진 유대인네트워크는 글로벌 시대 국가경쟁력의 표상이 되고 있다. 둘째, 노동력의 국제이동에 따른 다양한 사회현상에 대한 관심도 크게 증가하고 있다. 중국, 중앙아, 동남아 외국인노동자의 국내유입이나 한국인의 캐나다, 인도, 호주, 중남미, 북미, 유럽 등 세계각지로의 초국가적 이동현상은 유출국과 유입국 모두의 관심을 증가시켰다.

이 책자는 지난 2003년 8월 이후 3년간 한국학술진흥재단의 지원을 받아 진행된 "세계한상네트워크 구축과 한민족공동체 조사연구"의 연구성과를 집약하여 연구총서 형태로 발간한 것이다. 총서의 매 책장 마다 지난 5년간 이 역작을 발간하는데 참여했던 연구책임자를 비롯한 연구원들의 땀과 노력의 흔적이 각인되어있다. 우리는 해외한인사회에 대한 다양한 기초조사를 바탕으로 엮어진 이 총서가 그 동안 관심영역 밖에 머물던 재외한인 문제에 대한 지속적인 관심과 통찰력 있는 시각들을 제공할 것으로 기대한다.

하나의 책자가 세상의 빛을 보기 위해 생명력을 가지는 첫걸음이 길고 지루한 활자화 과정이라면 두 번째의 생명력은 독자들에게 남겨진 몫이다. 여러모로 한정된 연구의 제약여건을 극복하고 마침내 활자로 탄생한 이 책의 행간에 축약된 의미들은 독자들이 재해석하고 새롭게 보완해가야 할 것이다. 그렇게 함으로써 이 총서는 단순히 한 시대에 읽도록 재단된 책으로 끝나지 않고, 역사 속에 길이 쓰여지는 텍스트로 완성될 수 있을 것이다. 한 가지 덧붙여 강조하고 싶은 점은 이 책의 진정한 주인이 척박한 이역의 땅에서 민족의 맥을 이어온 재외동포들이라는 점이다. 총서의 한 장 한 장마다 고난의 역사 속에서 재외동포들의 땀과 눈물이 숨어 있음을 기억하며 넉넉한 마음으로 일독할 것을 추천하는 바이다.

2008년 4월
희망제작소 상임이사 박 원 순

　오늘날 지구촌사회를 무대로 인류는 역사상 유례가 없을 정도로 거대한 국제적 이주시대를 맞고 있다. 오랫동안 거의 대부분의 문명은 특정 지역에 뿌리를 내린 채 문화적 경계에 따라 개별적 이동을 통제해왔다. 전쟁이나 전염병, 종교적 탄압이나 인종박해, 노예무역에 의해서 부분적인 지역적 이탈이 있었지만, 유라시아의 초원지대나 카우보이문명을 제외하면 개인의 이동은 쉽사리 보기 어려운 장면이었다. 반면에 20세기 이후 인류는 대규모의 인구이동시대를 경험해왔다. 운동수단의 발달과 이민제도의 정비는 국가 간의 이동 기회를 증대시켰고, 주권국가 간의 외교관계의 수립과 시민권 개념의 발달에 따른 외국인의 법적 지위에 대한 국내법적 보호 장치들이 마련되면서, 훨씬 더 많은 사람들이 자국으로부터 멀리 떨어진 지역에서 보다 오랫동안 체류하거나 정주할 수 있는 기회를 획득하게 되었다. 특히 20세기 후반 자본주의는 국경을 초월하는 세계화라는 새로운 차원의 지구적 이동조건을 형성했고, 이에 따라 자본과 인간, 정보지식이 지구를 무대로 순환하는 대규모의 글로벌 공동체가 발전하기 시작했다.

　오늘날 우리는 초국가적인 인구이동이 가져온 사회적 현상을 지구상의 어느 곳에서든 목격할 수 있다. 서울의 지하철에서 한국말로 자유롭게 대화하는 파란 눈의 외국인을 만날 수도 있으며, 한국의 명절날에 한복을 곱게 입은 아시아계 이주여성도 만날 수 있다. 한국사회에 들어와 살고 있는 외국인노동자는 이미 100만 명에 달한다. 다문화사회의 풍경은 해외 180개국에 뿌리를 내리고 살고 있는 재외한인들 속에서도 나타난다. 해외에서 태어나 한국계 부모의 성씨를 사용하지만 한국을 방문해 본 적이 없는 한인 2세나 3세의 규모도 280만 명에 달하고 있다.

재외한인을 바라보는 국내의 시선은 오랫동안 민족사적 수난 속에서 모국으로부터 배척되고, 고통 받는 민족이라는 개념이 지배적이었다. 반면 한국사회가 해외 한인사회의 새로운 시각과 가치에 눈을 뜨게 된 것은 경제성장과 민주국가로서 면모를 갖추게 되면서부터였다. 그러나 재외한인 사회의 다양한 생활방식이나 다양한 사회문화적 활동은 국내에 널리 알려지지는 못했다. 세계적인 지식강국을 지향하는 현재까지도 한국사회에서 해외한인에 대한 진지한 관심은 여전히 미약한 실정이다.

해외 각지에 흩어져 살고 있는 한인들의 삶과 해외한민족이 생산한 다양한 지식자원의 수집과 발굴은 그동안 우리가 잊고 있던 세계한민족의 단절된 역사를 연결한다는 점에서 매우 중요한 가치를 가지고 있다. 해외한민족 구성원들은 각국마다 삶의 환경에 따라 크게 다른 삶을 살아왔지만, 한민족의 언어와 문화를 지키고 발전시키기 위해 노력해왔고, 다양한 한인공동체를 형성시켜왔다. 한민족의 발길이 머문 곳에는 어김없이 한민족의 정보자원의 싹이 자라났고, 민족의 자긍심을 빛내는 눈부신 성과를 이룩해왔다. 해외한인들이 현지에서 꽃피운 한민족의 이야기들을 따라가다 보면 한민족의 역사적 경계를 한반도로 편협하게 생각했던 식민사관으로부터 벗어나 해외 한민족의 생생한 삶의 터전을 만날 수 있다.

러시아와 중국에서 한민족은 거의 50년 가까이 한국사회와는 분리된 조건에서 독자적인 정보자원의 창조와 변화를 추구해왔다. 국내에 알려지지 않았지만, 러시아와 중앙아시아의 고려인뿐만 아니라 중국 조선족에 의해 생성되고 만들어진 유무형의 정보자원의 규모는 매우 방대하다. 러시아 고려인이나 중국 조선족들은 출판사, 잡지사, 신문사, 방송국 등을 설립하고 한민족 정보자원을 생성하고, 유통하고, 발전시켜왔다. 여기에 현지의 한국학 연구자들과 전문적인 아키비스트(archivist)에 의해 한국학 관련 자료들이 체계적으로 관리 보존되기도 했다. 러시아 고려인사회가 중국 조선족사회보다 먼저 자치공동체적 기반을 형성했지만 러시아에서는 1937년 강제이주와 스탈린 사회주의 통치를 통해 민족공동체의 지역적 자치기반이 붕괴하는 아픔을 겪었다. 반면 조선족은 자치주를 획득함으로써 상대적으로 안정된 민족공동체 기반을 유지할 수 있었다. 중국에서 정보자원은 매우 활발하게 발생했고, 인쇄매체로 출판된 정보자원의 규모는 1945년 이후 2005년 사이에 이미 20만 종 이상의 자료를 생산했으며, 한글출판사 7개, 조선문신문사 5개, 조선문잡지사 40여 개, 조선말방송국 5개로 정보자원의 생산이 활발히 진행되고 있다. 이와 달리 러시아의 경우 정보자원의 생산 환경은 매우 열악한 실정이다. 러시아 고려인사회에서 정보자원을 생산하는 수단은 신문과 잡지들로서 대부분 러시아어와 한국어로 발간되는 것이 특징이다. 중국 조선족은 한반도와 지리적으로 격리되지 않은 환경에서 소수민족 공동체를 형성한 반면 러시아 고려인의 경우 70년 이상 정주해 온 연해주에서의 한인공동체와 사회문화적 기반을 송두리째 빼앗기고 또 다시 70년간 낯선 타향을 방황한 아픔의 역사를 가지고 살아왔다. 1970년대 이후 출생한 대부분의 고려인은 한국어 활용능력이 크게 떨어지며, 일상생활을 지배하는 언어는 러시아어이다. 무엇보다 한글사용세대의 급격한 노령화에 따라 가족과 학교를 통한 입체적인 한글전승 세대 수의 감소현상이 크게 증가하고 있다.

이 연구는 한국학술진흥재단의 연구비를 받아 해외한인 정보자원의 분포현황과 관리 실태에 대한 조사활동을 진행했다. 연구과정에 참여하여 격려와 성원을 아끼지 않았던 전남대학교 세계한상문화연구단의 분야별 연구진들의 도움과 조언이 큰 힘이 되었다. 이와 더불어 연구가 꾸준히 진행될 수 있도록 물심양면으로 도움을 준 전남대학교 문헌정보학과의 사공복희 교수님, 정준민 교수님, 이명규 교수님, 홍현진 교수님에게 감사를 드린다. 유익한 논평을 해주신 중앙대학교 문헌정보학과 남태우 교수님, 전북대학교 서진원 교수님, 광주대학교 김이겸 교수님에게 감사를 드린다.

이 연구의 상당부분은 해외 각지에서 삶의 터전을 잡고 한국학연구에 매진 해온 수많은 분들에게 빚지고 있다. 우선 모스크바국립대학 박미하일 교수, 과학아카데미 극동연구소 알렉산더 제빈 소장, 김영웅 교수, 동방학연구소 유리 바닌 소장, 박보리스 교수, 박벨라 박사, 러시아연방 민족문제부의 니꼴라이 부가이 고문, 러시아기술과학대학 최블료냐교수, 모스크바의 대지에 한글교육의 홀씨를 뿌리고 이는 1086국제학교 엄넬리 교장선생님께 존경과 감사를 전한다. 또 상뜨뻬제르부르그대학 한국학센터와 동방학부의 림수 명예교수와 꾸르바노프 세르게이

올레고비치 소장, 뻬쩨르부르그 동방학연구소 도서관에 근무하는 타찌아노 이그노에브나 선생님의 협조에 감사를 전한다. 연구를 위해 겨울철 방문으로 많은 불편을 끼쳤음에도 내색하지 않고 환대해주었던 레닌도서관 동양문헌센터의 트리폰넨코 소장님을 비롯한 연구사서 직원들에게도 감사를 드린다. 또한 어려운 환경 속에서도 차세대 고려인을 위해 불철주야 헌신하고 있는 고려인 자치회, 한국어문화원, 한글교육기관 종사자들의 노고에도 감사를 드린다. 또한 무리한 일정에도 불구하고 연구조사를 위해 흔쾌하게 조사에 임해 주었던 모스크바 고리끼 도서관의 다마라 미하일오브나 소장을 비롯해서 외국문학도서관, 모스크바 역사도서관, 러시아국립문서보관소, 상뜨뻬쩨르부르그 동방학연구소, 상뜨뻬쩨르부르그대학 동방학부 한국문화교류센터, 블라디보스토크 극동대학 한국대학 관계자들에게도 감사를 드린다. 삼일문화원 이형근 목사, 러시아고려인신문 천발렌찐 회장, 조 바실리 고려인협회장, 고려인독립운동유공자협회 최발렌친 회장, 재외동포신문 러시아지국 신성준 기자, 동아일보 김기현 기자, 화가 미하일 박, 모스크바대학 남동엽 선생, 모스크바대학에서 뜨바민족의 우수성을 보여준 바직슬라브을 비롯해 현지 고려인과 러시아인, 현지 유학생들의 도움에 감사한다.

각종 자료수집과 정리과정에 도움을 준 중앙대학교 윤귀성 선생, 전남대 석사과정의 박주현 선생, 학부생 김미선, 백안나에게 고마움을 전한다. 연구를 위해 행정적 지원을 아끼지 않았던 선봉규 선생과 이춘호 선생에게도 감사의 마음을 전한다. 이 연구를 위해 매일같이 늦은 귀가에도 불구하고 인내해 준 연구원 가족들에게도 따뜻한 감사를 전한다.
이 밖에도 연구과정에서 다양한 조언과 격려와 성원을 보내주신 국내
외 전문가들에게도 감사를 전한다. 이 연구는 수많은 연구자들의 후의
와 지원에 의해 이루어졌으며 내용에 관한 모든 책임은 저자에게 귀속
됨이 당연하다. 끝으로 이 책자를 세상에 내놓을 수 있도록 출판에 도
움을 주신 북코리아 출판사의 이찬규사장님과 편집진의 노고에도 감사
를 드린다.

2008년 4월
無等을 바라보며
용봉골에서 저자 일동

    8) 학교교육기관 /218
    9) 언론사 및 출판사 /225
    10) 한국학 연구자들에 의한 한국학 연구 /231

표 차례

그림 차례

I
서 론

1. 연구의 필요성 및 목적

이 연구는 전 세계 재외한인의 1/3에 해당하는 250만 명의 재외 한인이 살고 있는 러시아, 중앙아시아, 중국에서의 한인정보자원의 보존실태와 자료발굴에 관한 기초조사를 목적으로 수행된 연구이다. 러시아 고려인과 중국 조선족은 19세기 후반이후 20세기에 전개된 한민족의 역사적 격동기에서 해외 한민족 정보자원의 생산자이자, 유통자, 관리자, 통역자로 그 역할을 수행해왔다. 19세기 이후 한반도 북부지역으로 한민족의 대규모 이주가 나타나면서 이들 지역에서는 한민족 특유의 사회문화 공동체가 형성되었고, 이를 기반으로 다양한 형태의 정보자원이 생성되었다. 러시아 고려인 사회는 19세기 시작된 세계한민족 디아스포라의 첫 번째 주인공들이었으며, 1920년대와 1930년대 해외한민족 독립운동의 중요한 터전을 제공했으나 1945년 이후 분단과 냉전구조 속에서 사실상 잊혀진 존재로 전락하고 말았다. 만주와 간도지역에서는 1930년대에 1백만 명에 가까운 식민지 조선의 백성들이 거주하고 있었으며, 연해주에도 무려 25만 명 이상의 한인들이 활동하고 있었다. 1930년대 중반까지도 조선족이나 연해주 고려인들의 문화적 기반은 한반도와 지역적으로 연결되어 있었다. 그러나 두 지역에 살고 있던 한인들의 문화적, 지역적 기반은 1937년 이후 1945년 사이에 엄청난 변화를 겪었다. 중국 조선족의 경우 1950년대 이후 조선족 자치주가 들어설 정도로 만주지역에서 민족자치공동체의 확고한 기반을 닦을 수 있었지만, 연해주 고려인사회는 1863년 이후 70년 동안 이룩해 놓은 공동체의 기반을 상실하고 말았다. 중앙아시아지역으로 내몰린 고려인들은 지역적으로 한반도와 격리되었을 뿐만 아니라 분단과 이념의 시대를 통해 한동안 잊혀진 존재가 되고 말았다.

해외한민족의 정보자원의 생성과 변화는 민족공동체의 존립방식이나 사회변동에 상당한 영향을 받고 있다고 할 수 있다. 그동안 러시아 고려인의 정보자원의 생산과 관리에 대해서는 국내적 관심이 상대적으로 적었다. 1930년대 이후 연해주 한인공동체의 붕괴이후 러시아 고려인들이 한민족 정보자원을 부흥시키기 위해 어떻게 노력했는지에 대해서는 별로 알려지지 않았다. 1990년대 이후 러시아가 한국과 국교를 수립하면서 고려인정보자원에 대한 발굴과 관리 필요성이 꾸준히 제기되었다. 또한 한민족에 대한 관심이 높아지면서 한민족 정보자원에 대한 발굴과 접근 가능성이 높아지기도 해다. 그러나 여전히 러시아에서의 고려인 정보자원에 대한 실태조사는 낮은 수준에 머무르고 있다. 고려인 사회에서 한글사용세대가 급격히 퇴장하면서 그나마 남아있던 고려인 정보자원의 소멸가능성도 높아지고 있다.

이 연구는 러시아와 중국에 소재하는 한민족 정보자원에 대한 실태조사에 근거해 다양한 정보자원의 데이터를 수집 정리하여 해외 한인 정보자원 데이터베이스를 구축하는 것을 목적으로 하고 있다. 구체적으로 이러한 목적을 위해 세 가지 차원의 조사가 진행되었다. 첫 째, 정보자원의 보유현황 및 보존과 관리 실태를 조사했다. 그동안 연구팀은 중앙아시아와 중국지역의 한인정보자원에 대한 다양한 실태조사를 실시하였고, 정보자원의 관리구조 및 보존형태에 대한 연구를 실시했다. 둘째, 러시아와 중국지역에 존재하는 정보자원을 발굴해서 그에 대한 서지사항을 정리하고 목록작업을 수행했다. 마지막으로 러시아와 중국에 소재하는 정보자원을 체계적으로 조직하여 재외한인 정보자원 데이터베이스를 구축하고자 했다.

2. 연구대상과 조사범위

1) 연구대상과 지역적 범위

이 연구에서는 러시아연방에 소재하고 있는 각종 도서관 및 문서보관소 등에 소재하고 있는 한글문헌 또는 러시아어로 만들어진 한민족관련 자료의 분포현황 및 유통 및 관리 실태를 조사하고, 현지에 소재하고 있는 기초 문헌을 수집, 발굴하여, 목록으로 정리하고자 하는 의도를 가지고 진행된 연구였다. 이러한 목적을 위해 러시아 지역에 소재한 각종 자료 관리기구의 현황 및 정보자원정책의 변화, 자료관리 및 보존환경에 대한 조사를 바탕으로 훼손되거나 자료로서 보존의 위험에 처해있는 러시아 한인관련 문헌자료의 체계적 발굴에 대한 관심을 높이고자 했다. 이 연구는 3단계의 연구과정으로 주로 제1차년과 제2차년에는 주로 재외한인 정보자원의 분포현황에 대한 기초 데이터의 수집에 초점을 맞추었다고 볼 수 있다. 3차년도의 주요한 목적은 이전에 이룩하고 확보한 자료들을 바탕으로 실지적인 자료의 수집을 통해 국내에서 해외 한인정보자원에 대한 손쉬운 접근과 이해의 기초적인 환경을 조성하는 것에 있었다. 이러한 목표 아래 현지조사활동을 통해 약 3천 건 이상의 원자료와 2천 건 이상의 낱장자료 및 사본을 획득하였고, 디지털 카메라등을 통해 사진과 이미지로 전환되어 원본의 일부가 천연 칼라색으로 재촬영되어진 자료도 약 5천 건에 달한다. 중국과 러시아에 소장되어진 한인관련 자료의 목록을 수집하여 약 1만 5천건 정도의 자료목록이 작성되었으며, 3만 건 이상의 자료목록이 확보되기도 했다. 그러나 보다 체계적인 해외한인 지식자원에 대한 디지털 자원센터의 기능을 할 수 있는 학술DB를 구축하기 위해서는 보다 철저하게 현지네트워크를 체계적으로 구축할 필요가 있다. 따라서 법률적 측면, 정보관리의 차원과 같은 다양한 제도적 접근이 보강될 필요성이 있었다. 이것은 그동안 국내의 많은 연구들이 연구 결과를 지속적으로 관리할 수 있는 데이터베이스를 구축하지 않아 귀중한 연구 성과들이 제대로 활용되지 못하고 사장되는 현상을 막기 위한 의도에서 제기된 것이다.

이 연구를 수행하기 위하여 다음과 같은 방식으로 연구의 체계를 정립하였다. ① 재외한인 정보자원에 대한 서지정보의 발굴과 획득 → ② 서지정보의 분석 및 조직 ③ 용어색인과 검색기능을 가진 한글문헌자원의 데이터베이스 구축 → ④ 데이터베이스의 확장기능으로서 한글정보자원을 보유한 인적 자원 및 기관별 디렉토리를 종합해 최종적으로 재외한인 정보자원 네트워크를 구축하는 것이다.

이 연구는 다음과 같은 단계로 진행되었다. 제1단계는 정보자원의 생산배경과 사회문화적 특성에 대한 기초 조사와 조사대상 지역의 정보자원 관리기관에 대한 기초조사 단계가 해당한다. 제2단계는 정보자원의 분포구조 및 정보자원 정책구조, 관리 실태에 대한 조사와 함께 연구지역의 정보관리정책에 대한 연구가 진행되는 단계다. 출판주체로서 잡지사와 출판사, 관리주체로서 도서관과 자료관, 문서관, 정보유통매체로서 학교와 언론기관, 사회단체에 대한 연구가 진행된다. 제3단계는 지역별 재외한인 정보자원의 실질적인 데이터를 확보하고, 관리기관별로 분류하여 목록을 구성하는 단계이다. 제4단계는 재외한인 정보자원을 주제나 형태에 따라 목록을 정립하고, 데이터베이스체제를 구축하는 최종적 단계라 할 수 있다.

이 연구를 처음 시작했을 당시 1차년도 연구팀의 기본 가정은 러시아 고려인 정보자원의 보존규모나 크기는 고려인의 밀집정도에 따라 전개된다는 것이었다. 즉 당초 계획에서는 고려인들이 밀집해서 거주하고 있는 연해주지역과 중앙아시아 지역에 대한 조사를 통해 고려인정보자원에 대한 전체 윤곽이 나타날 것이라 간주했다. 따라서 조사지역의 우선순서를 연해주·사할린 → 카자흐스탄·우즈베키스탄으로 정했고, 모스크바, 상뜨뻬쩨르부르그에 대한 조사는 최종단계로 설정했다. 2004년 상반기까지는 러시아의 극동지역인 하바로프스크, 블라디보스토크, 사할린 등에 대한 조사가 진행되었고, 중국의 동북3성인 조선족 집거지인 길림성, 흑룡강성, 요녕성에 대한 조사도 함께 진행되었다. 2005년 초에는 고려인의 집거지인 타쉬겐트, 크질오르다, 알마티 등에 대한 조사를 진행하였고, 2006년 초에는 3단계 조사로 모스크바와 상뜨뻬테르부르그의 주요 문서보관소와 국가도서관, 자료관 등에 대한 조사를 진행하여, 자료 발굴 및 분포실태 그리고 목록정리를 위한 관리정책 현황을 조사했다. 특히 3차년도 연구팀은 러시아의 고려인 정보자원의 경우 모스크바지역과 상뜨 뻬쩨르부르그 지역의 각종 정보자원 생산과 유통의 지역적 거점으로서 이 지역에 소재한 연방도서관이나 연방기록보존소 및 직능별 자료보관소의 한인정보자원에 대한 발굴과 수집의 정책적 필요성과 국가적 차원의 기록관리 필요성을 제시하고자 했다.

이를 위해 네 개의 단위에 대한 조사를 실시했다. 첫째, 정보자원 생산주체인 출판사, 잡지사, 연구소, 신문사, 방송사, 교육기관을 대상으로 조사를 실시했다. 둘째, 정보자원의 유통주체인 도서관, 문서보관소, 기록보존소, 개인문서관 등을 관종별로 구분하여 조사를 실시했다. 셋째, 정보자원의 정책연구로 도서관 관련정책과 법률(지적재산권법, 출판법, 도서관법)에 대한 조사를 실시했다. 넷째, 각 도서관에 소장된 한국자료 현황에 대한 실질적인 자료수집과 러시아의 한국학연구관련 기록 및 한국학연구자에 대한 조사를 실시했다. 또한 3차년도 연구의 경우 고려인이 생산한 한글정보자원의 범위에서 좀더 연구대상을 확장시켜 러시아에서 진행된 한국학 문헌목록에 대한 연구로까지 확대시켰다. 이러한 조사를 위해 현지의 다양한 출판사, 도서관, 문서관, 방송국, 학교, 연구소 등의 기관을 방문하였다.

2) 선행연구 검토

러시아에서 한글정보자원에 대한 관심은 남북한보다 훨씬 앞선 것이었다. 1945년 분단이 된 이후 북한지역에 대한 정치적 영향력을 증대하면서 소련정부는 의식적으로 고려인 출신 학자들이나 한반도에 파견되었던 러시아 외교관과 학자들을 통해 한반도에 대한 체계적인 연구를 지원하였고, 그러한 연구의 성과에 의해 1950년대 초반에 모스크바 동방학연구소 등에 한국학관련 연구가 잠시동안 하나의 붐을 이루기도 했다.

반면 한국사회에서 러시아에 살고 있는 고려인들이 생산하거나 유통해 온 한인정보자원에 대한 연구는 1950년대 이후 거의 반세기동안 이념적인 대립과 사회주의권 국가에 대한 국가적인 무관심 속에서 방치되어왔다. 상대적으로 북한에서는 1950년대와 1960년대 후반까지도 러시아와의 혈맹관계를 바탕으로 활발하게 교류활동이 진행되었으므로 러시아지역에 있는 고려인들과 북한에서의 인적교류 뿐만 아니라 정보자원의 교류도 활발히 진행되었다. 러시아와 중앙아시아 및 극동지역의 여러 지역의 문서보관소에 보관되어진 많은 한글자료들 중 북한의 인민출판사나 평양출판사에서 간행된 문헌자료들은 러시아당국의 지원과 묵인 속에서 각 지역의 문서보관소에 다양하게 유통되었음을 볼 수 있다. 러시아 고려인학자들에 의해 한러사전이 편찬되면서, 북한출신의 유학생들에 의한 모스크바 유학은 하나의 유행병처럼 도지기도 했다. 북한에서도 러시아어를 이해하기 위한 노력이 진행되면서 1957년 언어학자 송서룡에 의해 소비에트언어학에 대한 편찬작업이 진행되었다.

이에 비해 국내에서는 1945년부터 1970년대 초까지 약 25년 동안 러시아연구나 러시아 고려인에 대한 연구는 사회주의권에 대한 관심 자체에 대한 이데올로기적 빙어상태 속에서 금단의 영역으로 굳어져 갔으며, 러시아 연구의 암흑기로 정의할 만하다. 1970년대 데탕트의 출현과 더불어 국내에 통일문제에 대한 관심이 대두하면서, 국내 대학에 극동연구소와 같은 연구기관 등이 출현하면서 극동지역연구에 대한 관심의 한 영역으로서 소비에트에 대한 연구가 하나의 장으로 등장했지만, 여전히 재소한인에 대한 연구는 쉽지 않은 연구였다고 볼 수 있다. 따라서 언어학으로서 러시아어에 대한 접근을 제외하고 사회학이나 인류학, 역사학으로서 러시아지역 고려인에 대한 연구가 진행된 것은 훨씬 이후였다고 할 수 있다. 국내에서 소련의 한국학연구자료에 대한 부분적 자료가 국내에 소개된 것은 이런 배경하에서 드문 현상이었다. 「아세아연구」에서 처음으로 「콘세비치의 소련의 한국어학」(1971)이 발표되었고 서울대교수 최학근에 의해 푸칠로의 [러한사전]에 대한 개괄적인 소개가 이루어졌다.1) 이후 소련에서의 한국학연구에 대한 소개정도의 기록들이 단행본과 논문이 1980년대 이후 서대숙, 고송무, 박환, 장흥권을 비롯한 한국학 연구자를 중심으로 러시아에서의 한국학 연구에 대한 연구목록이 국내에 유입되었다. 1990년대부터 한국학과 한국어교육에 관한 러시아 문헌과 고려인 관련 문헌이 국내에 나타났다. 특히 콘세비치(1994)의 「러시아에서의 전통적 한국학의 발전사: 현황과 문제점」, 마주르(Mazur Yu. N)(1991)의 「러시아와 소련에서의 한국어학과 한국어 교육」 연구들이 국내에 소개되면서 러시아 한국학에 대한 관심이 생성되었으며, 러시아 과학아카데미 동방학연구소 유리 바닌(1999)이 쓴 「러시아의 한국학 연구: 한국 인식의 역사적 발전과 현재구조」등이 국내에 소개되었다. 그러나 그동안 한국학연구에 대한 러시아 학자들의 연구목록들이 일부 소개되기는 했지만 효과적으로 이용되지 못했다. 콘세비치(Концевич Л. Р)와 볼로디나(L.Volodina)가 1981년에 만든 고려인문헌목록(Библиография Корея 1917~1970), 페트로브(Petrov A. I)

---

1) 최학근, "M. Puchilo의 《노-한 사전》에 대하여", 「관악어문연구」, 1976. 송서룡, "소비에트언어학과 해방 이후 조선 언어학 발전에 준 그의 영향," 「조선어문」, 평양, 1957. 콘세비치, "소련의 한국어학," 「아세아연구」, 서울, 1971.

의 한민족디아스포라(Korejskaja diaspora na Dal'nem Vostoke Rossii. 1897‐1917), 박 일(1951)의 (알마아타 도서관내의 한국 서적 수집) (Korejskij fond Alma-Atinskoj biblioteki im. Pushkina)[2], 쉬파예프 V.P(1964)의 「일본제국주의의 조선식민화 1895~1917」언어학 분야의 해외한국학 연구목록인 프랑스 언어학자 루카스(A, Lucas)와 콘세비치 (Концевич Л. Р)의 「한국어 서지학 1961~1985」, 콘세비치(Концеви ч Л. Р)(1989)의 「소련에서 한국문학목록 1917~1986」등이 생산되었고, 최근에는 러시아 동방학연구소에서 활동하고 있는 심바르찌바 따찌아나(СИМБИРЦЕВОЙ Т.М.)의 연구목록 「Потриарх православной церкви Корее архимандрид Хрисанф (1869~1906): Его дела и время ‐ «Христианство на дельнем Востоке». Мат. меж. нау ч. конф. (19~21апреля 2000г.)」이 주목할 만하다.

국내연구로 최근에 장사선, 우정권(2004) 「고려일보의 문예페이지 소설의 주제론적 연구」, 필립 김의 「레닌기치에 나타난 쏘베트 한인문학」, 한발레리, 최소영의 「우즈베키스탄 지역의 한국학 자료현황: 문헌자료 및 영상자료」최승진, 김석원(2004) 「우크라이나의 한국학자료와 고려인」, 엄순천(2003)의 「러시아에서의 한국문학 번역현황 조사 및 분석」, 임영상, 조영관(2004) 「러시아모스크바지역의 한국학연구」, 엄순천(2004) 「러시아의 한국고대시가 번역 현황과 안나 아흐마토바의 역할」[3], 이혜승, 방일권(2004) 「상뜨 뻬쩨르부르그 한국학연구와 원자료」 반병률(2004) 「러시아극동지역 한국학관련 기관과 한인자료 현황」, 니꼴라이 부가이(2004) 「구소련 시기의 러시아고려인, 1930~40년대 민족탄압」 반병률(2004) 「러시아지역 한인신문 '선봉'과 1920~30년대 한인사

---

2) «Kratkie soobshchenija Instituta vostokovedevija AN SSSR»(소비에트과학원 동방학연구소보.

3) 엄순천, "러시아의 한국고대시가 번역 현황과 안나 아흐마토바의 역할," 「노어노문학」, 2003. 엄순천, "러시아에서의 한국문학 번역현황 조사 및 분석," 「러시아연구」, 13권, 2호, 서울대학교 러시아연구소, 2003.

회」, 「러시아 및 중국지역 한국어교육 실태조사 및 지원방안 연구 (2001)」등의 연구들이 참조할 가치를 가지고 있다. 이 연구에서는 이들 연구가 가진 방법론적 장점은 최대한 수용하면서, 연구영역의 제약성, 분야의 편협성의 문제를 극복하고자 했다.

이 연구에서는 중국에서 발간된 출판목록을 민족출판사들에 의해 작성된 자료를 기초로 자료의 발굴조사를 진행했다. 그러나 현지의 특성상 모든 민족출판사들이 동일한 형태의 기준이나 전체 자료대상에 대한 목록을 갖추고 있지 않았기 때문에. 추가적인 형태의 자료목록의 수집과 관리방식을 연구해야 했다. 대표적으로 연변대 도서관은 자체적으로 작성한 서지목록을 가지고 있었지만 자연과학서적을 제외한 인문사회과학분야에 치중되어 있었다. 따라서 이런 문제점을 해결하기 위해서 지역 별 정보자원에 대한 종합적 실태조사와 자료수집을 실시했다. 이를 통해 조선족에 의해 생산되고 유통되고 보존 관리되고 있는 정보자원의 규모를 파악할 수 있었다. 이런 문제의식의 연장선 속에서 연구팀은 1차년도와 2차년도와 마찬가지로 3차년도 연구과정에서도 각종 분야별 서지정보자원의 목록개발을 목표로 연구를 수행했다. 특히 3차년도 연구에서는 그동안 국내외적으로 전혀 조사 정리되지 않은 문화관련 정보자원의 서지목록과 자료의 데이터베이스를 구축하고자 했다. 이 분야의 연구는 국내에는 전혀 진행된 것이 없고, 일부자료만이 중국사회과학원에서 진행되었다. 따라서 이 연구에서는 중국사회과학원에 의해 수행된 「당대소수민족작가문학연구자료색인」과 「중국소수민족 문학논문작품색인」을 참조하고, 연구팀에 의해 추가적으로 발굴되고 조사된 연구 자료를 바탕으로 문화 및 문학, 예술분야에 대한 조선족 정보자원 목록작성을 진행했다.

3. 연구의 방법

1) 문헌자료의 수집과 발굴

우선 연구대상에 대한 기초 자료의 확보는 크게 세 가지 방식으로 진행되었다. 첫 번째로 관리기관에 대한 문헌자료를 수집하고 국내외 관련 학자들의 선행연구를 조사했다. 두 번째로 각 지역의 도서관(국립도서관, 학교도서관, 연구도서관)과 자료실, 개인문고, 언론사, 출판사, 기록보관소에 근무하는 사서직원 또는 관계자 면담을 실시했다. 해당 지역의 도서관에 근무하는 사서직원 또는 관계자 면담을 통해 그 지역 도서관과 관련기관의 정보자원 구성 및 운영 현황에 관한 정보를 획득하였다. 세 번째로 탐방조사를 통해 해당 지역의 정보자원 정책과 유통실태를 조사하고, 목록이나 실제문헌을 수집하고, 현지 전문가의 의견을 수렴했다. 한편 재외 한민족에 대한 연구와 자료운용에 관련이 있는 국내외 학자, 연구기관, 행정기관에서 작성한 문헌, 그리고 지역은 다르지만 연구내용과 관련해서 선행된 연구 자료의 분석을 통하여 연구내용에서 제시한 내용들을 정리, 분석했다.

재외한인 정보자원의 규모가 어느 정도인지 파악하는 것은 간단하지 않다. 우선 각종 문헌목록마다 제시된 통계가 정확하지 않다. 이것은 대개 두 가지 이유 때문에 발생한다. 하나는 해외한민족 정보자원의 유통구조 및 자료량에 대한 통계집계 기준이 마련되지 않아 정보자원의 범위나 규모에 대한 기준이 모호하기 때문이다. 다른 하나는 정보량은 특정한 정량의 형태로 존재치 않으며, 생산, 유통, 보존의 과정을 통해 변화되기 때문에 그것을 확정짓는 것이 용이하지 않다는 점이다. 정보자원의 규모에 대한 판단은 세계한민족 정보자원에 대한 보편적 기준을 마련하지 않으면 생산기관별 연간 출판 부수나 관리기관에 의해 확보된 장서량 보존상황이나 자료의 증가형태에 따라 추산할 수 밖에 없는 실정이다. 오랫동안 한국사회는 재외한인에 의해서 생산되거나 해외에서 연구된 한국학 자료에 대한 통계자료의 확보에 무관심했다. 특히 러시아에서고려인 정보자원의 생산과 유통, 보존에 대한 연구가 쉽지 않았던 것은 폐쇄적인 중앙 집중관리라는 정책적 요인을 간과할 수 없다.

다행히 1990년대 소비에트정부의 붕괴이후 러시아연방정부에 의한 고려인 정보자원이 개방되면서, 고려인 정보자원에 대한 접근기회가 확대되었다. 그러나 그동안 대부분의 연구는 일회적인 연구에 그치거나, 제한적인 자료발굴에 머물렀다는 한계를 가지고 있었다. 일부의 연구들이 고려인 정보자원의 현황을 파악하기 위해 선구적인 역할을 수행하기는 했지만, 특정한 연구영역에서 개별적인 자료수집에 머무름으로써, 종합적 차원에서 사장될 위기에 처한 재외 한인 정보자원에 대한 실질적 관리방안을 제시하지는 못했다. 특히 방대한 지역에 산재한 고려인 정보자원을 발굴하고 관리하기 위한 연구의 필요성이 꾸준히 제기되었다.

그동안 이 연구는 3년에 걸쳐 국내외에 있는 한민족 정보자원의 보존 실태에 대한 실증적인 연구를 수행하였고, 자료의 보존, 관리, 생산, 유통에 관계된 국내와 해외의 전문가들의 도움을 받아 나름대로 러시아와 중국지역에 소재한 정보자원의 규모를 파악할 수 있었다. 이 연구에서는 3년 동안 현지조사를 통해 현재 유통되고 관리되는 자료목록의 범위를 다음과 같이 정리했다. 우선 전체적으로 정보자원의 목록대상이 되는 단행본과 정기간행물, 학위논문의 전체적 규모를 정리해 보면, 해외에서 생산된 단행본은 13,000권, 학위논문은 2,750편, 학술관련기사와 논문은 6,920편으로 총 22,730편의 자료를 수집했다. 중국에서 수집된 자료는 단행본 6,900여권, 학위논문 2,200편, 학술기사 4,500여 편이었고, 러시아자료는 단행본 5,300권, 학위논문 690편, 학술지 기사 2,400편 이었다. 이 중에서 국내에서 생산된 단행본, 학술지 기사, 학위논문은 다음과 같다. 중국의 경우 단행본 114권, 학술기사 396편, 학위논문 228편이었고, 러시아는 단행본 34권, 학술지 기사 141편, 학위논문 65편이었다. 중앙아시아의 경우 학술지 기사 32편, 학위논문 7편이 국내에서 생산되었다.

그동안 중국, 중앙아시아, 러시아의 정보자원에 대한 국내연구결과는 주로 1990년대 이후 발표한 단행본이나 학회 논문, 학술세미나와 각종 보고서 등을 참조하여 작성했다. 그동안 재외한인 문헌목록에 대한 체계적인 연구는 거의 없었고, 이구홍·안영진(2000)의 연구가 유일한 것이었다. 이 목록에는 중국관련 문헌은 1980년 이후를 기준으로 총 652편이었고, 이 중에서 한국어문헌은 492편, 조선족 발간문헌은 122편, 중국어문헌은 3편, 일본어문헌은 18편, 영어문헌은 17편이 소개되었다. 또한 구소련지역에서 새성된 문헌의 경우 고려인에 의해 만들어진 문헌과 러시아문헌으로 구분하여 접근하고 고려인 관련 문헌은 총 304편 중 한국어 문헌 285편, 일본어문헌 11편, 영어문헌 8편을 제시했고, 러시아어로 만들어진 문헌 562편을 제시했다. 그러나 이런 연구조사는 매우 제한적인 조사결과라 할 수 있다. 실제로 많은 정보자원이 국내에 전혀 유통되지 않고 현지에서 소화된다고 할 때 지금까지 조사된 연구목록의 규모에 대한 실질적인 조사를 통해 정확한 통계자료를 작성할 필요가 있다. 또 러시아나 중국의 경우 직접 생산한 자료보다 한국이나 북한자료의 번역출판 자료가 매우 많기 때문에 새롭게 나타나는 정보자원에 대한 조사에서 이 부분에 대한 조사가 필수적이다. 한편 국내자료의 현지어로 번역 출판되거나 현지에서 한국어로의 번역출판 사례도 나타나고 있어 출판형태에 대한 정밀한 조사가 필요하다.

2) 현지조사와 조사방법

연구팀은 다음과 같은 세가지 차원에서 현지조사 영역을 구분하여 진행하였다. 첫째, 정보자원 정책에 대한 조사를 실시했다. 구체적으로 정보자원 관련법과 제도로서 지적재산권법, 출판법, 도서관법, 정보자원 관리와 유통에 관한 것이 포함된다. 둘째, 정보자원 생산자에 대한 정보조사를 실시했다. 정보자원 생산자로서 출판사, 신문사, 잡지사, 방송사, 도서관, 기록보존소가 그 대상이 되었다. 셋째, 정보자원 생산자 또는 관리자가 소장하고 있는 정보자원에 대한 목록화와 기록작업을 통해 데이터를 발굴했다.

또한 재외한인 정보자원의 자료수집활동에 대한 보완에도 관심을 기울였다. 중국지역의 경우 총 20개의 문서보존 기관(문서보존소 및 공공도서관, 대학도서관) 및 언론사, 교육기관을 직접 방문하여, 원문 자료와 자료목록을 수집했다. 그 결과 총 약 2만5천개 이상의 고려인 문헌목록을 획득했다. 이 중에서 한글과 러시아어로 제작된 문헌목록 중에서 약 2천개 이상의 목록카드를 복사했고, 디지털카메라를 이용해 850개 정도의 자료는 원문 정보로 활용될 수 있는 서지정보가 포함된 겉표지, 목차 등을 사진으로 촬영했다. 이 밖에도 1990년대 후반 고려인들에 의해 출판된 60여 개의 문헌원본을 수집했다. 이 연구에서는 중국과 대만에서 연구되어진 조선학과 한국학 관련 문헌들을 통해 분야별 저서와 역서, 논문자료와 번역논문자료 등을 조사했다. 또 문화예술분야의 정보자원을 분류하고, 연극, 미술, 음악작품, 인적자원(시인, 소설가, 화가, 작곡가 등)으로 구분해 문화예술분야 목록을 구축했다.

이 연구는 해외 한인 정보자원의 정책, 제도, 관리실태, 생산과 유통에 관한 종합적인 정보자원을 수집하는 데 있다. 이를 위해 다음과 같은 분류기준을 바탕으로 자료를 수집했다. 첫째 형태에 따라 정보자원을 분류하여 단행본, 논문(학술지 또는 정기간행물에 실린 글), 보고서, 세미나・학술회의・집담회 자료, 사전 및 백과사전, 연감・연보, 기념집, 비도서 자료(오디오/비디오, 필름 등), 신문, 학술잡지, 웹 사이트 등으로 구분하였다. 둘째, 정보자원의 지역별 생산형태 와 관리 실태를 조사했다.

이 연구에서는 문헌을 통한 사전조사와 기관에 대한 예비조사를 바탕으로 현지에서의 실태파악 및 현장인터뷰를 통해 재러 한인 정보자원에 대한 종합적인 데이터를 확보했다.[4]

수집 대상 자료는 다음과 같은 원칙에 따라 선정했다. ① 현재 러시아 고려인이 생산하고 유통시킨 한인관련 자료를 1차적으로 연구대상 목록에 포함시킨다. ② 1937년 이전에 생성된 자료는 형태와 관계없이 수집대상에 모두 포함시킨다. ③ 1945년 이후 생성된 자료들은 러시아어로 만들어진 것도 있음을 감안해서 러시아 이름 중에서 한국인 성씨 표기자를 우선적으로 선택한다(예: 알렉산더 김, 그레고리 박, 세르게이 최, 리 발렌틴 미하일로브나). ④ 1945년부터 1950년대 후반까지 소련정부에 의해 북한에 파견되었던 고려인들 중 귀환한 인물에 대한 활동 사료를 수집대상에 포함시킨다. ⑤ 1950년대 후반 이후 평양에서 출판된 북한자료의 경우 교과서를 제외하고 대부분 제외시킨다. 이러한 원칙 하에 이 글에서는 고려인 정보자원의 생성 및 매체발달과 자료보존 및 관리 실태를 살펴볼 것이다.

이 연구는 각종 서지정보 및 자료의 발굴과정에 있어서는 첨단 디지털 장비의 활용을 통해 해외 현지조사에서 발생하는 시간적 제약을 극복할 수 있었다. 특히 제한된 인원과 시간으로 레닌국립도서관, 모스크바국립역사도서관, 러시아연방외국문헌도서관, 러시아과학아카데미 동방학연구소와 극동연구소, 모스크바국립대 고리끼도서관, 역사문서보관소, 뻬쩨르부르그 대학도서관 등 여러 기관을 방문하고 현지 기관의 정보를 수집하는데 있어 재러 한인 정보자원의 현황을 조사하고 정리하는데 효과적이었다.

---

4) 연구를 위해 해당지역의 목록이나 관련문헌에 대한 예비적 기초조사를 마치고, 다음과 같은 순서에 따라 연구를 진행했다. ① 정보자원 소장량이 많은 곳, ② 기존 연구에서 정보부족 때문에 생략된 기관들, ③ 고려인 정보자원에 대한 접근통로를 제공할 수 있는 전문가집단과 접촉, ④ 관리기관의 책임자와의 중간관리자와의 면담을 통한 보존관리 실태에 대한 정보를 수집하고자 했다.

연구팀은 현지조사를 통해 다양한 형태의 정보자원을 다음과 같이 발굴하였다. 첫째로는 현지조사를 통해 각종 정보자원에 대한 메타데이터를 제공할 수 있는 목록을 재정리할 수 있었다. 이 작업을 위해 2대의 노트북과 2대의 디지털 카메라를 사용했는데, 현지에서 자료복사나 자료대출의 한계 때문에 최대한 짧은 시간에 자료에 대한 정리를 위해서는 이 작업은 필수적이었다.

둘째로, 구체적인 도서에 대해 이미지 자료를 확보했다. 이는 그동안 목록으로만 참고할 수 있었던 자료들에 대해 실물을 이미지 형태로 데이터베이스를 구축하는데 필요한 작업이라고 할 수 있다. 사진 작업은 주로 책표지와 속지, 서지정보, 목차정보에 대한 행해졌다. 그러나 현지 도서관마다 자료복사나 자료에 대한 촬영 조건이 달라 자료의 이미지 작업은 상당한 제약이 있었다고 할 수 있다.

셋째, 현지조사를 통해 1900년부터 1980년대 이전까지의 각종 단행본, 학술지, 잡지, 논문 등에 대한 문헌 목록과 서지정보에 대한 데이터를 확보할 수 있었고, 현지에서 발행되거나 이미 발행된 최근의 정보자원에 대한 자료수집을 통해 정보자원의 최근 발전 동향을 조사할 수 있었다.

넷째, 정보자원의 관리자로서 고려인 신문이나 폐간신문, 옛 기록에 대한 조사 자료의 촬영뿐만 아니라 총 30여 명과의 인터뷰를 통한 구술자료를 확보했다. 특히 이 연구를 통해 고령의 고려인 학자들과 러시아의 한국학 전문가들의 구술자료들을 확보한 것은 중요한 성과라 할 수 있다.

3) 연구의 구성

이 연구는 총 다섯 개의 장으로 구성되었다.

제1장은 머리말 부분으로서 연구의 필요성 및 목적, 연구대상과 범

위, 선행연구, 연구방법, 연구내용을 제시했다. 제2장에서는 재러 한인 정보자원의 보존실태를 분석했다. 우선 정보자원의 생산 환경의 변화를 고려인사회 변동의 차원에서 검토했고, 둘째, 정보자원의 유통구조의 변화를 러시아 한국학의 변화과정을 통해 살펴보았으며, 셋째, 정보자원의 관리체제의 특성을 정보자원관리기관의 변화, 기록관리 제도의 변화, 정보자원 법률의 변화를 통해 검토했다. 구체적으로 러시아연방의 도서관법, 매스미디어 및 출판지원법, 지적재산권법을 검토했다. 넷째, 정보자원의 관리 실태에 대한 조사결과를 각급단위의 문서보관소, 연방도서관, 아카데미도서관, 대학도서관에 따라 제시하였고, 정보 자원의 유통과정에 중요한 역할을 담당하고 있는 한국어 교육기관, 언론 및 출판사와 개인연구자들의 정보관리 실태와 특성을 조사했고, 정보 디렉토리로 제시했다.

제3장에서는 러시아와 중국에서 생산되고 유통된 한인 문헌목록과 한국학 목록을 조사 발굴하여 분야별로 분류 제시하였다. 러시아의 경우에는 상뜨뻬쩨르부르그와 모스크바 지역의 현지조사를 통해 현지의 한국학연구자들과 연구기관들의 자문을 받아 획득했으며, 중국소재 문헌목록은 1차년도와 2차년도 연구과정에서 조사되지 못했던 문화예술 분야의 목록을 중심으로 획득하였으며, 많은 부분 중국에서 발간된 문헌목록들과 조선족 학자들의 도움을 받아 발굴이 진행되었다. 러시아 문헌목록은 구체적으로 출판형태별, 소장기관별, 문헌발생시기별 차원에서 분류되었고, 중국소재 문헌목록은 주로 분야별 저서와 역서, 논문 및 번역논문을 중심으로 정보자원 목록색인에 대한 작업을 수행했다.

마지막으로 제4장에서는 연구 성과를 요약하고 연구의 제약성과 연구결과의 활용방안 및 향후 연구방향을 제시했다.

Ⅱ
러시아 고려인 정보자원의 형성과 발전

1. 한인공동체의 성립과 정보자원의 생산

1) 고려인 사회공동체의 형성과 정보자원의 생산 기반

지난 140년 동안 러시아 고려인사회는 집합적 해체와 재결합 현상을 반복해왔다. 러시아 공동체가 봉건적 통치에서 사회주의를 지나 다시 자본주의로 전개된 과정에서 러시아 고려인 사회공동체 역시 많은 사회적 격변을 겪었고, 이것은 정보자원의 생성과 발전에 중대한 영향을 미쳤다. 크게 보면 1860년대 이후 1930년대 말까지 약 70년 동안 고려인들은 민족공동체의 거점을 바탕으로 정보자원을 활발하게 생성할 수 있었다. 1863년부터 1905년까지 무려 40년 동안 연해주 고려인 사회는 새로 들어오는 이주민을 받아들이고, 마을을 만들고, 경작지를 늘리며, 지역공동체를 정착시켰다. 1905년 이후 한반도가 일제에 의해 사실상 강점되면서 연해주 고려인사회는 이민자의 도시가 아니라 새로운 항일의 근거지가 되었고, 민족의식을 일깨우는 정보자원의 역동적 생산지로 거듭나기 시작했다. 이후 러시아에서 전개된 혁명운동의 흐름과 항일운동의 요소가 상호 결합되면서 수많은 연해주 고려인들이 항일독립운동의 대열에 동참하면서 많은 정보자원을 생산하게 되었다. 사회변동 현상은 고려인 정보자원의 발전에 중대한 기회와 한계를 제공했다. 이 절에서는 문화적 상호작용으로서 고려인정보자원의 생성과 변동이 어떤 양상으로 전개되었는지 살펴볼 것이다.5) ·

1860년대 극동지역으로 영토 확장에 성공한 러시아는 중국과 북경조약을 맺음으로서 조선과 국경을 맞이하게 되었다. 이를 계기로 한반도에서는 러시아영토로의 이주가 시작되었다. 이미 오래전부터 간도지역 일대에는 한인들이 부분적으로 살고 있었다. 그러나 1860년대 이후 조선에서의 경제상황과 국내외적인 정세변화 속에서 조선에서 연해주로의 이주는 처음에는 아주 미약하게 시작되었으나, 불과 수년 사이에 아주 빠른 속도로 이주민의 규모가 확대되었다. 당시 한인에게 있어서나 연해주의 새로운 주인이 된 러시아에게 있어 이러한 대규모의 이주현상은 매우 신선한 것이었고 동시에 사회발전의 원동력으로 발전할 잠재력을 가지고 있었다. 고려인사회는 처음에는 이주자체를 목적으로 한 것이 아니라 재난을 피해 임시로 도피하거나 빈곤을 해결하기 위해 나타난 계절성 이동농업의 양상을 보였다. 그러나 제정러시아의 의도적 이주정책과 한인농민의 자발적인 이주의지, 두만강 국경지대의 취약한 농업경제상황의 악화 등으로 대규모 농민이탈 현상이 출현했다. 이들의 이주는 단순한 경제적인 이주에 그치지도 않았다. 19세기 말에 들이닥친 거대한 격동의 시대를 맞으면서 제2, 제3의 이주민 그룹들이 새로운 정착지에 밀려들어왔다. 이 점에서 연해주는 이주라는 방식을 통해 민족공동체의 외면을 확장시킨 새로운 이정표였고, 19세기 말 20세기 초 민족전체의 위기에 있어 민족공동체의 독립의지를 강렬하게 일으키는 중요한 해외거점의 하나로 자리 잡았다. 이러한 성과는 현지에서의 반발과 불신, 이주민에 대한 차별과 무관심을 극복한 가운데 이루어졌으며, 현지화과정과 민족적 동질성 확보라는 두 가지 문화적 변화를 경험했다.

---

5) 이에 대해서는 김정현 · 장우권 · 김홍길, "러시아에서의 고려인이 생산한 한글정보자원에 관한 연구, 1900~1937", 한국도서관정보학회 37권 3호, 2006을 참조.

2) 고려인 사회공동체의 변화와 지식자원의 생성

세계한민족 디아스포라의 역사를 19세기 중반으로 설정할 때 러시아 고려인사회는 최초의 이민자 그룹이라 할 수 있다. 러시아지역에 정착한 한인들은 140년 동안 헤아릴 수 없는 질곡의 세월을 거치면서 한인공동체를 형성해왔다. 19세기 이후 약 70년 동안 고려인 1세대 이주민들은 민족공동체를 거점으로 한 문화공동체를 형성했고, 그 속에서 다양한 정보자원을 생산해 낼 수 있었다. 그 과정은 단지 주어진 기회를 활용한 것에 있지 않았고, 치열한 항일투쟁, 차별당하지 않기 위한 헌신적인 노력과 실천, 한민족의 근면성을 바탕으로 이루어질 수 있었다. 오늘날 러시아와 주변국가에 살고 있는 고려인은 수많은 역사적 고난을 경험했던 세계한민족 중에서도 매우 비극적인 삶을 이겨내며 살아온 사람들이다. 이들은 광활하게 펼쳐져 있는 유라시아대륙에 흩어져 살았지만 닥쳐온 문제들 속에서 단련되었고, 시련을 통해 성장했다. 고려인 공동체의 형성과 이주방식은 매우 중요한 의미를 가지고 있고 정보자원의 생성과 유통에도 중요한 영향을 미친다고 할 수 있다. 고려인들은 19세기 후반부터 20세기 초까지 약 70년 동안 3차례의 디아스포라를 경험했고, 1945년 이후 소비에트 건설자로서의 디아스포라의 삶을 살아왔다.

첫번째 디아스포라 물결은 1860년대 시작되어 1905년까지 이르는 시기다. 이 시기는 주로 조선북부지역의 주민들이 연해주 남부 변강지역에서 농사를 짓기 위해 이동을 하는 계절성 이동과 현지에 마을을 개척하고 정착을 진행하는 '경제적 동기'를 가진 디아스포라였다. 당시 한인들은 생업 수단으로 논밭을 갈아 벼농사, 옥수수, 콩과 같은 농작물을 재배했고, 농촌마을을 건설했다.

두번째 디아스포라 물결은 1905년 이후 1937년에 이르는 시기로 일본에 의한 한반도 강점이라는 민족의 수난기 속에서 나타났다. 이전까지의 이주의 원인이 경제적 목적이었다면 이때부터 이민의 성격은 보다 분명히 민족의 독립과 해방, 사회적 저항 혹은 소극적 형태의 도피행위의 결과로 나타났다. 이와 함께 연해주지역에 도시건설이 확대되자 많은 한인들이 도시로 유입되었고, 조선에서 지식인들이 대거 넘어오자 한인들은 러시아정부의 강력한 방해를 받지 않고 자발적으로 교육기관, 언론기관, 출판기관을 만들었다.[6]

세번째 디아스포라 물결은 1937년 강제이주된 고려인들의 중앙아시아지역으로의 강제 재이주의 역사를 의미한다. 연해주 고려인의 자발적 선택보다 스탈린시대 소비에트정권에 의해 강압적으로 진행된 '정치적 성격'의 디아스포라였다. 이것은 러시아 고려인의 삶의 근거지를 연해주로부터 중앙아시아, 모스크바, 사할린 지역으로 확대시킨 것이었고, 정보자원의 형성도 분산적이고 지역성에 띠게 되었다. 정보자원의 관리와 생성이 고려인사회에서 소련정부로 이동함에 따라 소연방 수도인 모스크바가 고려인 정보자원의 지역적 거점, 관리적 거점으로 부상하게 되었다.

한편 20세기 말 소연방의 해체와 함께 고려인사회는 새로운 디아스포라의 단계를 맞게 되었다. 첫째, 중앙아시아에 있었던 한인공동체의 지역 기반은 토착사회의 언어와 문화환경에 직접적으로 도전에 직면하게 되었다. 둘째, 사회주의체제의 해체이후 지역적 차원에서 생성된 민족요인에 의해 고려인의 문화와 민족정체성에 새로운 위기를 초래하는 현상이 나타났다는 점이다. 셋째, 21세기의 모든 국가들에서 나타난 현상으로 정보통신의 발전에 따라 지역적 한계를 넘어서는 지식정보의 접촉 현상이 일상화되고 보편화되고 있다는 점이다. 넷째, 오랫동안 지역적으로, 이념적으로 단절되었던 모국인 한국과의 접촉기회가 늘어났

---

6) 1913년 10월 25일 연해주 총독은 연해주지역으로의 고려인 이주 50년을 기념하기 위한 행사조직위원회가 만들어졌을 정도로 연해주에서 고려인의 사회정착은 성공적인 것이었다.

다는 점이다. 이 절에서는 러시아에서 고려인정보자원의 발전과정을 러시아사회와 고려인의 문화적 상호작용의 결과로 인식하고 접근할 것이다. 따라서 러시아에서 고려인에 의해 만들어진 정보자원의 대상은 러시아의 한국학 연구자로 확대시켜 적용할 것이다.

2. 러시아 한국학의 발생과 한인공동체

1) 19세기 후반 러시아 한국학의 기원

(1) 19세기 러시아에서 한국학의 기원

러시아에서의 한국학은 두 가지 의미를 포함한다고 볼 수 있다. 하나는 러시아인들의 소위 한국문제 즉 한국의 역사, 사회, 문화, 지리, 인문에 대한 방대한 지적 관심의 결과물에 의해 생성된 지식체계를 의미한다. 다른 하나는 러시아에 살고 있는 고려인들의 역사와 기록을 담는 학문체계이기도 하다. 또 러시아에 살고 있는 한민족에 의해 한국의 역사, 문화, 정보를 소개하고 전달하는 방식으로 발전했다. 또한 학문 주제의 발생적 맥락에서 볼 때 러시아 한국학의 기원은 단순한 학자들의 관심을 넘어, 러시아의 동방학에 대한 지식세계의 구성과 관련되어 있으며, 학자들뿐만 아니라 외교관, 동방탐험가, 지리학자, 종교학자, 군인 등 다양한 기록관리자들에 의해 생성된 학문적 총체로 볼 수 있다. 이런 점에서 러시아 한국학의 주제와 범위는 매우 크고 넓다고 볼 수 있다. 18세기 제정러시아시대에 러시아의 동방학은 시베리아 동쪽지역과 극동지역에 대한 영토적, 역사적 관심을 바탕으로 발전하였으며, 러시아제국의 국력의 신장과 더불어 더욱 세밀하게 확대 발전하였다.[7] 특

---

7) 상뜨 뻬쩨르부르그에 있는 표트르대제의 희귀박물관에는 18세기에 수집된 동방민족의
   자료들이 전시되어 있는데 이 속에서 한민족의 민속자료가 함께 전시되어 있다. 이것은

히 극동지역으로 러시아의 실질적인 지배력이 확대되자, 러시아는 동방학에 대한 전략적 접근을 하에 되었으며, 동방에 관한 연구와 기록들을 정리하였고, 동방학 관련 연구기관과 자료관을 가지게 되었으며, 극동지역에 다양한 정보자원 생산기관을 만들었다. 18세기 이전부터 러시아가 한국문제에 관심을 가지고 있었음은 여러 자료를 통해 확인할 수 있다.8) 무엇보다 러시아의 한국학이 태동하게 되는 출발점은 동방지역에 대한 자료수집 활동의 활성화와 체계적인 자료보존기관의 출현에서 찾을 수 있다. 오랫동안 러시아에게 한반도는 미지의 세계였으나 19세기 중반 러시아가 극동의 끝에 도달하면서 한반도와 국경을 접하면서 한국에 대한 관심이 증대되었다. 1854년 처음으로 조선을 방문한 러시아 탐험선 팔라다 호에 승선한 러시아작가 이반 곤차로프(Ivan A. Goncharov)는 자신의 기행문을 통해 최초로 한국에 대한 탐험기록을 남겼다. 1860년대 이후 러시아의 연해주 진출을 계기로 한반도 북부의 백성들이 대거 러시아 연해주로 이동하게 되었다. 여행가였던 니꼴라이 프레발스키(Nikolay M. Przevalsky)는 1867년부터 1869년에 우수리스크 지역을 방문하기도 했다. 한편 1874년에는 미하일 푸칠로(Mikhail P. Putsyllo)가 최초로 러한사전을 편찬했다. 1884년 한러수교 이후 러시아에서 한국에 대한 관심은 보다 본격적으로 전개되었다. 라킨프 비추린(Iakinf Bichurin) 등에 의해 만들어진 「조선서술」(1885)은 중국과 한국의 자료를 바탕으로 조선에 대한 역사를 러시아어로 번역해 만든 자료다. 이 시기를 전후하여 서구에서 한국에 대한 관심이 나타나기 시작하

다른 어떤 나라들보다 러시아에서 한국학이 일찍 성립할 수 있는 조건을 가지고 있었음을 의미한다.

8) 러시아에서 한반도가 지도상에 나타난 시기는 17세기 말엽 - 18세기 초엽이다. 특히 1675년 만들어진 니꼴라이 스파파리 밀레스큐(Nikolay Spafary Milesku)의 지도와 1701년 세이온 레메조프(Semyon Remezov)가 그린 세계제도책에 한국이 극동지역에 표기되어 있다. 상뜨뻬쩨르부르그의 푸쉬킨 박물관에는 당시의 러시아의 세계지도 그림들이 일부 남아있으며, 지구본 속에 coree라는 표시로 한국해와 동해표시가 나타나 있다.

였다. 외무부 소속의 군무관으로 한국에 파견되었던 효도르비치 베벨(F. I. Vebel)이나 블라디미르 카르니프(V.P.Karneev)의 첩보활동 기록은 러시아 총참모부 직속 군사학위원회의 아시아 지리-지형통계자료에 반영되었으며, 각종 러시아 정부기록에 남아있다.

1890년대 러시아정부가 조선정부와의 우호적인 관계 개선에 박차를 가하자 한국문화, 언어, 지리에 대한 연구들도 확대되었다. 1897년 상뜨 페쩨르 부르그대학에 최초로 한국어강의가 시작되었고, 1899년에는 블라디보스토크에 극동연구소 산하의 극동대학을 설립했다. 이 대학에서 한국학과를 설립한 사람은 그리고리 포드스타빈(Grigory V. Podstavin)이었다. 또한 동방학자인 퀴너(Nikolay V. Kuner)등은 조선시대의 고문서들을 수집하였고 동국문헌비고 등 많은 고문서들을 번역하였다. 한편 1898년에는 니꼴라이 가린 미하일로비스키(Nikholay G. Garin-Mikhaylovsky)가 만주와 요동지방, 한국 북부를 여행하면서 60개 이상의 한국 민담과 설화를 수집해 러시아어로 번역했으며, 1900년 러시아 재무부는 비추린(Bichurin)의 주도로 3권으로 구성된 「한국지」라는 백과전서를 편찬했다.

특히 푸질로(Putzyllo)의 「러한사전」(1874, Leningrad)과 백과사전 「한국지」(Opisani-Korei, 3권, 1900), 드미트렙스키 엔(Дмитреевский H.)(1883)의 「한국地誌」(Геогрофическое описание Кореи, 중국어판 번역) 등의 저서에 힘입어 그동안 학문적 변방에 있던 한국학은 동방학 연구의 일부로 자리 잡게 된다. 특히 한국학에 대한 국가적 관심과 연해주 한인의 참여로 언어, 문학 등에 대한 빠른 발전이 나타났다. 1897년에 상뜨 뻬쩨르부르그대학에 한국어 강의가 개설되었고, 1900년에는 블라디보스토크대학에서 한국어강좌가 개설되었다. 이 극동대학에서 활동한 사람은 포드스타빈(G. Podstavin)과 퀴너(N. Kyuner)였다.9) 포드

---

9) Kontsevich, "러시아의 전통적인 한국학의 약사-현황과 과제", 제1회 한국학 국제학술회의 1998 참조.

스타빈은 1920년부터 1922년까지 블라디보스토크 극동대학 학장을 지내는 등 20세기 초 러시아한국학을 이끌었으며, 야코블레프(N. Yakovlev), 파쉬코프(B. Pashkov), 코로도뷔치(A. Kholodovich) 등이 뒤를 이어 한국학연구를 주도했다.

(2) 제정러시아시대 생성된 한국학 문헌목록

① 1860년부터 1880년까지 문헌목록

러시아에서는 1860년대 이전에도 한국에 관한 일부자료들이 동방학 연구재료로 사용되고 있었다. 1833년에 노보시비르스크에서 "블라디보스토크의 한인(Корейцы во Владивостоке)"이라는 보고서가 작성되었으며, 1842년에는 야크네프(Иакинф)의 중국제국의 통계 기록(Статистические описание китайской империи)[10]이 쓰여졌다. 1851년에는 비추린(Бичурин И.)의 고대 중앙아시아에 거주했던 諸민족에 관한 정보 모음집 (Собрание сведений о народах, обитавших Средней Азии в древние времен)연구가 쓰여졌다.[11] 이들 저서들은 제정러시아시대의 지정학적 지식으로서 동방에 대한 서막을 알리는 문헌들로 볼 수 있다. 이것은 이미 19세기 초반 러시아가 지정학적으로 한반도에 대해 일찍이 관심을 가졌음을 보여준다.

1860년 북경조약 직후 막시모프(Максимов А)는 동방의 정세에 대한 검토 보고서를 제출했으며, 제정러시아 극동참모본부 조사위원회(Исследования штаб-капитана П)도 아무르지역과 연해주 지역에 대한 조사결과를 1863년에 제출했다. 또 1863년에는 아무르 변경지역 상황이 노스코프(Носков И.)등에 의해 제출되었고, 그 해 가을 연해주 변

---

10) Иакинф(1842), Статистические описание китайской империи. СПб.

11) Бичурин И.(1851), Собрание сведений о народах, обитавшых в? Средней Азии в древние времена. СПб.

강의 국경초소의 일반 장교로부터 조선에 살고 있는 한인들의 연해주 지역으로의 이민에 대한 요구를 담은 보고서도 작성되었다. 1871년에는 러시아의 뻬제르부르그 대학에서 동방학연구의 한 분야로 한국관련 기록이 교과서(연해주지방의 외래인들Инородцы Приморской области)에 실렸다.

1870년대 저서로는 카파로프(Кафаров П.И)(1871)의 저서 「남-우수리스크 지방 인종(민속) 탐험 Этнографи-ческая экспедиция в Южно-Уссурийский край . Известия имп. русского географическ ого общества.」, 막시모프(Максимов С.)(1871)의 저서 「극동, 아무르 지방 여행1860-1861(С. На Востоке, поездка на Амуре в 1860-1861 годах), 페인코프(Любенский В)(1872)가 쓴 「한국과 한국인들에 관한 기록 Описание Кореи н корей цев. ИГО, Сибирск ий отдел」. 바실리에프(Васильев Г)(1873)의 저서 「동방의 종교: 유교, 불교, 선교 Религии Востока: конфуцианство, буддизм и дао сизм」, 피얀코프(Пьянков В)(1873)의 「한국어 입문서: 우수리스크 지방의 고려인학교용」(Корей ская азбука. В пользу корей ских шко л Южно-Уссурий ского края. Автограф корей ца.」, 1875년에 최초로 러시아 군함을 타고 한국의 영해를 정탐했던 팔라디(Палладий)가 쓴 「조선지역 여행기], 1874년에 푸칠로(Пуцилло М)는 「러-한사 전, 편찬의 체험(Опыт русско-корей ского словаря」을 펴냈다. 또 베숄로프스키(Веселовский Н, 1879)에 의해 "러시아에서의 공식적인 동방 諸언어 교육에 관한 보고서(Сведения об официальном препо довании восточных языков в России)가 쓰여 졌고, 1879년에는 또 하나의 저서로 카파로프(Кафаров П.И)에 의해 "만주의 역사와 관련한 우수리스크 지방의 역사개요(Исторический очерк Уссурий ского края в связи с историей Маньчжурии)"가 쓰여 졌다. 1880년에는 막시모프(Максимов А, 1880)에 의해 "극동지방에서의 우리의 과제,

우수리스크 지방의 이민족들 Наши задачи на Дальнем Востоке. И нородцы в Уссурий ском крае"등으로 한국문제에 대한 정보가 소개되었다.

② 러시아 문헌목록: 1881년~1900년

1880년대 이후 러시아는 조선왕조와 국교를 수립하면서 본격적인 외교관계를 형성하였다. 이 시기를 통해 러시아는 보다 정교한 형태의 극동지역 정세파악을 시작했고, 외무성 산하의 첩보요원을 파견해 조선의 정세를 보고하게 하였다. 또한 청일 양국의 각축과 영국의 동방진출을 예의 주시하고 있었다. 이런 기록들은 제정러시아 외무성 문서보관소 등에 기록되어 있다. 이들의 관심은 단지 국제문제 뿐만 아니라 한국어, 역사, 지리 등으로 확대되었다.

그 중에서도 한반도, 연해주, 만주지역에 대해 쓰여진 기행문과 답사기들은 19세기 간도와 연해주지역 연구와 민속학적 연구를 위한 기초자료로서 충분한 가치가 있다. 1882년 부세(Буссе Ф)는 「아무르지역에 대한 문헌 목록(Указатель литературы об Амурском крае)」를 통해 조선지역의 정세와 풍물을 소개했다. 여행기로는 델라트케비치(Дел откевич И, 1886)가 쓴 1885년 12월~1886년 3월의 한국 기행(Путе шествие по Корее с декабяр 1885 по март 1886 года) 델라트케비치(Делоткевич И, 1887), "서울에서 포시에트까지 도보여행 일지: 1885년 12월 6일부터(Дневник по путе пешком из Сеула в Посьет через Северную Корею с 6 декабря 1885г: СГМА)", 폴야코프(Поляков И. 1889). 러시아의 극동지방의 여행기(На край нем восто ке России. Из путевого альбома. новь), 옐리셰예프 아(Елисеев А.1898), 한국인: 이 세상을 따라서, 여행기와 여행사진(Корей цы. Его же: По белу свету ? Очерки и картины путешествий), 막시모프 에스(Максимов С. 1898), 극동지방 여행기(По Дальнему Вост

оку.Путевые заметки)를 들 수 있다. 이 밖에도 스타르쳅스키. 베(С
тарчевский В. 1892). "동-남아시아 국가를 여행하는 모든 항구의 25
개 언어 러시아 해상 통-번역가"(Русский морской переводчик во
всех портах на 25 языках, служащего также для русских люд
ей , путешествующих по южным м восточным странам Азии)
도 주목할만 하다..

종교적인 저작으로는 비니아민(Виниамин, 1884)의 동시베리아 러
시아정교 선교단의 저작들(Труды православной миссии? Восточн
ой Сибири)과 비니아민(Виниамин, 1885), 시베리아 러시아정교 선
교단의 주요 문제(Жизненные вопросы православной миссии в
Сибири)이 있다.

1882년부터 1885년 사이에 출간된 책은 8권에 불과했으나 1886년부
터 1889년 사이에는 무려 14 권으로, 1890년대에는 30여권을 늘어나는
등 이 시기에 한반도에 대한 지정학적 관심이 크게 확대되고 있음을 알
수 있다. 이 시기의 대표적인 저자로 나다로프(Надаров И. 1885)의 북
-우수리스크 지방의 현대 상황 개요(Очерки современного состоян
ия Северо-Уссурий ского края), 보골룹쓰키(Боголюбский Н,
1886)의 아무르스크와 연해주 지방의 금광산업(Золотопромышленно
сть в Амурской и Приморской областях). 카르닌(Калнин Г.
1887)의 한국 르쁘(Краткий очерк Кореи). 루벤쪼프(Лубенцов А,
1887), 한국의 함경도와 평양도(Хамгенская и Пхеньянская провин
ции Кореи), 러시아 재무성의 지원을 받아 보스드네에프 데(Позднее
в Д. 1897)가 쓴 「만주誌」(Описание Маньчжурии. Составлено в
канцелярии министра финансов под ред)등이 있다.

1890년대 한국어를 다룬 책자나 사전류로는 타이쉰 아(Тай щин А.
1898), 러-한사전(Русско-корей ский словарь). 쿠즈민 카(Кузьмин
К, 1900), 문법규칙과 연습문제가 딸린 한국어 학습 기초 참고서(Элем

ентарное пособие кизучению корей ского языка, с граммчески ми правилами и упражиемиями)가 있다.

한편 19세기 말 조선왕조시대의 문학 및 저작에 대한 소개를 담은 저작들도 일부 출간되었다. 델라트케비치(Делоткевич И.)와 막시모프(Максимов А, 1887)가 공동으로 쓴 극동지방의 단편과 수필(На Дальним Востоке. Рассказы и очерки. СПб)이나 나다로프(Надаров И. 1887), 북우수리스크 지방(Северо-Уссурий ский край), 이바노프스키(Ивановский А. 1892), 서지기록(Библиографические запи ски) 등의 저서는 연해주지역 한인 뿐만 아니라 소수민족의 기록이나 문헌이 소개되어 있다.

이 시기에 한반도의 외교환경과 지정학적 환경을 다룬 정치평론, 각종 보고서들이 주로 연해주지역의 총독들과 전문외교관, 학자들에 의해 제작되었다. 두홉스키 에스. 엠(Духовский С. М. 1893). 연해주 총독의 상주(上奏, Всеподдан-ней ший отчёт Приамурского генера л - губернатора. 1893, 1894 и 1895 годы). 막시모프(Максимов А, 1894), 태평양에서의 우리의 과제: 정치 평론(Наши задачи на Тихом океане: Политические этюды), 콜린 폐(Колин П. 1898), 러시아 극동지방의 외교문제(Желтый вопрос на русском Дальнем Вост оке). 듀홉스키(Духоветский Ф, 1900), 외교문제(Жёлтый вопрос). 코르프(Корф Н, 1898), 북부 조선 상황 자료집(Северная Корея. Сбо рник описаний позиции)등이다.

또한 연해주지역의 고려인의 이동과 거주상황을 정리한 서적으로는 호멜례바 오(Хмелева О.1899), 우수리스크 지방과 이 지역 거주민들에 관한 참고자료(Справка об Уссурий ском крае и его обитателя х). 나세킨 엔(Насекин Н. 1895), 아무르 연안지방의 한국인들. 아무르 연안 부서의 저작들(Корей цы Приамурского края. Труды Приам урского отдела). 부세(Буссе Ф. 1896), 농민들의 연안으로의 이주(Пе реселение крестьян морем, СПб)을 들 수 있다.

연해주지역의 산업정보관련 자료로는 키릴로프 아(Кириллов А. 1894), 아무르, 연해주 지방, 그리고 이들 지방과 인접한 국가들의 몇몇 지역의 지리-통계 사전(Географическо-статистический словарь Амурской и Приморской областей со включениями некотор ых пунктов сопредельных сними стран). 블라즈니코프 베(Браж ников В, 1900), 극동지방의 어업(Рыбные промыслы Дальнего В остока) 등을 꼽을 수 있다. 이 밖에도 일반대중 서적으로 맛베에프(Ма твеев Н. 1900)가 쓴 「블라디보스토크 안내서, 도시약도, 중국 한국 일 본 극장의 약도 사전 삽화 5」(Справочная книга г. Владивоскока. С приложением 5 рисунков словарей китай ского, корей ског о и японского плана театра и города)가 있다.

2) 19세기 후반 러시아 연해주 고려인사회의 출현

(1) 러시아정부의 연해주정책과 이민자 수용

19세기 후반이후 20세기 초 조선에서 넘어 온 한인들의 연해주로의 정착은 두 가지의 동기에 의해 이루어졌다. 하나는 경제적 이유로 조선 에서 살기 어려워진 농민들의 자발적인 이민이라 할 수 있고, 다른 하 나는 연해주를 기반으로 항일운동을 펼치기 위해 의도적으로 생활거주 지를 옮긴 형태의 이민으로 나눌 수 있다. 전자가 농민이민의 성격을 지닌다면, 후자는 망명이민(亡命移民)의 성격을 가진다고 할 수 있다.12) 자발적인 농민이민은 점점 그 성격이 망명성격을 가진 잠재적 이민세 력에게 경제적 기반을 제공하고 사회문화적 정착의 수단을 제공하는 등 중요한 한인공동체의 기틀을 제공했다.

---

12) 농업이민과 망명이민 개념을 사용한 연구로는 이광규, 「러시아연해주의 한인사회」, 집 문당, 1998. pp.44~52.

구한말 조선의 동북부지역에 위치한 함경도 백성들이 국경을 넘어 새로운 정착지를 찾아 나선 선택은 고려인 이민사의 중요한 첫 번째 장면을 구성한다. 조선왕조의 정치적 실정에 대한 반발과 빈곤문제의 해결수단으로 조선 농민들이 연해주지역에서 새로운 농지개간과 집단이주를 시도한 현상은 결코 우연한 현상도 아니었고, 결코 쉬운 선택도 아니었다.[13] 러시아지역 한인들이 간도를 거쳐 연해주 지역으로 이동하게 된 것은 한반도 북부지역에 살던 농민들의 빈곤문제가 직접적인 계기였다. 1865년 몇 명의 농사꾼들이 봄부터 가을철 수확기까지 일시적으로 월경농업을 시작한 것을 계기로, 연해주지역에서는 농업이민 현상이 크게 나타났다. 이들은 1910년대까지 50년 간 척박했던 연해주 들판을 옥토로 뒤바꾸며 국경을 접한 변강(邊疆 kray)에서 사회경제적 주인공의 지위를 획득한다.

1856년 러시아는 동시베리아지역에 캄차트카주, 우다지방, 흑룡강지방을 포함하는 연해주를 창설하고, 아무르강의 하구인 니꼴라예프스키시에 군정사령부를 상주시켰다. 러시아는 1858년 아이훈 조약으로 아무르강 연안을 영토로 편입시켰고, 1860년 북경조약을 통해 연해주를 편입시켰다. 이로써 러시아영토는 연해주할양에 따라 남부국경이 두만강까지 확대되어 한러국경이 접하게 되었다. 연해주 획득에 따라 제정러시아정부는 우선적으로 이 지역을 군사적인 행정관할지구로 관리하면서 서쪽에 살고 있는 러시아인의 인구유입과 연해주와 주변지역에 살고 있는 소수민족들의 참여를 통한 연해주 개발문제에 관심을 가지게 되었다.[14] 러시아정부는 새롭게 획득한 아무르지방과 연해주를 개발

---

13) 1860년대 조선의 백성들은 500년 이상 된 왕조의 쇠락이라는 사회정치적 위기와 함께 홍수나 흉작 등의 경제적 위기로 인해 나라 전체가 기근과 전염병에 시달리면서 농민반란을 일으키거나 양반을 습격하고, 국법으로 엄격하게 금지되어 있던 국경이탈행위를 통해 돈벌이나 새로운 농지를 개간하려는 선택을 하게 되었다.

14) 초기 러시아 연해주 한인이민에 관한 연구로는 박보리스, 니꼴라이 부가이 공저(오성환 편역), 「러시아에서의 140년간」, 시대정신, 2004. pp.23~36., 김게르만, 「한인이주의 역사」, 박영사, 2005. pp.155~171.

하기 위해 러시아농민 뿐만 아니라 외국인들에게 각종 특혜를 제공하는 인구유입정책을 발표한다.

1861년 4월 27일 제정러시아 황제 알렉산드르 2세는 시베리아위원회가 마련한 「동시베리아 아무르주와 연해주 거주 러시아인과 외국인의 이주규칙에 대한 법안」을 비준했다. 이 법에 따라 연해주와 흑룡강지방으로의 이주를 희망하는 농민들은 이주비용은 본인이 부담한다는 조건하에 1가구당 최대 109,200헥타르의 국유지를 자유롭게 선택해 임시 혹은 영구적으로 소유할 수 있게 되었다. 또 인두세의 영구 면제, 군역 10년 면제, 토지이용세 20년 면제 등의 해택이 주어졌다. 「시베리아 이민법」 시행에 따라 러시아정부는 1960년대 이후 매년 1,000명에서 1,500명 규모의 남부 러시아 농민들을 이주시켰고, 1870년에 이르면 아무르주와 연해주에 사는 러시아의 농민의 수는 22,574명과 11,457명에 달했다. 남부 러시아에서 극동으로 이주한 대부분의 농민들은 주로 이르쿠츠크에서 아무르지방에 이르는 지역에 주로 정착을 했고, 연해주에서남부 우수리스크지역까지 깊숙이 내려와 살던 러시아 농민들은 거의 없었다.[15] 연해주에 진출했던 지방관할 사령부는 한인에 의한 농업경작이 시베리아의 개발과 극동지역 주둔군에게 편리를 제공할 것이라는 기대를 하고 있었다. 이처럼 연해주로의 고려인 인구의 유입은 제정러시아의 연해주지역 통치 목표와 조선농민들의 경제적 관심이 서로 맞물리면서 발생한 결과라 할 것이다.

---

15) 이 지역에서 이주담담 공무를 수행했던 러시아 군무지사 휘하의 특무관 F. F붓세에 따르면, 남우수리스크지역으로 이주한 러시아농민은 1863~1870년 사이에 2,266명이 었고, 1871~1882년 사이에는 632명에 불과했다. S.D. 아노소프, 「우수리지방의 한인들」(하바로프스크-블라디보스토크, 1928) pp.5~6.

(2) 초기 고려인 이민과 고려인 집거촌에 대한 기록

① 초기 이민자들과 이민의 수용

러시아에서 대표적으로 고려인 이민자에 관한 연구를 수행한 학자들인 따찌아나 씸뻬르쩨빠, 박보리스, 박벨라, 니꼴라이 부가이, 김 게르만의 연구에 따르면 최초로 조선에서 러시아로의 농업적 이민신청이 있었던 것은 1863년이다. 러시아 정부에 의하면 남우수리스크지역 변강지역 한인이주에 대한 최초의 공식문서는 1863년 12월 30일에 쓰여진 레자노프(Rezanov) 육군중령이 카자케비치(P.V. Kazakevich) 연해주 사령관에게 보낸 보고서로 알려졌다.[16] 이 보고서에 따르면 국경을 넘어온 조선농민들이 노브고로드 국경초소 책임자에게 러시아에서 거주를 신청했다고 전한다. 레자노프 리포트를 기초로 연해주 군사령관은 한인들의 거주 허가 요청을 수락했고, 그들을 보호할 5명의 군인 막사를 지어 주는 조건을 제시했다. 이들이 러시아의 연해주 지배에 따라 러시아정부가 새롭게 「시베리아이민법」을 제정했다는 것을 알았는지는 어떤 연구에도 밝혀져 있지는 않다. 이들이 처음에 러시아의 국경수비대에게 농사철을 이용해 농사를 지을 땅을 빌려달라고 요청했을 때 이들이 처음부터 영구이민을 생각했다고는 보기 힘들 것이다. 이들은 대부분 계절성 이동농사라 할 수 있는 고본질(古本質)적 형태의 농사방식을 원했기 때문에 적지 않은 숫자의 농민들이 두만강 건너편에 본가를 둔 상태였다고 할 수 있다. 당연히 농사지을 나이의 청장년층이 중심이 되어 이주를 계획했을 것으로 보인다. 시기적으로는 중국에서 조선족이 정착하기 시작하던 시점에 연해주 이주도 진행되었다. 따라서 연해주로의 국경확정이 마무리되고 군사적 관리가 시작되자 보다 합법적인 방

---

16) 「레자노프 중위가 연해주 군무지사에게 보낸 보고서」(노브고로드스키만(灣) 초소, 1863년 11월 30일) 이르크츠크 국립문서보관소, 서고 24, 목록Ⅱ/3, 보관단위 24, 장 2~3. 이것의 구체적인 문서이름은 Центральный государственный архив России и Дальнего Востока (ЦГА РиДВ, ф.87 ОП.1 Д.278. Д.1.

법으로 농업이주를 신청했다고 보는 것이 적당할 것이다.

최초의 이주신청이 받아지면서 농민들이 연해주에서 토지사용권을 부여받고 정착에 성공하자 농업경작지가 부족했던 함경북도의 두만강 일대를 뒤흔들기 시작했다. 1960년대 몇 차례의 대흉년과 삼정의 문란으로 고통 받고 있던 조선농민으로서는 러시아로 귀화하면 땅을 얻을 수 있다는 소문은 충분히 격동할만한 일이었다. 결국 궁핍을 면하고 토지를 얻고자 한 동기가 1960년대 대규모 이주를 가져왔다.

1864년 1월에 14가구 65명의 조선인들이 조선정부 몰래 러시아지역으로 이주하여 노브고로드 국경초소 부근 16km이자 중국의 훈춘(輝春)에서 14km정도 떨어진 지점에 최초의 마을을 세우기 시작한다. 이후 1864년 여름에 30가구 140여 명의 한인이 집단이주해 들어왔다. 이 마을은 지신허(Tizinkhe)로 명명되었으나 1865년에 레자노보로 개칭되었다.[17] 지신허 마을의 유래에 대한 기록으로는 프르제발스키(N. M. Przheval'skii, 1969)가 만든 「우수리스크 변강 답사리포트(*Putesbestvie v Ussurisskom Krae*)1867-1869」가 있다. 이 기록에 따르면 1864년과 1865년 겨울에 한인 10가구 또는 12가구가 이주해왔다고 전한다.[18] 한편 1864년 무렵부터는 시미지江(Simidi)강과 양치혜江(Yanchikhe) 유역에도 한인들이 정착했다. 1865년에는 지신허로 65가구 343명이 추가로 이주해 왔다. 우수리스크 포시예트 지방에 위치한 지신허(地新墟) 마을이나 양

---

17) 남부우수리스크 지역의 최초의 한인마을인 지신허(地新墟) 마을은 1937년 고려인들이 강제이주 되기까지 원동지역 고려인들의 고향이었다. 그러나 강제이주 후 고려인이 떠난 마을에 러시아인들의 국영농장이 들어섰다가 목축업을 하는 목초지로 변해 버린 이 마을에는 아주 드물게 흔적만 남아있다. 이 옛터를 발굴하기 위해 2001년 국가보훈처의 학술단을 이끌고 반병률교수 등이 현지조사를 진행한 바 이다. 반병률, "러시아최초의 한인 마을 지신허(地新墟)", 『한국근현대사연구』(2003년 가을호, 제26집), pp. 209~271.

18) 동시베리아 총독의 지시로 프르제발스키(N. M. Przheval'skii)은 1867~1869년간 연해주남부지역 답사보고서를 작성했다. 이 자료는 러시아 국립문서보관소에 보관 되어 있다. N. M. Przheval'skii, "Introdcheskoe nacelenie v iuznou chasti Primoskoi Oblasti", Zburnal Zacedaniia Sobeta 11, Marta 1869, p.185.

치혜 마을, 수찬강 유역의 한인마을 등의 러시아한인농촌공동체는 40년 뒤 일본에 나라를 빼앗긴 조선인들로 하여금 독립에 대한 열망과 의지를 굳힐 수 있게 한 중요한 배후지로 성장했다.[19] 아래의 그림은 1860년대 이후 1900년대 초 사이에 남부 우수리스크지방을 중심으로 형성되었던 고려인 촌락에 대한 지도를 작성한 것이다.

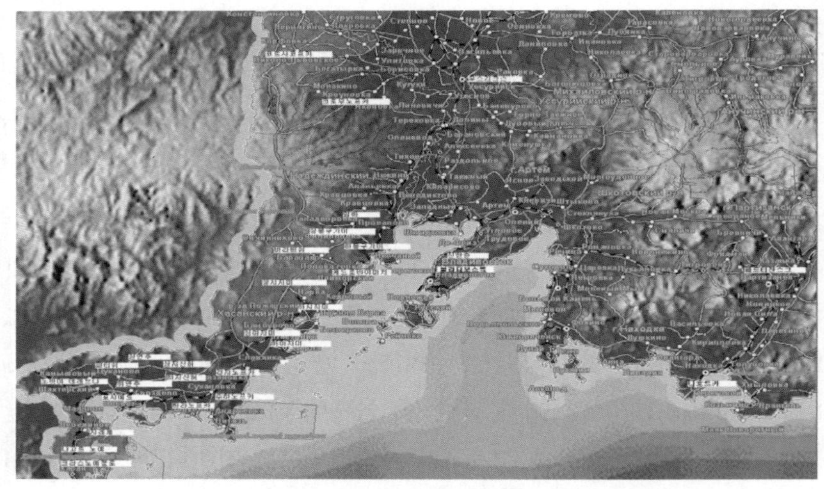

〈그림 Ⅱ-1〉 1860년대 이후 1900년 초에 고려인 촌락의 분포

연해주지역 군사령부의 특별한 관심과 지원 속에서 새로운 한인마을의 출현은 계속되었고 한인이주를 장려하는 정책들이 수립되기도 했다. 겔메르센(Gelmersen) 중위는 1865년 지신허 마을을 탐사한 후 아무르주-연해주 이주 러시아인과 이민족에 대한 특혜를 한인이주자에게도 적용할 것을 건의했다.[20] 1866년 연해주를 방문한 동시베리아 대총독 코

---

19) 독립유공자협회, 러시아지역의 한인사회와 민족운동사, 교문사, 1994. 박보리스, 「러시아에서 항일민족독립운동」, 독립운동사의 재조명, 1992. pp.139~150.

20) 초기 한인의 연해주이전에 관한 러시아정부 공식자료의 하나로 겔메르센 보고서는 아주 중요한 의미를 가지고 있다. 「P. A 겔메르센 러시아국적취득을 희망하는 한인들에 대하여」,(상뜨 뻬쩨르부르그, 1865년 5월 23일), 이르크츠크 국립문서보관소, 서고 24, 목록Ⅱ/3, 보관단위 24, 장 27-28.

르샤코프(Korshakov)는 조선이주민들에 대한 정보수집과 인구조사를 실시하라고 명령하고, 1867년에는 조선인 거주지역에 대한 행정권 조례를 설정하여 수이푼 관구리 명명하고, 노브고도르스키 초소 지휘관인 레자노프에게 이 지역의 주민들에 대한 관리감독을 명령했다.

<표 Ⅱ-1> 수이푼관구 첫 한인정착민들의 경제상황

한인이주지	한인수				가축수		토지면적	채무	
	가구	남	여	합계	말	소	데샤티나	돈 (루블)	수수 (푸드)
지신허강변 자유농민촌레자노보	124	368	293	661	10	148	395	329	1,209
시미지강변	11	30	24	54	1	11	16	36	134
레자노보 임시거주자	42	134	45	249	0	0	0	0	0
몽구가이 강변	8	21	14	35	0	7	15	31	23
총계	185	553	376	999	11	166	426	396	1,366

*출처: 「러시아극동의 한인들(19세기후반~20세기 초), 문서와 자료들」(블라디보스토크, 2002), 25~29. 이 표는 극동러시아 국립역사문서보관소, 서고 87, 목록1, 사건 278, 장 61~70.

② 경흥협상: 조선과 러시아간 한인 국경이동에 대한 최초 협상

1960년대 말 연해주와 함경도 지역에는 흉년이 들자 함경도 북부지역의 6진에 병역세와 토지세, 호세의 부담을 가지고 있던 농민들이 대거 연해주로 넘어갔다. 1869년 10월 말에서 11월 에는 4,500여 명이 대거 러시아국경을 넘어 남우수리스크 지방으로 넘어왔고 12월에는 1,180명이 넘어와 총 6,543명에 이르렀다.[21] 이들은 전혀 겨울철 준비가 되지 않았다. 이에 따라 연해주 총독 푸르겔름(Furulgeim) 해군 소장은 이들을 국경 밖으로 추방시킬 경우 그들이 조선으로 가서 처형당할 것이 명백했으므로, 도덕적 책임을 들어 이들에게 비상식량과 의복을

---

21) 1869년 이주 농민의 숫자에 대한 기록은 러시아로 작성된 박 벨라, 「러시아외교와 조선」(Rossiiskaya Diplomatiya I Korea(1860~1888), Moscow-IrkutsKRA-St. Petersburg, 1998, p.22의 글을 참조.

국고로 지원하라고 지시했다. 동시베리아 대총독 코르사코프(Korsakov)는 아무르주 예산의 예비비를 사용할 수 있도록 허락했다. 이에 따라 조선농민들은 기업체와 농장 등에 일부 취업이 되어 600명의 한인은 블라디보스토크로 보내졌고, 가축을 보유하고 있는 70여 명은 니꼴스코예로 보내서 농업을 짓게 했으며, 나머지 1,180명은 포시에트 지신허 마을에 임시거주지를 마련하게 했다. 또한 일부 한인은 블라디보스토크 항만공사와 연해주, 아무르지역 도로건설 사업에 고용되기도 했다. 이러한 급속한 한인인구의 증가현상은 러시아정부로 하여금 새로운 정치경제적 문제 발생에 대한 경계심을 초래시켰다.22) 조선정부로서도 북부지역에서 농민들의 이탈현상은 심각한 사회문제였기 때문에 탈출을 시도하는 농민에 대해 가혹한 처형을 진행하고 있었다. 이런 상황이 계속되자 연해주 총독은 경흥부사와의 조선인 이주문제에 대한 협상을 하지 않을 수 없었다.23) 러시아 정부는 조선에서의 과도한 인구이동이 러시아 내부에 문제를 발생시키고, 국경지대에서 불필요한 분쟁이 발생될

---

22) 이에 대한 연구로 보리스 박, Koreisty v Rosseiskoi imperii(러시아제국 속의 고려인들), Moskva, 1993. Irkutsk, 1994, 27. Park B. B(박벨라). Rossiskaya diplomatiya I Korea(1860~1888)(러시아외교와 조선), Moscow-IrkutsKRA-St. Petersburg, 1998. Petrov A. I. Koreiskaya diaspora na Dalnem Vostoke Rossii 60~90 gody ⅩⅠⅩ veka(19세기 60~90년대 러시아 극동에서의 조선인의 디아스포라}, Vladivostok, 2000.

23) 연해주총독은 1869년 12월 초 남우수리스크 경비대 사령관 대리 트루베츠코이(trubetskoi) 공작에게 전보로 명령했다. 이에 따라 트루베츠코이는 조선인 이주민들의 귀환, 처벌면제, 귀환자에 대한 조선정부의 보상에 관한 회담을 경흥부사와 접촉을 시도한다. 세금을 낼 농민들의 도주를 막고자 하는 입장과 쇄도하는 조선 이주자를 막고자 하는 러시아의 입장이 일치했기 때문에 경흥부사 이교봉은 연해주총독의 제안에 동의했다. 그러나 12월 중순까지 계속해서 농민들의 월경행위가 지속되었다. 1869년 12월 20일 연해주 총독은 트루베츠코이에게 경흥부사의 각서를 받아오라고 명령했다. 이 명령에 따라 트루베츠코이는 노브고로드스키 지휘관인 디아첸코(Dyachenko)대령과 한인국이라는 조선인 통역관, 12명의 병사를 이끌고, 경흥에 파견되었고, 1870년 1월 24일 조선인들의 러시아 입국을 차단하겠다는 각서를 써주고 경흥부사의 조선백성에 대한 처벌중단의 각서를 받아갔다. 이 경흥협상과정에 대해서는 모스크바 러시아 과학아카데미 동방학연구소에 있는 심비르쩨바 따찌아나 박사가 쓴 "1869~1870년간에 진행된 러시아와 조선간의 경흥협상과 그 역사적 의의"를 참조할 것.

것을 우려했다.24) 그러나 조선인들은 러시아가 많은 땅을 연해주에서
나누어 준다는 소문에 동요되어 두만강을 건너왔다. 러시아정부는
1870년 이후 국경지대의 한인 집중 현상을 해소하기 위해 보다 철저한
국경단속을 실시했고, 비국적 고려인들을 분산시켰다. 연해주 지방정부
는 고려인들이 증가하자 러시아로 귀화한 고려인을 원호(元戶)라 부르
고 귀화하지 않은 사람을 여호(余戶)라고 구분하여 철저하게 관리했다.
귀화한 고려인들은 러시아식 이름으로 자신들의 이름을 부여했고, 연해
주지방정부의 지원을 받아 자녀들을 정규 학교에 보낼 수 있었다. 또한
이들은 연해주정부가 제공해 주는 막대한 토지를 분배받아 소유함으로
써, 일정하게 세금을 납부하고, 정치적 권리도 가진 비교적 여유 있는
생활을 할 수 있었으나 반면에 귀화하지 않은 고려인들은 러시아정부
가 토지사용권을 부여하지 않았기 때문에 대부분 타인에게 고용되거나
농지 이외의 광산, 어장, 산림 벌채장에서 일했다.

③ 1870년대 이후 연해주 한인마을

1900년에 연해주 한인 마을은 32개였다. 그 중에서도 대부분의 마을
은 남우수리스크 관구의 포시에트 군(郡)에 속해 있었다. 1867년 만들
어진 양치헤는 읍 소재지가 있었고, 읍 경찰서가 인접해 있어 새로운
한인공동체의 중심지로 발전했다.25) 연해주 정부는 신규 이민자를 넓은
지역으로 분산시킴으로써 이주민문제를 해결하고자 했다. 1870년 봄에
새로 이주해 온 한인들은 수이푼, 슈판, 레이푼, 다우비헤강 분지로 분

---

24) 러시아외무성 역시 국경지대에 한인가구들이 정착하는 것이 조선과의 불필요한 오해
    의 소지를 제공할 가능성이 있다고 평가한다. 「P. N. 스트레모우호프 외무성 아시아국
    장이 M.S. 코르사코프에게 이르크추크로 보낸 편지」(1870년 3월9일), 제정러시아 대외
    정책문서보관소, 서고 '상뜨 뻬쩨르부르그 중앙문서보관소, 1~9, 1876~1882년, 사건
    25, 장4. 박보리스, 부가이, 「러시아에서의 140년간」, 2004. 56. 글, 2004. p.4.재인용.
25) 1세대 지도자 중 한명이었던 최재형은 읍 경찰서의 통역으로 10년간 일하다가 1893년
    부터 읍장을 맡았다.

산 배치되었다. 양치혜 마을과 지신허 마을 사람들이 주변부에 새로운 한인마을을 건설했다. 시미지를 비롯해 아미지강과 파티쉬강 등에 한인촌이 만들어졌고, 새로 이주한 조선농민과 정착촌 주민들에 의해 새로운 마을이 만들어졌다.[26]

〈표 II-2〉 19세기 말 포시예트 한인 촌락공동체의 특징

한인이주지	설립년도	소재위치	한인공동체	국적취득 (가구)	임시거주 (가구)	주요농업
지신허마을	1864	포시예트	매우 활발	124	이주촌 별도	축산
하양치혜마을	1867	포시예트	경제력 풍부 교회, 학교	141	28	콩, 감자, 수수
상양치혜마을	1867	포시예트	교역의 중심	80	18	자갈밭 (중러접경지)
상시미지촌	1867	포시예트	경제력 풍부	31	15	귀리농사
하시미지촌	1867	포시예트	-	20	10	거룻배유통
바라노프카	1867	포시예트	초기이주민	20	-	배추, 귀리, 감자
파티쉬마을	1871	파타혜강	부유한농촌 (양치혜출신)	-	-	모래지대 감자, 배추
아지미마을	1872	아지미강	교회, 학교	-	-	-
크라스노예	1875	두만강분지	지신허출신 양치혜출신	11	-	토질취약 (수확적음)
나고르나야	1875	두만강분지	지신허출신 양치혜출신	30	-	토질취약 (수확적음)
노바야마을	1878	추리혜강	지신허출신 양치혜출신	-	-	-
부루시에마을	1889	부르시에강	지신허출신	64	20	-
자례치에마을	1880	오제르나야강	지신허출신 양치혜출신	14	-	-

---

26) 이런 가운데 러시아인들을 의도적으로 한인마을에 이주시키는 일이 나타나서 일부지역은 기존의 정착촌을 내주고 새로이 황무지를 개간해 만든 마을이 있었는데 대표적인 마을로는 수찬지역의 타우데미 마을이 있다.

한인이주지	설립년도	소재위치	한인공동체	국적취득 (가구)	임시거주 (가구)	주요농업
랴자노프카	1880	랴자노프카강	양치혜출신 지신혜출신	-	-	-
페스챠나야	1884	라냐노보 우편역 부근	아지미출신 신규이주민	21	14	농사와 장작제조
암바비라마을	1892	암바비라강	-	27	-	-
수하노프카	설야	포시예트 라즈돌노예로	아지미출신 신규이민자	24	5	수수, 귀리
몽구가이마을	설야	-	신규이민자	50	-	-
라즈돌노예	1867	-	교회소유지	30	-	-
니꼴라예프카	1867	수찬강 분지	러시아화 (니꼴라이김)	30	-	-
로마노프카	1890	다우비혜강	-	12	19(3)	-
타우데미마을	1888	수찬구 부근	황무지개간	-	-	재이주지역
안드레예프카	1875	마이혜강분지	학교	17	5	-
오시포프카	1891	하바롭스크 관할	임시거주지	-	44	귀리, 감자, 채소
블라고슬로브 노예	1872	하바로프스크 서쪽	동시베리아 총독요청으로 조성	103호 (431명)	-	-

*출처: A.나세킨 "연흑룡지방의 한인들, 남우수리스크 한인이주사 개요", 「연흑룡통보」, 83호, 1895, 러시아 국
립역사문서보관소, 서고 87, 목록4, 보관단위 1593-13 등 참조.

러시아 정부의 입장에서 볼 때 고려인들은 새로 이주해 오는 러시아
농민들에게 영농기술을 전수할 수 있는 장점을 가지고 있었다. 이것은
연해주와 하바로프스크지역의 행정관들에게 있어 한인들에 대한 판단
의 중요한 기준으로 작용했다. 실제로 1875년 「시베리아와 그 인접국에
대한 역사통계자료집」에는 V. 바긴이 작성한 "아무르강의 한인들"이란
논문이 게재되었다. 그는 한국인의 덕성을 높게 평가하고, 이주 한인들
의 근면성을 존중하며, 러시아의 모든 공민들과 동등한 대우를 해줘야
한다고 주장하기도 했다. 이런 가운데 특히 몽고가이(蒙古街, Mongugai)지
역과 치무허(Chimuhur) 강, 수이푼 분지에도 새로운 형태의 한인촌이

나타났다. 이들은 슈판 강(江) 분지 등에서 정착해, 보리, 수수, 옥수수, 귀리를 파종하고, 감자, 호박, 콩을 심는데 성공했다(박보리스·부가이, 2004, 43). 1871년 봄에 이르면 한인이주의 지역적 범위는 우수리지방을 넘어 아무르강(江) 지역으로 확대되었다. 시넬니코프 동시베리아총독은 새로 이주해 온 한인 500가구를 선박을 이용해 아무르강 유역으로 이송시켜, 코사크 보병대대 주둔지역에 정착시켰다. 그리고 아무르주 군무지사에게 1872년 수확 전까지 이들에게 식량과 종자, 가축 및 필요한 농기구를 지급할 것을 지시했다. 이를 바탕으로 아무르 강 지역에 최초의 한인마을이 만들어졌는데, 마을은 블라고슬로벤노예 마을로 명명되었다. 1870년대 후반에 들어서면 연해주정부는 한인들에게 경제적 활동의 기회를 증대시켰다. 연해주한인은 포시에트 탄광작업에 동원되었고, 목수, 대장장이, 석공으로 구성된 50명의 장인들은 블라디보스토크항구 건설작업에도 참여시켰다. 또한 남부우수리스크 철도건설공사나, 관영기선의 연료생산이나, 라즈돌로예 벌목현장 등에도 파견되었다.

(3) 연해주당국의 고려인 인식과 인구정책 변화

고려인 이민사에서 연해주 지방정부의 태도는 연해주지역에 살고 있는 고려인들의 사회적 지위에 있어 매우 중대한 변화를 가져왔다. 연해주 당국은 조선인의 이주를 둘러싸고 찬반양론이 지속되었다. 1860년대 이후 1870년대까지는 고려인 활용론이 나타났지만, 1870년대 중반 이후 고려인 경계론이 나타났다. 이후 1880년대 이후 조러 국교수립에 따라 고려인에 대한 활용과 함께 인구 분산 및 분할관리 전략이 체계화되었다. 또 1890년대 이후 자유주의적 인구정책이 출현하면서, 연해주 거주 고려인의 러시아아화를 지향하는 정책이 나타났다.

1860년대 이후 1870년대까지 고려인 이민에 있어 러시아정부의 동화정책은 중요한 의미를 가지고 있었다. 러시아정부의 연해주 식민정책의 기본목표는 아시아계 이민자가 아니라 유럽 남부러시아 농민들의 대대적인 이주를 통한 식민화였다. 러시아정부는 1880년대 이후 유럽 러시아인들의 시베리아 이주라는 인구침투에 따른 연해주의 러시아화를 추진했다. 이 식민정책의 결과 러시아 남부 농민들이 매년 250가구씩 연해주로 이송되어 남우수리스크지역의 식민화가 진행되었다. 이 계획은 1882년 7월 1일 공포된 이주행정절차라는 형식의 것이었다. 이를 위해 러시아정부는 남부지역 농민들의 이주를 지원하기 위해 1가구당 1,300루블을 지원하고 1883년부터 설야년까지 3년간 총 4710명의 농민들을 남부 우수리스크지방으로 이주시켰다.27) 한인 밀집지역을 해소하기 위해 재이주문제가 등장했다. 1882년 N. G. 마튜닌(Matunin) 남우수리스크 국경판무관은 동시베리아 총독에게 한인들을 포시예트 지구로부터 북부로 이주하는 문제를 제기했다. 또 국경경비대 베뉴코프(Venukov) 대령은 동시베리아 총독에게 한인의 러시아지역 유입 차단을 요청했다. 이런 요구들은 1886년 하바로프스크 지방대표자회의를 통해 결의되고 알렉산드르 3세에 의해 1866년 11월 22일 법으로 제정되었다.28) 그러나 이 법령은 시행되지 못했다. 실행주체인 연해주당국자들이 한인재이주 계획을 불신했기 때문이다. 이들은 포시예트지방의 한인들에 의해 제공되는 지방노역사업의 공백과 새로운 비용부담을 들어 러시아인 식민정책이 완성될 때까지 한인재이주를 미룰 것을 요청

---

27) 제정러시아 대외정책문서보관소 서고 태평양과 1896~1900 사건1089 장 5.

28) 구체적인 결의 내용은 다음과 같다. ①남우수리스크비장에 정착한 한인들의 경제상황을 고려하여 단계적으로 국경지역에서 아무르강 유역, 우수리-키야 강, 호르강, 남우수리스크 올가군으로 재이주를 추진하며, 포시예트지구내에 6개 한인 촌인 양치혜, 파타쉬, 지신허, 랴자노프, 아지미, 시지미는 보존하며. ②재이주 대상 한인들에게 노력을 재외한 모든 종류의 납세의무를 5년간 면제하며, 그들을 위한 교회와 학교를 설치하며, ③향후 조선으로 부터의 한인이주를 금지 ④금광에서의 한인노동자의 고용을 금지한다.

했다.

우수리스크 지방의 러시아인의 식민화는 1883년 시작되었다고 할 수 있다. 1883년부터 1892년 사이에 총 19,500명이 남우수리스크 지방으로 옮겨왔고, 아무르지방으로 29,194명이 이주했으며, 연해주로 18,069명의 코사크농민들이 이주해왔다. 그 결과 연해주 러시아인의 숫자는 1882년 8,385명에서 1902년에는 66,320명으로 대폭 늘어났다. 한편 설야년 기준으로 연해주에는 러시아 국적을 가진 한인이 8,500명, 비국적 한인이 12,500명, 계절노동자들이 3,000명이 살고 있었다.

보다 근본적 변화는 1884년 조선과 러시아의 국교수립을 계기로 나타났다. 러시아정부는 조선정부와 국교를 수립하면서 본격적으로 고려인들을 구분하고 정치적으로 이용하기 시작했다.[29] 베베르(Вебер К И) 서울주재 대리공사는 1884년 이전 러시아로 이주한 모든 한인들에게 러시아국적을 부여하고 이들이 러시아 국민의 권리를 행사할 수 있도록 조선정부에게 합의를 제안했다.[30] 이런 요구에 대해 조선정부는 조선백성의 국적배제 조항의 문제점을 지적하고, 조선공민은 자의에 따라 조선으로 자유롭게 귀환할 권리가 있다는 내용을 포함시켰다. 결국 1884년 국교수립 이전에 러시아로 이주해 러시아국적을 취득한 한인들이 러시아 공민의 자격을 조선이나 러시아에서 동등하게 가진다고 합의했다. 이러한 합의는 한인들의 법적 지위에 대한 모든 권리의 근간이 되었다.

---

29) 조러 외교관계 수립 후 러시아정부는 귀화한 조선인을 조선정부에 재취업시켰다. 1896년 베베르 공사보고서에 따르면 김 빅토르 니꼴라예비치(김인수), 김평도, 김 니꼴라이 등이 서울의 러시아국적 소유 조선인으로 조선군입대 신청을 냈다고 보고했다. 제정러시아 문서보관소 1897~1901년 자료 번호 150-493-93. 1~15.

30) 1884 조선정부의 김윤식 외무아문대신은 대부분의 문항에 동의했으나, 한인들의 국저 문제에 대해 공개적으로 자국공민을 포기하는 조항을 포함하고 있다는 이유를 들어 반대했다. 제정러시아 대외정책문서보관소, 서고, 일본과, 목록 493, 1883년 사건2, 장 132.

1891년 코르프((Корф Н)) 연해주 총독은 러시아 거주 한인을 세 개의 그룹으로 분리하여 접근했다. 제1그룹은 조러수호통상조약 이전에 러시아에 정착한 한인들로 이들은 우수리스크지방에 정착이 허가되었으며, 러시아 국적을 발급해야 했다. 제2그룹은 1883년 국교수립 후 러시아에 이주, 정착했으나 러시아 국적취득을 희망하며, 제1그룹 한인에 해당하는 규칙을 이행할 의무를 가지는 한인들로 이들은 군역에서 면제되었다. 제3그룹은 돈벌이를 위해 연해주로 왔지만 정착은 하지 않은 임시거주 한인들이다. 이들은 국유지의 사용권이 배제되고, 토지세와 소작세를 물어야 했다. 이들은 러시아당국의 거주허가증을 발급받아야 했다. 러시아한인을 분류함에 따라 한인들은 조선여권을 갖고 있어야만 러시아에 임시로 거주할 수 있었고, 1개월 이상 거주시 조선 여권을 맡기고 1년 이상 러시아 거주허가증을 구입해야 했다.31) 이 기준에 입각해 연해주당국은 1892년 제2, 제3그룹의 한인을 상당수 추방했다. 1890년대 이후 연해주로 넘어 온 조선인들 중에서는 상당한 재력을 가진 부자와 양반계층도 적지 않았다. 이들은 조선에서와 마찬가지로 조선의 이름을 사용하고 마을단위에서 마을학교를 세우면서 한인공동체를 적극적으로 형성했다. 한인들은 우수리스크, 블라디보스토크, 하바로프스크에서 중국인, 한인의 재이주, 등록에 대한 가독 및 한인 주민들의 필요자금을 모색하기 위해 연해주정부가 요구했던 민회도 만들어야 했다. 연해주의 크고 작은 지역에 민회가 생성되자, 민회는 지역을 관리하는 기능을 담당하여, 임시거주나 공민들의 명부작성, 호적등본과 같은 행정기관의 성격을 부분적으로 가지게 되었다.32) 1893년 연해주총독에

---

31) 김연수, 「소련 속의 한국문제」, 일념, 1986. p.60

32) 민회를 통해 연해주에 유입되는 한인들이 거주허가증을 취득하도록 감독하는 의무도 주어졌다. 민회는 1년 이상 지속되지 못했으나 민회의 기능은 확대되어, 항일 해방운동과 재러한인의 민족의식 고취에 기여하는 단체로 발전했다. 보리스 박 & 니꼴라이 부가이, 2004, 69~70. 재인용.

새로 부임한 두호프스코이와 1898년에 총독으로 부임한 그로데코프는 자유주의적 한인정책을 지지했다. 한인을 활용한 식민지화를 지지하고, 적극적인 국적부여를 요구했다. 특히 1895년 선거를 압두고 제2부류의 한인들이 러시아국적 편입을 선서하고, 호적등본을 만들 수 있었다. 1894년 두호프스코이 총독은 한인들에게 호르강을 따라 국경에서 떨어진 국유지에 제2그룹의 정착지를 제시했다. 그 결과 새로운 한인촌 알렉산드로보-미하일로프카가 형성되었고, 이만강을 따라 루키아노프카와 아브구스토프카 마을이 만들어졌다. 이렇게 한인정착지를 확대되면서 1898년 이후에는 우수리스크지방에서 5년 이상 거주한 2부류한인들에게 국적부여가 약속되고, 3부류 한인들에게도 정착이 허용되었다. 이 시기에 이미 러시아에서는 조 러사전의 개정판이 제작되기 시작했으며, 1898년에 흑룡아무르 대총독의 지시를 받아 연해주 총독 코르프(Корф Н)는 시베리아의 한국(Северная Корея. Сборник описаний позиции)이라는 책을 펴냈다. 1899년에는 블라디보스토크 극동연구소 산하에 극동대학을 설립했다. 결국 1900년 러시아정부는 1884년 이후 러시아로 이주해 온 모든 한인에게 국적을 부여하고, 모든 국적취득자에게 단발을 의무화시켰다. 한편 1891년까지 연해주지역에 거주하는 한인의 수는 12,857명이었으나 1898년에는 23,000명으로 증가했고, 1899년에는 4천명이 조선에서 넘어왔다. 특히 시베리아 횡단철도가 완성되면서 철도를 통한 인구의 수송이 가능해지면서, 연해주전역의 러시아인의 규모 뿐만 아니라 연해주 한인들의 규모도 32,380명으로 급증했다.

3. 20세기 초 고려인정보자원의 생산환경 변화

1) 러시아혁명 전후 러시아 한인기록에 대한 관심 변화

1917년 러시아혁명을 계기로 전통적인 한국학 연구시대가 쇠퇴하고 러시아혁명을 통해 한국관련 전문가들은 동방근로자 공산대학 등에서 대거 양성되었다. 이강, 남만춘, 박진순, 최선우와 같은 한국인 출신의 혁명가들의 역할이 커지면서 3·1운동이나 항일투쟁과 같은 보다 현실적인 문제들이 부각되었다. 또한 계봉우, 오창환, 김병하 같은 인물들에 의해 한국어 교재들이 다양하게 출간되었다. 1926년에 연해주에는 이미 크라스키노에 초등학교가 있었으며, 다양한 형태의 학교들이 생성되었고, 블라디보스토크에는 최초로 한인사범학교가 설립되었다. 1932년에 이르면 연해주와 하바로프스크에는 약 400개의 학교가 있었고, 사할린에도 240개의 고려인 학교가 들어섰다. 또한 하바로프스크 출판사에는 한인출판부가 있어 한인 정보자원의 출판이 활성화 되었다. 이 시기에 고려인 작가인 연성용, 채영, 태장춘 등이 활동했으며, 1928년 러시아로 망명한 조명희, 전동현, 조기천, 김기철 등의 소설과 및 시인들이 활동하였다. 한편 1920년대와 1930년대 러시아의 한국학연구자로 폴리바노프(B.Polivanov)와 코로도비치(A.Kholodovich)의 한국어 연구가 중요한 성과를 거두었다. 1927년에 폴리바노프는 한국어와 알타이어의 친족관계를 밝히고 한국어가 알타이족에 속한다는 가정을 제시하였으며, 극동대학과 레닌그라드대학에서 한국어를 가르친 코로도비치 역시 러시아 한국학의 중요한 발전을 이끌어냈다. 그는 1945년 이후 한국학 연구에 있어 레닌그라드학파의 핵심세력을 형성하게 되었다.

2) 항일운동의 본거지로서의 연해주지역(1905~1917)

(1) 연해주로의 망명인구의 급증과 고려인 정보자원의 활성화

러시아 고려인 이민사에서 1905년 이후부터 1937년 까지는 망명이 민기라 할 수 있다. 설야년 명성황후 시해사건을 계기로 전개된 항일의 병과 1905년 을사늑약을 계기로 전개된 해외 항일운동은 연해주 고려 인사회에도 큰 영향을 미쳤다. 국내에서 항일운동을 실패한 많은 민족 주의세력들인 만주와 연해주로 넘어가면서 연해주 고려인사회의 애국 운동에 큰 불씨를 일으켰다. 당시 러일전쟁으로 일본에 패배했던 러시 아정부로서는 이들 세력이 어느 정도 러시아에 우호적인 세력으로 간 주했다. 따라서 러시아정부의 큰 반발 없이 항일운동세력들은 자연스럽 게 국경지역에서 무장투쟁방식의 독립운동을 전개할 수 있었다. 러시아 정부의 내무부와 외무부, 연해주 정부들이 보낸 기록에 따르면 러시아 정부는 적어도 1905년부터 1908년까지는 일본정부의 압력에 상관없이 항일의병에 대한 우호적인 입장에 있었다.

항일투쟁을 목적으로 한 조선에서 연해주로의 이동에 따라 1902년 이후 1910년 사이에 연해주 한인은 3배 이상으로 급증했다. 그러나 새 로 이주한 한인들은 러시아에서 불법체류자 신분이었다. 그들은 러시아 국적취득의 어려움과 복잡한 절차로 인해 떠돌아다니거나 현지 한인들 의 도움으로 가명을 사용해 집과 토지를 구하기도 했다. 이들은 대부분 조선이 해방되면 귀국할 의지를 가지고 있었다. 그러나 1910년 조선반 도의 일제에 의한 강점이 이루어지자 많은 한인들이 러시아 귀화를 신 청한다. 러시아정부는 한인들의 귀화요청을 긍정적으로 수용해 많은 한 인들이 러시아국적을 취득했다.

제정러시아 외교관계기록보존소나 극동문서보관소에 소재한 많은 자 료들 속에도 이런 현상이 기록으로 나타난다. 한때 러시아 국적취득청 원자들의 명단은 연해주정부가 연방내무부에 보고한 경우 최대 87페이지에 달할 정도로 많은 사람들이 자주 청원을 했다. 1914년까지 고려인들 중 1/3인 20,109명이 러시아 국적을 획득했고, 나머지 44,200명은 러시아 비국적자였다. 1917년 연해주와 주변지역을 포함해 극동지역에 거주한 고려인 수는 104,660명이었다.[33] 이 중에서 한인은 81,825명으로, 당시 극동연해주지역 전체인구인 1/3에 달했다.

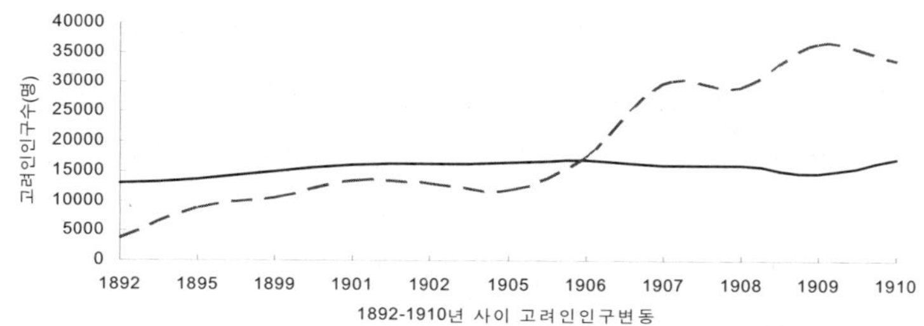

*출처: 국동러시아 문서보관소 Рагоза А. Краткий исторический Очерк перес еления корей це в в наши передедым материалам Приамурского управления, 1905. унгерберге П. Ф. П риамурский 1906~1910гг, Спб 1912. c.3 재구성(―국적취득,…비국적)

〈그림 Ⅱ-2〉 연해주 고려인인구변동(1892~1910)

이처럼 인구 성장과 함께 한인공동체는 점차 연해주 러시아사회에서 중요한 존재로 자리 잡게 되었다. 1905년 러일전쟁 이후 일본과 러시아는 여전히 갈등관계에 있었으나 겉으로는 상호 협력적인 관계를 유지하려고 했다. 일본의 한반도 점령이 사실상 완료되면서 러시아는 사할린을 상실한 이후 연해주지역 등으로의 일본의 확장을 우려했고, 일본과의 충돌을 피하기 위해 어느 정도 협력적 관계를 지향하였으나 내부적으로는 일본에 저항하는 조선인들의 활동을 지지하지도 않고 탄압하지도 않은 애매한 태도를 취하게 되었다. 러시아 정부는 항일의병활동

---

33) Б. Д. Пак, "Великий Октябрь и Корея (Накануие Мартовского Восстания 1919 года)", Источниковедение и Историография Стран Востока: Узловые П -роблемы Теорий p.105.

가 들 중에서 러시아국적을 가진 사람들과 조선출신을 구분하여 기록하고 분류하고 있다.

(2) 기록을 통해 본 연해주지역의 독립운동세력들

러시아국립문서보관소의 여러 문서 폰드에는 러시아에서 활동하거나 교육받은 한인에 대한 기록들이 자주 나온다. 그 중에서 일부 인물들은 조선으로 다시 돌아가거나 항일의병으로 만주와 러시아 국경지대에서 활동하였다. 일부 자료를 살펴보면 1904년 러일전쟁 시기에 상당수의 재러 한인들이 러시아군에 들어가 활동했고, 일부는 의병군을 형성해 일본군과 대적했다. 특히 1905년 11월 일본제국주의의 조선지배가 확정되자 극동한인들은 자발적으로 항일의병부대를 창설했다. 자발적으로 결성된 연해주 항일의병부대는 포시에트에 최초로 정착했던 이주민 출신의 최재형부대를 들 수 있다. 추구예프 군사학교에 다니던 현한근은 1904년 학교를 자퇴하고 함경도 지역에서 대규모 항일부대를 조직했다. 또 다른 의병부대는 초대 러시아 공사의 이범진의 사촌동생인 이범윤이 이끈 의병부대였다. 간도관리사 출신의 이범윤은 고종황제의 밀지를 받아 창의군(倡義兵)을 만들어 노보-끼옙스끄를 활동거점으로 삼아 자금과 무기를 갖추고, 조선 진공작전을 준비했다. 이 부대에는 연해주 한인들이 1천 명이나 참여했고, 한때 병력규모가 4천명에 달하는 등 연해주 최대의 의병부대였다. 이범윤부대는 러일전쟁이 종결되자 중국 훈춘시 근처에 정착했다가 이후 만주와 간도, 조선으로 흩어져 의병활동을 전개했다.[34] 한편 이상설도 을사조약의 무효를 주장하기 위한 외교활동에 실패한 후 블라디보스토크에서 의병활동에 참여했다. 이밖에

---

34) 국경지대에서의 항일의병활동의 출현현상에 대한 기록은 제정러시아 대외정책문서보관소, 1908년 스미르노프가 플루그 주지사에게 보낸 글 "국경지역에서 의병활동". 이에 대해 "한인조직에 관심도 갖지 말고, 처벌도 말고, 격려도 말라"고 답신. 제정러시아 대외정책문서보관자료, 폰드 150 493-1575, 장 1-8, 1905

도 연해주 출신으로 1896년 서울주재 러시아 공사 베베르의 추천으로 모스크바에 유학을 갔던 모스크바 장교출신 김인수(일명 김 빅또르 니꼴라예비치)는 3천명의 러시아-한인 혼성 기병부대를 조직해 한인들의 항일의병활동을 지원하기도 했다. 1907년 이후 남우수리스크 지방의병은 함경북도 지역에 주둔한 일본군대를 기습하여 94명을 사살하는 전공을 세웠다. 1908년 4월 9일 유인석 부대와 이범윤부대가 서울진공작전을 선언했다. 1908년 6월부터 9월 사이에 함경도 지역에서는 연해주 한인 의병부대와 일본군의 전투가 전개되었다. 한편 일본은 1908년 이후 연해주 항일운동이 거세지고, 함경도 지역의 방어가 곤란해지자 러시아정부에 항일운동가의 체포와 추방을 요구하는 외교적 압력을 가했다. 한편 러시아정부에서는 식민지로 전락한 조선인을 연해주에서 수용하는 문제를 둘러싸고, 찬반양론이 치열했다. 한일합방 이후 러시아 국적발급을 원하는 한인은 3만 명에 달했다.

제정러시아의 대외정책문서보관소 기록(фонд 150)에 따르면 러시아 정부는 1908년 이후 조중국경지대로 넘어오는 조선인들에 대해 복잡한 입장을 가지고 있었다. 하나의 입장은 연해주로의 한인거주 이전을 차단해야 한다는 입장이 전개되었다. 1908년 하바로프스크지방 대표자회의에서는 새로 이주해 온 한인들에 대한 취업기회를 제한하는 문제를 의결했고, 이 결의는 니꼴라이 2세의 결재를 받아 1910년 에 일부 추진되었다. 반면 연해주당국은 연해주 한인들을 부정적으로 보는 입장에 반론을 제기하고 있었다. 1910년 연해주총독으로 부임한 곤다티 (Gondati) 총독은 1908년 하바로프스크 대표자회의가 결의한 조선인고용과 생산지 고용금지 원칙을 정면 비판하고, '대한제국이 일제에 강점된 이후 연해주 한인들에게 러시아는 제2의 조국이 되었으며, 최악의 토지를 오아시스로 만든 러시아 고려인들을 차별하지 말라고' 주장했다.[35] 1910년 8월 19일 블라디보스토크, 니꼴스크 우수리스크, 하바로

---

35) газета Русские веломости, 1910. 6. 20

프스크, 보고로드스키, 니꼴라예프스크, 수찬, 노보키예프스크, 이만, 바젬스카야 등지의 연해주 한민회 전권대표 16인은 블라디보스토크에 모여 대한제국의 국권침탈과 관련하여 한인들에게 러시아법의 보호 하에 둘 것을 러시아 정부에 요청한다고 발표했다. 이 성명은 성인남자 9,780명의 집단서명으로 작성되어 8월 24일 폴랴노프스키에 의해 내무장관에게 전달되었다.[36] 1912년 연해주에 거주하는 조선인들이 국적취득을 요청한 명단은 무려 78페이지에 달하고 있다. 1915년 10월 28일 아무르 총독 곤다찌가 러시아 내무성 장관에게 보낸 통신문에 따르면 방영섭, 김일하, 홍봉원, 이유안, 이윤자, 차찬순, 이묘 등의 인물들이 국적을 신청했다.[37]

1910년을 전후로 러시아 고려인사회는 평범한 이민자의 마을이 아니라 조선백성들의 저항의 공간으로 성격을 전환시켰다. 이 중에서 1904년에 국내에서 결성된 국민회(대한인국민회)는 대한제국내 민족주의 성향의 엘리트, 자유주의성향의 지주, 관리들을 중심으로 구성되었다. 을사조약 이후 국내에 있던 국민회는 일본의 탄압을 우려하고, 자체 해산하여 대다수의 지도자들이 해외로 망명하였다. 이들에 의해 1909년 1월 샌프란시스코에 설립된 국민회는 재러한인사회에 주목하여 정재관과 김선홍을 파견하여 연해주지부를 설립하게 한다. 이후 1909년 말에 이르면 블라디보스토크, 니꼴스크 우수리스크, 이만, 하바로프스크, 블라고베션스크, 이르쿠츠크, 튜멘, 크라스노야르스크, 치타 등에 국민회 지부가 설치되고, 하얼삔에 특별지부회가 수립되었다. 1911년에는 연해주 수찬현 내 16개 한인촌, 니꼴스크 우수리스크 군, 포시예트 군, 올가 군 내 마을들을 관할하는 6개의 국민회 지역지부가 연해주에 설치되었다. 1914년에 이르면 러시아 극동 33개 지역에 총33개의 국민회 지부

---

36) V.V 그라베, "연흑룡 지역의 중국인, 한인 그리고 일본인, 외무성 전권대표 보고서,"「아무르탐사대 전집」제11호, 부록32 상뜨뻬쩨르부르그 1912년, 423-424. 보리스 박& 니꼴라이 부가이, 2004. 100 재인용.

37) 제정러시아 대외정책문서보관소 일본과 1915, 148폰드, 487-1018, 1-48.

가 설치되었고, 블라디보스토크에 본부를 둔 시베리아 지방총회가 전체를 총괄했다. 이를 기반으로 항일 빨치산 부대를 조직했다.

1911년 12월에 결성된 항일 민족운동단체로 권업회(勸業會)를 들 수 있다. 권업회는 러시아 지역행정관청에 몸담고 있던 재러 한인사회의 지식인층들이 합법적으로 설립한 것으로 연해주 당국이 단체의 설립을 공인한 동기는 미국인 선교사들의 영향을 받은 국민회의 를 견제하고 재러 한인사회를 적절히 통제하기 위한 것이었다.[38] 권업회의 회원은 설립 당시 300명이었다. 창립 맴버는 홍병환, 홍빅토르 세르게이비치, 김야콥 안드레예비치, 안 로만 이바노비치, 홍 파벨 파블로비치였으며, 명예회원으로는 곤다티 연흑룡 총독, 마나킨 연해주 군무지사, 포드스타빈 블라디보스토크 동방대학 교수등이 참여했다.[39]

권업회는 창립목적을 교민의 실업을 권장하고 저축을 장려하고, 러시아공민이 갖춰야 할 문명의 행동을 도모한다고 밝혔다. 또 구체적 행동강령으로 농상공업의 기획과 경영을 수행하고 회원의 정신적인 욕구를 계발하기 위해 학교, 도서관, 독서실을 짓고 독서회를 조직하고 신문과 잡지를 발행할 것을 결정한다.[40] 그 결과 계몽과 실업을 위한 장려활동으로 블라디보스토크에 도서관을 열었고, 현지인을 위해 일요일마다 강연회와 간담회를 개최하고, 대한청년교육회를 조직하여 민족학교 설립 기금도 모금했다. 1912년 3월부터는 블라디보스토크에서 유가이 니꼴

---

38) 박보리스 & N. 부가이, 2004. 147-148

39) 권업회 설립직전까지 블라디보스토크 한인사회는 서울파와 평양파로 나뉘어 파벌경쟁을 벌이고 있었다. 서울파는 친러 성향의 부유한 구 정착민들로 이상설, 세르바코프 우수리철도 헌병국장의 통역관인 윤일병, 블라디보스토크 동방대학 한국어 교수 김현토, 블라디보스토크 교민회장 김학만이 이끌었다. 평양파는 이종호 및 미국 국민회에서 파견한 정재관, 이강, 최광, 김성무가 이끌었다. 권업회가 성립되자 양 파벌은 공동번영을 위해 공조에 합의했다. 그 결과 1차 회의에서 각 파벌에 동수의 대표가 지도부에 선출되었다.

40) 「러시아극동의 한인들:19세기후반 20세기 초, 문서와 자료」, 블리디보스톡, 2001, p.184.

라이 페트로비치 소유의 인쇄소에서 듀코프를 편집장으로 하는 권업신문을 발행하였다. 또한 새로 귀화한 이주민의 정착비 마련과 정착지역에 '권업회'농업전문학교를 설립하고 연해주의 이만강 지역의 미개간 국유지를 분할받기도 했다.[41] 이 같은 다양한 활동을 통해 권업회는 1914년까지 총11개의 도시에 8,579명의 회원을 가진 극동최대의 해외 한인독립운동단체로 성장하게 되었다.

1913년 권업회는 곤다티 연흑룡 총독에게 연해주고려인 이주 50주년을 기념하기 위한 위원회 구성을 요청했고 연해주 총독은 '1914년 연흑룡지방으로의 한인 이주 50주년기념행사조직위원회'를 허락했다. 이 회의에는 포시예트, 수이푼, 수찬 마을, 블라디보스토크, 니꼴스크 우수리스크시 주민대표 25명이 1914년 1월 대표자선출대회를 가졌다. 이 대회에서 조직위원회 위원장으로 최재형, 부위원장으로 엘리세이 루카치가 선출되었다. 이 회의에서는 50주년 기념행사지로 지신허강 유역 한인이주 기록에 의거해 1914년 9월 21일로 정했다. 또한 노령 한인 이주 50년사를 러시아어와 한국어로 저술, 병행하고 그 집필을 포드스타빈 동방대학교 교수에게 의뢰하였다.[42]

권업회는 순수계몽단체의 역할뿐만 아니라 독립운동과 항일투쟁의 기반으로 인식했다. 권업회에 참석했던 유인석, 이범석, 최재형, 이상설, 이종호, 홍범도, 고상준 등은 이런 입장에 있던 인물들이었다. 1913년 블라디보스토크에 도착한 독립운동지도자 이동휘는 권업회의 지도부인 의사부에 선출되자 권업회를 바탕으로 새로운 의병군 조직에 착수했다. 그들은 최대 1만명의 독립군을 양성하기 위한 군사학교를 수찬지역에 설립하는 계획도 수립했다. 그러나 권업회가 본격적인 항일운동조직으로 전환하기 전에 제1차대전이 발생했다. 결국 일본의 압력을 받아 러시아정부는 1914년 8월에 권업회를 폐쇄시켰고, 연해주지역에 합법적

---

41) 극동러시아 국립역사문서보관소, 서고 226, 목록 1, 보관단위 339, 장 7-22.
42) 극동러시아 국립역사문서보관소, 서고 226, 목록 1, 보관단위 339, 장 8-9.

으로 활동하던 지역지부도 문을 닫았다.[43]

(3) 일제강점 직후 항일운동과 러시아정부의 태도

제정러시아 외무성 대외정책문서보관소에 있는 Фонд 148, Фонд 149, Фонд150 자료를 근거로 관련 부분의 기록을 살펴보면 러시아정부는 일본정부로부터 연해주 지역과 한러 국경지대에서 활동 중인 대한제국의병활동에 대한 압박을 받고 있음을 알 수 있다. 1908년 이후 자료에 나타난 것을 보면 러시아는 일본과의 관계가 아직 우방이 아니기 때문에 전직 뻬쩨르부르그 대한제국공사를 역임했던 이범진의 6촌 동생인 이범윤이 이끄는 항일의병에 대한 압박을 유보할 필요가 있다고 기록하고 있다.[44] 1908년 동경에서 말렙스키-말레뷔치(Малевский Малевич НА) 러시아대사가 러시아 외무성에 보낸 편지에 따르면 의병운동이 강화되면서 무력충돌시 대부분 한인부대가 승리하고 있어 일본이 한인 의병부대의 무장해제를 강력히 요청하고 있다고 전하고 있다.

일본은 조선인의 처리문제에 부담을 가지고 있었다. 특히 러시아 국적 한인을 처리하는 문제에 골머리를 앓았다. 일부 조선인들은 이런 사정때문에 러시아 국적 취득을 신청하기도 했다. 일본은 러시아의 손을 거쳐 항일투사를 체포하고 러시아 밖으로의 추방하는 것을 요구했다. 일본은 여러 차례 러시아정부에게 연해주 항일운동가들의 추방을 요청했다. 일본정부는 러시아국적 소지자와 식민지 조선인(일본국적자)을 구분하여, 면밀하게 이들에 대한 정보활동을 전개했다. 그러나 1910년

---

43) 1914년 노무라 블라디보스토크 주재 일본 총영사는 권업신문 81호(1913년 10월 31일)와 82호(10월20일자)에 게재된 이동휘의 선언문을 근거로 권업신문의 정치적 활동 중단과 발간취소를 요청함으로써 권업신문의 발간이 중단되었다.

44) 한러국경에서 대한제국 의병활동, 1908년 4월 5일 남우수리스크 국경행정관 스미르노프의 통신문, 1908년 5월 24일 연해주 주지사 플루그가 아무르유역 총독에게 보낸 전문.

블라디보스토크의 항일운동 활동가들은 성명회(聲名會)를 창단하고 러시아한인들이 국권회복운동에 참여하는 호소문을 발표한다. 성명회의 발의로 8월말 블라디보스토크 신한촌에서는 한인회의가 개최되어 한일합방에 반대하는 투쟁을 결의했다. 그들은 오스트리아, 헝가리, 영국, 독일, 벨기에, 이탈리아, 중국, 러시아, 미국정부에 한일합방 무효를 의견서를 전달했다.45) 1910년 8월 민족지 「대동공보」에 실린 호소문을 계기로 한일합방에 반대하는 고려인 무장봉기세력이 다시 출현했다. 1910년 8월 연해주에서는 의병부대가 대대적으로 창설되어 국내진공작전을 준비했다. 일본은 이들의 공세를 차단하기 위해 압력을 행사해 연해주정부는 1910년 8월 30일 블라디보스토크에서 활동하던 유인석, 이상설을 포함한 42명의 독립 운동가들을 체포했다. 결국 이범윤과 함께 김좌두, 안한주, 이규풍, 이범석, 권유상, 이남기, 이치권 등 7인이 1910년 9월에 이르쿠츠크로 유배되었다.46) 한편 1910년 10월 25일 서울총영사 쏘모프(Comob A.C)는 이범윤의 송환중단을 건의했다.

한편 일본은 1911년 5월 9일 「러일범죄자 상호인도조약」을 러시아정부와 체결하여, 극동지역 항일운동세력을 탄압할 법적 근거를 가지게 되었다. 이를 계기로 러시아 국적 한인들은 러시아당국에 의해 시베리아로 강제 유형 되고, 非국적 한인은 외국인 범죄자로 취급당해 영외로 추방되었다. 일본은 1911년 당시 연해주의 핵심 지도자였던 최재형을 축출하기 위해 일본의 스파이라는 음모를 꾸미기도 했다. 일본의 압력을 받아 러시아외무성은 1912년 8월 4일 북경주재 러시아공사에게 20명의 조선인을 추방하고, 러시아 시민권자인 티혼 김(김성배)을 체포하고, YMCA학교를 폐교 조치하라는 비밀전문을 보내기도 했다. 1914년

---

45) 러시아극동의 한인들 19세기 후반과 20세기 초, 문서와 자료, 블라디보스토크, 2001, pp.231~234. 제정러시아 대외정책문서보관소, 서고 일본과, 목록 493, 사건 210, 장 141.
46) 연해주 군무지사 스베친은 이범윤 등이 일본정부의 음모에 의한 희생자라고 주장하고 유형을 취소해 줄 것을 요청하는 소명서를 제출하기도 했다. 극동러시아 문서보관소, 서고 1, 목록 10, 보관단위 326, 장 142-143.

10월 일본의 선동과 일본 외교관의 강압으로 많은 항일운동 요인들이 체포되었다. 뻬쩨르부르크 주재 일본공사는 일본의 조선지배에 반대하는 민족운동의 지도자로 한인 21명을 지목하고 이들에 대해 체포와 추방조치를 위하라고 러시아정부에 요청했다. 1914년 12월 11일 러시아 외상 싸조노프가 하바롭쓰크-아무르 총독에게 보낸 공문에 따르면 일본이 항일 조선인을 추방하라는 요구를 받았으나, 러시아국적 조선인은 해당사항이 아니며, 러시아에 활동 중인 비국적 조선인을 국경지대에서 멀리 이주시킬 필요가 있다고 기록하고 있다. 그러나 일본의 뜻이 반영되어 항일운동가에 대한 체포가 이어졌다. 1815년 8월 16일 뻬쩨르부르그 주재 일본대사관에서 러시아외무성에 보낸 통문에 따르면 러시아에서 항일운동을 하는 이동휘, 이동녕, 이범윤, 이강, 엄인섭, 이위종, 이상설, 안공근, 홍범도 등 수십 명의 항일운동 지도자들의 신원을 기재하여 이들의 추방을 요청하고 있다.[47]

<표 Ⅱ-3> 1915년 일본이 러시아에 추방 요청한 항일운동 지도자

성 명	성 명	성 명	성 명	성 명	성 명
이동휘	허 근	이범윤	김도여	김성립	엄인섭
강순기	계봉우	이동녕	안정근	김성백	이상설
조창호	오주혁	이종호	안공근	최재형	홍범도
조장원	김하구	이종만	정재관	김 진	이병휘
윤 해	이 갑	이현재	이위종	이 강	유상돈

*출처: 제정러시아 대외정책문서보관소 소장 자료, 「러시아내 조선인의 항일활동 보고서」, Фонд 148, 파일 487 사건 767, 장,1-126의 내용을 기초로 작성

1916년 12월 일본이 만주에서 발간한 「Manchuilla Dealy News」는 이동휘가 윤해가 이끄는 일단의 한인들이 중동철도를 폭탄 테러할 준비를 하고 있다는 허위기사를 게재했다. 이러한 선동조작에 넘어간 러시아정부는 1916년 하얼삔 주재 러시아총영사의 기록에 따르면, 러시아

---

47) 제정러시아 대외정책문서보관소 일본과 1914~1915, 148폰드, 487-767, 1-126.

는 동중국철도 파괴혐의를 적용해 안종근, 안공근, 김성백, 김성립, 문태석 등 러시아 국적 한인들을 체포하여 시베리아로 유형을 보내고, 일본 국적 한인들의 체포와 추방을 결정했다. 또한 1917년 초 이동휘와 이종호 등 항일 운동가들을 일제히 체포했다. 1917년 2월 혁명의 성공 이후 카렌스키 임시정부는 일본과 동맹관계를 유지하기 위해 이들을 계속 수감했다(하얼삔통보, 1916. 12. 11).

(4) 한인공동체의 사회적 연결 매체로서 한인소식지의 등장

연해주지역 고려인들은 정착지에서 공동체를 수립하면 자연스럽게 공동체의 소식을 전하는 정보자원을 생산하고 발전시켜왔다. 1910년대 전후로 연해주 한인사회를 결속시킨 매체는 신문과 잡지였다. 1908년 2월 26일에 고려인 최초의 한인신문 「해죠신문(海朝新聞)」이 발행되었다. 이 신문은 3개월 동안 순한글로 발행되었으며, 같은 해 5월 26일 제75호까지 발간된 일간지였다. 신문제호가 「해죠신문」로 된 것은 블라디보스토크의 한자 표기인 해삼위(海蔘威)에 거주하는 조선인들의 신문이라는 의미였다. 이 신문은 최초의 연해주 한인신문이자 계몽신문이었다. 해죠신문은 한인재력가인 최봉준과 의병출신 정순만이 발간한 신문이었고 1905년 시일야방성대곡 사건으로 황성신문 사장을 그만 둔 장지연이 이후 발행인으로 참여했다. 이후 다양한 형태의 자료와 도서들이 생산되고 유통되어 고려인들에게 보급되었다.

3) 연해주지역의 혁명과정과 연해주 한인공동체

(1) 항일 빨치산 운동과 한인독립운동의 경험, 1917~1923

① 한인 독립운동과 사회주의조직의 변동, 1917~1919

1910년 이후 1917년 사이에 많은 조선인들이 만주와 연해주로 넘어와 독립운동을 수행하고 있었다. 제1차 세계대전의 종결과 러시아혁명은 연해주 러시아 고려인사회에 중대한 변화를 초래했다. 특히 러시아혁명은 연해주 고려인사회가 혁명적인 사회변동과정을 겪는 결과를 가져왔다. 1917년 당시 연해주에 살고 있던 고려인들은 국적보유자가 32,841명, 미보유자가 4,8984명에 달했다.[48] 1917년 이후 연해주에서의 항일운동은 러시아혁명과 깊숙한 연관관계를 형성하면서 전개되었다. 러시아혁명 직후 일본군을 비롯한 외국간섭군의 연해주 침탈을 피해 일부 고려인들은 러시아 서부로 이동하기도 했다.[49] 러시아에서 혁명의 기운이 고조되면서 전 러시아 한인사회단체대표자회의에서는 전로한족회 중앙총회를 발족했다. 전로한족회 중앙총회는 독립운동에 있어 소비에트정권과의 협력필요성을 인정했다. 1918년 2월에는 하바로프스크에서 한인혁명가 대회가 열렸고, 1918년 4월 블라디보스토크에서 한인사회주의자동맹이 결성되었다. 1918년 제1차 세계대전이 끝나자 해외 독립운동은 두 가지 방향으로 전개되었다. 하나는 국제사회에 한국의 독립의지를 천명하는 평화적인 외교노선이었고 다른 하나는 무장독립투쟁 노선이었다. 1차 세계대전 이후 많은 해외 독립운동세력들이 윌슨의 민족자결주의의 원칙에 따라 한국의 독립을 보장받고자 파리평화회의에 외교사절을 보내고, 한민족의 독립을 승인받고자 했다. 이런 가운데 3·1운동이 발발했다.

당시 연해주에서 고려인 독립운동의 중심체를 형성하고 있던 한로한족회 중앙총회도 1919년 3월 '대한국민의회'로 그 이름을 바꾸고, 고창일, 윤해를 파리평화회의에 파견하려고 했다.[50] 또 3·1운동 이후 세계

---

48) 러시아 국립사회정치사문서보관소의 자료파일에 따르면, 당시 러시아 서부지역에 살고 있던 한인은 총 7천명이었고, 서시베리아에도 5천명이 살고 있었다. 러시아국립사회정치사 문서보관소, 서고 17, 목록 60, 사건 959, 장 14.

49) 일본은 러시아 내전을 계기로 연해주와 아무르 지역의 일부를 점령하고 백위군을 지원했다. 1918년 4월 블라디보스토크에 일본군이 진주했고, 7월까지 일본군 6만 명, 미군 9천 명, 영국군 1,500명, 프랑스군 1,100명이 주둔했다.

각지에 흩어졌던 독립운동지도자들을 결집해서 대한민국 건국을 선포하고 이승만을 대통령으로 하는 임시정부를 출범시켰다. 이 내각에는 이동휘, 이동녕, 이시영, 신규식, 박은식, 문창범, 안창호 등 '대한국민의회' 구성원이 대다수 포함되었다. 3월 17일 니꼴스크 우수리스크시 대한국민의회는 문창범, 김철훈, 오창환이 서명으로 조선독립선언서를 발간했다. 이 독립선언서는 오성묵에 의해 한국어, 중국어, 러시아어, 영어로 작성되었다. 대한국민의회에 의해 이 선언문이 배포되면서 1919년 3월 17일에 시작되어 3월 19일 신한촌으로 확대되면서 대규모 항일시위가 전개되었다.

다른 한편 연해주에서 사회주의 조직이 본격적으로 출현했다. 3·1운동 이후 연해주에서는 민족주의 계열의 한인사회동맹과 사회주의계열의 시민단이 통합해 한인사회당을 출범시켰다. 한인사회당은 1919년 당시 2,305명의 당원과 예비당원을 확보하고 있었으나 한인 사회주의자들의 대표조직으로 자리 잡지는 못했다. 1920년 일본에 의한 경신참변을 겪으면서 통합 한인사회주의 지도부의 구축문제가 대두되었다. 이에 따라 1920년 7월 12일 고려공산당 창당준비를 위한 이르쿠츠크대회가 개최되었고, 고려공산당 중앙위원회를 결성하여, 고려공산당을 창당준비에 착수했다. 이 결정에 따라 고려공산당 중앙위원회는 4,000부의 한인신문인 「동아공산」을 발간했다. 또한 1920년 가을에 고려공산당 중앙위원회 산하에 당내 학교를 설립하였고, 1921년 여름에 18명을 졸업시켰다. 1921년 5월 4일에 이르쿠츠크 고려공산당은 창당과 함께 코민테른 제3차 회의에 대표단을 파견했다. 이르쿠츠크 고려공산당대표가 코민테른 지도부에 제출한 보고서에는 이르쿠츠크 고려공산당이 유일한 한인사회주의 대표조직임을 인정해달라는 내용이 포함되어 있었

---

50) 1918년 미국에서 활동하던 '대한국민회'는 파리평화회의에 사절단을 파견하고자 했으나 미국정부는 출국비자를 발급해 주지 않았다. 미국 공식사절단은 파리에 도착한 상해에서 온 '신한청년단'의 회동요청도 거부했다. 한편 일본에서는 1919년 동경유학생들이 '조선독립청년단'을 결성하고 조선독립선언서를 파리로 보냈다.

다. 이것은 이르쿠츠크 고려공산당 창당 직후 상해에서 한인사회주의자들과 공산주의자들이 별도로 고려공산당(상해파 고려공산당)의 결성을 발표했기 때문이었다. 상해파 고려공산당은 이동휘, 박진순, 홍범도를 코민테른 대회의 한민족 대표자로 선출했으며 제3차 코민테른이 끝난 후에야 모스크바에 대표단을 파견할 수 있었다. 그들은 이르쿠츠크파의 행동을 비판하고 이르쿠츠크파의 지도부에 대한 처벌을 요구했다. 코민테른 집행부는 화해와 통합을 요구했으나 결국 실패로 돌아가고 말았다.[51]

한편 1919년 이전에도 러시아내전에 참여한 수많은 빨치산한인부대가 있었다. 이들 중 일부는 3·1운동을 계기로 조직이 확대개편하였다.[52] 1919년 4월 연해주 참모본부의 기록에 따르면 블라디보스토크에는 이미 2천명의 항일무장단체가 조직되어 있었다.[53] 박 이반이 이끄는 빨치산부대, 최준희 빨치산 부대, 모스크바 군사학교에 출신의 김표도르의 바투린 한인 빨치산부대가 출현했고, 남만춘도 코민테른의 국제사단부대를 창설해 활동했다.[54] 이 밖에 여러 지역에서 빨치산부대가 창설되었다.

② 연해주와 아무르지역에서의 한인 빨치산운동, 1920~1922

무장투쟁노선은 러시아혁명 직후 외국열강의 간섭으로 백위군을 지

---

51) 1922년 베르흐네우친스크에서 소집된 통합당대회에서 두 정당은 화해를 하지 못하고 결별하고 말았다. 결국 코민테른 집행위는 양대 공산조직을 해산할 것을 결정하고, 조선에서의 공산당 결성에 착수할 것을 결정했다.

52) 3·1운동이 오호츠크해 금광노동자들에게 알려지자 이들은 연해주의 빨치산부대에 막대한 황금을 지원한다. 유격대원들은 블라디보스토크에서 중개인을 통해 소비에트와 전쟁을 벌이던 일본인들이나 체코슬로바키아군대와 접촉해 기관총과 탄약, 슈류탄 만정, 권총 100정을 비롯한 군수품을 구매하기도 했다.

53) 러시아국립문서보관소, 서고 200. 연해주 군관구 참모본부 군사통계부 보고서, 하바로프스크, 1919. 4. 29.

54) 오호츠크해 지역에서 결성된 금광노동자 출신의 빨치산부대는 김의내의 지휘에 따라 금광의 금을 탈취하고, 이르쿠츠크까지 50일 가까이 걸어서 이동하여, 이르크추크 제5군 국제연대군에 편입했다.

원하기 위한 외국군대의 연해주 개입으로 촉진되었다. 처음 고려인들은 항일운동과 소련정부와의 관계설정을 둘러싼 논란에 빠지기도 했다.[55] 1918년 페트로그라드에서 열린 全러시아 한인사회단체 대표자회의에서는 국민회의 고려인동맹이 결성되었으며 한인사회당 대표단은 소비에트정권과 무조건 연대를 주장했다. 소련정부 역시 한인의 항일투쟁에 우호적인 입장을 가지고 있었다.[56] 1918년 4월에 하바로프스크에서는 안중근의 친동생 안공근과 양기택의 한인유격대가 이동해 왔으며 1918년 7월에 100명의 붉은군대가 창설되었다. 이 부대는 하바로프스크 볼세비키 조직 서기이자 극동인민위원회 외무위원장이었던 김 알렉산드라 페트로브나 스탕케비치의 제안에 따라 창설된 것이었다. 이위종은 1918년 8월 소련정부에 러시아 한인 2만 명을 동원해 한인 붉은 군대를 창설하고 시베리아와 조선에서 일본을 몰아낼 것을 제안했다. 3·1운동이후 평화적인 방식에 의한 독립운동방식에 회의를 느낀 많은 조선인들이 연해주지역으로 넘어와 빨치산부대를 형성하고 스스로 독립군이라 자칭했다. 제정러시아 대외정책문서보관소의 자료에 따르면 대한민국 임시정부의 지휘아래 대한독립군 창설 기록들이 있다. 이 기록에 따르면 대한독립군은 중국과 소련에서 훈련을 받고, 중국정부의 지원을 받고 있으며, 독립군은 연해주와 만주에 흩어져 있는 젊은 한인들을 모병해 충원하고 있다고 밝히고 있다.[57] 1920년 9월 15일 대한국민의회

---

55) 일부 러시아 국적을 가진 한인 부유층들은 내전의 책임이 볼세비키에 있다고 주장하고, 맨세비키와 사회혁명당이 주도한 반소비에트 시위에 참여했다. 이후 연해주의 젬스트보(주자치의회)와 블라디보스토크 두마(시의회)가 부활하고, 시베리아 정권이 소비에트정권과 전쟁을 선포하는 동원령을 내렸을 때 사회혁명당 추종 한인들은 자신의 세력들을 반혁명진영에 가입시키려고 노력했다.

56) 「1919년 1월~3월간 1/4분기 동방지역 선전활동을 위한 선동가 파견과 동방의 노동자 조직 지원을 위해 외무인민위원부에 20만 루블을 제공할 것에 대한 지시서」에 따르면, 한국으로 한인선동가들을 파견하는데 파견비용은 귀국시 포상금을 포함, 개인당 1만 루블로 정해져 있다. "KGB문서보관소 보관중 레닌 비밀서고자료," 로지스카야 가제타, 1993년 8월 9일자. 보리스 박& 니꼴라이 부가이, 2004, 164. 재인용.

57) 제정러시아 대외정책문서보관소, 서고 283, 목록 765, 사건 365, 장 18-19. 군사령부

는 제2의 독립선언서를 발간했고, 유일전권기관인 대한국민의회가 현임무수행에 돌입하며 통치권을 갖는다고 밝혔다.

일본은 175,000명의 11개 보병사단을 기반으로 극동지역을 점령하려고 했다. 이런 상황에서 흑룡아무르(하바로-연해주) 지방정부는 완충국가로서 극동공화국의 창건을 선언하고 일본과의 전쟁을 회피하고자 했다. 그러나 일본은 이를 빌미로 연해주에 살고 있는 한인마을을 약탈했다. 1920년 4월 5일 일본군대는 신한촌(新韓村)을 포위한 채 건물을 불태우고 도주자를 무차별 살해하였고, 5천명 이상의 민간인과 항일 운동가들이 살해당했다. 일본의 이런 만행은 빨치산 항쟁의 불씨를 오히려 거세게 촉발시켰다. 1920년 3월 12일 최고려, 박주련, 이영선, 최군실, 김인현 등의 주도로 아무르 주의 블라고베센스크에서 아무르한인대회가 소집되었고, 전희세, 신훈, 안훈을 지휘자로 하는 400명 규모의 한인부대가 창설되었다.58) 이후 한인 빨치산운동은 아무르지역으로 확대되었다. 니꼴라예프스크나 아무르에서 박병길, 박일리야가 이끄는 항일 빨치산 부대가 출현했고, 안무, 황병도에 의해 빨치산부대를 비롯해 총 36개 부대 3,700명의 한인부대가 아무르 일대에서 활동했다.59) 1920년 7월 한글 잡지 「붉은기」는 한인 빨치산부대가 만주와 압록강 국경일대에 집결하면서 기존의 산발적인 활동을 멈추고 단합하기 시작했다고 보도하고 있다. 현대역사문서보관센터의 기록에 따르면 1920년과 1921년 사이에 중국 만주, 간도, 연해주, 아무르 지역의 빨치산 부대는 총 35,000명에 달했고, 이들은 무관학교를 통해 정규부대로 발전하고 있었다.60) 1920년 이후 만주지역에서는 3만에 달하는 한인 빨치산들이 일제의 만행을 규탄하는 무장봉기를 일으켰다. 이 봉기 이후 두만강과 압

는 길림에 위치하고 총사령관은 서일, 부사령관은 김좌진, 홍범도, 최진동, 최명록이라고 기록되어 있다.

58) 극동러시아 국립역사문서보관소, 「10월혁명 10주년과 극동 고려인」, 58쪽.

59) M. T. 김, 「극동소비에트 권력투쟁에서의 한인 국제공산주의자들」, p. 20.

60) 노보시비르스크 주 현대사문서보관센터 서고1, 목록 9, 사건 7, 장 425.

록강, 간도지역에서 빨치산 부대가 봉기했다. 이 상황에서 일본은 만주 출병을 중국정부에 요청했고, 일본 국민을 보호한다는 미명하에 간도에 2개 사단 토벌대를 파견했다. 1920년 11월부터 1921년 2월까지 수천 명의 한인 거주자들에 대한 훈춘대학살을 저지른다.[61]

일본의 공세 때문에 아무르지역으로 넘어 온 2천명 규모의 항일빨치산 부대의 진로를 둘러싸고 러시아공산당은 처음에는 극동공화국의 부대로 편입시켰다. 반면 대한국민의회는 한인독립군대를 독립적으로 운영하고자 했다. 처음에는 빨치산 부대 지휘관들도 대한국민의회의 입장을 지지했다. 이 중에서 최고려, 오하묵 등은 코민테른에게 대한국민의회의 지휘권을 인정받으려 했다. 이런 가운데 1921년 3월 15일 아무르주 크라스노야로보에서 극동지역 전 한인빨치산대회가 개최되었다. 이 대회에서 한인 빨치산부대를 극동공화국의 혁명인민군 산하로 통합하고 「전(全)한인군사위원회」를 발족했다.[62] 이곳은 수많은 빨치산부대가 집결했는데 김표도르, 박공서 김덕보가 이끄는 「이만부대」, 최니꼴라이, 이두을, 김안드레이, 조용익, 백수동의 「다만부대」, 박그리고리의 「독립단 부대」, 「우루쉰스키 광산 한인 빨치산부대」, 「비라 지역의 부대」, 「블라소센스크 부대」, 「우르칸스키 광산부대」, 등 총 44명개의 빨치산부대가 집결했으며, 민족계열 무장단체로 홍범도, 이청천, 이병채, 이범윤의 「의병부대」, 김좌진, 서일, 김승빈의 「북로군정서」, 이용을의 「군비단」, 조명선의 「독립단」, 안무·전일무 등의 「국민회 군대」 등이 집결했다.

한편 코민테른 극동대표 슈마츠킨(Shumatskin)은 빨치산부대가 극동공화국으로 편입되는 것에 불만을 가지고 있었다. 그는 코민테른 극동

---

61) 러시아 국립사회정치사 문서보관소 서고 495, 목록 154, 사건 25, 장 10.

62) 이 대회 이후 극동의 모든 빨치산부대와 365명의 곤고트 기병연대, 400명의 「국제군연대」, 아무르에서 온 빨치산 3개 중대, 「제8아무르 연대 한인중대」, 「특수부대의 독립중대」와 기타 부대들이 극동공화국 인민혁명군 산하부대들이 아무르주 자유시 인근에 집결하였다.

서기국을 통해 한인빨치산 부대에 관한 권한을 위임받아 「고려혁명군
정의회」라는 단체를 만들었다.63) 이로 인해 빨치산부대는 다시 분열했
다. 크라스노야로보의 빨치산대회에서 만들어진 「전한인군사위원회」와
코민테른 산하 「고려혁명군정의회」로 지도부가 분리되었다. 고려혁명
군정의회는 코민테른의 권위를 내세워 한인부대의 편입과 무장해제를
결정했고, 이것은 자유시에서의 항일빨치산 부대간의 무장충돌을 초래
했다. 이후에 빨치산부대의 활동은 크게 위축되었다. 연해주지역 빨치
산부대를 제외하고 아무르 지역 한인부대는 해체의 길에 들어서고 말
았다.64)

이와 달리 연해주지역에서 한인 빨치산운동은 지속되고 있었다.
1922년 2월 14일 인민혁명군과 한인 빨치산 부대들은 하바로프스크로
진군했다. 소비에트군대가 연해주를 향해 전진할수록 빨치산부대의 규
모는 증가했다. 1922년 4월 니꼴스크 우수리스크에는 300명에서 600명
에 달하는 빨치산 부대들이 여러 지역에 있었다. 결국 1922년 7월 23일
일본정부는 소련군대의 공세와 후방의 한인 빨치산세력에 의한 교란으
로 어려움에 빠지면서 후퇴를 고려하기 시작했으며, 11월 7일 블라디보
스토크에서 패배함으로써 극동개입에 종지부를 찍었다. 극동 시베리아
에서 항일투쟁과 독립운동, 사회주의혁명을 전개하면서 보여준 한인들
의 활약을 바탕으로 고려인들은 보다 확실한 독립운동의 배후지를 구
축할 수 있었다.

③ 러시아지역 항일독립운동 인물들

해방이라는 결정적 시간이 오기 전까지 식민지시대의 한인들과 소비

---

63) 고려군혁명정의회는 칸다라슈빌리를 사령관으로 부사령관에 오하묵, 소비에트의원에
　　최고려, 참모장에 유수연, 소비에트 의원에 최동순, 1연대장 전희세, 2연대장 최메포지,
　　제3연대장에 황한일로 구성했다.
64) 러시아 국립 사회정치사 문서보관소, 서고 17, 목록 84, 사건 370 장 20.

에트 고려인들은 적지 않은 고통을 겪었다. 이 시기에 한국독립운동의 중요한 뿌리였던 연해주에서의 한국독립운동의 전통은 급격한 변화의 시대를 겪게 되었다. 우선 소연방에서의 강압적인 이주과정에서 많은 빨치산 출신의 독립 운동가들이 스탈린정부에 의해 체포되어 처형당하거나 강제수용소에 수감되었다. 그동안 연해주에서 한인공동체의 소멸이 한반도의 해방 이후의 정치적 변화에 어떤 영향을 주었는지에 대한 연구가 전무했다고 할 수 있다. 1920년대부터 1930년대 연해주에서 활동하던 독립 운동가들은 자의든 타의든 사회주의적 이념과 관련을 맺고 있었다. 그들은 강제이주과정에서 소련정부로부터 배척당했으며, 해방 이후 한국정부에게도 외면의 대상이었다. 그러나 이들의 활동에 대한 체계적인 자료발굴을 통해 이들의 항일투쟁이 연해주 한인공동체에 어떤 영향을 미쳤는지 밝힐 필요가 있다. 이 글은 이런 취지로 1917년부터 빨치산운동을 전개한 항일운동가 인물디렉토리를 구성했다.[65]

국내에 여전히 사회주의계열 독립운동가에 대한 연구가 적은 조건에서 이들 자료에 대한 발굴노력이 지속되기를 바라며, 이 분야의 연구자료를 정리하기 위해 잠정적으로 한글자음에 따라 분류하고, 주요인물별 행적을 정리했다.

김 알렉산드라 스탕게비치는 역사상 최초의 한인 여성사회주의자였다. 그녀는 우수리스크 니꼴스크에서 태어난 전형적인 연해주 고려인으로 중등학교를 마치고 중등학교 교사를 지냈으며, 1914년 우랄지역에서 고려인 최초의 사회민주당원이 되었다. 1917년 러시아의 2월 혁명과 10월 혁명에 참여한 후 극동지방 대표자회의의 대표로 참여해 '조선인민의 자랑스런 딸'이라는 호칭을 받기도 했다. 그녀는 1918년 초 하바로프스크로 이동해 소비에트 당서기와 극동평의회 외무위원을 역임하기도 했으며, 이동휘, 박진순과 함께 한인사회당을 창당한 주역이었다.[66]

---

65) 여기에 제시된 인물들은 러시아고려인협회가 러시아지역 독립운동유공자에 대한 정보를 제시하기 위해 정리한 독립운동자료집 명단을 근거로 작성하였다.

성 명	김 알렉산드라 페트로브나 스탕게비치	KRA-001
출생환경	(설야~1918) 니꼴스크 우수리스크 태생	
활동분야	최초의 한인 여성사회주의자	
학력정도	중등학교 김나지움 졸업후 교사로 활동	
주요활동	1917년 2월 혁명 참여 한인사회주의자동맹 주도 이동휘와 함께 한인사회당 창당 1918년 9월 16일 백군에게 총살당함	
성 명	김만겸(김 세레브랴코프 이반 스테파노비치)	KRA-002
출생년도	(1886~1938), 포시예트 농촌에서 출생	
활동분야	3·1독립운동과 한인빨치산운동	
참여기관	한인소비에트 부의장, 연해주한인전권대표	
주요활동	1910년 블라디보스토크신문 「변경」의 기자 1911년 조선에서 온 편지라는 글의 저자 1919. 3·17 러시아판 독립선언서 제작 한민족소비에트집행위원회 부의장 1923년 연해주집행위원회 한인전권대표 강제이주 후 1938년 10월 7일 총살당함	

김만겸은 연해주 출신으로 1910년 권업회에 참여했고, 한글보급운동에 참여했다. 1910년 블라디보스토크 〔변경〕신문의 기자로 활동하였으며, 1911년 "조선에서 온 편지"라는 글을 써 필명을 날렸다. 또 3·1운동 당시 러시아판 독립선언서를 썼으며, 한인빨치산운동에 참여했으며 1923년 연해주집행위원회 한인전권대표로 선임되어 고려인의 지위향상과 독립운동에 지대한 관심을 가졌던 인물이었다.

---

66) 1918년 9월 16일 일본의 원조를 받던 칼미코프 부대에 의해 체포되어 네찐카강 산두어우(三道溝, Renchka Nezhinka)에서 총살당했다.

성 명	김승빈	KRA-004
출생년도	(1895~?)평북 기장리의 빈농 출신	
활동분야	3·1운동 참가자이자 홍범도군대	
학력정도	고종황제의 시위대 출신, 신흥 무관학교 교관	
주요활동	신흥무관학교 출신 교관 1920년대 홍범도의 빨치산 부대에 참가 1945년 8월 관동군 전투에 참여	
성 명	김 미하일 미하일로비치	KRA-003
출생배경	(1896~1938)지신허마을 빈농출신	
활동분야	빨치산 부대 지휘관, 사회정치활동가	
학력정도	아미지에 2년제와 라즈돌로니예 교사과정졸업	
주요활동	제정러시아 군대 1914년 입대후 볼세비키교류 1917년 극동이주 후 빨치산 지휘관 활동 1922년 니꼴스크-우수리스크 소비에트위원 1934년 러시아공산당 17차 대회 대표 1938년 특별한 근거 없이 총살(1957년 복권)	
성 명	김 아파나시 아르세니에비치	KRA-005
출생년도	(1900~1938)포시예트 수하노프카	
활동분야	블라디보스토크 3·1운동 참가	
학력정도	1917년 중등학교 김나지움 수학	
주요활동	1917년 중등학교에서 한인애국운동단체결성 3·1운동참가, 1920년 이만 빨치산 부대참여 1921년 5월 이르쿠츠크 고려공산당 창당참여 1934년 레닌훈장, 1937년 근거 없이 총살당함	
성 명	전희세	KRA-006
출생년도	(1869~?)니꼴스크-우수리스크 현 출신	
활동분야	한인 빨치산부대 지휘관	
주요활동	1919년 적군 지원, 보병교육 수료후 기관총 중대장, 1920~22년 자유대대 지휘관, 자유시 대대장 보좌관, 독립 한인연대 연대장 보좌관	
성 명	김유정	KRA-007
출생년도	(1900~1929), 수이푼지역 차피고우 출신	
활동분야	항일투쟁 사회주의 운동	
학력정도	마을 학교 졸업	
주요활동	1921년 항일빨치산 부대 참여, 1929년 중동선 분쟁 전투도중 사망	

　김승빈은 의병출신으로 고종황제시대 무관이었으나 국권을 상실한 후 독립운동을 의병활동을 전개했고, 1919년 만주를 거쳐 연해주로 넘어갔다. 신흥무관학교 교관 출신으로 홍범도의 빨치산 부대에 참가했다. 러시아 내전이후 소비에트 군대에 참여하여 고위장성이 되었고, 1945년 8월 소련군의 남하작전에서 일본의 관동군을 축출하는 전투에 참여하기도 했다.

　김 미하일은 지신허 마을 출신으로 제정러시아의 군대에 입대하여 사회민주당원들과 교류하였고, 1917년 극동으로 돌아와 빨치산 지휘관으로 활동하였다. 1922년 니꼴스크의 소비에트위원이 되었으며, 1934년에는 러시아공산당 제17차 당대회 대표를 역임했다.

성　　명	박진순	KRA-011
출생년도	(1897~1938) 올리긴 니꼴라에프카	
활동분야	한인사회주의운동가	
학력사항	블라디미르-알렉산드로프카에서 고등보통학교	
주요활동	1919년 이동휘와 한인사회당 창당, 1920년 코민테른 2차 회의 극동대표, 1920년 러시아정부의 조선혁명지원금 수령, 1923년 이후 모스크바대학에서 철학관련 강의	
성　　명	안희제	KRA-014
출생년도	1895~1943, 조선출신, 27세에 러시아 이주	
활동분야	조선독립운동가	
주요활동	1910년 연해주 의병단체 「창의회」 지도부 1919년 상해 임시정부에서 활동	
성　　명	박민영(박 니키포르 알렉산드로비치)	KRA-009
출생년도	1902~1938, 이바노프지역 출신	
활동분야	항일운동 지하운동가	
학력정도	니꼴스크-우수리스크 김나지움 졸업	
주요활동	혁명직후 수찬지역 한인 빨치산 부대에 입대 학업을 위해 극동공산주의노동자대학에 파견 코민테른의 지령으로 조선에 항일운동 파견 1938년 근거 없이 체포되어 사형당함	

　　박진순은 1919년 이동휘와 한인사회동맹과 한인사회당을 창당했으며, 1920년 코민테른 2차회의에서 전체극동대표로 참여하였으며, 1923년에 모스크바대학에서 철학관련 강의를 하기도 했다. 한편 김 아파나시는 포시예트 수하노프카 출신으로 1917년 중등학교시절에 한인애국운동단체를 결성하였고, 3·1운동에 참여했으며, 1920년에는 이만 빨치산 부대에 참여하기도 했다. 1921년 5월 이르쿠츠크 고려공산당 창당과정에 참여하는 등 전형적인 고려인 사회주의자였다.

　　최고려는 니꼴스크 출신으로 한글교육운동을 전개했다. 1913년 수찬지구에 민족학교를 만들어 교사를 하다가 1917년에 수찬지역 한인동맹의장으로 선출되었고, 한인소비에트의장을 역임했다.

성　명	최고려-최니꼴라이 마시모비치	KRA-015
출생년도	(1893~?), 니꼴스크-우수리스크현 타파시	
활동분야	한인교육운동, 항일무장운동	
학력사항	중등학교 졸업 후 교사로 활동	
주요활동	1913년 수찬지구 한인민족학교 개교 1917년 수찬지역 한인동맹의장으로 선출 1920년 한인소비에트의장으로 선출 1937년 근거 없이 탄압당해 투옥됨	
성　명	박 드미트리 하리토노비치	KRA-010
출생년도	(1903~?) 연해주 올리긴 알례세에프카	
활동분야	항일빨치산운동참여자	
학력사항	마을학교 재학 중 빨치산부대 참여	
주요활동	일본군과 백군에 대항해 전투참여	
성　명	박천림(1899-1991)	KRA-012
출생지역	강원도 철원의 빈농출신	
활동분야	3·1운동참가자, 항일빨치산 독립군 참여	
주요활동	1919.3·1운동 참여후 경찰에 체포되어 제적 1919년 빨치산부대인 독립군에 참여 1919~22년 항일투쟁 및 반 적군투쟁 참여 1937년 근거없이 탄압받아 12년 수형	
성　명	신우여	KRA-013

출생년도	조선출신	
활동분야	항일 빨치산운동	
학력사항	1910년 만주로 가서 중등학교 졸업	
주요활동	1921년 빨치산 부대 「혈성단」 조직 결성 1922년 일본군 200명 괴멸시키는 무장투쟁	
성 명	이인섭	KRA-019
출생년도	1888~1979	
활동분야	항일운동참가자, 사회주의자	
주요활동	1907년 유인석의 의병부대에 참가 1913년 항일애국운동조직 결성 1918년 하바로프스크 한인사회당의 지도자 러시아 공산당 모스크바당위원회에서 활동	

　오하묵은 포시예트 파타쉬 출신으로 고등보통학교를 졸업하고, 이르쿠츠크 군사학교를 졸업하였으며, 1914년 짜르군대에 강제징집당했다가 대위로 제대하였으며, 1920년에는 빨치산본부 제5군 독립한인연대 지휘관을 지냈다. 1920년 한인군사혁명 소비에트 부사령관을 지냈으며, 1921년에는 2500명으로 구성된 대한독립단의 지휘관으로 활동했다. 자유시 참변이후 한인부대간 불필요한 충돌을 막았다. 1925~1937년까지 '붉은군대' 연대장으로 복무했지만 1937년 강제이주과정에서 체포되어 사형당했다.

성 명	오하묵(흐리스토포르 니꼴라에비치 오가이)	KRA-016
출생년도	(1895~1937), 연해주 포시예트 파타쉬	
활동분야	한인무장부대 지휘관으로 활동	
학력사항	고등보통학교 졸업, 이르쿠츠크 군사학교 졸업	
주요활동	1914년 짜르 군대에 강제징집, 대위로 제대 1920년 빨치산본부 제5군독립한인연대 지휘관 1920년 한인군사혁명 소비에트 부사령관 1921년 대한독립단의 지휘관 1925년~1937년 「붉은군대」 연대장	
성 명	오성묵	KRA-017

출생년도	1886 함경북도 명천의 빈농출신	
활동분야	블라디보스토크 3·1운동 연대투쟁 주동자	
주요활동	1913년 애국 계몽운동단체인 「국민회」 결성 1919년 이동휘와 함께 「한인사회당」 결성 1921년 러시아극동혁명군에 참여	
성 명	한명세(한 안드레이 아브라모비치)	KRA-021
출생년도	설야~1937 우수리스크 지신허 출신	
학력사항	2년 졸업 후 마을지원으로 카잔신학교 유학	
주요활동	1904년~1905년 연해주의 반일시위 참여 1922년 한인소비에트 의원, 지방의원 1923년 독립운동지원, 고려공산당 창당 주장 1931년~1933년 이르쿠츠크 사범대학 총장	
성 명	한창걸(한 그레고리)	KRA-022
출생년도	(1892~?)	
활동분야	연해주 빨치산운동가	
주요활동	1918년 올리긴 임시군사본부 민족분과장 1918년 농민중심의 빨치산 자위부대 결성 1924년 협동조합 「붉은 별」결성 농업종사 1929년 연해주 행정기관의 지도자로 활동	
성 명	황하일	KRA-024
출생년도	1895~1967, 올리긴현 타우데미 농촌출신	
활동분야	연해주 빨치산부대 지도자, 군 지휘관	
주요활동	1918년 붉은군대 대대장으로 지휘관 교육 1919년 빨치산부대(400명 규모) 지휘관이 됨 1921년 이르쿠츠크 5군 한인연대 연대장	

한명세(한 안드레이 아브라모비치)는 1904~1905년 연해주의 반일시위 참여했으며, 1922년 전러시아 한인소비에트 전권위원으로 소련 중앙정부에 발언권을 가졌던 소비에트 한인지도자 중의 한명이었으며, 1923년에는 조선독립운동의 지원을 비롯해 고려공산당의 창당과 연해주에서의 고려인자치구상을 제안하기도 했으며, 1931~1933년 이르쿠츠크 사범대학 총장을 역임했던 인물로 1937년에 근거 없이 체포되어 총살당한 인물이다. 한편 한창걸은 1918년 올리긴 임시군사본부 민족

분과장을 역임했고, 1918년 농민중심의 빨치산 자위부대 결성했으며, 1924년 협동조합 「붉은 별」을 결성해 농업에 종사하였고, 1929년 연해주 행정기관의 지도자로도 활동했다. 이 밖에 빨치산 출신의 혁명가로는 김 미하일 미하일로비치, 김유정, 김희정, 신우여, 박천림, 이인섭, 최성학 등수많은 인물이 있다. 전희세는 니꼴스크 우수리스크 현 출신으로 한인 빨치산부대 지휘관으로 1919년 볼세비키군대를 지원하였으며, 보병교육후 기관총 중대장을 거쳐 1920년부터 1922년까지 자유대대 지휘관을 거쳐, 자유시 대대장 보좌관과 한인부대 연대장 보좌관으로 활동했던 인물이다. 김 아파나시는 포시예트 수하노프카 출신으로 1917년 중등학교시절에 한인애국운동단체를 결성하였고, 3·1운동에 참여했으며, 1920년에는 이만 빨치산 부대에 참여하기도 했다. 1921년 5월 이르쿠츠크 고려공산당 창당과정에 참여했다. 그 밖에도 수많은 인물이 항일의병이나 국권회복운동, 빨치산부대를 통해 한국의 독립운동에 참여했다.

〈표 Ⅱ-4〉 1923년대 초반 연해주 한인 분포

군/지구	가구수			인구수		
	국적자	비국적자	계	국적자	비국적자	계
포시에트지구	2,348	2,366	4,714	14,321	13,610	27,981
니꼴스크-우수리스크군	1,345	5,538	6,883	7,621	13,610	35,975
수찬지구	360	3,640	4,000	2,302	28,354	21,644
스파스키지구	400	965	1,365	2,896	19,342	7,190
올리긴지구	9	369	378	14	4,294	2,213
이만지구	344	293	637	1,848	2,199	3,250
하바로프스크	366	549	915	2,091	1,402	5,229
계	5,172	13,720	18,892	31,143	3,138	103,482

* 출처: 러시아공산당 연해주위원회 활동보고서(1923년1월~1924년3월). 러시아국립사회정치사 문서보관소, 서고 372, 목록1, 사건 1095, 장 112.

(2) 연해주-하바로프스크 고려인사회의 기록, 1923~1930

① 1920년대 중반 이후 연해주 한인활동

1920년대 고려인들은 1863년 이후 오랜 시련을 거친 후 60년 만에 일시적인 평화를 누릴 수 있었다. 고려인들은 1910년부터 1920년대까지의 장기간의 항일투쟁을 거쳐, 극동소비에트에서 중요한 위상을 차지했다. 치열한 항일투쟁을 통해 러시아는 그들에게 제2의 조국이 되었고, 어떤 이에게는 제1의 조국이기도 했다. 그들은 1923년 이후 연해주 지역에서 자치활동을 수행했고, 한민족의 문화적 뿌리를 극동소비에트 사회에 접목시켰다.

1923년 8월 한명세가 코민테른 한인공산주의자 대표로 선출되어 블라디보스토크로 돌아왔다. 그는 1924년 5월 코민테른 집행위원회 동방분과에서는 한인 행정기구 설치문제를 집중 논의했다. 이 회의에는 러시아공산당 연해주집행위원회 서기 프세니친과 연해주 집행위원회 의장 양 가마르니크, 연해주집행위원회 한인분과 서기 이영선, 코민테른 집행위원회 한인공산주의자 대표 한명세가 참여했다. 이곳에서 한명세는 한인들의 상황에 대해 다음과 같이 보고했다. "연해주 한인문제의 근본적 해결책은 한인들에게 한인밀집지역인 3개 지구인 포시에트, 수찬, 수이푼을 할애하고, 블라디보스토크를 주도로 한 영토적 자치주를 허용하게 하는 것이다". 또한 한인들에게 연해주 자치주를 넘겨주는 문제를 서두를 필요는 없으며, 한인들은 무조건적인 자치권 부여에 찬성하고 있다고 설명하고 있다. 그 대안으로 ① 자치권의 분할, ② 한인군의 분할, ③ 전권대표기구가 있는 지역으로 분리하여 접근할 것을 제안하고, 니꼴스크 우수리스크와 블라디보스토크에 주 및 현 집행위원회 산하부서를 완벽하게 갖추고, 한인분과를 설치하면 이러한 목표가 실행 가능하다고 주장했다. 그러나 한명세의 한인자치권에 대한 급진적 문제제기에 대해 코민테른 집행위원회 동방분과는 한인자치주 설립이 러시아 뿐만아니라 극동지역에 영향을 미칠 수 있고, 한인문제의 해결이 불가능한 것도 아니며, 토지분배업무를 확대하고 조정할 필요가 있으므로, 한인에 대한 토지분배문제에 집중해야 한다고 주장하고, 무엇보다 연해주 한인의 러시아 국적 취득문제 해결이 선결과제라고 결론 내렸다.67) 한편 1927년 8월 29일 전 러시아중앙집행위원회는 극동지방 집행위원회에게 '농촌소비에트에 대한 조정 문건을 모국어로 번역할 것, 한민족 행정단위에 대한 분할의 필요성을 검토할 것'을 주문했다. 그러나 이 '한민족 행정단위분할은 이루어지지 않았고, 포시예트 군이 실질적으로 한민족 자치 행정지역단위로 존재했다고 할 수 있다.

내전과 외국군대의 간섭 속에서 한인들의 극동지역으로의 인구이동은 크게 증가하여 1923년도 기준으로 농촌 및 도시인구를 보면 총 110,280명에 달했다. 극동혁명위원회 한인문제위원회 자료에 따르면 1923년 연해주에는 120,982명이 거주했고, 그 중 103,482명이 농촌에 살았고, 17,500명이 도시에 거주했다. 한편 1924년 9월 소연방 외무인민위원회 극동과에서 소연방 소비에트에 보낸 문서에 따르면 소련에 거주하는 고려인은 총 150,000명에 달하고, 이 가운데 소연방의 러시아 공화국에 147,000명이 살고 있으며, 이들 중 70%가 이민 1세로 극동지방에 140,000명이 살고 있으며, 시베리아에는 3,500명, 우랄지방에는 2,800명, 모스크바에는 500명, 레닌그라드에 200명이 거주하고 있으며, 우크라이나와 백러시아에도 수천 명의 고려인 이주민이 있다고 밝히고 있다.68) 한편 소련정부는 1919년 결성된 '준러시아고려인노동자동맹'을 민족주의원칙에 따라 구성되어야 한다고 평가하고 1924년 '소련 거주 고려인동맹'으로 이름을 바꿀 것을 요구했다. 이 결정으로 '소련거주 고려인동맹 강령'이 제출되었다. 그 내용은 다음과 같다. ① 동맹조

---

67) N. 부가이, "민족국가에 관한 문제의 역사," 「동방」, 1993, p.153. S. G.남, 재러 한인: 역사와 문화」, 119.

68) 1924년 9월 소련거주 고려인의 수, 러시아연방 국립문서보관소, 서고 1235, 목록 119, 사건 12, 장 61-62.

직의 결정사항에 있어 소련행정조직의 청원과 협조를 받는다. ② 현행 법에 기초해 야학 및 주말학교를 개교한다. ③ 상호원조와 농업조합, 동업조합 및 꼬뮌을 결성한다. ④ 아동 수용시설과 탁아소를 설치한다. ⑤ 모국어 잡지와 신문 그리고 전단을 발행한다. ⑥ 음주, 아편, 도박 등 사회적 병리현상과 도덕적 투쟁을 벌인다.[69]

② 연해주에서 소비에트 형성기 한인 차별문제와 국적문제

1923년 소비에트 시대가 열리면서 소비에트 한인들은 러시아인들과 동등한 대우를 받을 것을 기대했다. 그러나 실제로 러시아 국적을 가진 한인들이나 러시아 국적을 가지지 못한 한인들 모두 차별받기는 마찬가지였다. 1923년 연해주에서는 읍, 면, 군, 주 소비에트 선거가 진행되었다. 당시 러시아 국적을 가진 한인들이 사는 거주지에는 32개의 소비에트와 19개의 혼성소비에트를 포함해 총 70개의 농촌소비에트가 건설되었다. 지역거주민이 305이상 되는 지역에서는 한인대표들이 면 집행위원회에 포함되었다. 연해주에는 총 475개의 한인거주지가 있었으나 그 가운데 191개 마을에는 10가구, 120개 마을에는 20가구, 56개 마을은 50가구, 75개 마을은 99가구가 있었으나 독자적인 한인소비에트는 2개에 불과했다. 이런 푸대접에 대해 1923년 11월에 개최된 제1차 소비에트권역협의회 한인대표자회의에서 문제가 제기되었다. 민족문제에 대한 소비에트정권의 과제와 관련해 소비에트 러시아가 소수민족에 대한 민족제한을 철폐한다고 발표했지만 실제로 중국인과 한인에 대한 차별이 진행되고 있으며, 면 집행위원회에서 한인에 비해 러시아인에게 더 많은 토지이용권을 주고 있다고 항의했다.[70] 이런 문제제기를 통해 1924년 농촌소비에트 재선에서는 농촌소비에트가 비대화되면서 한인

---

69) 「1930~40년대 러시아 한인들의 강제이주에 대한 백서」 제1권, pp.32~37. 재인용.
70) 1923년 11월 14일 스파스키현 한인협력위원회 대표 1차회의 회의록, 극동러시아 국립 역사문서보관소, 서고 170, 목록 1, 사건 122, 장 11-14.

농촌소비에트는 87개에서 105개로 늘어났고, 한인소비에트 조직은 더욱 확대되었다. 농촌소비에트 24개 농촌혼성 소비에트 25개, 지구농촌 소비에트 68개, 지구혼성소비에트 4개, 부락 소비에트 1개로 총 122개의 소비에트가 형성되었다. 1926년에는 140개의 소비에트가 생성되었고, 총 2,287명의 한인 소비에트 대원이 있었고 이 중에서 313명이 여성이었다.

극동 고려인의 문제에 대한 대규모의 정치적 조치 중 하나는 1923년 극동혁명위원회와 현지 혁명위원회에 한인문제 전담기구를 설치한 것이었다. 이를 바탕으로 1923년 2월 27일 코민테른 동방분과 고려총국 대표는 '한인자치단위 설립가능성까지 포함한 최종적 연구'에 이르는 초기 단계에 대해 보고를 하기도 했다.[71] 극동혁명위원회 산하 한인문제전권위원은 극동혁명위원회 의장직속으로 한인문제를 담당하는 전권위원의 업무를 조정하는 극동혁명위원회 분과장의 지도를 받고 있었다. 이 전권위원에서는 한인들의 토지분배와 한인협동조합, 농업꼬뮌의 설치를 지원하고, 각종 교육기관, 기술학교의 설립문제를 지원했다. 한편 1923년 3월 연해주위원회 및 소비에트 집행위원회에 한인문제 전권위원직이 신설되었다. 이 위원회는 집행위원회 간부 1명, 주(州)토지부 2명, 주(州)교육부 3명, 주(州)위생부 4명과 함께 블라디보스토크, 니꼴스크 우수리스크, 스파스크, 하바로프스크, 니꼴라예프스크나 아무르 등 5개 군의 집행위원회에 각 1명씩, 포시에트, 수찬, 올가 등 3개 지구에 1명씩, 연해주 집행위원회, 니꼴스크 우수리스크와 이만군 집행위원회, 포시에트와 수찬지구 집행위원회에 각각 1명씩 임명된 5명의 지도자를 포함해 총23명이었다. 이 위원회는 1923년 9개월 동안 연해주의 한인문제를 해결하기 위한 보조기관으로서 각종통계자료 수집, 보고서 작성에 참여하였고, 한인사회를 소비에트사회로 끌어들였다. 1924년에 대다수의 한인촌과 부락을 위원회로 끌어들이기 위해 신문 「선봉」과 기타

---

71) 박보리스, 김영웅 공저, 「1930~40년대 한인들의 강제이주에 관한 백서」, 1권, p.47.

대중매체를 통해 한인들이 폭넓게 내용을 이해하게 만들었다.

또한 한인사업전권기구의 활동을 통해 한인들의 소비에트화 과정이 가속되었다. 1922년 12월 8일 극동혁명위원회는 전러시아중앙집행위원회의 결정에 따라 1918년 러시아 국적취득법과 인민위원회의 1921년 외국인에 대한 러시아국적부여법을 극동공화국에 발표한다는 명령을 채택했다. 이 규칙에 따라 ① 장기간 농업에 종사한 자, ② 노동자와 근로자, ③ 투기행위자와 비노동자계층이 분류되고, 1항과 2항에 해당하는 계층에게 국적 신청승인이 이루어졌다. 이에 따라 1917년 이전에 거주해 온 모든 한인들은 별다른 이유 없이 러시아 국적을 받을 수 있었다. 그러나 한인들은 많은 자국신분증을 제출해야 하는 형식적 절차 때문에 신청을 포기했다. 이런 문제를 해결하기 위해 1923년 8월 11일 회의에서는 러시아국적 전환신청서 제출인에게 영주를 허락하는 문서발급을 규정했다. 이와 함께 신청서 제출시 보증제도도 폐지되었다. 그러나 1924년 4,761명이 국적을 신청해 1,247명이 국적을 취득했다. 러시아 공산당 연해주위원회 한인분과와 주집행위원회 한인사업전권위원들은 한인들의 신청서를 정치적으로 건전하다고 판명되면 바로 소비에트 국적을 부여해야 한다고 제안했다. 이런 요구들이 반영되어 1925년 4월 4일 한인소비에트 국적부여문제는 새로운 기준이 적용되었다. 첫째 러시아에서 2년 이상 거주한 한인농민을 1그룹으로 소비에트 국적을 부여하며, 극동에서 생산 업무에 종사하며 2년 이상 거주한 자들을 2그룹으로 하여 이들에 대해 국적 취득을 우선 부여한다고 결정했다. 이런 조치를 통해 3,267명의 한인들이 국적을 신청하여 2,200명이 취득했고, 1926년에는 7,884명이 신청해 3,609명이 취득했다.

③ 1920년대 연해주 고려인들의 교육문화 활동

1920년대 이후 소비에트 러시아 한인들은 자신들의 삶과 민족적 요구를 높이기 위해 다양한 교육 문화활동을 전개했다. 1921년 6월 극동공화국의 단일학교령에 따라 학교개혁법이 채택되었다. 이 법에 따라 부르조아 성향의 교육체제가 폐지되고, 단일한 교육체제가 도입되었다. 이에 따라 1단계는 초등학교로 1~4학년까지, 2단계는 중등학교로 5~9학년까지로 편성되었다. 극동공화국이 러시아공화국에 편입하면서 국민교육 지도권한은 극동인민교육부에 위임되었고, 지역에서는 주나 군 인민교육부에 위임되었다. 1922년 10월까지 연해주를 중심으로 극동공화국에는 약 220개의 한인 학교가 있었다. 1924년 6월 1일 81개 한인 학교, 161명의 교사와 6,500명의 학생들이 국고 및 현지기관에 의해 유지되었다. 학부모의 자금으로 유지되던 학교들이 다수 폐교되었고, 전체 고려인 아동의 절반이 안되는 10,175명만이 교육받을 기회를 가졌다. 교사는 1918년 대한국민의회의 청원으로 설립되어 조선어, 조선문학, 역사, 지리가 개설되었던 사범학교에서 배출되었다. 한편 연해주 인민교육부는 1923년 한인사범학교를 폐쇄하고, 재학중인 학생들을 니꼴스크-우수리스크 고려한인사범학교로 전학시켰다. 이 학교에서는 초등학교를 마친 학생들에게 입학을 허가했다. 1924년부터 1925년 전문학교에는 조선어과 2개 학급에 6명의 교사가 있었다. 교사는 7년제 과정을 거쳐 배출되었다. 1925년 4월 4일 개최된 극동혁명위원회 산하 한인위원회에서는 학교 및 계몽 사업 분과 보고 후 극동공화국 한인교육사업 개선에 대한 문제가 결의되었다.

〈표 Ⅱ-5〉 1925년 한인위원회의 한인교육개선사업

분 야	사 업 지 도 방 향
교재발간	교육학, 정치서적, 교과서를 발간, 1925~1926년 예산 반영
교사지원	한인수강자의 하계 재교육 현지예산 50%를 지출할 것
자료번역	1925~1926년부터 4인 번역위원회를 유지할 것
학교이전	페레야슬라프스카야 농민학교를 우수리스크지역에 이전
극동대학	1925~1926년 극동대학에 노동자단과대학 조선어과 개설
업무교육	인민교육부 산하 한인 충원으로 민족 교육과 일반 교육
교사전근	아무르지방 러시아학교 9명의 한인교사를 한인학교로 전근
학생지도	한인학생지도 소비에트당 학교, 대학, 농민학교, 직업학교

* 자료: 극동혁명위원회 한인위원회 회의록, 러시아국립문서보관소, 서고 17.

1924년 이후 블라디보스토크를 비롯한 도시의 고려인 학생들은 러시아인들 보다 많은 교육 참여를 보였다. 그것은 주로 국가예산의 부족분을 한인들이 보충하였기 때문이었다. 1924년 국가예산으로 유지되던 학교에서 119명의 교사들 중 52명이 학부모로부터 급료를 받았다. 1926~1927년도 블라디보스토크관구에는 농촌지역에 한인초등학교가 114개, 도시지역에는 5개가 있었다. 이 학교 중 7년제 학교는 2개가 있었고, 9년제 학교는 블라디보스토크에 1개가 있었다.

문맹퇴치를 위해 고려인은 적극적으로 참여했다. 1925년 한인마을에는 125개의 문명퇴치조직이 만들어져 5,000명이 교육받았다. 이를 위해 성인을 위한 교과서인 「문명퇴치」가 한글로 번역되어 제작되었다. 극동인민교육부의 성인대상 교육에는 1927년부터 1928년 사이에 12명의 한인교사와 중국인 교사, 5명의 러시아교사가 활동했으며 1929년에 148개의 문맹퇴치 주민학교가 설치되어 1만명이 교육받았다. 그 결과 1930년대 연해주 고려인은 해외에 존재하는 어떤 그룹보다 높은 90% 이상의 문자해독률을 돌파했다.

1924년 이후 소비에트를 중심으로 한인 정치교화사업도 활발히 진행되었다. 1924년 극동혁명위원회 고려인문제 전권위원은 전러시아 중앙집행위원회에 요청한 문건에서 극동지역은 민족문제에 관한 문헌이 부족하기 때문에 혁명기에 간행된 출판물이 매우 부족하다. 민족관계 소규모 도서관을 개관하려고 하는데, 고려인관련 출판물의 종류와 구입조건에 대해서 알려달라고 요청했다.72) 이런 준비를 거쳐 1926년에 18개의 독서실과 8개의 독서교양학습소, 3개의 도서관, 3개의 클럽, 8개의 이동학교, 3개의 정치학교가 등장했다. 한편 성인을 위한 교육기관은 6개월과 3개월 과정의 고급학교로 수찬, 블라디보스토크, 치타, 블라고

---

72) "1924년 1월 6일 극동혁명위원회 한인사업전권위원인 김기룡이 전 러시아중앙집행위원회에 요청한 고려인관련 문헌", 러시아연방 국립문서보관소 소장 자료. 문서고 1235, 목록 119, 사건 17, 장 9, 러시아 국립사회정치사문서보관소, 서고 495, 목록 154, 사건 240, 장 2.

베센스크, 포시에트 지역에 설치되었고, 6개월 과정 졸업자에게는 고등교육기관 입학자격을 주었다. 1923년부터 1924년 사이에 연해주 한인들 중에서 731명의 학생들이 고등교육기관으로 파견되었다. 한편 한명세의 추천으로 러시아의 군사학교로 1922년에는 100명의 한인들이 파견되었으며, 1923년에는 113명이 군사훈련을 받았다.1923년 8월에 러시아의 모든 한인 보병 및 포병 후보생은 레닌그라드 국제사관학교에 결집시켜 한국어로 교육한다는 결정이 내려졌다. 이 한인중대의 지휘관은 오하묵이었다. 레닌그라드 국제사관학교에서 1925년 1월 까지 총 147명의 한인후보생이 훈련을 받았고, 이 중에서 8명의 고려인이 교관으로 활동했다. 오하묵은 극동으로 귀환하여 1925년 이후 1937년까지 러시아 붉은 군대의 연대장으로 활동했다.[73] 특히 이르쿠츠크 공산당원들은 소련의 교육기관에서 체계적인 사회주의교육을 받았으며 1920년대 말까지 200명의 학생들이 동방공산주의노동자대학을 졸업했다.[74]

1925년에 파견된 고려인 학생은 동방공산주의노동자대학 53명, 레닌그라드 국제군사학교 98명, 제24보병학교 49명, 교사과정 300명, 사범대 및 의대교육 파견 17명, 해군사관학교 4명, 니꼴스크 우수리스크 교육전문학교 조선학과 45명, 군과 면 행정직원 및 계몽 사업일꾼 양성소 22명, 지방 현의 3단계 소비에트 당원학교 75명, 당 근무자 및 군 단위 당직자 양성과정 및 모스크바 서기양성과정 9명, 지역 및 모스크바 그리고 레닌그라드 고등교육기관 노동학원 13명, 현 단위 한인강좌과정 9명, 니꼴스크 우수리스크 농업학교 7명, 소년단 근무자과정 30명이었다. 1926년 정치학교 및 지구별 당원강좌를 마친 한인은 130명이었다. 러시아 공산당 연해주위원회 소비에트당원학교에는 33명의 후보위원이 수학 중이었다. 19명의 한인들이 면 근무자로 합격했다. 동방공산주의

---

73) 초기 소련정부에서의 붉은 군대 창설과 관련된 기록으로는 러시아 외교아카데미 교수로 있는 리 블라디미르 효도르비치의 저서, 「유라시아 동방의 지정학에서 러시아와 한국」, 모스크바, 2002, pp.371~372를 참조.

74) 러시아 국립 사회정치사 문서보관소, 서고 495, 목록 154, 사건 404, 장 39.

노동자대학에는 70명, 제1, 2단계 소비에트 당원학교에 67명, 모스크바 소재 군위원회 서기과정 2명, 레닌그라드 국제공산주의간부학교 114명, 제24보병학교 37명, 고등교육기관 및 노동자예비대학에 50명이 파견되었다. 이들을 통해 한인의 소비에트화가 더욱 촉진되었다.

<표 Ⅱ-6> 1920년대 극동연해주 학생들이 진출한 고급학교

지역구분	학교이름	1925
모스크바	동방공산주의노동자대학	53명
	모스크바기술대학	-
	모스크바의대	4명
	모스크바사범대	13명
	모스크바 서기양성과정	9명
레닌그라드	레닌그라드 국제군사학교	98명
	레닌그라드 제24보병학교	49명
	레닌그라드 노동학원	13명
블라디보스토크 우수리스크	소비에트 사범대학 교사과정	300명
	한민족사범대학	30명
	교육전문학교	-
직능별학교	소년단 근무자과정	7명
	군, 면 행정직원 양성학교	-
	농업학교(니꼴스크-우수리)	9명

④ 1920년대 러시아 고려인 이주문제의 검토

1920년대 중반 이후 소련정부는 한반도와 중·러 접경지역에서 무단 이주문제와 국경지대로부터 러시아 국적자의 재이주를 고민하고 있었다. 1922년 추진하려던 한인들의 이주계획은 소련 당국의 여건의 미비와 영향력있는 한인들의 반발로 실행되지 못했다. 대신 소비에트화를 통해 극동지역의 안정화를 추구했다. 그렇지만 소비에트화 과정에서 한인에 대한 토지분배율이 낮아서 1920년대 말 블라디보스토크 관구의 한인 중 50%가 자신의 농지가 없었고, 임대농지에서 농사를 지었다. 이

때문에 토지가 없는 한인들은 한인분산이주계획에 관심을 가지고 있었다.

1927년 8월 18일 전소련공산당 중앙정치국은 한인문제에 대한 논의를 거쳐 연해주 한인들을 하바로프스크관구로 이주하는 명령을 내렸다.[75] 이 명령에 따라 극동지방 토지청은 관구 내 모든 토지청과 이주담당 분과들에게 보낸 문서를 통해 농업용 미점유 토지가 없는 한인들에게 앞으로 토지분배를 중지시키고, 무단으로 이주해 온 이주민들에 대한 토지분배는 이무르지역 미점유 구역으로의 분산이주 절차를 통해 시행할 것을 결의한다. 1927년 이후 한인 토지분배문제 및 이주문제는 연해주 이주분과에서 담당했다. 이 분과는 한인들을 위해 배정된 미점유 토지기금 중에서 토지이용권을 설정하고 블라디보스토크에서 토지분배를 받을 수 없는 이들을 다른 지역으로 이주시키고자 했다. 이를 위해 1926년 블라디보스토크관구의 특별조사에 기초해 전체 한인 95,422명 중에서 블라디보스토크관구 경계에 있는 40,661명, 경계 밖으로 50,187명을 정착시키는 계획을 수립했다. 그 결과 수이푼 12,821명, 수찬 12,187명, 포시예트 7,282명, 파크로프 5,095명, 슈코토프 4,073명, 스파스크 2,959명, 올가 2,312명, 체르니고프 2,053명, 한카이 1,375명이 이주대상에 포함되었다. 그러나 이 이주계획은 떠나는 지역이나 정착할 지역에 대한 충분한 사전 검토 없이 수립되었고, 한인의 이주를 위한 토지기금이나 여건에 대해서도 검토가 되지 않았으며 결정적으로 이주비용에 대한 철도청의 특혜지불 거부나, 이주문제를 담당할 전담기구가 마련되지 않은 여러 이유 때문에 실행되지 않았다. 또한 실질적으로 연해주의 많은 지역들이 한인의 노동력에 의존하고 있었기 때문에 이주에 따른 노동력 결손문제도 중요한 문제였다고 할 수 있으며, 결과적으로 한동안 한인 이주계획이 중단되었다. 그러나 1929년 8월 극동

---

75) 1928년 3월 23일 극동토지관리국 "이주민의 토지분배에 대하여," 극동국립역사문서
   보관소, 서고 236, 목록 1, 사건 277, 장 19.

지방집행위원회는 한인분산이주에 대한 문제에 본격착수하게 되었다. 이 회의에서 향후 몇년간 블라디보스토크관구에서 소비에트정부에 충실한 한인을 제외한 모든 분산이주대상 외국 국적 한인을 쿠르다르킨스크, 신딘스크 지구 등에 보내기 위한 토지준비업무를 강화할 것을 경의하고 있다. 또한 한인들의 이주로 발생하는 여유농토는 계획에 따라 이주하는 러시아인 농민들에게 제공되며, 48도 이남의 두만강 국경선 전체에 러시아인의 이주를 강화할 것을 결의하고 있다.[76] 제 1차 고려인이주 3개년계획에 따라 1929년에 1,408명이 하바로프스크로 이주했다. 그러나 이주는 하바로프스크관구 이주사무국이 이주기금이 준비되지 않았다는 이유로 이주민들을 수용하기를 거부하면서 중단되었다.

⑤ 고려인 토지분배 문제와 협동조합의 출현

연해주정부는 한인들에 대한 차별문제로 토비분배의 문제점을 조사하면서 1925년 이후 연해주 토지국을 통해 토지과다보유 현지토착민에 대한 잉여토지압수를 통한 방법으로 집단화정책을 추진했다. 그러나 이 계획이 종료될 즈음 극동지방위원회 토지국에서는 한인분배 계획 취소 명령과 함께 한인토지분배 계획을 위해 마련한 집단화기금의 상당부분을 러시아 중부지역에서 이주한 러시아 농민을 위한 토지분배기금으로 사용하라는 명령이 내려졌다.[77] 이런 차별행위에 대해 포시에트지구 집행위원회 확대총회에서는 참석자들이 공개적으로 불만을 제기했다. 그러나 이런 불만은 좀처럼 해소되지 않았다. 특히 토지가 없는 한인들은 토지문제의 조속한 해결에 더욱 관심을 가지고 있었다.

---

76) 1929년 8월 20일 극동지방 집행위원회 간부회의 회의록 26/20호, 극동국립역사문서보관소, 사고 2441, 목록 1, 사건 336, 장 67.

77) 또한 차별적인 토지분배가 지속되어 러시아인에게는 35데샤티나가 적용되고 한인에게는 15데샤티나의 기준이 적용되었다. 1926년 2월 1일 연해주 전체에는 45,555데샤티나에 해당하는 토지가 집단화 기금으로 징발되었다. 이는 한인가구 3,050개를 정착시킬 수 있는 규모였다.

한편 신경제체제 하에서 토지가 없거나 소작농들에 대한 토지분배사업과 함께 농민들을 협동조합운동에 끌어들이는 정책이 전개되었다. 1923년 블라디보스토크, 니꼴스크 우수리스크, 스파스크, 나홋트가, 아지미, 크라스노예 젤로, 그로제코보, 아누치노, 체르니고프카 등에서는 9개의 한인협동조합이 형성되었다. 1923년 8월에 한명세가 의장직을 맡고 러시아공산당 연해주위원회 한인분과 위원장 이영선과 연해주집행위원회 관리과 한인사업전권위원 김만겸, 국가정치행정부 대표 최고려가 참가한 가운데 한인경제문제 협의회가 진행되었고, 한인들의 범선을 단일한 경제조합으로 통합하여 결성된 한인연안어업노동조합 '전마선'이 경제발전에 도움이 되는 바람직한 일로 평가하였다. 또한 빨치산 출신의 무직자 중 상당수가 임업부문 노동자임을 감안하여 기존에 있던 제4한인 임업협동조합을 단일경제조합으로 통합시키고, 한인농업조합 등을 통해 외국자본의 활용 등이 결의되었다. 1924년 5월에 23개의 협동조합이 설립되었고, 1925년까지 25,000명의 한인이 협동조합에 가입했다.

집단농업에 관심을 가진 계층들은 과거 빨치산운동을 참가자들과 빈농한인들이었다. 빨치산부대출신들은 동업조합, 농업조합, 노동단체의 결성 신청서를 제출했고, 1923년 2월 '공산태합'(소르바칸 빨치산 출신 50명의 참여)조직이 만들어졌고, 1924년 3월 빨치산 출신들에 의해 토지개량조합 '안산'이 설립되었다. 또 1923년 제5군 한인특별연대와 수찬 빨치산 부대가 해체되자 러시아 공산당 연해주 한인분과의 주도로 2개의 한인동업조합 '붉은별'이 설립되었다, 제2수찬 노동농업조합 '붉은별'은 특별한인연대 출신의 붉은 군대출신 29명이 구성한 조합이었고, 두번째 '붉은별'은 슈토코프 빨치산 출신 48명이 결성한 것이었다. 이들은 처음에는 날품팔이와 어로행위로 연명을 했으나 러시아공산당 연해주위원회로부터 500루블을 차용해서 미역을 채취하고, 목재를 팔아 황소를 구입했다. 1923년 가을에는 이 두개의 동업조합이 통합을 해막사에서 집단생활을 시작했다. 이후 1924년에 4,080푸드의 쌀을 생산하고, 8천 루블의 소득을 마련하는 성과를 인정받았다. 결국 1925년 초 동업조합이 코뮌으로 전환을 허락받았다. '붉은별'의 성공은 다른 농업조합에 영향을 미쳤고 1925년 말 농업조합은 44개에서 1926년에 58개로 늘어났다.[78]

이들을 제외한 90%가 토지가 없는 농민들이었다. 1925년 블라디보스토크에는 18개의 생산조합, 어업조합이 있었고, 1926년 극동지역에는 41개의 어로조합이 생성되었고, 총 1,000명의 조합원을 가지고 있었다. 블라디보스토크에서는 9천명 이상이 벼농사 전문가로 종사하고 있었으며, 정어리 조업에 대해 극동 어업부가 1,693개의 전업허가권을 내주자 80%의 한인이 몰려들었다. 이 모든 조합들은 연해주연맹의 국가보조금을 받아 활동했다. 결국 연해주 고려인사회는 취약한 농업분배, 러시아당국에 의한 차별문제를 극복하는 수단으로 협동조합을 선택했고, 이런 집단화과정을 통해 한인들은 연해주 평균속도의 두 배로 소득을 올릴 수 있었다.

(3) 1930년대 고려인사회의 변화와 고려인 강제이주

① 1930년대 한인 농업 집단화와 강제이주 문제

1920년대 말 신경제정책이 중단되면서 한인들의 토지문제는 다시 핵심문제로 전환되었다. 1929년 소비에트연방은 농업집단화를 강력히 추진했고, 지구단위로 집단농장으로의 전환문제를 중요한 국가적 과제로 설정했다. 이런 가운데 극동집행위원회는 모든 농지의 공동화를 지향하기 위해 한인촌에서의 소규모 집단농장, 소규모형태의 연합을 통합하여 마을단위로 1개의 집단농장을 만들며 포시예트를 제외한 지역에서 126개의 집단농장을 만들 것을 계획했다. 이 계획에 따라 극동공화국 전체

---

78) 김승화, 「재소한인사연구」, 157.

한인가구인 29,414가구 중 21,455가구를 1930년 10월까지 집단화시킬 것이 결의되었다. 또한 한인 집단농장의 대형화를 위해 자체 꼬뮌을 10개로 늘리고, 집단농장도 7개에서 10개로 늘리는 계획을 추진했다. 집단화를 통해 1930년대에 이르면 총 가구의 25%가 집단화되었다. 1930년대 초반 니꼴스크 우수리스크시에서는 56개 집단농장에서 온 67명의 대표가 참석한 가운데 극동지방 한인 집단농장원 대회가 소집되었다. 이 회의에서 농업연맹위원회 운영위원회 페트로프(Petlov)는 '한인집단농장의 상황과 향후과제'라는 보고를 듣고, 지역농업연합위원회의 압력을 받아 집단농장의 대규모화 등 집단화를 지속해야 한다는 주장을 받아들였다. 그 결과 기존의 집단농장을 다시 통합하는 대형화가 지속되었고, 수이푼 지구에서는 4개의 집단농장들이 통합해 '태평양의 혁명가' 집단농장으로 대형화되었다. 1931년 8월 소비에트 지도부는 집단화를 가속화하는 노선을 취했다. 그리고 1932년까지 전면적 집단화를 종료할 지역으로 포시에트, 니꼴스크 우수리스크, 파크로프, 루흘로프, 블라디보스토크, 한카이를 지목하고, 연해주 농가의 75%가 1931년말 집단농장으로 전환되었다. 1936년 경제잡지 「극동의 경제생활」에 따르면 극동에서 한인인구는 1920년대 초 106,000명에서 170,000명으로 늘어났으며, 이러한 인구증가는 극동지방에서의 벼농사의 발전에서 찾을 수 있다고 극찬을 했다. 그러나 사실은 이와는 달리 실제 벼농사의 비중은 크게 떨어졌고, 농업집단화의 성과에 대해서도 엇갈린 평가가 나타났다.[79]

② 1930년대 러시아 고려인의 문화 활동

1936년에 러시아 고려인은 204,000명에 달했다. 경제적 환경 변화를

---

79) 그러나 실제로는 연해주 농업집단화과정은 1930년대 중반 이후 진전되지 않았다. 벼 재배지는 1929년보다 1,919헥타르가 적은 15,936헥타르로 줄어들었고, 1933년에는 4,200헥타르로 줄어들었다.

기반으로 한인사회의 교육문화적 성과도 나타났다. 1936년 지방인민교육부 자료에 따르면 287개의 초등학교에 총 19,255명, 준초등학교에 총 5,497명, 중등학교 261명의 학생들이 재학하고 있었다. 한인학교의 비중은 극동전체의 12,5%에 달했으며, 극동지역 민족학교 가운데 인원수는 한인학교가 1위였다. 극동공화국에는 한인 사범대학이 있었고, 2개의 교육전문학교, 1개의 농업기술학교, 지방한인 소비에트당원학교, 고등공산주의농업학교 조선과가 있었다. 1924년 설립된 우수리스크 고려교육전문학교는 최초 5년간 420명의 교사를 양성했다. 1930년 유아교육학과가 개설된 포시에트 지구에서는 정원 280명의 또 다른 교육전문학교가 개교했다. 1932년에는 수 십명의 소비에트 근무자들을 포함한 350명의 한인들이 붉은 교수대학과 동방공산주의노동자대학, 모스크바, 레닌그라드 등의 대학을 졸업했다.[80] 1931년에는 블라디보스토크에 역사학부, 문학부, 이학부, 생물학부를 갖춘 780명 정원의 극동조선사범학교가 문을 열었다. 1937년 5월 28일자 순 한글 잡지 「붉은기」에 따르면 1935년에는 극동조선사범학교는 한인중등교육기관으로 17명의 화학 및 과학교사들을 배출했고 또한 8명의 역사교사와 8명의 화학 및 수학교사를 1936년에 배출했으며, 1935년에 이학과와 문학과의 2년제 교사과정이 개설되었다.

한편 1932년 기준으로 한인도서관의 숫자는 200개 이상이었다. 제1차 경제개발 5개년 기간 동안 한글발간서적은 20종, 5천권에서 176종, 1,408,000권으로 늘어났다. 한글출판물의 백미는 정기간행물이다. 「선봉」, 「문화」, 「새세계」, 「노동자」, 「노농신보」, 「동아공산」 등 6개의 잡지와 7개의 신문이 발간되었다. 특히 「선봉」은 발행부수가 1만이 넘는 대중신문이었다.

1937년 5월 28일자로 발행된 「붉은기」에 따르면 1932년 블라디보스토크에서는 극동지방 한인 드라마극장이 창설되고, 국립극 예술대학 졸

---

80) 김승화, 『재소한인사연구』 pp.209~210

업자 최길준과 이길수를 비롯해 김진, 연승룡, 최봉도, 최영, 태장춘, 이함덕 등이 활동했다. 한인극작가들의 희곡으로는 연승룡의 「천평의 횃불」, 최영의 「동방으로부터의 경적」, 태장춘의 「토지」, K. 크레네프의 「미친사랑」, M. 고리끼의 「적」, 「예고르 불리체프」, A파제예프의 「괴멸」 등이 있었다. 1937년 4월 29일 한인극장 건물에 최초로 연극이 상연되었다. 연극에 대해 극동지방 고리끼 드라마극장 감독 E. M 바탈리야는 신문 「태평양의 별」에 연출자 최길준, 극장장 빅토르, 예술감독 채영과 같은 지도자와 뛰어난 배우들을 갖춘 극장의 성공을 기록하고 있다.

〈표 Ⅱ-7〉 1930년대 연해주의 연극과 연극인들

공연제목	극작가	상영장소	출연배우
태평양의 별	최길준	한인극장	김진, 이길수, 연승룡
천평의 횃불	연승룡	한인극장	이길수, 김진, 최봉도, 이함덕
동방으로부터의 경적	최 영	한인극장	김진, 이길수, 연승룡, 이함덕
토지	태장춘	한인극장	김진, 최봉도, 최영, 태장춘
미친사랑	K. 크레네프	한인극장	-
적	M. 고리끼	한인극장	-
예고르 불리체프	M. 고리끼	한인극장	-
괴멸	A파제예프	한인극장	김진, 이함덕, 이길수

1920년대 이후 1930년대까지 재소 한인들의 문학은 급속히 발전했고, 그 출발점은 조명희였다. 그는 1929년 일제의 압박을 피해 소련으로 이주하여 문학활동을 했으며 그의 주요작품으로 희곡 파사(婆娑), 대동강, 저기압이 있다. 한편 신문 「선봉」에는 김진, 이길수 조기천, 염선영, 최영 등의 초기작이 실렸다. 시인으로는 필수의 「저녁노을」, 허성묵의 「안되리라, 안되요」, 김동춘의 「아무르강의 이쪽 저쪽」, 태장춘의 「매장하라」 등이 있었다.

〈표 Ⅱ-8〉 1930년대 고려인 문화 활동의 주요 내용

	주요책자와 대표인물
잡지	선봉, 문화, 새세계」,노동자, 노농신보, 동아공산
소설	조명희, 김바실리, 최호림, 오선묵, 한 아나톨리, 김인섭, 강충력, 조명희, 도동규, 김진, 이길수 조기천, 염선영, 최영
시	이필수, 「저녁노을」, 허성묵, 「안되리라, 안되요」, 김동춘, 「아무르강의 이쪽 저쪽」, 태장춘, 「매장하라」

한인문학의 최고절정기는 1930년대 중반으로 김바실리, 최호림, 오선묵, 한 아나톨리, 김인섭, 강충력, 조명희, 도동규 등의 글과 한인작가의 노래가 수록되고 있었다. 1935년 「선봉」에는 수준 높은 글이 실렸는데, 조선의 산문시 "아우 채옥에게", 전활의 "광부의 가족", 등이 실렸다. 또 서사시 "우리의 한탄", "회계", 최호림의 악극 "여자대표" 등이 있었다.

1935년 7월 중앙의 소비에트잡지인 「혁명과 제민족」지에는 한인이 인구의 95%를 차지하는 포시에트의 급속한 문화와 경제발전에 대한 모습을 전한 Ya 텐의 논문 '소련의 한인들'이 실렸다. 한편 10월 혁명 20주년을 맞이하면서 스탈린을 추켜세우는 글들이 한인잡지와 한인신문의 대부분 차지했다. 잡지 「태평양」에서는 B. 소콜로프의 "소비에트 극동의 제민족간 우호"라는 기사가 실렸는데, 그 내용은 소비에트정부 초기 한인이 이룩한 성공에 대한 찬사가 담겨있었다.

「태평양의 별」이라는 신문의 1937년 6월 22일자에는 "한인집단농장에서"라는 기사가 실렸다. 이 기사에는 파두쉬카 집단농장은 뛰어난 축산농장과 조산소, 정규중등학교, 문화회관, 목욕탕과 유아원, 탁아소를 가지고 있고, 1937년 문맹상태에 있던 마지막 20명이 졸업했으며, 20명이상이 중등교육을 받았고, 20명 정도가 블라디보스토크, 모스크바, 레닌그라드, 하바로프스크 대학으로 유학을 갔다고 기록되어 있다.

한편 1937년 7월 9일 「태평양의 별」에 실린 페티소프의 "요새"라는 글에는 고등교육을 받은 사람들의 명단이 있다.[81] 이 글에는 1936년 17

명이 준고등교육기관을 졸업했고, 1937년에는 21명이 초급학교를 졸업할 예정이라는 상세한 소식을 전하고 있으며, 농장전체인구 606명 중 250명이 초급학교를 다니고 있다고 전한다.

1937년 8월 10일 연해주 신문들은 수이푼 지구 스탈린집단농장의 콤바인 기사인 황 그레고리(황창걸)에 대한 기사를 실었다. 그는 기계트렉터 스테이션 콤바인 기사인 반영직, 김태일과 함께 짧은 기간동안에 200~290 헥타아르의 논을 수확하여 극동지구 집행위원회에 의해 명예의 게시판에 오르기도 했다.

③ 강제이주의 내용과 진실, 그리고 기록

강제이주시기(1937-1945)는 시베리아 변강지역에 기틀을 잡았던 한인의 활동영역이 중앙아시아와 러시아 남부지역으로 전개되는 디아스포라시기였다. 스탈린시대 강제이주는 극동지역에 독자적인 한민족 공동체를 구성하고 있었던 고려인사회가 절망적인 해체과정에 접어들었음을 보여준 것이었다. 소련의 한인이주와 분산정책은 이미 1922년 말부터 계획되고 있었다. 1937년 일본이 중일전쟁을 일으키고 중국본토를 침략하면서 한인이주문제는 새로운 국면을 맞게 된다. 당시 소련에서는 숙청바람이 불고 있었는데, 숙청대상은 소련에 있는 외국 스파이였다. 소련정부는 일본군이 연해주를 침략하기 위해 한인을 첩자로 이용하고 있다는 핑계로 강제이주를 단행했다.

1937년 8월 이후 강제이주의 소문이 떠도는 가운데 1937년 9월 22일자 「붉은기」는 "어부들로부터의 축제일 선물"이라는 제하의 기사에서 연간 어획량을 조기 달성한 올가 지구 어업집단농장인 '북방의 등대',

---

81) 박골-스베르들로프스크 대학, 박니꼴라이-모스크바계획대학, 박베라-모스크바대학, 고 바실리-사범대학, 이치혼-레닌그라드 의과대학이다. 10여 명 이상이 기술학교를 졸업하고, 김춘옥, 김양순 등의 여성배우와 김야축, 김백선, 신동본 등이 한인사범대학에 재학 중이고, 김알렉세이는 항공대학에 재학 중인 것으로 기록되어 있다.

'거인', '1월9일'에 대한 이야기를 실었다. 한편 소련 관영신문 「프라우다」지는 1937년 7월 10일자에 "일본첩자들의 후방교란활동"이라는 기사 싣고 일본이 공작원을 한인독립운동세력에 침투하고 있으며, 한인노동자의 분열을 목적으로 가짜 한인혁명조직을 만들고 있다는 내용을 기록하고 있다.

1937년 소련은 중국의 국민당정부와 불가침협정을 체결한 직후에 한인에 대한 강제이주를 단행한다. 소련 인민위원회와 소련공산당 중앙위원회의 결정(제1428-326호)에 따라 1937년 극동지방 국경지역의 한인 이주가 결정되었다.[82]

스탈린명령서에 따라 총 171,781명의 한인이 이주를 했으며, 이후에도 약 700명의 연해주에 잔류했던 한인들이 강제이주 된다. 이들은 신분상 이주민으로 포함되어 있지 않은 고려인으로 추정되고 있다. 스탈린의 강제집행명령에 의해 1937년 8월 이후 연해주 지방정부와 중앙아시아지역 지방정부는 고려인의 강제이주를 위한 단계적 계획을 본격적으로 현실화시켰으며, 강압적인 주민통제에 의한 강제수송이 진행되었다.[83] 이 강제수송은 11월까지 이어졌고, 상당수의 고려인들이 카자흐스탄과 우즈베키스탄에 분산배치 되었다. 중앙아시아 지역으로 수송된 고려인들은 현지에서 집단농장에 재분산 되었으며, 18,461가구가 카자흐스탄의 9개 주에 배치되었고, 10,946가구가 우즈베키스탄의 6개 주에 분산 배치되었다.[84] 그러나 스탈린의 강제이주 계획은 철저한 이주대책을 세우지 못한 상태에서 진행됨으로써 많은 불행한 사태를 초래

---

82) 러시아연방국립문서보관소, 서고 목록 2, 사건 50. 112-113. 스탈린의 1급 한인 강제이주 명령서(1428-326)

83) 1937년 10월 25일 예조프 소련내무인민위원회 위원장은 극동지역 한인이주가 완료되어 총 36,442가구 171,781명의 한인 이송을 보고했다.

84) 스탈린이 고려인의 강제이주를 채택하게 된 동기로 항일세력을 극동에서 제거하고자 했던 일본과 극동지역 긴장완화를 원했던 소련정권간의 암묵적 합의를 들 수 있다(박미하일, 1997).

했다.[85] 1938년 우즈베키스탄공화국 내무 인민위원부 부의장을 역임했던 메예르(Meyer)의 비망록에는 한인 집단농장의 주택이나 문화건설은 시작도 되지 않았고, 한인정착촌에도 지도부가 형성되지 못한 극한적인 혼란을 겪고 있었다고 전하고 있다.[86] 이런 기록은 1938년 7월 17일자 제404호의 결의안에도 나타나 있다.

강제이주과정에서 고려사범대학 교원들은 귀중한 정보자원을 포기하지 않고 대거 이사짐에 실고 이동하였고, 해당자료들은 중앙아시아의 고려인사회의 전통을 이어가는 중요한 밑거름이 되었다. 중앙아시아로 이주한 고려인들은 엄청난 대혼란을 겪었지만 연해주에서 이룩한 문화활동의 업적을 재건하고자 했다. 이와 함께 학교의 대대적인 수리 및 일반용 건물을 학교로 개조하는 문제가 검토되었고, 1938년 초까지 학교설비를 마련하고, 한인교사들에 대한 즉각적인 임금 지불 필요성도 검토되었다(러시아연방국립문서보관소, 서고 5446, 사건 49, 장 54-155). 1938년 한인들을 위해 31개 학교 신설을 위해 685만 루불을 배정하라는 소련인민위원회의 권고도 있었다. 그러나 1938년 9월 10일 기준으로 운영된 학교의 준비상태는 1/3에 불과했다(러시아연방 국립문서보관소 목록 30, 사건 56, 장 73). 이후 우즈베키스탄공화국 인민위원회는 소련인민위원회에 보낸 보고문에서 한인이주민의 활동에 대해 다음과 같이 보고했다. 계몽사업을 통해 한인 취학연령아동 21,986명의 취학, 17개 지구 주요마을에 초등학교 48개소 설립, 준중등학교 17개, 중등학교 7개를 포함 총 416명의 한인교사를 갖춘 72개소 학교를 개설했다. 1938년 1월 기준으로 카자흐스탄에는 총 15,734명의 취학연령의 한인 아동이 있었고, 미취학 아동역시 약 17,000명에 달했다. 이들을 위해 소련정부는 9백만 루불을 지원했다. 1938년 농촌에 160명 규모의 학교

---

85) 1937년 11월 25일 우즈베키스탄 공산당 중앙위원회와 인민위원회는 한인이주자에 대한 계몽을 위한 특별결의안(제1810/273호)을 채택했다.

86) N. 부가이, "한인들의 카자흐스탄 및 우즈베키스탄 이주와 취업사," 「회보」, 모스크바, 1992, p.88.

32개, 280명 규모의 11개 학교, 크질오르다 지역에 400명 규모의 한인 사범학교를 세우는 계획이 수립되기도 했다. 그러나 1938년 말까지 학교건설은 당초 목표의 1/3에도 미치지 못했으며, 많은 계획들이 중간관리자들에 의해 왜곡되었고, 한인들에 돌아갈 보상금이 약탈당하기도 했다. 결국 스탈린정부의 고려인의 강제 이주는 연해주에서 받았던 고려인들의 사회적 차별문제를 근본적으로 해결하지도 못했다고 할 것이다. 한편 1940년 1월 한인들의 관리문제는 내무부와 농업부의 관리대상에서 소련인민위원회 이주관리국으로 넘겨졌다. 1940년 9월 10일자 내무인민위원회 명령 제055호 등에서 한인들의 이주지역에 대한 통제가 약간 완화되었지만 여전히 한인들의 극동지역방문(치타주, 하바로프스크, 연해주)은 금지되었다. 이 강제이주는 처음에는 특별이주의 성격이 강해서 일종의 강제수용소와 같은 측면을 가지고 있었다.[87] 고려인의 강제이주는 성격과 원인에 대해 많은 논란에도 불구하고 결과적으로 연해주지역에서 고려인 자치공동체의 붕괴를 초래한 비극이었다. 그러나 고려인은 비극적인 재이주과정을 겪으면서도 생존을 포기하지 않았다.

④ 강제이주 후 고려인 정보자원의 복원과정

2차 세계대전을 거치며 러시아 고려인들은 척박한 중앙아시아 사회에서 재정착을 달성한다. 1937년 강제이주 후 고려인들은 한반도와 직접 접촉할 수 있는 기회를 상실하고, 언어와 문화가 다른 여러 민족과 함께 살게 되었다. 강제이주 이후 한인의 거주이전은 제한되었다. 한인들은 일정한 거주구역이 명시된 신분증을 소지하게 되었으며, 1953년까지 약 16년간 집단적으로 거의 수용소 생활을 하게 되었다. 민족교육

---

87) 특별이주의 성격에 대해서는 러시아 고려인 학자들 사이에 약간 상이한 입장이 존재한다. 박보리스와 부가이(2003)와 백서의 저자 리 블라디미르와 김영웅(1992)이 쓴 「1930~1940년대 러시아 한인 강제이주에 대한 백서」 1권 모스크바 1992년, pp.64~65.

이 금지되었고 국가기관 취업 등 사회, 정치적 진출은 사실상 봉쇄되었다.

이런 환경 때문에 민족 언어와 민족문화의 유지는 연해주 공동체에서의 환경과는 근본적으로 달라졌다고 할 수 있다. 1938년 1월 24일 소련 공산당 중앙위원회의 민족학교 개편에 관한 결정에 의해 고려인들을 비롯한 모든 소련의 소수 민족학교들이 소련의 일반학교로 개편되고 모든 교육과정은 러시아어로 가르치게 되었다. 1938년 4월 8일 카자흐스탄 사회주의공화국 공산당 중앙위원회 4960호 결정에 따라 원동에서 카자흐스탄 크질오르다 지역으로 옮겨 온 고려 사람들의 민족교육기관인 원동고려사범대학과 소왕령고려사범학교가 모두 폐쇄되었고 대부분 고등교육기관으로 개편되었다. 따라서 고려 사람들은 러시아어로만 교육을 받아야 했다. 다행스럽게 일부 고려인집단마을에서는 학교교육에 한국어강의가 포함되어 있었다. 1938년 5월에 「레닌기치」가 복간되어 고려인들의 한글을 통한 정보자원의 소통이 가능해졌다. 크질오르다 고려중학교 국어교사 계봉우는 1939년 「레닌기치」에 실린 글을 인용하여 고려인학교에서 1학년부터 4학년까지 아동들을 대상으로 한국어를 가르쳐졌다(김필영, 2004. 24). 열악한 조건에서 「레닌기치」는 1964년까지 민족교육의 동기를 고취하고, 다양한 민족 문예작품의 창조와 발전에 기여했다.

이 같은 고려인들에 대한 스탈린시대의 강압적 지배방식은 고려인들이 현지화를 불가피한 선택으로 만들었다. 고려인들은 대부분 중앙아시아 지역의 개발에 앞장서 특유의 개척정신과 영농법으로 수많은 모범 콜호즈를 탄생시켰고, 러시아문화를 적극적으로 수용해 높은 사회경제적 지위를 향유할 수 있었다. 그러나 고려인사회는 급속한 동화과정을 통해 민족 언어의 상실위기를 심각하게 고민하게 되었다.

4. 2차대전 이후 러시아 고려인 정보자원

1) 한민족 정보자원의 형성의 새로운 조건

1945년 이후 러시아 고려인사회의 정보자원은 생산형태가 이전과는 다른 형태로 발전하는 특성을 보였다. 특히 정보자원의 생산구조가 철저하게 러시아화된 소비에트 사회구조의 특성 속에서 지식인중심의 한국학 연구가 출현하는 특성이 나타났다. 모스크바에는 이미 1860년대 이후 진출한 고려인들이 일부 정착해 있었으나, 분단구조 속에서 소련정부의 필요와 모스크바에 진출한 고려인 학자들의 이해관계가 결합되어 정보자원의 새로운 생성과 유통이 나타나게 되었다. 명망가들과 지식인들은 정보자원 발굴자(seeker), 관리자(manager), 한반도 문제의 지식전달자(knowledge conveyor)로서 위상을 가지게 되었다. 이것은 한민족공동체에 기초한 정보자원의 생산 활동이 크게 위축된 상태에서 새로운 방식으로 한민족 정보자원의 활동범위를 넓히게 된 시대 환경적 변화와 깊은 연관관계를 가지고 있다. 1945년 이후 현대적 의미의 러시아한국학의 새로운 현상이 나타났다.

러시아 고려인 지식인들의 학문적인 역할이 확대될 수 있었던 요인으로 2차 대전 이후 한반도문제에 대해 높은 관심을 가지게 된 소련정부의 정책전환 요인을 빠트릴 수 없다. 사회주의의 북한지역으로의 확대에 따라 소련정부는 한반도 문제를 전담할 전문가들의 양성이 필요했다. 냉전시대가 본격적으로 전개되면서 소련에서는 고려인출신의 한국연구가 활성화되고 중요성도 높아지게 되었다. 때마침 소련정부는 동방대학과 외국군인대학에 한국학과를 설치했다. 이로써 연해주공동체의 해체이후 단절상태에 처했던 고려인 정보자원은 모스크바와 뻬쩨르부르그 지식인(언어학자, 역사학자)에 의해 새롭게 재생의 길을 찾게 되었다. 특히 1920년대부터 1930년대 연해주에서 파견된 유학생 집단들의 학연네트워크도 적지 않은 역할을 했다. 고려인 유학생들은 소련정부의 지원 속에서 전문분야에서 실력을 인정받았고, 그들의 러시아인 동료들이 레닌그라드와 모스크바에서 활약하였기 때문에 연해주 고려인공동체의 붕괴에도 불구하고 오히려 왕성한 활동을 펼칠 수 있었다. 주요 시기를 구체적으로 구분하면 다음과 같다. 새로운 러시아한국학의 모색기(1945~1950), 새로운 학문적 발전기(1955~1970), 침체기(1970~1980 초반), 러시아한국학의 재발견(1989 이후).

2) 러시아 한국학의 태동기(1945~1950)

(1) 새로운 러시아 한국학의 등장 배경

1945년 이후 현대 러시아한국학은 냉전시대의 출현에 따라 국가적이고 이념적인 요소에 영향을 받았으며, 소연방 정부의 한반도에 대한 관심 확대로 보다 넓고 풍부한 연구가 가능해졌다는 특징을 가지고 있다. 그 중에서도 언어, 교육, 역사와 문화에 대한 열정을 가진 고려인 역사학자, 언어학자들에 의해 중대한 발전을 이룩했다. 백과사전뿐만 아니라 언어학, 역사학 분야의 연구를 심화시키고, 한국어의 교과서개발 등 다양한 변화가 나타났다. 그러나 모스크바와 상뜨 뻬쩨르부르그를 중심으로 발전한 한국학은 다른 한편으로 러시아 한인 공동체의 현실과 동떨어져 전통적인 한국문제나 현실과 동떨어진 주제에 탐닉하는 문제점을 안고 있었다. 또한 1980년대까지 러시아 한국학은 이념적 편향성이나 북한이라는 지역적 편중성을 극복하지 못한 문제점을 안고 있었다. 한편 1950년대 중반 이후 형성되기 시작한 모스크바학파와 레닌그라드학파는 언어와 문화 분야에서 다양한 형태의 한국학발전에 영향을 미치는 계기를 제공했다. 모스크바 동양대학과 레닌그라드 국립대학 동방학부에 한국어과가 설치되면서 황동민(이바노비치 황), 황윤준(황 안토노비치), 코로도비치(Kholodovich) 등이 한국학을 주도했다. 특히 한국어 연구는 1951년 러시아 한국학연구자들이 집결하여 만들었던 ,한 러사전」의 발간을 계기로 촉진되었다.

① 1940년대 말 모스크바지역 한국학의 대두

샤브쉬나, 한득봉, 박미하일, 게오로그 김 등에 의한 한국에 대한 언어와 역사, 교육, 문화에 대한 연구가 실시되었다. 모스크바 동방대학에서는 황동민, 황윤준, 한득봉이 한국어를 가르쳤고, 박미하일이 한국사를 가르쳤다. 1948년에는 모스크바에 있는 극동대학에 한국학부가 설립되었고 1949년부터는 모스크바 국립대내 역사학부 동양학과에 박 미하일이 한국사를 가르치기 시작했다. 한편 1954년에 모스크바 동양대학은 모스크바 국립대학 국제관계대학과로 통합되었다. 1956년에는 모스크바국립대 역사학부내 동방학과를 기초로 동방언어대학(아시아아프리카대학)이 설치되었다. 이를 계기로 한국관련 과목은 모스크바에서 동방언어대학, 모스크바 국제관계대학, 군사외국어대학으로 확대되었다.

② 레닌그라드에서 모스크바로까지 꽃을 피운 한국어 연구

레닌그라드대학에서도 코르도비치 교수를 중심으로 한국학과가 활발히 활동하였다.[88] 1947년에는 상뜨뻬제르부르그대학 동양학부에 한국어학과가 코르도비치에 의해 설립되었다. 코로도비치와 한국어 연구자들은 1951년 「조-러사전」증보판을 편찬했다. 1945년 2차대전이 끝나자 소련정부는 모스크바대학에 동방학연구소, 과학아카데미에 동방민족연구소, 레닌그라드대학에 동방학연구소 산하에 한국어과를 설립하고, 우즈베키스탄에서도 타쉬켄트대학에 한국어와 역사과목을 개설하

---

88) 이 그룹에는 라프초코프(G. Ravchkov), 바실리예프(A. Vasiliev), 니키티나(M, Nikitina), 트로테세비치(A.Trotesevich), 엘레세에브(D,Eliseev), 림수(Lim Su), 마주르(Y, mazur), 니꼴스키(L. Nikolsky), 드미트리바(V. Dmitriva), 말코프(F. malkov), 이바노프(V. Ivanov), 발렌틴(Valentin) 등이 있다.

는 등 고려인들을 활용했다. 1948년 소련과학아카데미 동방학연구소는 본부를 레닌그라드에서 모스크바로 옮기고, 모스크바에 있던 태평양연구소와 통합했다. 1950년 8월에는 한국과를 신설했다. 1956년부터 동방학 연구소 모스크바센터에 한국과가 설치되었다.

3) 고려인에 의한 한국학의 발전성과

① 고려인 학자 한득봉교수의 생애연구

1945년 이후 현대 러시아 한국학분야에서 한득봉(1906-1995)은 대표적인 언어학분야 전문가였다. 한득봉의 생애를 요약하면 다음과 같다. 한득봉은 함경북도 선진의 농촌가정에서 태어났으며, 1930년에는 우수리스크에 있는 조선 기술 사범학교를 마치고 하바로프스크에서 조선어와 문화를 가르쳤다. 1935년에 블라디보스토크에 있는 조선 사범대학에 입학했으며, 강제이주를 거쳐 1939년에 크질오르다 대학을 졸업했다. 1945년 12월 그는 러시아어와 조선어 사전 구성을 목적으로 모스크바에 파견되었으며, 외국어문학출판사에서 통역자이자 번역자로 활동하면서 1947년까지 외국어 군대대학에서 일했다. 그는 러시아뿐만 아니라 조선어, 일본어, 중국어를 모두 사용했으므로, 1948년부터 모스크바 동방대학의 한국어과장으로 1954년까지 근무했다. 또 1954년에 동방학연구소와 국제관계연구소에서 활동하다 모스크바 국제관계대학 한국어학과장으로 일했다. 이 시기에 그는 러시아 한국학의 대표적인 저자로 활동하게 되었다. 그는 모스크바에서 동방대학교수를 역임하면서 러시아 한국학의 방법론적 기초를 수립했으며, 그는 고전문학과 한문에 해박했고 한국지리와 역사에도 능통했다. 그는 「한-러사전」을 책임 편집해고, 모스크바의 박병하, 황윤준 등과 함께 한글교과서를 제작해 연해주, 사할린, 타쉬겐트 지역에 보급했다. 그는 「한-러 문자사전」(김영복과 공저), 초등학교 2~4학년생을 위한 「한국어 선문집」(김팽화

와 한순천 공저)을 출간했고, 러시아 교과서를 모방하여 '한국어 교과
서'를 필사본을 준비했다.

한득봉은 1950년 「한국음성학」을 출판했고, 1952년 「북한의 헌법」을
러시아어로 번역 출판했다. 「한글 역사지리학: 아름다운 우리 조국)」
(1955년)은 총287페이지로 한국의 지리와 역사를 소개했다. 제1부는
'아름다운 산천을 찾아서', 제2부는 '조국의 역사와 문화의 자취를 찾아
서', 제3부는 '풍부한 자연자원을 찾아서' 로 구성되어 있고, 소단원이
끝날 때마다 「한-러사전」과 연습문제를 제시했다. 1956년 한국어 강의
교재를 직접 발간해 사용했다.

〈표 Ⅱ-9〉 고려인 학자 한득봉의 대표 저서[89]

년도	러시아표기	언어
1954	Мазур Ю. Н., Моздыков В. М., Усатов Д. М. Русско-корейский словарь(러한 사전). Изд. 2. М.,	한/러
1954	Мазур Ю. Н., Бедняков А. С. Учебник русского языка 『러시아어교과서』 (한글판). Ч. 1-2. М.,	한글
1958	Холодович А. А. Корейско-русский словарь(한러사전). Изд. 2. М.,	한/러
1958	Мальков Ф. В. Прилагательные в корейском языке(한국어 형용사). Канд. дис.(학위논문) М.	한/러
1958	Ким Ф. З. Звуковой состав корейского языка 19века.(19세기 한국어의 음성체계), Канд. дис.(학위논문) М.	한/러
1959	Ким Бусик. Самгук саги.(김부식의 삼국사기) Летописи Силла.(신라연대기) Изд. Текста, пер. вступит. Статья и коммент. М. Н. Пака.(미하일 박의 논평과 논문). М.,	한러 혼용
1960	Мазур Ю. Н. Корейский язык.(한국어) М.,	한글
1961	Корейский язык. Сб. статей .(한국어, 논문모음집) М.	한글
1962	Иванова В. И. Ли Ги Ён. Жизнь и творчество.(이기영의 생애와 창작 세계) М.	한글

---

89) 2006년 학술조사를 위해 나간 본 연구팀은 조사 도중 한득봉의 후손들과 접촉할 수
있었다. 이후 학술조사 일정 때문에 개인자료관 방문이 어려웠으나 여러 차례 접촉을
통해 한득봉의 생애와 업적에 대한 자료를 입수했다.

1954년부터 1978년까지 한국어분과장으로 므기모에서 근무하면서 연구방법론을 개발하였고, 대학원 과정과 공동으로 한국어 프로그램을 므기모와 다른 고등교육과정에도 활용했다. 그는 이후 1978년부터 1993년까지 외무성의 외국어 최고과정에서 교육분과 자문위원과 외교 아카데미 회원으로 활동했다.

② 역사학자 박미하일과 모스크바 고려인 학자들

모스크바대학 역사학과 교수가 된 박미하일교수는 이념 투쟁에 휘말리지 않고 한국사를 객관적으로 연구하는 풍토를 조성했다. 그는 「삼국사기, 1949」, 「한국통사, 1974」, 「한국 고대사 개요」, 「한국사학사」 등을 저술해 러시아에 있어서 한국사학을 정립했다. 그의 지도 아래 러시아 한국사학의 연구 그룹이 나타났다. 1961년 연방정부는 조선학과, 몽골학과, 베트남학과를 연합해 아시아사회주의 국가부로 통합하고, 게오르그 김(Georgy Kim)과 카자케이비치(Kazakevich)가 활동했다.

4) 러시아 한인정보자원의 변화와 모색: 1955~1970

러시아 한국학은 1950년대 중반이후 1970년대까지 북한에서 입수된 각종 정치, 사회, 문화자료를 번역하고, 언어와 문학관련 연구도 활발히 진행되었다. 그 과정에서 역사학과 언어학 분야에서 주목할 만한 성과를 거둔다. 1945년 이후 1970년까지 1,126권의 한반도 관련 자료들이 출간되었고, 연구 분야도 국제관계, 경제, 일반상식, 정치, 역사 등의 저서들이 다양하게 출판되었다.

1954년에 코르도비치는 「한국어문법개요」라는 책을 출간했다. 김병하, 황윤준, 미하일 허가이, 올가 김 등도 사할린과 연해주 및 중앙아시아지역 고려인 초등학생용 한국어 교과서 및 독본을 만들었다. 1958년 우슈토프, 마주르, 모디코프는 「러-한사전」을 출간했고, 한국어로 쓰여진   대학교재도   출간되었다.   1960s년대   이후에도   코로도비치 (Kholodovich)의 영향을 받은 학자들이 활동이 이어졌다. 뻬쩨르부르그 대학의 보로비예프(M. Vorobyov)는 「고대조선(모스크바, 1961」이라는 연구물을 작성하기도 했다. 상뜨뻬쩨르부르그대학 림수교수도 문학분야에서 많은 학자를 배출시킨 인물로 손꼽힌다. 이들은 러시아인들과 유태계의 학자들에 의해 한국문학에 관심을 가지는 계기를 제공했으며, 고려인문학의 놀라운 발전을 촉진시켰다.[90] 모스크바대학의 쉬파예쁘 (Shipayev)의 「일제의 한국의 식민지화, 1964」, 쟈가이(G. Tyagai)의 「19세기 초기 조선민중운동과 사회사상, 1968」등이 대표적인 저작이다. 한국현대사연구로는 게오르그 김의 「조선노동자계급, 1960」, 샤브시나의 「한국사개론, 1958」이 초창기 연구저작들이다.

모스크바 동방민족연구소는 「러한대사전, 1966」과 「한국어, 1961」를 펴냈다. 이 밖에도 한국문학 연구도 활발히 진행되었다. 1962년에는 「춘향던(春香傳)」과 「구운몽」이 번역 출판되었으며, 1960년에는 「박지원 연구」, 1962년에는 「시조연구」가 출판됐다. 1975년에는 「한국 중세소설」이라는 박사학위논문도 나왔다. 1976년 니꼴스키와 최정우는 공동으로 북한사전을 러시아로 번역하여 「조러대사전」을 편찬했다. 이처럼 1970년대까지 고려인 지식사회를 중심으로 전개된 정보자원의 생산은 한국의 역사, 문화, 언어, 사상에 대한 정보를 러시아어로 옮기는 작업이 주종을 이루고 있다. 이 밖에도 세르게이 김(Sergei Kim), 보리스 박(Boris Pak), 한 막스(Max Han), 드미트리이 박(Dmitrii. Pak)등이 활약했다.

러시아로 번역된 한글문학작품으로는 「구운몽」이나 「옥루몽」등 고대 문학작품도 있지만, 북한문학이나 러시아식의 전쟁문학 작품 등이 망라되어 있다. 대표적인 작품으로 박 바딤(Badim Pak)의 「금강산의 선녀」,

---

90) 이 자료는 상뜨뻬쩨르부르그대학 림수교수와의 인터뷰를 통해 1940년대 후반 고려인 학자들에 의해 배출된 1950년대 이후 러시아 한국학연구자 동향.

바실리(A. G. Vasilyev)의 「흥부 놀부전」, 림수(Lim Su)의 「한국속담집」,
「장끼전」), 니키티나(M. L Nikitina)의 「한국 고대시문학」, 「신라고려문
학개요」, 「홍길동전」, 라츠코프(G. Y. Rachkov)의 「옥루몽」, 「장화홍련
전」, 에뜨키닌(V. D. Atknin)의 「한국어교과서」가 있다.

역사학분야에서도 활발한 연구가 진행되어 박미하일이 쓴 「한국통사
(Istorija Korei, 1974」, 김(Kim) M. T의 「일제하 극동시베리아의 한인
사회주의자들, 1918~1922, 1979」.

5) 소비에트 말기 한인정보자원의 변동

소비에트 붕괴를 전후로 한 시기에 활약했던 학자로는 볼코프
(Volkov), 볼론쇼브(A.Vorontsov), 티쿄노프(V.Tikhonov). 솔로베르(A.
Solovyer), 심비르쩨바(T. Simbritseva), 드하즐가시노바(S. Sh.
Dzhazylgasinova)가 있다. 특히 샤브쉬나(Shabshina F.I.V)의 「식민지시대
조선의 기록(Kolonial'noj Koree, 1940~1945」(1988) 개정판이 있고, 콘
세비치(Lev Kontsevich)에 의한 「훈민정음」언해가 있다. 콘세비치는 러
시아한국학 문헌목록을 정기적으로 증보 발간했으며, 「단군신화」, 「김
수로신화」도 심층 분석했다. 한편 1991년 편찬된 「세계신화백과사전」
속에서는 한국신화가 소개되었다.

5. 소비에트 해체와 고려인 사회공동체의 변동

1) 고려인의 러시아 재이주 문제의 대두

(1) 한인관련 기록문서의 비밀해제와 자료접근

전통적인 한인문헌 및 정보자원에 대한 자료조사는 1980년대 후반

이후 여러 러시아의 한국학연구자와 한국에서 진출한 학자간의 공동연구의 성과를 통해 다양한 방식으로 발전했다. 그 중에서 대표작으로 꼽을 수 있는 것으로는 아노소바(Anosova L.A)와 맛떼예바(Matveeva G.S, 1994)가 쓴 「한국에서 무엇을 배울 것인가」. 백과사전으로 마주르 U.N과 니꼴스키, L. B의 「실용 러한사전」, 콘세비치의 러시아에서 「현대 한국어 연구」등이 발간되었다.

　1991년 소비에트가 붕괴하면서 구소련에서 저질러진 강제이주의 진상에 관한 기록과 문서들이 서서히 나타났다. 고려인 기록문서의 비밀 해제 조치 이후 주요 문서보관소 한인관련 자료의 발굴과 해제활동도 촉발되었다. 1991년부터 강제이주 60주년을 전후 한 1997년 사이에 고려단체와 학자들이 강제이주와 고려인사회에 대한 자료의 발굴과 연구 활동에 참여했다. 이 시기에 활동한 주요 학자로는 박보리스, 김영웅, 리 블라디미르, 김 게르만, 피터 김 등이 있으며 유대계 학자들에 의한 강제이주 연구가 뒤따랐고, 과학아카데미 동방학연구소의 유리 바닌 등의 학자들도 참여했다. 이 밖에도 한국에서 유학생으로 모스크바 등에 진출한 신진학자들에 의한 연구도 부분적으로 진행되었다. 대표적인 연구물에는 리 블라디미르(이우효)와 김영웅의 「1930~1940년대 러시아 한인 강제이주에 대한 백서 1, 1992」, 박 보리스의 「소비에트 러시아의 한인들 1917~1930, 1995」, S.G.남의 「재러한인들: 역사와 문화, 1998」, 박재근의 「재러한인: 한국에서의 이주단계, 1999」, 배은경의 「1922~1938년 재소한인약사, 2001」, 리 블라디비르 효도르비치의 「복권은 진정한 것이어야 한다, 2002」, N. 니꼴라이의 「사회적 귀화와 민족동원: 재러한인들의 경험, 1998」 등이다.

(2) 고려인공동체의 새로운 민족문제

　소비에트연방의 해체에 따라 반세기 넘게 중앙아시아에 정착했던 고려인들은 현지의 민족주의적 색체를 가진 공화국의 독립에 따라 새로운 정체성의 위기를 경험하게 되었다. 1991년 중앙아시아 국가들이 독립하면서 자신들의 방패막이 역할을 하던 러시아의 힘이 약화되고 새로운 사회질서가 대두했다. CIS지역의 고려인이 당면하게 된 새로운 민족문제는 크게 다음과 같다.

우선 신생 투르계 민족국가의 출현 속에서 고려인들에게 새로운 사회적 적응으로서 동화현상과 기존 러시아령으로의 재이주방식을 선택할 것인가에 대한 문제가 대두했다. 소련의 붕괴의 직접적인 결과는 중앙아시아 고려인들의 삶의 조건을 근본적으로 변화시키는 상황을 초래했다. 구 소련사회에서 상대적인 일자리의 안정과 번영을 누렸던 고려인들은 현지에 새롭게 등장한 신생국가에서 또 다시 주변적인 위치로 몰리게 되었다. 결국 고려인들은 투르크계 국가에서 용솟음치는 자연스러운 민족주의 흐름 속에서 또 다른 형태의 소수민족으로서의 차별과 희생을 경험했다.

이런 가운데 한인들은 연해주로의 재이주를 모색하거나 현지의 투르크계 문화방식과 언어생활에 길들여지고 재적응하는 방식으로 문제를 해결해야 하는 처지에 직면했다. 일부에서는 현 거주지를 이탈하여 러시아 남부지역이나 연해주로 재이주를 시도하거나, 현지화과정을 통해 차별을 개인적으로 줄이는 노력을 벌이게 되었다. 특히 러시아 남부도시와 연해주로의 재이주 현상은 고려인사회를 새로운 도전환경 속에 처하게 했다. 고려인의 정체성과 사회적 지위에 큰 지각변동이 초래되었으며, 그 동안 현지에서 쌓아왔던 생활기반을 위협받았으며, 새로운 정착지를 찾기 위해 방황하는 고려인들 중에는 일자리를 찾아 한국이나 다른 국가로 이동하는 사례도 크게 늘어났다.[91]

---

91) 한반도에서 러시아로의 이주가 첫 번째 방랑, 연해주 지방에서 중앙아시아로의 강제이주가 두 번째 방랑이라면, 새로운 거주지로의 방랑은 제3의 방랑이 된다. 조정남, 1996, p.288.

한편 중앙아시아의 경제상황과 전통적인 농촌사회의 해체, 중앙아시아 이슬람 세력의 확산 등을 감안할 때 고려인들이 민족적 차별을 피해 한반도와 지리적으로 가깝고 선조들의 고향인 러시아 연해주로 재이주를 희망해왔다. 그러나 현실적으로 현재의 직업, 혈연, 지역공동체, 인맥과 같은 필수적이고 기본적인 생존환경을 포기하고 이동하는 것은 쉽지 않은 일이다. 러시아의 국민으로서의 시민권을 상실한 상황에서 중앙아시아 고려인들의 모스크바나 러시아로의 재이주는 많은 제도적 뒷받침이 없이는 요원한 일이다. 이 때문에 그 출발점을 강제이주 후 회복되지 않은 명예문제와 고려인의 재정착에 대한 관련국가간 정치적이고 경제적인 협력의 필요성이 강조되기도 했다. 그러나 고려인들의 연해주로의 이전문제는 독일인이나 유태인 또는 사할린의 고려인과는 달리 적극적인 해결이 쉽지 않았으며, 중앙아 고려인들의 러시아연방 시민권 재획득도 어려움에 빠져있는 상황이다.

실제로 중앙아시아에서 러시아로의 재이주를 희망하는 고려인의 근본문제는 러시아 국적취득의 문제라 할 수 있다. 1989년 11월 구 소련 연방최고회의에서 새로운 민족정책 강령을 채택하여 1937년 한인의 강제이주의 불법성을 인정하기도 했다.

고려인들이 자치주문제를 내세울 기회는 1988년부터 1990년 초였으나, 러시아 고려인들에게 이 기회는 제공되지 못했다. 1988년 제19차 소련공산당대표자협의회에서 "자신의 영토, 국가를 지니고 있지 못한 민족 집단은 민족, 문화적 요구를 실현하기 위해 민족문화기구를 설립하며 대중 정보매체를 사용하여 지역적 요구를 만족시킬 수 있는 기회를 가져야 한다는 결의"가 채택되었다.

1991년 4월 26일에는 러시아연방 최고회의는 "탄압받은 민족의 복권에 관한 러시아 사회주의 연방공화국법"을 공포함으로써, 사회주의시대에 탄압받았던 민족공동체들의 국가 구성, 정치적 복권, 사회적 복권, 문화적 복권이 가능하게 되었다.[92] 1993년 명예회복법안이 이루어져 한인들의 러시아로의 재이주와 국적취득의 가능성에 대한 기초적인 제도가 확보되기도 했다. 그러나 러시아로 재이주한 한인들은 '한인명예회복법'에 의해 보장되는 러시아국적을 취득하지 못하고 거주허가도 거부당해 불법체류자의 상황에 놓여있다. 또한 한인들의 민족문화 부활을 위한 한인학교 설립 및 문화시설 등 제반의 조치를 시행하는 것이 법적으로 보장되어 있으면서도 구체적인 조치가 이루어지지 않고 있다.

이런 흐름 속에서 1989년 타지키스탄한인협회를 중심으로 민족자치지역 건설운동이 전개되었고, 러시아지역과 중앙아지역의 각지의 고려인단체가 민족재생운동이나 자치주운동을 위한 고려인협회를 창설하기도 했다. 그러나 처음부터 고려인의 자치주 형성에 대한 논의는 매우 복합적인 문제이자 타민족과 갈등을 유발할 수 있는 소지를 안고 있었다.[93] 게다가 소비에트연방 말기에서 이같은 문제가 해결되는 것은 용이하지 않았다. 갑작스런 소비에트연방의 붕괴, 중앙아시아 지역의 민족분규, 새로운 독립국가연합의 출현이 잇따르면서 연해주 귀향운동이나 자치주 운동은 전체적인 방향을 상실했으며, 개인적 선택의 경우를 제외하면 전체적으로 현지국, 러시아, 한국정부의 국제적 협조도 취약했고, 구체적 실천을 위한 기반도 확보하지 못함으로서 사실상 좌절되었다.

한편 현지사회로의 동화와 적응, 정체성의 유지라는 문제들은 한인사회의 응집에 중요한 걸림돌이 되기도 한다. 중앙아 지역에서 전개되고 있는 변화가 고려인의 삶의 뿌리를 뒤흔들만한 중대한 변화였고, 3만

---

92) 강제이주 민족들의 명예회복에 관한 러시아정부의 정치적 태도와 입장에 대한 국내 연구로는 심헌용의 연구를 들 수 있다. 심헌용. 러시아의 강제 이주된 민족들의 명예회복 정책. 「재외한인연구」, 제8호, 1999, pp.374~375.

93) 고려대 윤인진교수에 따르면 민족자치구 논의에 대한 중앙아시아 한인들의 반응은 이중적이다. 많은 한인이 자치주 건립에 공감하면서도 실제로 자치주로 이주하겠다는 의사를 표현한 사람은 매우 적었고, 회의적 전망이 많았다. 윤인진, "독립국가연합 한인의 민족관계에 관한 의식", 재외한인학회, 『재외한인연구』 제8호, 1999, pp.138~140.

이상의 고려인이 연해주로 재이주했고, 7만 명 정도의 한인이 남부 러시아로 이동했다.

이러한 사실로 미루어 볼 때 러시아한인들의 정체성을 러시아인들과 별개로 분리하여 접근하는 것은 한계가 있다는 것을 알 수 있다. 상당수의 중앙아 고려인들은 러시아연방의 시민권을 획득함으로써 불안한 중앙아 지역의 신생국가에서 벗어나고 싶어 했지만 실제로 이를 선택하지는 않았다. 왜냐하면 러시아로의 이전이나 연해주로의 이전이나 결과적으로 재이주를 통해 또 다른 형태의 사회적응을 해야 하는데서 오는 불안감과 미래가 보장되지 않는 불확실성 때문이었다. 실제로 1990년대 중반 이후 1930년대 연해주에서 살다가 강제 이주당한 1세대 한인 노인층들이 연해주로 이주를 하면서 직업을 갖고 생계를 꾸려야 하는 중년층과 학업을 지속해야 하는 청년세대의 자녀들과 이별을 해야했고, 이런 시행착오는 새로운 형태의 지역에서도 나타났다. 또 다른 위험 요소는 바로 1940년대 이후 태어난 2, 3세대 고려인의 언어 사용능력이 크게 약화되고, 1970년대 이후 태어난 3, 4세대 고려인들의 한국어사용능력이 극도로 저하된 상황에서 고려인사회의 해체가 급속히 진행되고 있다는 점이다.

2) 연해주지역 고려인 정보자원의 재생

강제이주 이전까지 하바로프스크와 블라디보스토크를 포함한 극동지역에는 7개의 한인신문과 6개의 잡지, 문학, 예술, 학술잡지가 만들어지고 있었다. 또한 400개의 학교와 기술사범학교, 2개의 공산당 직할학교, 극장, 도서관, 라디오 방송국이 한인에 의해 운영되었다. 따라서 강제이주는 러시아 고려인들이 이룩한 교육과 문화기반을 철저하게 파괴시킨 사건이었다. 강제이주 이후 연해주 고려인사회가 자취를 감추면서, 고려인들에 의해 형성된 많은 문화적 업적들과 정보자원들이 파괴와 약탈, 방화를 거쳐 대부분 소멸되고 일부 자료들만이 연해주 지역정부의 관리를 통해 남게 되었다. 연해주지방에 남아있던 극소수의 고려인들을 통해 이런 문제를 해결하기란 쉬운 일이 아니었다. 이러한 배경으로 인해 1945년 이후부터 1960년대까지 고려인 정보자원은 생산되지 않았으며, 모스크바에서 발간된 한글교재가 고려인 정보자원의 전부였다.

이런 상황에서 고려인 정보자원은 극소수 개인에 의해 소장되거나 도서관이나 지방기록보존소 및 공문서관리기관을 통해 보존된 자료들만이 전해져 내려오게 되었다. 1990년대 이후 중앙아시아에서 연해주로 재이주한 고려인의 규모가 급격히 증가하면서 연해주지방에서는 오랫동안 단절되었던 정보자원의 재생움직임이 나타났다. 한러수교 이후 우수리스크지방에서는 고려인들의 재이주현상이 진행되면서, 한국에서 진출한 기업들과 사회단체에 의한 다양한 지원활동이 나타났다.

1980년대 후반에 들어서야 극동대학교 등에서는 독자적으로 한국어교재를 발행하게 되었다. 이후 연해주에서의 고려인 언어교육은 종교단체, 한국교육원이나 민간단체의 지원을 받아 진행되어 왔다. 또 극동대학과 극동경제대학, 고려인재생기금, 한국문화원 등을 통해 차세대 고려인에 대한 한국어강좌가 개설되게 되었다. 한편 1994년 4월부터 한·러혼용체인 「원동신문」이 발행되었다. 이 신문은 1995년 이후 대한주택건설협회의 지원을 받아 한글판을 발행했으나 1999년 8월 이후 발간이 중단되다가, 고려인민족재생기금과 원동신문편집장이 우리민족서로돕기운동의 지원을 받아 「원동(ВОН АОН)」이라는 이름으로 재발간 되었다. 이후 정치적인 문제로 대한적십자사의 지원이 끊기면서 북한의 지원을 받아 2002년부터 신문이 일시 발행되었고, 이후 김발레리아 편집장 주도로 우리민족서로돕기운동본주의 지원을 받아 2004년 3월 3일에 「고려신문」으로 재창간되는 우여곡절을 겪기도 했다(장우권, 2005, 164 재인용). 이 밖에도 우수리스크에서는 2002년 이후 우수리스크 청년협회에 의해 「후대신문(ПОКОАЕНЦЕ)」이 발간되고 있다. 한편 하바로프스크에서는 하바로브스크 고려인연합회에서 「연합회소식지」를 월단위로 발간하고 있으며, 2002년 이후 「연해주소식(ПРИМР-ВЕСТИ)」가 발행되고 있다. 연해주 지역의 경우에는 케이블방송이 증가하면서 위성채널을 통해 한국소식을 쉽게 접할 수 있게 되었다. 우수리스크와 사할린에는 한국어 교육원, 대학교 한국어과 등이 운영되고 있고 또한 한글학교 등에 도서관이 설립되고 있다. 이들 도서관은 한국에서 제공한 다수의 사전류, 교과서, 소설류, 북한에서 제공받은 사전과 사진 자료들을 소장하고 이용자들에게 서비스하고 있다.

3) 사할린 지역에서의 고려인 정보자원의 전개

사할린 고려인사회는 두 가지 다른 사회적 배경을 가진 고려인 집단에 의해 형성된 독특한 특성을 가지고 있다. 비록 드물기는 하지만 연해주를 거쳐서 사할린으로 유입된 고려인들과 일제에 의해 강제 징용된 한국인들로 구성된 독특한 형태의 사회였다.[94] 러일전쟁 이후 사할린을 점령한 일본은 1937년 중국본토와 북간도, 극동 시베리아 전역과 중국에 대한 영토적 야심을 드러냈다. 이런 배경 속에서 일본은 1938년 5월 국가총동원령을 반포하고, 1939년부터는 조선노무자의 강제연행과 강제징용을 단행했다. 이후 1942년 2월부터 강제연행된 조선인은 일본 본토에서 남사군도 지역까지 징병되거나 강제노무자로 끌려갔고 사할린 등에 배치되었다.

1945년 8월 사할린에 남겨진 한인은 돌아갈 길이 막혀버렸다. 이들은 해방의 첫걸음을 학살의 충격 속에서 맞이했다.[95] 해방과 함께 또

---

94) 사할린지역은 일본의 홋가이도 북부의 쿠릴열도와 이어지는 지역으로 한반도로부터 상대적으로 먼 지역이었다. 1905년 러일전쟁이후 일본에 편입되었고 2차대전 후 러시아령으로 귀속되었다.

95) 일본경찰은 조선인들의 보복가능성을 핑계 삼아 카미시스카 등에서 조선인을 피습했다. 8월 20일부터 25일까지 미즈호 마을의 일본인들이 자체 조직한 재향군인회와 청년

다시 잉여의 몸이 된 그들은 자신의 의지와 무관하게 러시아 땅에 잔류된 기구한 새로운 '까레이스키'가 되었다.

해방직후 사할린에 남아있던 한인은 4만7천명이었다. 1946년 11월에는 소련지역의 일본인 귀국에 대한 협정이 체결되어 12월부터 일본인의 귀국이 시작되었고, 한인들은 이 과정에서 배제되었다. 이후 사할린에 정착한 한인들은 남북한의 분단되자 현지에 정착하게 된다. 한국전쟁 직후 일부 북한출신 노무자들의 귀국을 계기로 1952년 10월부터 사할린에서 북한과 소련 국적이 발급되자 1962년까지 일부는 북한으로 이주했으나 나머지는 사할린에 잔류했다.

사할린에서의 한인정보자원의 발달은 다른 지역 고려인들과 많이 다르다. 1945년 이전에는 사할린 한인들은 일제의 강압 속에서 조선어로 된 정보자원을 생산할 수 없었다. 일제식민지 통치가 끝나자 사회주의가 강요되었다. 한인들은 일본인과 떨어져 지내면서 집거촌을 형성했고, 1946년 9월 1일 사할린 조선학교를 개교했다. 사할린에서 고려인들에 의해 최초로 만들어진 한글신문은 1949년 6월 1일 「조선노동자신문(소련공산당기관지)」으로 창간되었다. 당시로서는 전러시아연방 내에서 유일하게 한글로 발행된 신문이었다. 한편 1949년 6월 한글신문인 [조선로동자 1호]가 하바로프스크에서 발간되어 보급되었다. 한편 1950년 한국전쟁이 나면서 1951년 9월 8일 조선로동자 신문사는 유즈노사할린스크로 옮겨졌으며, 레닌의 길로, 새고려신문으로 개칭되어 발간되었다.

1945년부터 1964년까지 사할린국립대에는 조선어학과가 있었다. 1954년 9월 1일에는 사할인 교육대학이 설립되었다. 이를 통해 고려인들에 대한 한글교육이 진행되었다. 당시 사할린 고려인들이 사용한 한글교재는 1930년대 연해주에서 고려인들에 의해 발간되었던 자료들이 거의 제공되지 못했다. 따라서 교재는 모스크바의 국립교육도서출판사

단 소속 19명에 의해 조선인들을 학살했다.

에서 발간된 자료나 북한에서 공급받았다.

1956년 10월 1일에는 사할린에서 조선말 라디오방송이 시작되었다. 한편 1960년 7월 27일에는 사할린에서 TV방송도 시작되었다. 1963년에는 러시아정부 스스로 사할린 한인 해방 기념식을 성대히 거행하기도 했다. 1960년대 한인신문은 민족색깔의 이름을 포기하여 1961년에 신문제호를 "레닌의길"로 수정했고, 오랫동안 사할린 공산당의 지역소식지 기능을 수행했다. 1964년 8월 조선사범전문학교마저도 폐교되고 말았다. 1960년대 이후 사할린 한인사회는 사회주의의 길을 강요받으며 민족공동체의 존립기반이 취약한 상태에서 한글정보자원의 생산과 유통은 고사 위기를 겪게 되었다.

이 같은 사회 기반의 불안정 속에서 사할린 고려인의 오랜 열망은 현지의 적응이나 정착이 아니라 한국으로의 송환이었다. 그 때문에 오랫동안 일본을 거쳐 북한으로의 자유로운 이동을 거부하고, 한국으로의 송환을 요구해왔다. 1958년 2월에는 화태억류 귀환 한국인회가 결성되었다. 이런 노력은 1966년 1월 6일 화태억류귀환 한국인회를 통해 사할린 잔류 한인 귀국희망자명부가 작성되었다. 이 문서에 기록된 한국으로의 귀국을 희망한 사람은 6,924명이었다. 사할린 고려인문제는 1991년 초에 사할린 거주 고령 한인의 영주귀국이 성사되기까지 오랜 시간 동안 시행착오를 겪어야 했다.

한편 소비에트연방이 붕괴하면서 고려인들의 정보자원은 새로운 재생의 길을 걷기 시작했다. 1991년 1월 1일 [레닌의 길로] 신문사 편집위원회는 신문의 제호를 「새고려신문」로 변경함으로써 민족 신문의 위상을 되찾았다. 또한 한민족 사회연결망도 회복되기 시작했다. 1990년 3월에는 사할린한인협회가 결성되어 민족을 기반으로 한 사회단체의 활동이 활발해졌고, 1991년 2월 유즈노 사할린 고려인 노인회가 결성되었으며,96) 1992년에는 「한인회소식지」가 창간되어 연간 1~2회씩 비

---

96) 이 시기를 이후부터 사할린에 살고 있던 고령 한인들의 한국으로의 송환문제가 급진

정기적인 간행물로 발간되었다. 정보자원의 재생환경과 유통환경도 적 지않은 변화가 나타났다. 1991년 12월에 사할린 교육대학에 동양학부가 개설되면서 한국어강의가 시작되었으며, 1993년 1월에는 사할린 인표 어린이도서관이 개관했으며, 1993년 12월에는 유즈노 사할린스크시에 한국교육원이 개설되었다. 1995년 9월에는 에트노스 아동예술학교에 한민족학부가 개설되었다. 이후 2004년 8월 15일 사할린에 사할린 우리말 방송국이 설립되어 '우리말TV방송(KTB)'이 시작되었다.

전되어 1992년 9월 72명의 독신노인이 국내에 영주귀국한 이래 1994년부터 1997년까지 약 220명의 한인노인들이 귀국했고, 1999년 2월과 7월에는 80명과 164명의 노인들이 귀국했다. 또 2000년에도 사할린한인 814명이 안산시 등의 고향마을로 안착했다.

Ⅲ
러시아 한인 정보자원의 관리환경

1. 러시아연방의 기록관리 제도의 역사적 변화

1) 제정 러시아시대의 기록관리의 전통과 유산

러시아는 정보자원의 관리에 대한 관심이 일찍부터 정착된 사회였다. 표트르대제를 비롯한 제정러시아시대 전제군주들은 자료수집과 보존에 관심을 기울였다. 러시아에서 도서관의 역사는 수도원 도서관에서 기원하고 있다. 1037년 끼예프 러시아시대에 야로슬라예프(Yaroslav)에 의해 성 소피아 대성당이 지어지면서 대성당내 도서관이 별도로 설립되었다. 그후 12세기까지 노브고로드(Novgorod)지역, 체린고프(Chernigov)지역, 블라디미르(Vladimir)지역에 수도원과 대성당의 부설도서관이 설립되었다. 모스크바에 도서관이 나타난 것은 몽골 통치를 종식시킨 모스크바 공국의 출현시기로부터이다. 모스크바의 왕들은 강한 러시아를 지향하면서 다양한 문화정책을 펼쳤는데 그 중의 하나가 도서관이었다. 그러나 이미 러시아에서는 군주로부터 지방 통치자들에 이르기까지 역사적으로 자료를 수집하는 전통이 존재했다. 이런 전통을 기반으로 18세기 이후 러시아의 귀족들과 부호들에 의해 사설자료실이 설립되었다. 이들 아카이브는 박물관이자 도서관의 성격을 포함하고 있었고, 귀족이나 부호들의 개인적 수장품을 보관하기 위해 호화스럽게 건축되었다. 또 현대의 도서관과 달리 지식인 양성과 학습을 위한 자료의 개방도 없었다. 다만 과학아카데미협회나 예술가협회에 의해 설립된 도서관이 공공도서관의 기능을 수행했다.

엄격한 의미에서 일반적인 도서관의 형태는 1714년 표트르 1세에 의해 만들어진 상뜨 뻬쩨르부르그 러시아과학아카데미였다. 한편 1755년이 되면 모스크바대학에도 도서관이 설립되었다. 공공도서관의 러시아에 아직 기반이 없었던 공공 도서관의 중요성을 파악하고 있던 에카테리나(Catherine) Ⅱ세는 1795년에 '인민 교육의 중요한 기관'이 될 공공도서관을 세우고자 했다. 그 결과 1795년부터 20년 동안 건설공사가 진행되어 1814년에 뻬쩨르부르그에 왕립도서관이 세워졌다. 뻬쩨르부르그 공공도서관의 성공으로 자발적인 도서 기증과 재정 기부를 기반으로 한 국가장서의 보존, 러시아 관련 자료의 수집을 통한 학문희 발전이 촉진되고, 도서관 조직운영과 목록 기록방법을 설명해주는 안내서 발간 등으로 체계적 장서 관리 방법이 개발되었다. 또한 모든 국민에게 개방되는 공공교육기관으로서의 공공도서관의 위상을 형성되었다.

19세기 초반 러시아에서 도서기증과 재정 기부는 일상화되었다. 도서자료의 무료 기증을 위한 법률이 마련되었고, 도서관들은 기존에 가지고 있었던 도서수의 30배 이상의 장서들을 대부분 기증방식으로 수집할 수 있었다.[97] 19세기 후반에 들어서면 국립도서관은 이용자를 위해 편의시설과 열람실을 설치했다.[98] 이와 함께 목차나 색인을 제작하고 요청한 서적과 자료들에 대한 안내를 해주고, 연구를 위한 방을 따

---

97) 도서관 연보에는 기증자에 대한 명부를 별도로 제작하고, 공공 도서관의 번영을 위해 공헌한 사람들을 기념하면서 도서기증에 대한 사회분위기도 고조되었다. 이런 성과는 효과를 발휘하여 도서관 연간보고서에 다수의 도서관 이용자들의 이름이 나오게 되었다.

98) 이런 현상은 19세기 중반까지도 대부분의 유럽에서 각국의 국립도서관들은 이용자의 입장은 고려하지 않고, 단지 자료의 보존을 위한 업무에만 치중하고 있었고, 공공도서관에는 열람을 위한 방이 따로 없었기 때문에 이용자들은 대부분 그 자리에서 선 채 자료를 읽거나 집으로 가져가서 작업을 해야 했다.

로 만들었으며, 열람실의 근무시간도 오전 10부터 오후 9시까지 확대시켰다. 또한 박물관처럼 경매나, 전시회 등의 행사를 열고, 도서관 견학여행 등 실질적인 활성화 프로그램을 마련하였다. 이런 노력으로 1890년대 후반 도서관 이용자수는 1850년대에 비해 무려 7배나 증가했다.

19세기 후반에는 국가산하에 각종 기록보존소가 설치되었다. 군사참모본부, 제정러시아 국립기록보존소, 재무부, 외무성, 법무부, 군사부에 기록보존소가 설립되었으며, 자료수집은 정보전쟁을 방불케 할 정도로 빠르게 진척되었다. 이러한 경험은 사회주의 기록 관리에도 영향을 미쳤다.

2) 소비에트시대 사회주의형 기록보존체계

(1) 러시아혁명 이후 중앙집중적 기록보존제도의 출현

사회주의시대 러시아 기록관리의 특징은 권위주의, 비밀주의, 폐쇄주의를 특징으로 한 것이었다. 수많은 기록들이 생산자와 관계없이 국가적 관리계획에 따라 관리되고 통제되었다. 또한 방대한 자료관리체제를 통제하고 관리하는데 대규모 인력과 조직을 집중시켰다. 소련정부는 출범 이후부터 국가의 도서관정책을 국가정보의 수단이자 지식과 교육의 중요한 매체로 간주하였다. 소비에트정부가 사회주의혁명 직후 제정러시아로부터 획득한 국가자산 중 하나는 방만하게 흩어져있던 국가기록들이었다.99)

소련정부는 개별적으로 발전된 다양한 형태의 도서관들에 대해 통합정책을 추구했으며, 다양한 제도적인 정비활동을 통해 중앙집중적 도서

---

99) 소비에트정권은 1918년 6월 「기록보존소 업무의 재조직과 중앙화에 관하여」라는 법령을 공포하여 제정러시아시대 설립된 각종 기록보존소의 국유화를 선언하면서, 통합기록관리체계(ЕГАФ)를 도입했다. 통합국가기록보존소의 개념은 모든 국가기록물에 대한 통합적 국가관리체제의 법적 토대를 제공했다.

관제도를 형성했다. 1919년 3월 27일 혁명전 군대의 기록물과 업무에 대하여, 1919년 3월 31일 각 지방의 기록폰드에 대하여, 1919년 7월 29일 러시아작가들, 작곡가, 미술가, 학자들의 도서관과 박물관에 소장되어 있는 기록물의 사유재산권 폐지 등의 법령을 통해 모든 기록과 정보자원의 국유화를 선언했다.[100]

1920년 "러시아공화국 도서관사업의 집중화라는 인민위원회 법령"을 만들었고, 1928년 공산당중앙위원회의 결정으로 "대중을 위한 도서관서비스법"이 결정되었으며, 1934년 "소련의 도서관사업"이 중앙집행위원회의 법령에 의해 채택되었다. 1959년에는 "소련도서관의 현황과 개선책"을 공산당 중앙위원회를 통해 결정했고, 1974년에는 '노동자의 공산교육 및 과학기술의 진보를 위한 도서관의 역할 강화'가 당 중앙위원회에 의해 채택되었다. 1984년에는 "소비에트 도서관사업의 법률"이 최고회의에서 통과되었다.

1918년 이후 소련에서는 통합중앙국가기록관리부 산하에 기록보관센터가 전국에 13개 지역에 설치되었다. 각 공화국이나 자치공화국, 변강, 주에는 지방문서보관소가 설치되어 운영되었고, 정부기관 산하에도 문서보관소들이 설치되었다. 이에 따라 외무부 기록보존소에는 대외관계 기록들이 집중되었고, 국방부 기록보존소는 2차세계대전의 기록이 집중되게 되었다. 이밖에도 상트코프쉐드린도서관은 별도의 자체보관소를 가지고 있었으며, 과학아카데미산하의 러시아문화연구소나 세계문학연구소, 톨스토이 박물관 등에서도 자체적으로 기록보존소가 있다.

---

100) 그 결과 1923년 초반까지 반정부인사의 기록물, 로마노프일가의 기록물과 같은 각종 기록들이 국가관리 대상으로 편입되었다. 1928년부터 1931년에는 제정러시아시대 지식인들에 대한 대대적 숙청이 진행되었고, 이 과정에서 적잖은 변화가 나타났다(조호연, 2004, 26).

(2) 러시아연방 국가기록관리청의 변천과정

러시아혁명이후 소비에트연방은 기록관리제도를 대대적으로 정비했다. 특히 러시아연방국가기록관리청의 조직변천사에서 기록보존제도의 변화된 특성을 발견할 수 있다. 이 기관은 1918년에 통합러시아기록문서관의 개념으로 출발했다. 1918년부터 1922년 사이에는 러시아소비에트연방사회주의공화국의 교육인민위원회 산하에 기록관리총국이 등장했으며, 이 기구는 1922년부터 1929년사이에는 전러시아중앙집행위원회 산하에 중앙기록관리국으로 전환되었다. 1929년 4월에 러시아소비에트연방공화국 인민위원회와 전러시아중앙집행위원회의 결정으로 "러시아소비에트연방사회주의공화국의 기록관리법(РСФСР)"이 발의되었다. 이것은 1918년 만들어진 기록관리법을 보완한 것이었다. 이 법의 시행으로 1929년부터 1938년사이에는 소련중앙기록관리부가 운영되었고, 1938년부터 1949년에는 소련 내무위원회 기록관리총국으로 활동했다. 한편 이 기구는 1948년부터 1960년까지는 소련 내무부 소속의 기록관리총국으로 활동했고, 1960년부터 1991년까지 소련각료회의 산하 기록관리총국으로 명칭과 조직을 변화시켰다. 한편 1991년 9월 러시아소비에트연방사회주의공화국 기록업무위원회가 러시아연방정부산하로 변경되었다. 이 조직은 다시 1992년 9월 30일부터 1996년 8월 15일까지 러시아국립기록청으로 활동했다. 1996년 8월 이후 이 단체는 러시아연방기록청으로 명칭이 바뀌었으며, 2003년 9월에 다시 명칭이 바뀌어 러시아연방기록국으로 전환되었다.

소비에트 연방의 15개 연방국과 20개의 자치공화국은 자체적으로 공화국 도서관과 수많은 지역 도서관을 보유하고 소연방 사회주의 공화국 문화부의 정책 감독을 받아왔다. 또 공산당 산하의 기록보존소도 형성되었다. 이 중에서 중앙당사기록보존소는 공산당중앙위원회 부설 맑스레닌주의 연구소에 설치되었다. 1941년 소비에트 공화국의 도서관은

27만 개를 넘었으며, 도서관활동은 산업과 농업, 과학분야 발전과 인민들의 학습에 많은 공헌을 하게 된다. 2차 세계대전 기간 동안 도서관들은 군사적 기술과 장비에 관한 자료를 정리하여 서지 데이터를 구축하는 노력을 전개했다.

2차대전이 끝나고 도서관들은 파괴와 약탈을 극복하고 신속한 복구를 통해 빠르게 성장했고 이용자의 증가와 장서량도 크게 증가했다. 1975년 들어 러시아 도서관의 총 직원은 17만 5천명에 달했고, 연간이용자 수는 13억 명에 달했다. 그러나 실제로 소비에트 시대에는 약 2,700만 건의 기록 중 400만건 이상이 비밀자료로 관리될 정도로 각종 기록보존소가 정보통제의 수단으로 전락했다. 이러한 도서관의 환경은 1980년대 후반 소연방의 해체와 독립국가의 출현을 겪으며 일대 변혁기를 맞이했으며, 일부 도서관들이 재정난으로 문을 닫기도 했다.

3) 포스트 소비에트시대 러시아연방의 기록보존제도

(1) 러시아연방에서 기록관리체제의 개편과정

소연방의 해체는 러시아연방 기록보존체계의 급격한 전환점을 제공했다. 소비에트시대의 수많은 기록들이 러시아연방으로 이전되었으며 러시아연방 법령에 따라 재조직되었다. 제도적 변화의 핵심은 정보의 공개원칙과 국가기록과 비국가기록의 분리를 통해 비국가기록에 대해서는 개별기관에 자율성을 부여했다는 점이다. 옐친대통령은 1991년 8월 이후 소련정권과 연방정부의 결별과 공산당의 해체를 선언하면서 대통령령에 따라 공산당산하의 독립된 기구로 운영되었던 공산당 기록보존소를 국유화시켰고, 국가안보위원회(KGB) 기록도 "소련국가안보위원회 기록에 관한 법령"을 통해 러시아연방 각료회의 기록관리위원회에 이전시켰다. 한편 1992년 제정된 "기록정보에 대한 공개와 이용에 관한 규칙"은 러시아두마에 의해 승인되어 기록규제의 기본원리를 제시한 법령이 되었고, 1993년 7월 7일 구 러시아연방최고회의에서 제정한 러시아 연방 기록관리청 기본법령에 반영되었다. 이 기본법령의 기본원칙은 다음과 같다. 첫째, 기록의 소유자에게 기록의 보존권한을 부여하고, 둘째, 비밀기록보존소의 설치를 금지시키고, 셋째, 생존해 있는 인물에 대한 정보 공개시 사생활침해의 소지를 줄이기 위해 시기적 제약을 두고 있다. 구체적으로 개인과 가족생활에 관한 자료기록은 생산된지 75년이 경과할 때까지 정보제공이 제한된다. 국가 비밀 자료가 포함된 기록은 생산한지 30년이 경과한 후에 비밀을 해제한다. 다만 대통령령에 의해 국가 비밀 기록의 해제를 위해 기간을 단축하거나 연장시킬 수 있게 하고 있다. 넷째, 개인이 기록보관소를 통해 수집한 정보를 자유롭게 이용할 수 있다. 또 상업적인 이용을 제한하고, 국민이 국가정보에 접근할 권리를 부여한 것 등이다. 이 밖에도 이용자가 자신이 이용한 기록의 소재에 대해 정확하게 인용할 의무가 있다는 것, 상업적으로 이용하지 말아야 한다는 것, 제3자에게 복사본을 양도하지 말아야한다는 것, 그 기록정보를 출판하거나 인용할 때 정확하게 원문을 제시해야 한다는 의무 등이 포함되었다. 이런 원칙은 국가기록을 담당하는행정기관에도 적용되었다. 1994년 3월 "러시아연방 기록군에 관한 규정"에 대한 대통령령에 따라 연방 행정기관의 문서보관소들은 자체 생산 영구기록을 보존해야 하는 의무를 상실했고, 중앙정부가 수탁한 정보자원을 관리할 수 있는 한시적인 지위만을 부여받았다.[101] 이 원칙은 1994년 9월에 대통령령으로 발동된 "러시아연방 대통령기록보존소에 대한 규정"에도 적용되었다. 러시아연방기록관리청의 출현이후 러시아연방국가기록을 소유한 기관이나 개인, 비국가부문 기록을 소유한 기관이나 개개인은 국가기록 자료를 연방기록관리청에 제출해야 하는 의무

---

101) "수탁 보관"이란 실제적으로 러시아연방기록군 국가부문의 기록을 장관급 부처청 및 기타 기관의 기록보존소에서 장기보관되는 것을 의미한다. 이 기준이 모든 행정기관의 기록에 적용되면서, 소련정부의 기관, 조직, 사업체에서 생산된 기록들이 국가 기록보존소로 이전되게 되었다.

를 가지게 되었다. 또한 국가기록 운영에 따른 국가적 보상을 위해 러시아연방기록관리청 산하 국가기록보존소와 협약을 통해 결정하도록 규정되었다.

(2) 소연방의 해체와 러시아연방에서의 기록보관체계의 정비

소비에트시대에 러시아연방은 2,000여 개의 국가문서보관소와 기록관리 센터를 가지고 있었다. 이 중에서 러시아연방 중앙기록보존소 산하에도 전국적으로 총13개 지역에 중앙기록보존소가 설치되어 운영되었으며, 14개의 연방문서보관소, 32개의 연방공화국 문서보관소, 12개의 변강(邊疆) 문서보관소, 134개의 주(洲)문서보관소, 2,060개의 시(市)문서보관소등으로 구성되었다. 이러한 연방국과 공화국은 이외에도 수많은 지역 도서관(district library), 시 도서관, 지방도서관, 어린이도서관, 클럽 도서관(club library)을 보유하고 있다. 소련정부의 몰락 이후 경제적인 어려움 등에 따라 연방정부의 재정 지원이 중단되는 어려움을 겪으면서 일부 자료실의 경우 개인들에 의해 부분적으로 사유화되는 현상도 있었지만, 지역별로 구성된 도서관협회 등에 의해 새롭게 자료관으로 재현되는 형상도 나타났다.

러시아연방정부 기록보존업무위원회에 의해 연방정부산하의 기록보존센터와 기록보존소는 180개 정도이며, 러시아 연방의 자치공화국에도 45개의 기록보존소가 운영되고 있다. 변강(kray)지역 및 주, 자치주, 자치구에 소속된 공문서보존소를 포함해 약 170여 개의 자료관도 존재한다. 이 밖에도 자치구 단위에 설치되어 있는 기록보존소 또는 공문서보관소는 1,969개에 달했다. 모스크바와 뻬쩨르부르그에 소속된 문서보관소 역시 12개에 달한다. 이들 기록보관소들은 학문영역이나 자료의 활용 및 관리의 형태에 따라 기능이 다양하게 분화되어 있다.

2. 지식관리체제의 법률적 환경

러시아연방의 지식관리체계에 대한 제도적 환경은 러시아연방의 정치체제의 특성 뿐만 아니라 법률적 환경에 따라 큰 차이를 가지고 있다. 연방정부의 직접적인 관할 하에 있는 도서관이나 문서보관소는 자신들의 활동에 대하여 러시아 의회에 직접적으로 감독을 받을 수 있으며, 통제를 받을 수 있다. 반면 지역 자치주 도서관이나 문서보관소의 경우 상대적으로 지방자치단체에 의한 통제력이 높다고 볼 수 있다. 그러나 러시아지역 지식관리에서도 제정러시아시대와 소비에트시대를 통해 구축된 역사적 유산인 중앙집중적 지식관리체제의 전통 속에서 연방헌법의 지배력은 막강하다. 소비에트연방 해체이후 일시적으로 법률체계의 이완현상이 나타났지만, 최근에 러시아의 국가기반이 안정되면서 지식관리체계와 통제방식도 강화될 것으로 보인다.

러시아연방의 지식관리 중에서 가장 중요한 법률체계를 구성하는 것으로는 러시아연방도서관법과 매스미디어와 출판지원법, 지적재산권법을 중심으로 법률적 제도적 환경을 살펴볼 수 있다.

1) 러시아연방도서관법

러시아연방의 보리스 엘친 대통령은 1994년 12월 29일 러시아연방 두마의 의결을 거쳐 소연방의 법률적 테두리에 머물고 있던 기존의 도서관 관리체제를 대대적으로 손질하여, 러시아연방도서관법을 공식적으로 제정 반포했다(문서번호 N78FZ. 1994.12.29). 이 법은 소비에트해체 이후 러시아연방에 소재한 모든 도서관의 활동에 대한 기본원리를 규정한 기본법의 성격을 가진 것이다. 한국에서 러시아의 도서관법에 대한 연구가 전무한 실정에서 러시아의 도서관법을 현지어의 수준에서 정확하게 이해하여 한글로 번역하고 소개하는 것만으로도 상당한 의미를 가진다고 할 수 있다. 이 절에서는 러시아 도서관 관련법의 기본구조와 특성, 그리고 그에 따른 도서관 관리체계의 특성을 제도적으로 접근해 보고자 한다

러시아 新연방도서관법(1994)은 총 7장에 28조의 법률로 구성되어 있으며, 제1장은 총칙, 제2장은 이용자의 권리, 제3장은 도서관의 권리, 제4장은 도서관의 활동에 있어 국가의 임무, 제5장은 러시아문화재 지정 자원에 대한 도서관 기금의 특별 관리 및 사용 조건, 제6장은 도서관 상호작용 관련조항, 제7장은 도서관 조직의 활동과 예산 관리 조항으로 구분되어 있다.

제1장은 총칙으로 제1조 기본개념, 제2조 러시아 도서관활동과 관련법, 제3조 도서관법의 적용범위, 제4조 도서관의 종류로 구분되어 있다. 제1조에서는 기본개념으로 도서관, 일반도서관, 도서관의 활동, 도서관 자료, 도서관 이용자, 도서관 조직들 사이의 관계를 규정하고 있다. 제1조 1항에서 제시된 주요 개념은 다음과 같다. 1. 도서관 조직된 부수 문서 기금을 가지고 있고 자연인과 법인에게 일시적 이용을 위해 그 것을 빌려 주는 정보, 문화, 교육 기관이다. 도서관은 스스로 설립될 수도 있고 기업, 기관, 단체의 한 부분으로 설립될 수도 있다. 2. 일반 도서관 여러 가지 법인이나 여러 가지 자연인이 이용할 수 있는 도서관이다. 3. 도서관 활동 도서관을 조직하고 발전시킨 목적으로 활동하고 있는 정보, 문화, 교육 활동의 한 분야이다. 4. 자료 텍스트, 녹음이나 녹화로 기록된 공중이용 할 수 있는 물질 적인 대상이다. 5. 도서관 이용자 도서관을 이용하고 있는 자연인이나 법인이다.

제2조와 제3조에서는 러시아의 도서관 활동과 관련하여, 이 법이 문화와 관련된 다른 법률들을 포괄적으로 적용한다고 명시하고 러시아의 예산이 일부 혹은 전체적으로 지급되는 도서관, 공공재산으로 운영되는 모든 도서관에 이 법의 적용을 명시하고 있다. 제4조에서는 도서관의 종류와 설립자의 범위를 제시하고 있다. 우선 설립자로는 국가기구, 지

방자치기관, 법인이나 자연인에 의해 도서관의 설립권한을 부여하고 있다. 도서관의 종류로는 다음과 같이 일곱 종의 형태를 가진 도서관으로 구성된다. 편의에 따라 종으로 이를 구분하면, 제1종은 국립도서관으로 연방도서관, 러시아정부 주관 도서관, 연방기관과 여러 부서의 부설도서관으로 구성되며, 제2종은 지방도서관으로 지방자치기관에 의해 설립된 도서관을 의미하며, 제3종은 러시아의 과학아카데미와 기타연구소 및 교육기관 부설도서관으로 구성되는 연구도서관, 제4종은 기업 및 단체에 의해 설립된 도서관, 제5종은 공고단체의 도서관, 제6종은 개인들이 소유하고 있는 도서관(사설도서관), 제7종은 국제조약에 따라 국제단체나 외국인이나 외국법인이 설립한 도서관으로 구분하고 있다.

제2장은 도서관 활동에 대한 국민의 권리를 제시하고 있다. 도서관의 이용에 있어 모든 국민은 성, 나이, 교육, 종교, 사회적 신분, 민족성과 관계없이 도서관의 봉사를 받을 권리를 가지고 있다. 또한 도서관에 대한 권리는 국가, 공공단체, 종교단체의 권리보다 중요하다고 명시하고 있다. 제6조는 도서관의 활동 권리에 대한 규정이 있다. 6조 1항에 의하면 모든 법인이나 자연인은 러시아의 국토에서 러시아 법에 따라 도서관을 조직할 권리를 가지고 있으며, 공민들은 도서관장이나 설립자로 참여할 권리를 가진다. 제6조 3항에 의하면 도서관 직원들은 도서관 봉사를 발전시키고, 자신들의 사회적 권리를 보호하거나 다른 목적으로 공공단체를 조직하는 것에 대한 권리를 가진다. 역사와 문화 유적 기념비로 평가된 출판물(자료)의 소유자는 자신의 권리를 국가기관에 등록시키고, 자신의 작품을 보관하기 위해 그 작품을 보관하기 위해 국가의 지원을 요청할 권리를 가진다. 이용자의 권리가 명시된 7조에서는 도서관이용자가 자유롭게 출입할 권리(7조1항), 도서관 기금의 이용, 기타 러시아의 문화재를 보관 조치(7조2항), 도서관 자료의 유무에 대한 정보 이용권(7조3항).[102]

---

102) 이용자의 권리를 인증하는 방법으로 다음과 같은 것도 제시되고 있다. 첫째, 신분증

<표 Ⅲ-1> 러시아 연방 도서관법의 구조와 특성

항 목	도서관 법 구조	세부 규정과 핵심 내용
제1장	총칙: 일반적인 개념	제1조. 기본개념 제2조. 러시아 도서관활동과 관련법 제3조. 도서관법의 적용대상 기관 제4조. 도서관의 종류
제2장	이용자의 권리	제5조. 도서관 봉사에 대한 권리 제6조. 도서관 활동에 대한 권리 제7조. 도서관 이용자의 권리 제9조. 도서관 이용자들의 임무 제10조. 도서관의 설립자
제3장	도서관의 권리	제11조. 도서관 지위 제12조. 도서관 임무 제13조. 도서관 권리
제4장	도서관의 활동에 있어 국가의 임무	제14조. 도서관 활동에 국가의 임무 제15조. 도서관 활동의 발전에 국가의 임무
제5장	국가지정문화재 도서관 기금의 보관과 이용조건	제16조. 러시아의 문화재로 평가된 도서관의 기금 제17조. 러시아의 문화재로 평가된 도서관 제18조. 러시아의 국립 도서관
제6장	도서관 상호작용의 조직관련 조항	제19조. 도서관 봉사의 정합과 협력 제20조. 중심 도서관 제21조. 도서관의 과학기술 정보 기관과 상호작용
제7장	도서관 조직의 활동과 경제적 관리 조항	제22조. 도서관 조직 조건 제23조. 도서관의 개편과 해소 제24조. 도서관 재산 제25조. 도서관 발전 기금 제26조. 도서관 직원의 노동 관계
제8장	최종적 규정	제27조. 본 법의 효력 발생 제28조. 법의 적용

한편 도서관이용과 관련한 특별한 권리가 제7조 후반과 제8조에 나타나 있다. 국립도서관이나 지방도서관에서 이용자들은 러시아어로 만

을 통해 도서관의 회원에 가입, 둘째, 목록으로 도서관의 기금에 대한 정보를 무료로 얻기, 셋째, 참고자료에 대한 선택과 상담을 무료로 받음, 넷째, 도서관 기금을 통해 원하는 자료를 일시적으로 이용할 수 있음, 다섯째, 한 도서관이 다른 도서관의 장서를 이용하는 권리로 자료나 그의 복제를 얻기(도서관간 협력), 여섯째, 일부 도서관 이용시 비용을 지불하고, 다른 봉사를 이용할 수 있다는 규정이 그것이다(7조4항).

들어진 자료를 받을 수 있는 권리를 가지고 있다. 또한 러시아의 여러 공화국의 이용자들은 공화국의 자국어로 만들어진 자료를 대출하거나 받아 볼 수 있는 권리를 가진다. 이밖에도 도서관의 직원에게서 권리를 침해당한 이용자는 그 직원에게 공소를 제기할 수 있는 권리도 부여하고 있다(7조5항). 특수한 형태의 이용자를 위한 권리규정은 다음과 같다. 첫째, 소수 민족은 국립 도서관 체계로 자신의 모국어로 자료를 받을 수 있다(8조1항), 둘째, 눈이 먼 이용자와 시력이 약한 이용자들이 공중 도서관이나 특별한 국립 도서관에서 정보를 소지한 특별한 것으로 자료를 받을 수 있다(8조2항). 셋째, 도서관 출입이 어려운 이용자들을 위해 제정된 융자 봉사활동을 통해 도서관을 이용할 수 있게 한다(8조3항). 넷째, 어린이 이용자와 미성년 이용자들은 공중 도서관, 국립 어린이도서관, 미성년 도서관, 교육기관 도서관을 이용할 수 있다. 이밖에 도서관 이용자들의 임무에 대한 규정으로 이용자들이 이용법을 어기거나 도서관에 손해를 끼칠 경우 도서관 이용법에 따라 손해배상을 해야 하는 의무조항이 있다(9조). 제10조에서는 도서관 설립자에 관한 규정이 있다. 국가는 도서관 설립활동에 대한 지원 및 융자를 하며, 설립자들은 도서관장을 임명할 자격을 가지고 있다. 다만 도서관의 창조적인 활동에 대해서는 설립자도 간섭할 권한을 배제시키고 있다는 점도 주목할 만하다.

제3장은 도서관의 권리와 의무에 대한 규정으로 되어 있다. 도서관의 지위는 국립과 지방 도서관, 도서관 위원회가 정하는 법률에 따라 도서관이 등록되면 법인의 지위를 가지게 된다(11조), 도서관의 의무조항(제12조)은 다음과 같다. ① 도서관은 본 법에서 정한 공민의 권리를 실현한다. 도서관은 도서관 이용자를 법규와 본 법에 의하여 봉사한다. ② 도서관 기금에 자유로운 출입 권리를 침해하는 국자적인 검열이나 도서관 이용자와 질문내역에 대한 정보를 다른 곳에 사용하지 말아야 한다(12조 1항). ③ 역사와 문화유적으로 평가된 출판물을 보유하고 있는

도서관은 이를 목록에 등록하고, 러시아 공공재산으로 등록해야 한다
(제12조3항).103)

　도서관의 권리에 대한 조항(제13조)은 다음과 같은 내용으로 구성되
어 있다. ① 법규로 도서관 활동의 내용과 형식을 정하기, ② 설립자와
상의해 도서관 이용법 결정할 권리, ③ 귀한 가치 있는 자료를 대출시
일정한 보증금액 설정할 권리, ④ 이용자가 도서관에 손해를 미쳤을 때
손해배상의 종류를 규정할 권리, ⑤ 도서관 서비스를 증대하기 위한 경
제활동의 인정, ⑥ 자연인이나 법인과 도서관 기금 이용 계약을 정할
권리, ⑦ 법에 따라서 합동 도서관을 조직할 권리, ⑧ 도서관발전에 대
한 연방이나 지방 프로그램에 참가, ⑨ 국제 기관이나 단체와 협력하기,
국제 도서교환을 목적으로 국제단체에 참가, 국제 프로그램 실현에 참
가하기, ⑩ 도서관 기금을 보충하는 원천을 스스로 정하기, ⑪ 법에 따
라서 도서관 기금의 자료를 제외하거나 사용하게 하기, ⑫ 법을 침해하
지 않는 범위에서 자유롭게 도서관의 활동을 증진할 것 등이다.

　제4장 도서관의 활동에 대한 국가의 의무에 관한 조항으로는 도서관
활동과 도서관 활동의 발전에 대한 국가의 의무가 나누어져 만들어졌
다. 도서관 활동에 대한 국가의 원리는 자유로운 정보와 문화재에 대해
공중의 출입을 자유롭게 할 목표를 가진다(제14조). 이를 위해 국가는
도서관활동에는 간섭하지 않지만 프로그램 제작을 지원한다. 또한 모든
국민이 무료로 도서관 서비스를 이용할 수 있도록 비 국립도서관에 물
질적 지원을 하며, 어린이, 청년, 노약자, 사회보장자, 피난민, 실업자, 촌
민 등을 위한 도서관 서비스의 발전을 지향할 의무를 가진다(제14조).104)

---

103) 도서관은 이 법률에 따라 설립자와 국가의 통계기관에 대한 활동상황을 보고해야 한
　　다. 또 국립도서관은 이용자에 의한 요구로 조성된 기금의 사용과 조직에 대한 정보를
　　제출할 의무를 가진다(제5항).
104) 도서관 활동에 대한 국가의 임무는 문화재로 평가된 도서관 자원을 등록하고, 이용,
　　보관할 의무를 가진다(15조1항). 국가는 또한 국립도서관과 연방도서관을 조직하고, 융
　　자하며, 활동을 관리할 의무를 가지고 있으며, 인재 양성과 재교육, 보수 지원, 도서관

　제5장은 국가문화재에 대한 특별지원과 보관 및 이용 조건에 대한 규정이 제시되고 있다. 도서관은 역사와 문화유적 기념비로 기록된 도서관의 기금을 특별하게 보관하기 위해 필수조건을 갖추지 못할 경우 역사와 문화유적 기념비를 보호하는 권력 기관이 준 권한에 따라 기금의 소유자가 기금을 다른 도서관에 옮길 수 있다.

　국립도서관에 관한 문서규정(18조)은 러시아의 공화국, 자치구, 자치주에 권력 기관이 국립 도서관을 조직할 수 있다고 명시하고 있다. 도서관의 목적으로 모든 러시아와 민족들의 수요를 충족시키고 국문학, 세계문학, 과학, 교육을 발전하기 위해 도서관의 활동, 서지학 활동, 학술정보를 실현하는 것으로 밝히고 있다. 도서관의 기능은 다음과 같이 정리할 수 있다. ① 국내서와 외국의 과학 자료를 조직하여, 보관, 이용 대출을 가능하게 하며, ② 국립출판의 서지학 기록 활동에 참여할 의무를 가진다. 이때 이 기록을 담당하는 단위는 도서관학, 서지학, 과학, 정보와 문화의 연구소 등이다. ③ 도서관 활동 분야에 있어 러시아 국립 도서관은 연방도서관 법과 러시아 정부의 규정에 따라서 활동한다.[105]

　제6장에서는 도서관 상호조직에 관한 법률이 제시되어 있다. 제19조에 따르면 도서관 이용자들의 수요를 충족시키고 도서관 예산을 합리적으로 사용하기 위해 도서관 예산을 도서관간 상호대출을 위한 활동에 지원한다고 기록하고 있다. 러시아연방법에서는 도서관간 상호조직을 위한 법률을 위해 중심도서관이라는 용어가 사용되고 있다. 제20조 중심도서관 규정에 따르면, 러시아연방의 주관에 정부와 지방자치기관

　　직원의 사회적 면세와 보증의 의무를 가지고 있고(제15조 5항), 도서관 통계자료를 조직하는 의무를 가진다(제7항).

105) 러시아의 국립 도서관은 러시아의 문화재의 특별한 고가의 대상이고 러시아 연방의 소유물이다. 국립 도서관의 소유형식을 변형 하는 것, 도서관을 해소하는 것, 도서관의 전문을 바꾸는 것이 금지된다. 반면 도서관은 도서관 기금을 통일적으로 보증해야 하며, 도서관 건설이나 여타재산을 관리할 수 있으며, 국가에 의해 제공된 도서관 토지를 무기한 무상으로 사용한다(18조).

은 다음과 같은 직능을 실현하고 있는 도서관에 중심도서관 지위를 부여 할 수 있다.106) 러시아 연방 정부, 러시아 주관의 정권과 지방 자치 기관 부문과 특별한 이용자들 위해 (어린이, 미성년, 시각장애인) 중심 도서관을 설립할 수 있다(20조 3항), 중심 도서관 직능이 활동 종류에 따라 여러 도서관끼리 나뉠 수 있다(20조4항). 정부산하 기관이나 다른 연방 기관도 중심 도서관을 설립할 수 있다(20조5항). 이 밖에도 도서관 의 과학기술 정보기관과 상호작용(21조), 도서관 조직의 조건(22조 1~3 항), 도서관의 개편과 해소(23조 1~5항), 도서관 재산(24조 1항) 도서관 재산처분권(24조 2항), 도서관 토지의 사용권(3항), 도서관의 이용에 있 어 도서관법규의 적용(24조 4항). 도서관 발전 재원의 사용(25조), 도서 관 직원 고용문제(26조) 등으로 구성되어 있다.

 이상의 법률적 내용을 요약하면 러시아 도서관법은 다음과 같은 특 징을 가기고 있다. 첫째, 도서관사업에 있어 소련시대의 중앙 집중적인 관리방식으로부터 벗어나 국민, 지방, 도서관에 대한 분권적 권리를 지 향하고 있다는 점이다. 둘째, 다른 나라의 도서관법에 비해 국민들이 도 서관에서의 누릴 수 있는 권한에 대한 상세한 설명이 따르고 있다는 점 이다. 셋째, 러시아도서관법은 개별도서관에게 자율성을 최대한 존중하 는 원칙이 계속 반영되고 있다는 점이다. 전통적인 명령과 계획체제하 에 있던 러시아의 도서관으로서는 과거에 비해 훨씬 자유롭게 도서관 의 활동과 사업범위에 재량권을 가지게 되었다. 넷째, 도서관법은 국가 가 도서관의 자유로운 활동을 지원해야 하며, 장서구성이나 서비스의 향상을 위한 조건에는 관여하되 전문적인 활동에 대한 간섭을 최소화 시켰다는 점도 특이하다. 그러나 러시아도서관법은 선언적인 성격을 가 진 법적 특성을 보이고 있고, 어떤 활동의 기준들이 명화하게 제시되지

---

106) 구체적으로 ① 공화국에서 국립이나 공화국 도서관, ② 자치구와 자치주에서 구역,
 주 도서관, ③ 지방과 주에서 지방, 주 도서관, ④ 구역에서 구역 중심 도서관, ⑤ 도시
 에서 도시 중심 도서관을 둘 수 있다. 중심 도서관은 일반 자료 수집을 형성하고, 보관
 하고, 그 지역 이용자들에게 빌린다. 도서관 기금 상호사용을 조직한다(제20조 2항).

못한 문제점을 안고 있다.

2) 러시아연방 매스미디어 및 출판지원법

러시아의 출판지원법은 1995년 12월 1일에 보리스 옐친 러시아 대통령에 의해 서명되고 발의된 것이다. 이 법은 총 4장에 11조로 구성되어 있다. 제1장에서는 법의 개념과 관련하여 정리하고 있다. 대중정보 매체의 국가지원에 관한 규정, 정기간행물, 대중매체를 비롯한 각종 대중매체에 대한 개념과 용어가 정리되어 있다.

제2장에서는 대중 매체의 판매와 유통과 관련된 세금, 세관과 통화에 대한 개념이 나타나 있다. 제2조에서는 대중정보 매체의 판매, 교육, 과학, 문학서적의 판매와 유통, 교육, 과학, 문화서적의 책, 신문과 잡지생산과 관련된 편집국, 출판사, 인쇄소의 활동에 대해서는 부가 가치의 면세규정이 나타나있다. 또한 교육, 과학, 문화와 관련된 정기간행물, 도서의 운송, 적재, 선적과 하적, 이동에 대한 서비스의 부가가치세 면세도 명시되고 있다. 또한 방송국, 편집국, 출판사, 정보대리점이 정기간행물과 도서의 보급으로 얻는 이윤에 대해서도 과세하지 않는다는 규정을 내리고 있다. 또 교육, 과학, 문화와 관련된 대중매체의 책을 생산하고 보급하는 이윤에 대해서도 세금이 면제된다고 규정하고 있다.

제3조에서는 출판물과 대중매체관련 물품에 대해 교육, 과학, 문화와 관련된 정기간행물, 도서에 대한 면세규정을 내리고 있다. 또한 대중매체, 출판사, 정보대리점, 방송단체, 인쇄소가 운영하는 교육, 과학, 문화의 대중 매체, 생산을 목적으로 해외에서 수입하는 종이나 인쇄 재료, 기계에 대한 면세조항을 두고 있다. 제4조에서는 대중매체 편집국, 출판사, 인쇄소, 방송단체, 정보대리점, 정기간행물을 보급하는 단체가 교육, 과학, 문화, 신문, 잡지, 오디오, 비디오를 수출함으로 얻는 이익을 교육, 과학, 문화 분야 도서의 구매와 대중매체 생산에 필요한 기계나

재료를 구입할 경우 이에 대해 세금을 매기지 않는다고 규정하고 있다.

　제3장에서는 주로 신문, 잡지, 도서의 제품 생산하는 기업의 소유권에 대해 규정하고 있다. 제7조에서는 소유의 제한규정으로 연방재산이자 출판사, 신기술로 시설된 인쇄소, 러시아 서비스시장의 독점적인 위치를 가진 인쇄소, 독점적인 기업에 대해 사유화를 금지시키고 있다.

　기업들은 8조에 따라 효력이 발생한 뒤 삼년 이후 러시아정권의 결정에 의해 판매될 수 있다고 규정하고 있다. 8조에 따르면 연방의 재산으로 되어 있는 출판소와 인쇄소에 대한 독점적인 지위권과 국가의 무상지원, 주식의 25.5% 3년 동안 연방재산으로의 지정 등의 내용이 나오고 있다. 제9조에서는 러시아연방의 재산이 아닌 출판사와 인쇄소의 소유화에 대한 제도에 대해서는 법의 사유화 프로그램에 따라 실행된다고 명시되어 있다. 10조에는 법의 적용기간과 발효시한을 제시하고 있다.

　종합해보면 러시아연방의 출판법은 대중매체의 판매, 유통에 있어 국가의 역할과 생산자들의 역할을 구분하고 있다. 주요 특징으로는 출판활동에 있어 연방의 재산권 행사 및 면세조치에 대한 특징이 두드러지고 있으며, 교육, 과학, 문화 분야의 활동에 대한 적극적인 장려와 지원에 관한 규정이 특징적이다.

3) 지적재산권법

　1995년 7월 19일에 만들어진 러시아연방재산법은 2004년 7월 20일에 일부내용이 수정되었다. 이 법률은 총 5부 50조의 법규로 구성되어 있다. 총칙에서는 지적재산권의 법률적 대상을 과학품, 문학품, 미술품(저작권), 녹음 (사운드 트랙), 실연, 상연, 방송권 등으로 규정하면서, 이를 이용하면서 생기는 관계를 조정하기 위한 법률이라고 정의했다(제2조). 또한 지적재산권법에 있어 국제조약의 우선권을 러시아 법 보다 상위개념으로 정리했다(제3조). 지적재산권법의 주요개념으로 '저자'란 창조력으로 작품을 만드는 자연인을 의미하며, '시청품'은 기계로 시청하기 위해 만들고 관련된 기록된 장면(음성/무성)으로, 시청품은 영화, 비디오 영화, 슬라이드 연화, 기록 연화 등을 포함한다.[107]

제2부 저작권에서는 저작권의 적용에 대해 다음과 같은 규정을 정하고 있다. 첫째, 저작권은 저작자 또는 계승자의 국적에 불문하고 공표되거나 유형물에 고정된 작품에 대해 적용된다. 둘째, 러시아 국적을 가진 저자가 만든 러시아 밖에서 공포된 유형물과 작품에도 적용된다. 셋째, 국제조약에 따라 타 국적을 가진 저자의 러시아 밖에서의 공표되거나 유형물에 고정된 작품에도 적용된다.[108]

제6조에는 저작권의 대상을 과학, 문학, 예술작품에 적용된다고 명시되어 있다. 이때 저작권의 형태는 글로 쓴 것(손으로 쓴 것, 키보드로 친 것, 악보기록), 구술한 것(공공의 실연, 공표 등), 녹음이나 녹화(디지털 보관), 묘사한 것(그림, 지도, 영화장면, 비디오장면, 사진장면 등), 넓이가 있고 모양을 가진 것(조각, 모형, 모델, 건축), 다른 형식으로 존재 하고 있는 것을 포함하고 있다. 러시아 저작권법 제7조에 따르면 저작권의 대상이 될 수 있는 작품은 다음과 같다. : ① 문학작품 (IBM 프로그램 포함), ② 연극작품, 무언극 작품, ③ 음악작품, ④ 시청작품(TV 영화, 기록영화, 비디오 영화, 슬라이드 영화), ⑤ 무대 미술품과 무대 예술품, ⑥ 회화품, 조각품, 그래픽 예술, 디자인품, 그래픽의 설화품, 그림 야기와 같은 조형미술품, ⑦ 건축작품, 도시건축물, 정원과 공원

---

107) 지적재산권법에 따르면 「데이터베이스」란 컴퓨터로 찾고 이용할 수 있도록 체계화한 정보를 말하며, 「작품의 재생산」이란 작품이나 그 것의 부분을 한 부 이상 물질적인 형식이나 녹음과 녹화, 저장하는 것을 포함한다.

108) 부속조항으로 외국에서 발표한지 30일 이내에 발효된 작품은 러시아에서 발표된 작품으로 간주하며, 국제조약에 따라 러시아가 보호하는 작품에 대해서는 작품의 저작자가 소속된 국가의 법률에 따른다. 러시아에서 만들어진 작품이 국가의 공공재산이 되지 않고, 저작권 존속기간이 지속될 때까지 국제조약에 따라 보호된다.

과 관련된 예술품, ⑧ 사진작품, ⑨ 지리학, 지형학 그리고 다른 과학과 관련된 지리지도, 지질도와 같은 지도, 도안 약도 등, ⑩ 기타 작품. 이 밖에도 저작권의 대상이 될 수 있는 작품으로 ① 작품 번역품, ② 가공품, ③ 주석품, ④ 리포트, ⑤ 요약, ⑥ 각색, ⑦ 편곡과 같은 과학, 문학, 예술의 작품, ⑧ 선집과 유사한 저작물(백과사전, 데이터베이스) 등의 작품이 저작권 대상이 될 수 있거나 없더라도 보호의 대상이 된다.[109]

제9조에서는 저작권의 모양이나 저작의 증거에 대한 규정이 나온다. 저작권자는 자신을 알리기 위해 세 가지 형태의 보호기호를 사용할 수 있다. ① 둥근 모양을 가진 형태의 라틴글자(C, E, O 등), ② 저작권자의 서명, ③ 작품 공표 날짜의 표기. 제9조에서는 공저에 대한 규정으로 공저에 대해서는 저작권자의 합의 없이는 작품에 대한 이용권을 금지시킬수 없으며, 자유롭게 이용권을 공유한다고 정하고 있다. 제11조 선집에 대해서는 백과사전, 논문집, 신문, 잡지 출판자가 작품의 이용에 대한 권리를 가지고 있으며, 출판자는 작품에 대해 자기의 이름표시를 요구할 권리를 가진다.

제12조 번역자의 권리에 대해서 번역자는 다른 생산적인 작품의 저자들의 작품을 번역하거나 편곡하고, 개조할 수 있는 저작권을 가지고 있으며(1항), 저자가 번역, 편곡, 개조, 가공을 한 작품의 번역자에게 맡길 경우 저작권을 가지며(2항), 대신 번역자는 원저자의 저작권이 다른 사람에게 번역, 편곡, 개조 가공되는 것을 방해할 수 없다고 규정하고 있다(3항). 제16조 재산권 조항으로는 저자는 작품의 이용에 있어 특권적 지위를 가진다고 규정되어 있다. 저자는 건축이나, 설계에 있어 참여할 권리를 가진다. 또한 법적으로 발표되고 판매를 통해 이용하기 시작된 작품의 복제에 대해서는 저자의 허락이나 보수 없이도 이용이 가능

---

109) 저작권의 대상이 아닌 것으로는 ① 공문서(법, 명령, 규칙 등)와 그 문서의 번역품, ② 공식 상징이나 기호(국기, 국장, 훈장, 지폐, 등), ③ 국민 창조물, ④ 정보의 성격을 가진 사건이나 사실의 통신 등이 해당된다.

하다고 규정하고 있다. 제18조에는 저자의 허락 없이 개인목적으로 자료를 생산하는 문제에 대해 규정내리고 있다. 또한 저자의 허락과 보수 없이 작품의 이용이 가능한 경우에 대해도 규정하고 있다. 우선 저자의 허락과 보수 없이 저자의 이름을 기록하고 다음과 같은 경우에는 이용이 가능 한 경우로 ① 법적으로 공표한 작품을 과학, 연구, 논쟁, 비판, 정보의 목적으로 작품의 원본이다 번역을 인용할 수 있다. ② 법적으로 공표한 작품이나 그의 부분을 출판, 라디오와 TV 방송, 교육 목적으로 된 녹음과 녹화에서 삽화로 이용할 수 있다. ③ 정치, 경제, 사회, 종교 등의 문제에 대한 법적으로 공표된 기사의 신문에 재생산, TV나 케이블로 방송할 수 있다. ④ 공개된 정치적 연설, 레포트 등을 신문에 재생산, TV나 케이블로 방송할 수 있다. 그 때에는 저자가 그 작품을 선집으로 발표할 권리를 가진다. ⑤ 사건에 대한 정보 사진, TV나 케이블 방송으로 다 시청할 수 있도록 재생산하거나 보도할 수 있다. 그 때에는 저자가 그 작품을 선집으로 발표할 권리를 가진다. ⑥ 법적으로 공표된 작품을 시각 장애인을 위하여 점자로 영리 없이 재생산할 수 있다. 이와 함께 저자의 허락과 보수 없이 작품의 복제를 이익 없이 일시적인 이용하기 위해 도서관에 위임할 수 있게 하였다.

한편 저자의 허락과 보수 없이도 저자의 성명을 정하고, 한 부 이상을 넘지 않는 범위에서 작품을 복사할 수 있다(제20조). ① 작품 복제를 잃거나 못 쓰게 된 단행본 교환을 하기 위한 도서실, 문서 국의 책, 또한 다른 도서관에 제공할 작품을 복제할 수 있다. ② 선집, 신문 등에 공표된 기사와 작은 규모의 이야기, 문학 작품의 단편 등을 자연인의 요구에 따라 과학, 연구 목적이나 수업목적으로 재생산할 수 있다.

일반 대중이 방문하는 장소에 있는 건축물, 사진, 미술 등 저자의 허락이나 비용의 지불없이도 재생산하거나 방송할 수 있다(21조). 작품이 이익을 목적으로 사용되거나 작품의 형상은 작품 재생산과 방송의 특별한 대상이 될 경우는 제외된다. 작품의 공개 실연은 저자의 허락이나 보수 없이도 각종 행사, 종교, 장례식에서 사용될 수 있다(22조). 재판에 필요할 때 저자의 동의 없이도 작품을 복제할 수 있다(23조).

한편 러시아연방저작권법은 저작권의 존속 시기에 대해서 생존기간과 사망 후 70년까지로 규정하고 있다. 다만 저자의 권리, 성명권, 명예를 보호받을 권리는 무한정을 규정하고 있다(27조 1항). 한편 저작권을 소유하고 있는 저자는 자신의 권리, 성명권, 명예보호권을 계승할 사람을 지정할 수 있으며, 계승자가 지정되지 않거나 저작권의 존속기간이 만료될 때 국가에 의해 저작권이 관리된다고 명시하고 있다.110)

저작권과 인접권의 보호에 대해 저작권의 침해에 대한 보호수단으로 위조에 대한 규정을 내리고 기술적인 보호수단, 민법상에서의 보호를 규정하고 있다(48조). 또 재산권을 관리하고 있는 단체가 법에서 따라서 자신의 이름으로 재판을 통해 저작권과 인접권의 보호받을 권리를 인정하고 있다. 한편 사법적 권한(50조)에는 다음과 같은 조항이 있다. ① 재판과정에서 판사, 또한 중재 재판인은 피고인이나 침해자로 예상되는 자에게 위조품으로 예상되는 것을 생산하거나 제작, 판매, 임대, 수출하는 것을 금지시킬 수 있으며, ② 재판과정에서 판사, 또한 중재재판관은 위조품으로 예상된 것을 압류하거나 그것의 복제를 몰수 할 수 있다. 또한 ③ 저작권을 침해한 증거가 있을 경우 심문기관, 예심기관, 재판관이 위조가 예상되는 지적재산에 대해 생산, 제작, 재생산 장비를 수색, 압류, 몰수할 권한과 대책을 세울 의무를 규정하고 있다.

이상에서 살펴본 것처럼 러시아의 도서관체계나 저작권 체계는 폐쇄적이고 중앙 집중적인 관리방식에서 탈피해서 점차 개방화되는 추세에 있으며, 이와 함께 제도적으로는 더욱 정교하고 치밀한 관리형태가 나타나고 있다고 할 수 있으며, 저작권에 대한 개념도 갈수록 더욱 확대되고 있다. 러시아는 국가의 중요한 자산으로 특정한 저술이나 작품에

---

110) 이 밖에도 공공재산의 저작 규정(28조), 저작권의 계승에 대한 보호와 비계승에 따른 국가보호권(29조), 재산권의 이전(30조)규정이 있다.

대한 관리 뿐만 아니라 자료관, 도서관 자체를 지정하고 국가의 일정한 관리를 지향하고 있기 때문이다. 이에 따라 한국학의 정보자원을 보존하고 관리기관의 역할과 활동에 대한 보다 세심한 접근이 필요하게 되었다 할 수 있다.

3. 러시아연방 정보자원 관리기관

1) 러시아연방의 도서관 제도와 관종 구성

러시아는 광활한 영토만큼이나 국가제도나 정보관리 시스템이 복잡하고, 다양한 특성을 가지고 있는 나라다. 미국이나 유럽 국가들과 달리 국토가 광활하고 당과 행정부의 조직도 방대하여 규모와 성격을 파악하기란 상당히 어려운 일이라 할 수 있다. 따라서 사회와 제도, 조직과 경영에 대한 타 국가들과의 비교가 쉽지 않을 뿐만 아니라 도서관에 관한 자료도 비교가 쉽지 않다. 도서관 관종을 구분하는데 있어 한국식 기준을 적용하는 것은 적합하지 않다. 러시아의 도서관들이 너무나 방대하고 다양한 설립주체와 이용자 계층에 따른 도서관의 성격이 다양하기 때문이다. 통상적인 기준을 적용하여 러시아의 각종 도서관을 종류별로 구분하여 보면 국가적 차원에서 만들어지고 관리되는 국립도서관(national Library)으로 불리는 도서관들, 고등교육기관에 설치된 대학부설 도서관, 중앙행정기관 부속 도서관, 지역이나 행정단위의 부속기관으로 설치된 주(州), 관구(管區), 변강(邊疆)과 각 도시에 설치된 공공도서관, 초중등 교육기관에 부속된 학교도서관 등으로 나눌 수 있다. 소비에트시대에는 공화국 지역도서관(Republic and Regional Library)이 15개 연방국과 20개 자치공화국에 설치되어 있었고, 각 국가와 지역별로 중심 도서관 개념을 가지고 있었다. 이들 지역 중심도서관들은 국가내의 출판물의 납본, 국가간 자료교환, 문화와 과학기술의 성과물 수집, 서로 다른 언어를 가진 공화국과의 자료 번역, 리뷰지나 초록지의 발간 등의 업무를 담당한 도서관이었다. 학술도서관(Academic Library)은 과학 분야의 연구소, 소연방의 학술원, 각종 실험장, 의과대학이나 농업학교에 부설된 연구와 학술활동을 지원하는 도서관 종류를 말한다. 특수도서관은 우리와 유사한 정부부처에 설치된 도서관, 특수연구소, 산업체, 농업 및 임업관련기관, 병원, 문화 및 체육관련 기관, 노동조합 도서관, 세관, 교도소 부설 도서관 등을 지칭하며 물론 시, 청각 장애자와 지체부자유자를 위한 각종 도서관도 여기에 포함된다. 여기서는 전체적으로 모든 러시아 도서관을 살펴보기 보다는 그 기능적 특성에 따라 연방차원의 도서관, 전문기능도서관, 지방도서관으로 구분해서 살펴보기로 한다.

(1) 제1도서관 그룹: 러시아연방 공공지정도서관

러시아연방정부가 1994년 공식으로 지정한 국가도서관은 다음과 같다. ① 바르나울시에 위치하고 있는 알타이 주 시시코바 과학 도서관, ② 아르한겔스크시에 있는 아르한겔스크 주 도브롤류보바 과학 도서관, ③ 볼고그라드 주 고르키 과학 도서관, ④ 알타이 공화국 고르노-일타이스크 시에 소재하는 고르노-알타이 공화국 국립 도서관, ⑤ 노보시비르스크에 있는 시베리아 주 국립 과학 도서관, ⑥ 니즈니 노브고로드에 위치 한 프리볼즈스키 주 레닌 국립 과학 도서관, ⑦ 카바르디노-발카리야 공화국 국립 도서관, ⑧ 크라스노야르스크 주 국립 과학 도서관, ⑨ 하바로브스크 시 극동 국립 과학 도서관, ⑩ 돈스카야 국립 도서관, ⑪ 캄차트카 주 크라센닌니코브 과학 도서관, ⑫ 켐메로보 주 표도로바 과학 도서관, ⑬ 바쉬코르스탄 공화국 아흐메드-자키 발리디 국립 도서관, ⑭ 코미 공화국 국립도서관, ⑮ 사하 공화국에 위치하고 있는 야쿠티야 사하 공화국 국립 도서관, 가잔 시에 위치한 타타르스탄 공화국 국립 도서관, 체복사르 시에 소재한 추바시야 공화국 국립도서관 등 총 17개이다.

<표 Ⅲ-2> 러시아 연방 공식도서관

도서관명	주 소
알타이주 시시코바 과학도서관	656038 바르나울시 몰로데즈나야 5
아르한겔스크주 도브롤류보바 과학도서관	163000 아르한겔스크 시 로기노바 2
볼고그라드주 고르키과학도서관	40066 볼고그라드 시 미라 15
고르노-알타이공화국국립도서관	649000 알타이 공화국 고르노-일타이스크 시 콤무니 스티체느키 32
시베리아 주 국립 과학 도서관	630007 노보시비르스크 시 소비엣스카야 6
프리볼즈스키주 레닌국립과학 도서관	603600 니즈니 노브고로드 바르바르스카야 3
카바르디노-발카리야공화국 국립도서관	360001 날치크 시 노그모바 42
크라스노야르스크주 과학도서관	660041 크라스노야르스크 시 스보보드니 79
극동국립과학도서관	680000 하바로브스크 시 무라비요바-아무르스코고 1/72
돈스카야 국립도서관	344049 로스토브-나도누 부쉬킨스카야 175
캄차트카주 크라센닌니코브과학도서관	683603 뱃로파블로브스크-캄차트스크시 카를라-마르크사 33/1
켐메로보주 표도로바과학도서관	650026 켐메로보 시 드제르진스코고 19
바쉬코르스탄공화국 아흐메드-자키 발리디국립도서관	450000 우파 시 레닌나 4
코미공화국국립도서관	167000 코미 공화국 슉트브카르시 소벳스카야 13
사하공화국국립 도서관	677018 사하 공화국 야굿스크시 레닌나 40
타타르스탄 공화국 국립 도서관	420111 가잔 시 크렘료브스카야 33
추바시야 공화국 국립도서관	428000 체복사르 시 레닌나 15

(2) 제2도서관 그룹: 러시아연방 대학교 도서관 및 과학연구소

러시아연방의 제2도서관 그룹은 국립대 부설 도서관 및 과학연구소로 총 37개에 달한다. 알타이 국민대 도서관(바르나울), 바시키르 국립대 도서관(우파), 군사 재정-경제대 도서관(모스크바), 국립 경영대 도서관(모스크바), 다게스탄국립대 도서관(마하츠칼라), 극동 국립대 도서관(블라디보스토크), 이르쿠츠크국립대 도서관이르쿠츠크), 카잔스키국립대도서관(카잔), 칼리닌그라드 국립대(칼라닌그라드), 칼므츠키국립대도서관(엘리스타), 켐메로브스키국립대 도서관(켐메로바), 크라스노야르스키 국립대 도서관, 모스크바국립대 도서관(모스크바), 니제고로드스키 국립대 도서관(니즈니-노보고로드), 노보고로드스키 국립대 도서관(벨리키 노브고로드), 노보시비르스키국립대도서관(노보시비르스크), 옴스키 국립대 도서관(옴스크), 베름스키 국립대 도서관. 보모르스키 로모노소브국립대도서관(아르한겔스크), 쌍트뻬쩨르부르그국립대 브스코브 지점 도서관(브스코프), 로스토브국립대도서관, 사마라국립대도서관, 쌍뜨 뻬쩨르부르그국립대도서관, 쌍뜨 뻬쩨르부르그 경제-재정대 도서관, 사할린국립대도서관(유즈노사할린스크), 세베르니 국제대과학도서관(마가단), 세베로-오세틴스키 헤타구로바 국립대 도서관(알라니야공화국 블라디카브카즈시), 자바이칼리에 경영대학교도서관(치타), 스타브로볼리 국립대 도서관(스타브로볼리), 슥틉카르국립대도서관, 트베리국립대도서관(트베리 젤랴보바), 톰스크국립대도서관(톰스크), 울랴노브스키국립대도서관(울랴노브스크), 민족우호대도서관(모스크바), 우랄국립대도서관(예카테린부르그시), 첼랴빈스키국립대도서관, 야쿠티야국립대도서관, 야로슬라브국립대도서관 등이다.

<표 Ⅲ-3> 러시아 연방 대학교 도서관 및 과학연구소

대학교 도서관명	주 소
알타이 국민대 도서관	656099 바르나울시 레니나 61
바시키르 국립대 도서관	450074 우파시 프론제 32
군사 재정-경제대 도서관	129164 모스크바 시 프로스펙트 미라 126
국립 경영대 도서관	109343 모스크바 시 랴잔스키 프로스펙트 99
다게스탄 국립대 도서관	367008 마하츠칼라 시 바드라야 1

대학교 도서관명	주 소
극동 국립대 도서관	690600 블라디보스토크 시 수호노바 8
이르쿠츠크 국립대 도서관	664003 이르쿠츠크-3 시 마르크사 1
카잔스키 국립대 도서관	420008 카잔 크레믈료브스카야 18
칼리닌그라드 국립대	236040 칼린닌그라드 시 우니베르시텟스카야 2
칼므츠키 국립대 도서관	358000 엘리스타 시 부쉬키나 11
켐메로브스키 국립대 도서관	650043 켐메로바 시 크라스나야 6
크라스노야르스키 국립대 도서관	424002 요시카르-올라 크라스토아르메이스카야 71
모스크바 국립대 도서관	119992 모스크바 시 보로비요브-고르 롬모노소바 모스크바대
니제고로드스키 국립대 도서관	603600 니즈니-노브고로드 ГАБ-20 프로스펙트 가가리나 23
노보고로드스키 국립대 도서관	173015 벨리키-노브고로드 브스코브스카야 3
노보시비르스키 국립대 도서관	630090 노보시비르스크-90 비로고바 2
옴스키 국립대 도서관	644077 옴스크시 프로스펙트 미라 55-A
베름스키 국립대 도서관	614600 베름 ГАБ-22 부키료바 15
보모르스키 로모노소브 국립대 도서관	163002 아르한겔스크시 프로스펙트 로모노소바 4
쌍트 뻬쩨르부르그 국립대 브스코브 지점 도서관	180004 브스코브시 그래스토보애 쇼쎄 2a
로스토브 국립대 도서관	344711 로스토브-나-도누 ГАБ-11 엔겔사 105
사마라 국립대 도서관	443086 사마라 시 아카데믹아 파블로바 1
쌍뜨 뻬쩨르부르그 국립대도서관	199034 쌍크 뻬쩨르부르그 우니베르시텟스카야7/9
쌍뜨 뻬쩨르부르그 경제-재정대 도서관	191023 쌍크 뻬쩨르부르그 사도바야 21
사할린 국립대 도서관	693000 유즈노-사할린스크 시 콤무니스티체스키 프로스펙트 33
세베르니 국제대 과학 도서관	685000 마가단 시 포르토바야 13
세베로-오세틴스키 헤타구로바 국립대 도서관	362025 알라니야 공화국 블라디카브카즈 시 바투티나 46
자바이칼리에 경영대학교 도서관	672000 치타 시 레닌그라드스카야 16
스타브로볼리 국립대 도서관	355000 스타브로볼리 부시키나 1
슥틉카르 국립대 도서관	167001 코미 공화국 슥틉가르 시 스타로브스코고 55
트베리 국립대 도서관	170000 트베리 젤랴보바 33
톰스크 국립대 도서관	634050 톰스크 시 레니나 36
울랴노브스키 국립대 도서관	432700 울랴노브스크 시 돌스토고 42
민족우호대 도서관	117198 모스크바 B-1998 미쿨루호-마클라야 6
우랄 국립대 도서관	620083 애카테린부르그 시 프로스펙트 레니나 51
첼랴빈스키 국립대 도서관	454136 첼랴빈스크 시 카시리느호 129
야쿠티야 국립대 도서관	677000 아쿳스크 벨린스코고 58
야로슬라브 국립대 도서관	150000 야로슬라블, 센터 세베트스카야 14

(3) 제3그룹: 아카데미 도서관 및 과학 기술 연구소

러시아 연방 정부 관계부처인 국가경제 아카데미 과학 도서관(모스크바), 전 러시아대외무역아카데미도서관(모스크바), 전러시아 재정-경제통신대학교 도서관(모스크바), 국제 비즈니스대 도서관(모스크바), 경제대 과학-기술정보도서관(모스크바), 극동국립경제-경영아카데미도서관(블라디보스토크), 이르쿠츠크 국립경제아카데미 도서관(이르크추크 레니나), 카잔재정-경제대도서관(카잔), 쿠이브세브대도서관(사마라), 모스크바국제관계대도서관, 모스크바국제 재정/은행 사무대학교 도서관, 모스크바 은행관리대학 도서관, 노보시비르스크 국립 경제-경영 아카데미 도서관, 러시아 플레한노바 경제아카데미 과학 도서관(모스크바), 사마라국립경제아카데미 도서관(사마라), 상뜨 뻬쩨르부르그 대외경제관계 및 경제법학대 도서관, 사라토브 국립경제아카데미도서관(사라토브), 스타브로폴 재정/경제대 도서관(스타브로폴), 러시아연방정부관계 재정아카데미 도서관, 하바로브스크 국립 경제법학아카데미도서관, 아로슬라브 군사경제-재정대 도서관, 야로슬라브 고등군사재정대학 도서관, 전러시아대외경제관계연구소 도서관, 전러시아 경기연구과학연구소도서관, 과도경제연구센터도서관, 은행 사업, 기업정보제공센터 도서관, ARB 은행사업대 도서관, 러시아과학아카데미 유럽연구소 도서관, 러시아연방정부경제개발부 부설 거시경제학연구소 도서관, 러시아과학아카데미 시장문제연구소 극동지점 연구소, 러시아과학아카데미경제학연구소 도서관(모스크바), 과학아카데미경제학연구소 극동지점 도서관(하바로프스크), 과도기 경제문제연구대학교 도서관(모스크바), 과학아카데미 경제문제연구 콜스키 과학 센터 과학 도서관(아파티트시), 러시아연방 재정연구과학연구소 도서관(모스크바), 러시아과학아카데미 대외경제관계연구센터 도서관(모스크바), "경제 분석 연구소" 폰드 도서관 등이다.

<표 Ⅲ-4> 러시아 연방 아카데미, 과학기술연구소

단 체 명	주 소
러시아 연방 정부 관계부처인 국가 경제 아카데미 과학 도서관	119571 모스크바시 프로스펙트 베르나드스코고 82
전 러시아 대외 무역 아카데미 도서관	119285 모스크바 시 부도브키나 4a
전러시아 재정-경제 통신대학교 도서관	121807 모스크바 시 올래코 둔지차 23
국제 비즈니스대 도서관	119571 모스크바.시 프로스펙트 배르나드스코고 83
경제대 과학-기술 정보 부문	101990 모스크바 시 먀스니츠카야 20
극동 국립 경제-경영 아카데미 도서관	690950 블라디보스토크 시 오케안스키 프로스펙트 19
이르쿠츠크 국립 경제 아카데미 도서관	664015 이르쿠츠크 레니나 11
카잔 재정-경제대 도서관	420012 카잔 시 부틀레로바 4
쿠이브세브대 도서관	443090 사마라 시 소비엣스카야 아르미야 141
모스크바 국제 관계대 도서관	119454 모스크바 시 베르낫스코고 76
모스크바 국제 재정/은행 사무대 도서관	125468 모스크바 레닌그랏스키 프로스펙트 51
모스크바 은행관리 관련대 도서관	117292 모스크바 프로브소유즈나야 18 코르부스 2
노보시비르스크 국립 경제-경영 아카데미 도서관	630099 노보시비르스크-99 카멘스카야 56
러시아 플레한노바 경제 아카데미 과학 도서관	115054 모스크바 M-54 스트레먄느이 베레울록 28
사마라 국립 경제 아카데미 도서관	443090 사마라 시 소비엣스카야 아르미야 141
쌍크 뻬쩨르부르그 대외경제 관계 및 경제 법학대 도서관	191104 쌍크 뻬쩨르부르그 시 리테이느이 프로스펙트 42
사라토브 국립 경제 아카데미 도서관	410720 사라토브 시 라디쉐바 89
스타브로폴 재정/경제대 도서관	355003 스타브로폴 시 레니나 267
러시아 연방 정부 관계 재정 아카데미 도서관	125468 모스크바 시 레닌그라드스키 프로스펙트 49
하바로브스크 국립 경제 법학 아카데미 도서관	680042 하바로브스크 시 티호오케안스카야 134
야로슬라브 군사 경제-재정대 도서관	150049 야로슬라블 시 49
야로슬라브 고등 군사 재정 대학 도서관	150038 아로슬라블-38
전 러시아 대외 경제 관계 연구소 도서관	107996 모스크바 시 K-31 페트로브카 12
전러시아 경기 연구 과학 연구소 도서관	119285 모스크바시 푸도브키나 4
과도 경제 연구 센터 도서관	117859 모스크바 시 프로브소유즈나야 23
은행 사업, 기업 정버 제공 센터 도서관	117997 모스크바 시 나히모브스키 프로스팩트 51/21
ARB 은행사업대 도서관	105187 모스크바 시 쉐르바코브스카야 38

단 체 명	주 소
러시아 과학 아카데미 유럽 연구소 도서관	103873 모스크바 시 모호바야 11
러시아 연방정부 경제개발부 부설 거시경제학 연구소 도서관	125284 모스크바 1호로쉐브스키 프로에즈드 3a
러시아 과학 아카데미 시장문제연구소 극동 지점 연구소	117418 모스크바 시 나히모브스키 프로스펙트 72
러시아 과학아카데미 경제학연구소 도서관	117418 모스크바 나히모브스키 프로스펙트 72
과학 아카데미 경제학 연구소 극동 지점 도서관	680042 하바로브스크 시 티호오케안스카야 153
과도기 경제문제연구대 도서관	103918 모스크바 시 가제트니 페레울록 5
과학 아카데미 경제 문제연구 콜스키 과학 센터 과학 도서관	184209 아파티트 시 무르만스크 주 페르스마나 24a
러시아 연방 재정연구과학 연구소 도서관	127006 모스크바 시 나스타신스키 페레울록 3동 2/212
러시아 과학 아카데미 대외경제관계 연구 센터 도서관	117333, 모스크바 시 바빌로바 44, 2
"경제 분석 연구소" 폰드 도서관	103074, 모스크바 시 슬라뱐스카야 4 스트로에니에 2

2) 러시아연방의 도서관별 활동범위와 장서 규모

(1) 연방차원의 주요도서관

통상 한국에서 러시아의 국립도서관으로 지칭하는 도서관은 2개로 나누어져 있다. 하나는 상뜨뻬쩨르부르그에 있는 국립공공도서관이고, 다른 하나는 Russian State Library(일명 비블리오쩨까 레니냐)로 불리는 러시아 국립레닌도서관을 말한다. 러시아 연방 관할 도서관으로는 러시아국립레닌도서관(State Lenin Library), 살치코프 쉐드린 공공도서관(Saltykov-Shchedrin Public Library), 러시아연방 과학아카데미도서관, 러시아연방 과학아카데미 사회과학정보연구도서관(INION), 러시아연방 국립공공과학기술도서관, 전러시아연방 사회지식 중앙공업기술도서

<표 Ⅲ-5> 러시아 연방차원에서 관리되는 주요 도서관

관종분류	도서관명	소재위치	소장범위	장서량
연방도서관	러시아국립레닌도서관	모스크바	전 분 야	27,700,000
연방도서관	살트코프쉐드린 공공도서관	상뜨뻬쩨	전 분 야	34,500,000
연방도서관	러시아연방 과학아카데미도서관	상뜨뻬쩨	전 분 야	16,500,000
연방도서관	러시아연방 과학원 사회과학정보연구소	모스크바	사회과학	7,239,000
연방도서관	연방 공공과학기술도서관	모스크바	과학기술	8,000,000
연방도서관	러시아 전 연방 중앙 지식공업기술 도서관	모스크바	공업기술	3,241,000
연방도서관	러시아연방 과학 아카데미 자연과학도서관	모스크바	자연과학	1,154,000
연방도서관	러시아연방 인민교육 국립과학교육도서관	모스크바	교육분야	1,314,000
연방도서관	국립중앙연극도서관	모스크바	연극분야	1,237,300
연방도서관	러시아연방국립 외국문학도서관	모스크바	문학분야	4,000,000
연방도서관	국립연방어린이도서관	모스크바	아동분야	1,500,000

관, 모스크바시 중앙공공도서관(네끄라소브), 러시아연방 과학아카데미 국가과학도서관, 러시아연방 인민교육 국립과학교육도서관 이 있으며, 이 도서관들은 최소 130만에서 최대 2천만 부 이상의 장서 자료를 보관하고 있다.

러시아에서는 연극, 영화, 문학, 아동과 같이 아주 전문화된 분야의 기록과 자료를 관리하는 도서관들이 여러 개 있다. 대표적인 문학관련 도서관으로는 러시아연방 세계문학도서관, 러시아연방국립외국문학도서관 이 있다. 또 연극관련 도서관으로 모스크바 시내에 있는 모스크바 연극대학 건물에 국립중앙연극도서관이 있다. 한편 어린이 도서관으로는 국립연방어린이도서관(State Republic Juvenile Library of the R.S.F.S.R)을 들 수 있다. 대부분의 주요 도시마다 어린이 도서관이 있다. 또 유명한 사람들이나 도서관 건립에 큰 기부금을 내준 사람의 이름을 붙이는 것이 전통이 되어, 많은 도시에 고리끼 도서관, 푸쉬킨, 톨스토이 도서관 등의 유명한 문호나 학자들의 이름을 가진 도서관이 많다.

(2) 분야별 전문분야 도서관

① 과학기술분야 도서관

대학부설 과학도서관은 거의 모든 공학계 도서관에는 대부분 설치되어 있으며, 대표적인 도서관으로는 국립모스크바대학 부설 고리끼 과학도서관을 꼽을 수 있다. 이 도서관은 일명 로모노소프도서관으로 불리고 있으며, 장서량 600만 부 이상을 가진 러시아연방 최대의 과학기술전문 도서관이다. 상뜨 뻬쩨르부그르대학 부설 고리끼 과학도서관은 자다노프도서관으로 불리며, 약 400만권의 과학전문기술도서를 가지고 있다. 또 바우만도서관으로 불리는 모스크바 기술대학 부설 과학기술도서관역시 훌륭한 건축과 설비를 자랑하고 있다.

모스크바 에너지연구소 도서관, 모스크바 철강-합금 과학기술도서관, 모스크바 화학기술연구소 부설 과학기술도서관, 상뜨 뻬쩨르부르그 공예기술연구소 부설 도서관, 러시아연방 중앙 건축-조각 과학기술도서관이 이에 해당한다.

〈표 Ⅲ-6〉 과학기술 분야 전문도서관

관종 분류	도서관명	소재지	소장범위	장서량
대학도서관	모스크바대학부설 고리끼 과학도서관	모스크바	과학기술	6,009,800
대학도서관	상뜨 뻬쩨르부르그대학 고르끼 과학도서관	상뜨뻬쩨	과학기술	4,165,000
대학도서관	모스크바 기술대학 과학기술도서관	모스크바	과학기술	1,350,000
연구도서관	모스크바 에너지연구소 도서관	모스크바	에너지분야	1,289,000
연구도서관	모스크바 철강-합금 연구소 과학도서관	모스크바	과학기술	1,009,000
연구도서관	모스크바 화학기술연구소 과학기술도서관	모스크바	화학기술	1,006,000
연구도서관	상뜨 뻬쩨르부르그 공업기술연구소 도서관	상뜨뻬쩨	과학기술	1,895,000
공공도서관	중앙 건축과 조각 과학기술도서관	모스크바	건술기술	1,140,000

② 교육 분야 도서관 및 사회과학 도서관

모스크바에는 교육 분야 도서관이 활발하게 설립되어 운영되고 있다. 모스크바 교육도서관은 일명 쿠비쉐프(V. Kuibyshev) 교육도서관으로 불리며, 모스크바 시내에 위치하고 있다. 모스크바 국립경제연구소 도서관은 유명한 학자 플레하노프(G. Plekhanov)도서관으로 불리고 있으며, 장서 수는 100만권 이상이다. 한편 교육연구소 도서관은 헤르첸(A. Herzen)의 이름을 붙이고 있으며, 상뜨 뻬쩨르부르그에 위치한 대표적인 교육도서관이자 젊은 층들의 문화 교류공간으로 활용되고 있다

사회과학 분야 전문도서관으로는 소비에트연방 공산당 중앙위원회 부설 맑스 레닌주의 연구도서관을 들 수 있다. 이 도서관은 1991년 사회주의가 해체되면서 사회정치문제연구소로 이름을 바꾸어 활동하고 있으며, 러시아연방정부로부터의 지원이 사실상 중단되면서 스스로 재정문제를 해결해야 하는 문제 때문에 많이 운영이 어려워지고, 자료 관리에 어려움을 겪고 있다.111) 모스크바 국립역사도서관, 사회과학아카데미 도서관 등이 사회과학분야의 도서관이다. 역사도서관은 이스도리제스까야 비블리오쩨까로 불린다. 현재 스따로 사스끼 베레울록 9에 위치하고 있으며, 구 건물은 러시아의 대문호 도스도예프스키가 한때 살았던 건물을 러시아정부가 인수해서 도서관으로 고쳐 만든 곳이고 약간 고풍스럽다. 이 건물 뒤로 하얀 색깔로 지어진 신관은 현대식 건물로 체계적인 자료관리 보존이 특징이다.

---

111) 주소는 월겔막삑까 돔4호 빌딩2로 연구를 위해 방문했으나 공사를 이유로 자료관 공개는 되지 않았다.

<표 Ⅲ-7> 교육 및 사회과학분야 전문도서관

관종 분류	도서관명	소재위치	소장범위	장서량
공공도서관	모스크바 국립역사도서관	모스크바	사회과학	2,673,500
공공도서관	모스크바 교육도서관	모스크바	교육자료	1,118,800
연구도서관	모스크바 레닌교육연구소 도서관	모스크바	교육자료	1,064,000
연구도서관	모스크바 국립경제도서관	모스크바	교육자료	1,022,300
연구도서관	레닌교육연구소 도서관	모스크바	교육자료	1,538,000
연구도서관	맑스레닌주의연구소도서관	모스크바	사회과학	1,714,000
연구도서관	사회과학아카데미 도서관	모스크바	사회과학	1,000,000

③ 의학 분야 전문도서관

의학분야의 전문도서관은 국립중앙의학도서관(State Central Scientific Medical Library)이 모스크바에 위치하고 있으며 군 의학아카데미 도서관(S. Kirov 도서관)은 상뜨뻬쩨르부르그에 위치하고 있다. 이 두 개의 의학도서관은 모두 150만 이상의 의학 관련 서적들을 전문적으로 보존 관리하고 있다.

④ 철도, 항공관련 도서관

한편 러시아는 철도와 운송이 일찍부터 발전한 국가이기 때문에 철도관련 기록과 자료를 모아 높은 도서관이 많다. 그 중에서 대표적인 기관으로는 러시아연방철도국(Ministry of Railways. Moscow) 산하 중앙과학기술도서관이 있으며 무려 1,857,000건에 달하는 관련 자료들이 보관되어 있다. 한편 모스크바 철도이송엔지니어연구소 과학기술도서관(MIIT)에서도 철도운송기술관련 자료들이 150만 정도 보관되어 있다. 이 밖에도 모스크바항공연구소 도서관(Sergo Ordzhonikidze로도 불림)에서는 각종 항공관련 기록자료를 포함해 약 150만건에 달하는 각종 자료와 보고서, 단행본과 잡지류 들이 비치되어 있고, 모스크바 항공대학(Mazzi)을 비롯해 모스크바 기술대학의 공학도들이 자주 이용한다.

<표 Ⅲ-8> 항공 및 철도분야 전문도서관

관종 분류	도서관명	소재위치	소장범위	장서량
연구도서관	모스크바항공연구소 도서관	모스크바	항공분야	1,547,000
연구도서관	모스크바철도이송 엔지니어연구소	모스크바	철도분야	1,417,000
연방철도청소속 도서관	연방 철도청 과학기술연구도서관	모스크바	철도분야	1,857,000

3) 국가와 지방차원의 문서보관소

러시아의 문서보관소는 매우 광범위하게 분포하고 있으며, 그 기능과 역할이 분화되어 있다. 모스크바의 중앙단위에 만들어진 도서관만 해도 30개에 달한다. 러시아연방 산하의 각 문서보관소에 대한 명칭마저 일치하지 않는 경우가 허다하다. 이 책에서는 이런 점을 감안하여 각 문서보관소의 명칭과 특징을 구분하고, 기초데이터로서 각 문서보관소의 지역적 위치와 소재지를 제시했다. 현지에서 문서보관소에 대한 약어를 사용하기 때문에 주요기관에 대한 정보에 있어 종종 약어로 표기된 사례를 볼 수 있다.

연방 문서보관소 중에서 모스크바에 소재하고 있는 대표적인 기관들의 명칭은 아래와 같다. 러시아연방국립문서보관소(ГАРФ), 러시아국립고문서보관소(РГАДА), 러시아국립역사문서보관소(РГИА), 러시아군역사문서보관소(РГВИА), 러시아해군문서보관소(РГАВМФ), 러시아국립경제문서보관소(РГАЭ), 러시아국립문학예술 문서보관소(РГАЛИ), 러시아 군사문제 문서보관소(РГВА), 러시아국립과학-기술 문서보관소(РГАНТД), 러시아국립음성문서보관소(РГАФД), 러시아국립영화사진기록보관소(РГАКФД), 러시아현대사문제문서보관소(РЦХИДНИ), 러시아현대문서보관센터(ЦХСД), 청년단체문서보관센터(ЦХДМО), 역사기록물보관센터(ЦХИДК).

모스크바에는 모스크바주 또는 모스크바시가 관리하는 7개의 문서보관소가 있다. 모스크바합동문서보관소(МОСГОРАРХИВ), 모스크바중앙문서 보관소(ЦМАМ), 모스크바시 역사 문서 보관소(ЦИАМ), 모스크바시 사회운동문서보관소(ЦАОДМ), 모스크바시 중앙필름문서보관소(ЦМАДСН), 모스크바시 중앙과학기술문서보관소(ЦАНТДМ), 모스크바주 국립중앙문서보관소(ЦГАМО) 등이다.

뻬쩨르부르그에도 총7개의 문서보관소들이 설립되어 있다. 베쩨르부르그국립문서보관소(ЦГА СПб), 뻬쩨르부르그국립중앙역사문서보관소(СПб), 뻬쩨르부르그중앙국립정치사기록보관소, 뻬쩨르부르그국립중앙문학예술문서보관소,뻬쩨르부르그중앙국립음성영화사진문서보관소, 뻬쩨르부르그중앙국립과학-기술기록문서보관소, 레닌그라드주국립문서보관소 등이 해당된다.

<표 Ⅲ-9> 모스크바 – 뻬쩨르부르그 주요 국가문서보관소

	도서관이름	약 칭	소재지와 전화번호
1	러시아연방국립문서보관소 Государственный архив Росси й ской Федерации	ГАРФ	119817, Москва, ул.Большая Пир оговка, 17; Тел.: 7 (095) 245 8141, Факс: 7 (095) 245 1287 E-mail: garf@glasnet.ru
2	러시아국립고문서보관소 Россий ский государственны й архив древних актов	РГАДА	119817, Москва, ул.Большая Пир оговка, 17; Тел.: 7 (095) 245 8323, Факс: 7 (095) 245 3098
3	러시아국립역사문서보관소 Россий ский государственны й исторический архив	РГИА	190000, С.-Петербург, Англий с кая наб., 4; Тел.: 7 (812) 311 0926, Факс: 7 (812) 311 2252 E-mail: rgia@glasnet.ru
4	러시아군역사문서보관소 Россий ский государственны й военно-исторический архив	РГ̌ВИА	107005, Москва, 2-я Бауманская ул., 3; Тел.: 7 (095) 261 2070, Факс: 7 (095) 267 1866
5	러시아해군문서보관소	РГАВМФ	191065,С.-Петербург, ул. Милл ионная, 36; Тел.: 7 (812) 315 9054
6	러시아국립경제문서보관소 Россий ский государственны й архив экономики	РГАЭ	119817, Москва, ул.Большая Пир оговская, 17; Тел.: 7 (095) 245 2664
7	러시아국립문학예술문서보관소 Россий ский государственны й архив литературы и искуств а	РГАЛИ	125212, Москва, ул.Выборгская, 3, корп. 2; Тел.: 7 (095) 159 7392, Факс: 7 (095) 159 7381 E-mail: rgali@glasnet.ru
8	러시아군사문제문서보관소 Россий ский государственны й военный архив	РГ̌ВА	125884, Москва, ул.Адмирала Ма карова, 29; Тел.: 7 (095) 159 8091, Факс: 7 (095) 159 8091
9	러시아국립과학-기술문서보관소 Р оссий ский государственный архив научно-технической до кументации	РГАНТД	117393, Москва, ул.Профсоюзна я, 82; Тел.: 7 (05) 335 0095, Фак с: 7 (095) 333 1088
10	러시아국립음성문서보관소 Росси й ский государственный архи в фонодокументов	РГАфД	107005, Москва, ул. 2-я Бауманс кая, 3; Тел: 7 (095) 261 1300

	도서관이름	약 칭	소재지와 전화번호
11	러시아국립영화사진기록보관소 Россий ский государственны й архив кино- фото- документ ов	РГАКФД	143400, Моск., обл., г. Красногор ск, ул.Речная, 1; Тел.: 7 (095) 562 1464, Факс: 7 (095) 563 4205
12	러시아현대사문제문서보관소 Россий ский центр хранения и изучения документов новей ш ей истории	РЦХИДНИ	103821, ул. Большая Дмитровка, 15; Тел.: 7 (095) 229 9726, Фак с: 7 (095) 292 9017 E-mail: rccsrmh@glasnet.ru
13	러시아현대문서보관소 Центр хра нения современной документ ации	ЦХСД	103132, Москва, ул.Ильинка, 12, подъезд 8; Тел: 7 (095) 206 2936
14	청년단체문서보관센터 Центр хра нения документов молодежны х организаций	ЦХДМО	101000, Москва, Большой Черкас ский пер., 5, строение 1; Тел.: 7 (095) 921 4245
15	역사기록물보관센터 Центр хране ния историко-документальны х коллекций	ЦХИДК	125212, Москва, ул.Выборгская, 3; Тел.: 7 (095) 159 7383, Факс: 7 (095) 159 9005
16	러시아국립극동역사문서보관소 Ро ссий ский государственный и сторический архив Дальнего В остока	РГИАДВ	690000, Владивосток, ул. Алеут ская, 10А Тел.: 7 (423) 226 9220, Факс: 7 (423) 226 9220
17	모스크바합동문서보관소 Московс кое городское объединение арх ивов	МОСГОРАР ХИВ	117393, Москва, ул.Профсоюзна я, 80; Тел.: 7 (095) 128 7897
18	모스크바중앙문서보관소 Централ льный муниципальный архи в Москвы	ЦМАМ	117393, Москва, ул.Профсоюзна я, 80; Тел.: 7 (095) 128 6786
19	모스크바시역사문서보관소 Центр альный исторический архив Москвы	ЦИАМ	117393, Москва, ул.Профсоюзна я, 80; Тел.: 7 (095) 128 6786
20	모스크바시사회운동문서보관소 Ц ентральный архив обществен ных движений Москвы	ЦАОДМ	109554, Москва, ул.Международ ная, 10; Тел.: 7 (095) 278 7089
21	모스크바시중앙필름문서보관소 Центральный московский ар хив документов на специальн ых носителях	ЦМАДСН	109554, Москва, ул.Международ ная, 10; Тел.: 7 (095) 271 5694

	도서관이름	약 칭	소재지와 전화번호
22	모스크바市중앙과학기술문서보관소 Центральный архив научно-технической документации Москвы	ЦАНТДМ	117393, Москва, ул.Профсоюзная, 80; Тел.: 7 (095) 128 6719
23	모스크바州국립중앙문서보관소 Центральный государственный архив Московской области	ЦГАМО	113149, Москва, ул.Азовская, 17; Тел.: 7 (095) 318 0337
24	뻬쩨르부르그국립문서보관소 Центральный государственный архив Санкт-Петербурга	ЦГА СПб	193171, С.-Петербург, ул. Варфоломеевская, 15. Тел.: 7 (812) 560 6862 ЦГИА
25	뻬쩨르부르그국립중앙역사문서 보관소 Центральный государственный исторический архив Санкт-Петербурга	СПб	190008, С.-Петербург, ул. Псковская, 18; Тел.: 7 (812) 219 7961
26	뻬쩨르부르그중앙국립정치사기록보관소 Центральный государственный архив историко-политических документов Санкт-Петербурга	ЦГАИПД СПб	193060, С.-Петербург, ул. Смольного, 1/3; Тел.: 7 (812) 278 1252
27	뻬쩨르부르그국립중앙문학예술 문서보관소 Центральный государственный архив литературы и искуства Санкт-Петербурга	ЦГАЛИ СПб	191194, С.-Петербург, ул. Шпалерная, 34; Тел.: 7 (812) 272 2557
28	뻬쩨르부르그 중앙국립 음성 영화사진 문서보관소 Центральный государственный архив кинофотофонодокументов Санкт-Петербурга	ЦГАКФФД СПб	191023, С.-Петербург, Мучной пер., 2; Тел.: 7 (812) 310 5248
29	뻬쩨르부르그 중앙국립 과학-기술 기록문서보관소 Центральный государственный архив научно-технической документации Санкт-Петербурга	ЦГАНТД СПб	193036, С.-Петербург, 5-я Советская ул., 33; Тел.: 7 (812) 271 5056
30	브보르그시레닌그라드州국립문서보관소Ленинградский областной государственный архив в г. Выборге	ЛОГАВ	188900, Ленинградская обл., г. Выборг, ул.Штурма, 1; Тел.: 7 (812) 782 2346

Ⅳ
기관별 고려인 기록의 관리와 보존

1. 연방 문서보관소 고려인 정보자원 현황

1) 문서보관소 소장 고려인 정보기록의 공개

19세기 중반이후 러시아정부는 연해주에 정착한 고려인정보에 대해 체계적으로 기록을 관리했으며, 다양한 기록 자료들이 각급단위 문서보관소에 보관되어 왔다. 그러나 소비에트 시대에 고려인 관련 자료들은 국가기록에 대한 비밀조항에 의해 50% 이상의 자료들이 비밀보관소에서 관리되어왔다. 그러나 어떤 지역에 얼마나 고려인 관련 기록들이 분포되어 있는지 파악하기가 쉽지 않다.

1980년대 말 소련정부는 비밀서고에 보관되어 있던 열람된 문서들에 대한 비밀 해지조치를 취했다. 그 결과 러시아혁명 이전에 생성된 러시아 고려인의 이민에 대한 기록과 소련에 의해 자행된 정치적 탄압에 관한 비밀자료들이 공개되었다. 1993년 엘친정부는 「국가기밀에 관한 법률」을 제정해 러시아연방산하 문서보관소에 보관된 자료들에 대한 정보공개의 기회를 확대시켰다. 이 같은 조치에 따라 러시아지역 고려인과 한국관련 기록들에 대한 목록이 구축될 수 있게 되었고, 지역별 기관별 자료의 소재지와 윤곽도 드러나게 되었다. 또한 러시아의 고려인 학자나, 전문연구자를 중심으로 각 문서보관소에 위치한 고려인관련 자료나 한국관련 자료의 분포현황을 이해할 수 있는 기초적 환경이 갖추어지게 되었다.

특히 러시아연방 국립문서보관소, 러시아현대문서보관소, 러시아 국립 사회정치사문서보관소, 러시아 국립경제문서보관소를 비롯한 다양한 문서보관소의 한국학관련 기록들이 비밀관리상태에서 보다 공개적인 형태로 일반에 개방되게 되었다. 특히 소련정부의 핵심문서라 할 수 있는 코민테른 관련 문서, 공산당조직관련 문서, 소련공산당 중앙위원회 정치국 및 중앙위원회 기록 등이 개방되었다. 또한 조선에서의 공산주의운동과 노동운동, 코민테른 집행위원회 극동 지부 소속 조선사무국 자료, 코민테른 집행위원회 소속 조선공산당 대표부 및 사절단 자료 등의 활동자료들도 공개되었다.

조사된 연구들에 기초해 볼 때 고려인 정보자원의 보관은 모스크바와 뻬쩨르부르그, 하바로프스크, 블라디보스토크, 이르쿠츠크, 카자흐스탄과 우즈베키스탄의 주요도시에도 산재하고 있다.

2) 연방차원의 문서보관소의 한인관련 기록

(1) 러시아연방 국립문서보관소

러시아연방 국립문서보관소(ГАРФ)는 원래 1918년 러시아혁명 후 통합국립문서보관협회로 관리하다 만들어졌던 1920년 창설된 소연방 러시아사회주의공화국 중앙국립문서보관소, 소연방 중앙 10월 혁명 문서보관소를 통합하여 1991년 12월에 출범한 기관으로 제정러시아 및 정부기관 기록을 제외한 모든 기록을 러시아연방문서보관청에 집결시킴에 따라 그 보관청에 의해 관리되고 있는 러시아최대의 중앙문서보관소로 발전해왔다.

〈표 Ⅳ-1〉 고려인 정보자원 관련 연방 문서보관소

주요기관명	한국관련 소장자료
러시아연방국립문서보관소	한국독립운동사, 1922~1963년 북한-소련교류기록, 1924~1926년 재소조선인연맹집행위원회 문서, 1918~1938년 조선인국적부여, 소련 각료회의, 한인노동자회기록, 한러관계, 1950년 고르낀 서신, 한국전쟁
러시아국립역사문서보관소	중동철도 폰드, 재무상 관방 폰드 등에 한러관계사, 한국독립운동사, 한러경제관계사 자료, 극동지역 조선인 이주기록
러시아군사(軍史)문서보관소	조선 주재 제정러시아 무관보고서, 조선의 군사정치정세, 한러군사협력, 연해주 지역의 조선독립운동 관계 자료와 로일전쟁 관계 자료
러시아국립경제문서보관소	1946~1963년 소련과 북한간의 과학기술 및 경제 협력에 관한 자료. 1917년 혁명이후 러시아경계기록, 계획위원회 폰드, 대외경제성 폰드, 소련의 북한경제원조에 관한 기록, 북한경제상황에 대한 기록
국립사회정치사문서보관소	코민테른 조선공산당 기록, 조선공산당 대회, 당대표자회의 의사록, 노동당협의 자료, 조선공산주의운동과 노동운동, 코민테른극동지부 조선사무국 자료, 해방직후 북한 인민위원회 실태기록
러시아현대문서보관센터	소련공산당 중앙위원회 각국 폰드에 북한사 자료 조선로동당 3·4·5차 대회, 중앙위 전원회의 관계 자료, 한국전쟁 관계 자료

　전체적으로 자료 600만 부, 마이클로필름 1,400만을 보유하고 있으며, 동양관련 기록에 대한 보존도 철저하게 이루어지고 있다. 이 문서보관소에는 전문적인 한국문제 사서가 있지는 않지만 비교적 한국관련 기록들이 잘 보존되어 있다. 대표적인 한국관련 보유 자료에는 19세기 조선-러시아관련 기록, 한국독립운동사, 1922~1963년 북한-소련교류 기록, 1924~1926년 재소조선인연맹집행위원회 문서, 고려인들의 국적 신청기록, 1918~1938년 고려인에 대한 국적부여, 소련각료회의, 한인 노동자회기록, 한러관계, 1950년 고르낀 서신, 한국전쟁, 북조선 의학 도서원조, 연해주고려인활동, 러시아공사관 기록, 극동정세전문, 이범진에 관한 가족, 활동상에 대한 기록을 잘 관리하고 있다. 이 문서보관소에는 콘세비치, 리 블라디미르, 박미하일, 김영웅, 박보리스, 심바르찌바 따찌아나 등의 러시아 한국학연구자들과 이범진의 증손녀 리 율리아 박사를 비롯한 신진 러시아 한국학 연구자들이 대부분 이곳에서 고

려인관련 정보자원의 연구 기초자료 획득을 위해 활동했다.

〈표 Ⅳ-2〉 러시아연방 국립문서보관소

기관명	러시아연방 국립문서보관소(ГАРФ)		
	ГОСУДАРСТВЕННЫЙ АРХИВ РОССИЙСКОЙ ФЕДЕРАЦИИ		
대표자명	미로낸코 세르게이	설립년도	1918년
기관주소	본청:119817, Москва, ул. Большая Пироговская, 17 119817,모스크바,볼샤야 피로고브스카야,17 별관:121883, Москва, Бережковская наб., 26 121883,모스크바,베리즈코브스카야,26	주요전경	
자료규모	자료 600만부, 필름1,400만	전화번호	(495) 245-12-87
홈페이지	http://garf.ru/arhiv.htm		
자료수집	망라적 수집, 국가의 권위적 수집이 특징		
한국관련 자료여부	19세기 조선-러시아관련 기록, 한국독립운동사, 1922~1963년 북한-소련교류 기록, 1924~1926년 재소조선인연맹집행위원회 문서, 1918~1938년 조선인 국적부여, 한인노동자회 기록, 한러관계, 1950년 고르낀 서신, 한국전쟁, 북조선 의학도서원조, 연해주고려인활동, 러시아공사관 기록, 극동정세전문, 이범진		

(2) 러시아연방 의회도서관 문서보관소

러시아의회 도서관 및 문서보존소는 1902년 러시아의 자유혁명을 계기로 의회산하 조직으로 1906년에 설치된 도서관으로 600만권의 자료규모를 가지고 있다. 과거 소비에트연방시대에 국가기록의 핵심기관으로 군림했으며, 의회관계 학자 뿐만 아니라 연방의회 의원들과 보좌관의 정책연구의 산실로 자리 잡고 있다.

〈표 Ⅳ-3〉 러시아 의회도서관 문서보관소

기관명	러시아의회(두마) 도서관 및 문서보존소		
	Библиотека Государственной Думы РФ		
설립년도	1906년	자료규모	600만
대표자명	안드레예바 이리나	전화번호	(495) 692-68-75
기관주소	109265 모스크바 오홋늬 랴드	홈페이지	http://parlib.duma.gov.ru
한국관련 자료여부	1907~1937년 소비에트 의회, 코민테른 결정서, 고려인 강제이주, 생활문화관련 기록들이 많음, 1945년 이후 중국-소련관련 자료 많음		

위치는 의회가 있는 모스크바 오홋늬 랴드에 위치하고 있다. 한국관련 고문서와 지도를 보관하고 있으며, 20세기 초반 한국관련 기록으로 1907~1937년 소비에트 의회, 코민테른 결정서, 고려인 강제이주, 연해주와 중앙아시아 지역의 교육, 사회건설, 생활문화관련 문서들이 매우 많이 집중적으로 보존되어 있다. 핵심 국가기관이기 때문에 자동적인 납본제도에 의해 모든 신간출판물들은 이곳에 납본할 의무를 가지고 있다. 한국자료의 경우 한·러 의원협회나 한국출판문화협회 등을 통해 전달받고 있으며, 세계도서관협회(IFLA)에서 러시아를 대표하는 회원도서관이기도 하다.

(3) 러시아연방 국립역사문서보관소

러시아연방 국립역사문서보관소(Российский государственный исторический архив РГИА)는 뻬쩨르부르그 안글리스카야4에 위치하고 있다. 러시아국립역사기록문서보관소는 18세기 말부터 20세기 초까지의 러시아와 해외에서 생성된 폰드 1,300개에 약 650만 건에 달하는 기록을 소장하고 있다. 1917년 이후 러시아연방 국립문서보관소는 한때 국립중앙문서보관소에 통합되었다 1940년대 이후 독립했다.

〈표 Ⅳ-4〉 러시아 연방 국립역사문서보관소

기관명	러시아국립역사문서보관소		
	Российский государственный исторический архив		
대표자명	소콜로브 알렉산드르 로스티슬라보비치	설립년도	
홈페이지	www.museum.ru	자료규모	300만집
기관주소	190000 뻬쩨르부르그 안글리스카야 4	전화번호	(812) 311-0926
한국관련 자료여부	중동철도 폰드, 재무상 관방 폰드 등에 한러관계사, 한국독립운동사, 한러경제관계사 자료, 극동지역 조선인 이주기록		

이곳에 소장된 한국 및 고려인 관련자료는 중동철도 폰드, 한러관계사 분야 뿐만 아니라 독립운동사, 재러한인 활동, 극동지역 조선인의 이주에 관한 기록, 북한과 소련간의 각종 역사기록물 들이 보관되어 있다. 1992년 엘친이 만든 '도서관 및 문서보관소의 개정법'에 따라 고려인관련 기록들이 비공개상태에서 해지되면서 소규모 한국학자와 러시아의 역사학자들에 의해 연구가 진행되었다.

(4) 러시아 국립경제문서보관소

러시아국립경제문서보관소(Российский государственный арх ив экономики, РГАЭ)는 모스크바 비로고브스카야 17번지에 위치하고 있으며, 4백만 권의 장서수를 자랑하는 러시아에서 경제 분야의 자료보존기관 중 가장 최대의 보관소에 해당한다. 1961년 만들어졌으면서 주로 러시아의 사회주의 경제발전에 대한 다양한 기록을 정리해왔다. 한국관련 자료들은 별로 많지 않고 제한적인 범위에서 나타나는 자료들은 주로 북한관련 자료가 대부분이다. 구체적으로 살펴보면 1945~1980년 북 러관계 경제교류, 1991년 이후 한국경제관련 자료, 소비에트 공화국내 고려인 꼴호즈 기록들, 1946~1963년 소련과 북한간의 과학기술 및 경제 협력에 관한 자료. 1917년 혁명이후 러시아경계 기록, 계획위원회 폰드, 대외경제성 폰드, 소련의 북한경제원조에 관한 기록, 북한경제 기록 등이 그것이다. 한편 제정러시아 시대 조선의 경제 상황에 대한 기록이 거의 없는 것으로 볼 때 주로 러시아국립경제문서보관소의 역할은 현대 경제관련 기록의 정리에 초점을 맞추고 있다.

<표 Ⅳ-5> 러시아 국립 경제문서보관소

기관명	러시아국립경제문서보관소		
	Россий ский государственный архив экономики, РГАЭ		
대표자명	튜리나 엘레나 알렉산드로브나	설립년도	1961
홈페이지	rusarchives.ru/federal/rgae	자료규모	4,000,000
기관주소	119992 모스크바, 비로고브스카야 17	전화번호	(495) 245-26-64
한국관련 자료여부	1945~1980년 북 러관계, 경제교류, 한국경제관련 자료, 소비에트 고려인 꼴호즈 기록들, 러시아경제기록, 계획위원회 폰드, 대외경제성 폰드, 소련의 북한경제원조기록, 북한경제 기록		

(5) 러시아국립사회정치사문서보관소

러시아국립사회정치사문서보관소(Россий ский государственны й архив социально-политической истории, РГАСПИ)는 1920년에 만들어진 문서보관소로 문서규모는 약 200만에 달한다. 국립사회정치사문서보관소의 위치는 103821 모스크바, 볼사야 드미트로브카 15에 있다. 현재 대표자는 안대르손 키릴 미하일로비치가 맡고 있다. 이곳은 1920년대 이후 체계적으로 발전하기 시작한 소비에트 문서기록의 현장이었기 때문에 1920년대와 1930년대 고려인 문서자료에 대한 연구가 보다 용이한 장점을 가지고 있다. 러시아 국립사회정치사 문서보관소에는 강제이주관련 기록들, 러시아 연해주고려인들의 생활사, 코민테른 관련 기록들이 비교적 생생하게 남아있다. 코민테른 조선공산당 기록, 조선공산당 대회, 당대표자회의 의사록, 노동당협의 자료, 조선공산주의운동과 노동운동, 코민테른극동지부 조선사무국 자료, 해방직후 북한 인민위원회 실태기록, 1920~1930 연해주 한인 관련 기록 다수 보관, 1945년 이후 북한사회, 1860~1900년대 연해주 고려인 이주사 관련, 한국전쟁 파견인물 기록을 가지고 있다. 따라서 1991년 소비에트연방이 무너지자 러시아 과학원의 학자들이 비밀문서로 비공개되었던 문서들 중 해제된 문서에 대한 연구를 수행했다. 소연방 해체 직후 남북한의 30여 명의 학자들도 이곳의 자료를 열람했다.

〈표 IV-6〉 러시아 국립 사회정치사 문서보관소

기 관 명	러시아국립사회정치사문서보관소		
	Российский государственный архив социально-политической истории, РГАСПИ		
대표자명	안대르손 키릴 미하일로비치	설립년도	1920년
		자료규모	약 200만
기관주소	103821 모스크바, 볼사야 드미트로브카 15	전화번호	(495) 200-51-12
홈페이지	http://www.rusarchives.ru	전자메일	rchidni1@online.ru
한국관련 자료여부	코민테른 조선공산당 기록, 조선공산당 대회, 당대표자회의 의사록, 조선공산주의운동과 노동운동, 코민테른극동지부 조선사무국 자료, 1920~1930 연해주 한인 기록, 고려인 이주사 관련, 한국전쟁 파견기록, 해방직후 북한 인민위원회 실태기록		

(6) 러시아국립군사문서보관소

러시아연방 국립 군사(軍史)문서보관소는 처음 뻬쩨르부르그에 군학술문서보관소(BYA)로 만들어졌으며, 1812년 군지형학사업부소속으로 포함되었고, 1860년대에는 주로 각국 지도수집과 측량과 등의 자료를 수집했다. 이후 1867년 러시아연방 총참모본부의 소속기구로 개편되었다. 한때 러시아혁명 직후 통합국립문서보관소로 흡수되었지만 1941년에 다시 국립 중앙 군사문서보관소로 분리독립해 육군관련 기록을 보관하였다. 소련 해체 후 러시아연방 문서보관청 산하 기구로 러시아 국립 군사문서보관소로 개편되었다. 군사문서보관소는 약 300만권 정도의 군사관련 기록과 녹취자료, 사진자료들을 가지고 있다. 이 중에서 한국관련 자료로는 19세기 한러관계, 한일관계, 러일관계, 군사보고서, 협

상조약, 한인이주와 국경관계자료, 조선의 군사정치정세, 연해주 지역
의 조선독립운동 관계 자료와 러일전쟁 관계 자료 등이 있다.

<표 Ⅳ-7> 러시아 국립 군 역사문서보관소

기관명	러시아국립 軍 歷史 문서보관소		
	Россий ский государственный военно-исторический архив,		
대표자명	카르쿠샤 이리나 올래고브나	설립년도	1819년
기관주소	107005 모스크바 바우만스카야 3	자료규모	300만
홈페이지	http://www.museum.ru/R591	전화번호	(495) 261-2070
자료수집	러시아연방 문서보관청 산하 기구		
한국관련 자료여부	19세 한러관계, 한일관계, 러일관계, 각종 군사보고서, 협상 기록 조선 주재 제정러시아 무관보고서, 조선의 군사정치정세, 한러군사협력, 연해주 지역의 조선독립운동 관계 자료와 러일전쟁 관계 자료		

문서를 부분적으로 살펴보면 조선 주재 제정러시아 무관보고서(폰드
번호 2000), 극동정세(1904~1905)(폰드번호 2000, 분류1, 사건1138,
1910), 대한제국중립화 러일협상실패(폰드2000, 분류1, 사건1673,
1901), 러시아군사교관기록(문서철400 사건번호4), 김옥균 피살사건과
청일충돌이유(폰드447, 분류 1 사건번호 26, 1894), 대한제국 군대편제
(폰드번호 400, 분류4, 사건번호315, 1896), 한중국경문제와 간도문제에
대한 자료(폰드400, 분류4, 사건번호107, 1901), 거제도에 대한 보고서
(400폰드 분류4, 사건번호100, 년도 1900), 우수리지역 국경행정관의
대한제국여행(400폰드, 분류4, 사건번호110, 년도 1902~1903), 18세기
말과 19세기 초 영국선장의 조선해안선 탐사기록(폰드 400-4-101), 한
일을사조약(폰드200, 분류1, 사건250,1906), 서울주재 군사무관 폰라아
벤(ФОН Раабен)보고서, 조선각도에 거주하는 일본인의 숫자(폰드
2000, 분류1, 사건4177 작성 1912), 1917년 일본군장교총인원기록(폰드
2000, 분류1, 번호4174, 1917년)등이 있으며, 이 밖에도 기록문서철 번

호 448에서는 각종 조선지도, 동해안지도, 만주와 조선북부지도, 만주에서 서울까지의 도로표시 지도, 대한제국 철도지도가 있다. 또 1897년 우수리스크지역의 카자크군대 주둔지에서의 한인이주 기록도 있다(폰드 644, 분류 1582, 사건2), 1904년 전후 군사보고서는 일본에 대한 보고서들이다. 일부 문서는 문서번호를 숫자로 표시하지 않고 ВУА로 표시하고 있다. 그 기준이 일정하진 않다. 일본군 기록은 주로 폰드-2000에 소재해 있다.

(7) 러시아국립음성기록보관소

러시아국립음성기록보관소(Россий ский государственный арх ив фонодокументов, РГАФД)는 1967년에 설립된 것으로 20세기에 나온 러시아의 모든 음성기록을 망라하여 수집하고 보존하기 위해 만들어졌다. 그동안 국내에서는 러시아국립음성기록보관소의 한국관련 자료에 대한 실태조사가 충분히 진행되지 못했다. 이곳에는 약 20여 개의 음성관련 기록관리 카테고리를 설정하여 DB관리를 하고 있으며, 각 기록별 자료들은 레코드형태와 압축파일형태로 보존되고 있다. 이곳에서는 한국관련 파일보다는 주로 1941년부터 1945년까지 진행된 소위 전쟁자료들이 보관되어 있으며, 사진영상자료도 다수 보관되고 있다. 국립음성보관소의 자료는 매우 방대하기 때문에 향후 세밀한 연구를 진행할 필요가 있다.

<표 Ⅳ-8> 러시아 국립 음성기록보관소

기 관 명	러시아국립음성기록보관소		
	Россий ский государственный архив фонодокументов		
대표자명	콜랴다 블라디미르 알렉산들로비치	설립년도	1967년
기관주소	107005 모스크바 바우만스카야 3	전화번호	(495) 261-13-00

(8) 러시아국립영화기록보관소

러시아 국립영화기록보관소(Россий ский государственный арх ив кинофотодокументов, РГАКФД)는 1926년에 만들어졌으며, 국내에 많이 알려지지 않은 곳이다. 그러나 러시아는 미국, 인도와 함께 세계에서 가장 많은 영화를 만드는 나라라 할 정도로 영화관련 활동이 많은 나라이다. 톨스토이나 고리끼의 작품들을 영화로 제작해 왔다. 세계영화 관련 기록보존기관 중 가장 오래된 기관이기도 하다. 국립영화기록보관소는 해외에서 만들어진 수많은 영화기록들도 함께 보관해왔다. 전세계 100개국의 영화정보를 관리하고 있고, 홈페이지에도 소개하고 있다. 1980년대까지 한인관련 영화는 주로 북한영화가 주를 이루었으며, 1990년대 이후 한국영화가 보급되면서 김기덕, 박찬욱 등의 명성도 높아지고 있다.

〈표 Ⅳ-9〉 러시아 국립 영화기록보관소

기관명	러시아국립영화신기록보관소		
	Россий ский государственный архив кинофотодокументов		
대표자명	쟈프랴가에바 류드밀라 베트로브나	설립년도	1926년
기관주소	143400 모스크바 주 크라스노고르스크 레츠나야 1		
전화번호	(495) 563-39-96 (495) 563-39-37	팩스번호	(495) 562-14-64

(9) 러시아 현대문서보관센터

러시아 현대문서보관센터(Центр хранения современной докум ентации, ЦХСД)는 1991년 소연방의 해체에 따라 소련공산당의 국가기록을 집중적으로 관리하기 위해 설립되었으며, 방대한 자료를 보유하고 있다. 이곳의 자료들은 대부분 1945년 이후 러시아 문서 기록으로 구성되어 있다. 언어나 지역적 구분은 되어 있지 않고 주로 주제별로 구분된 BBK를 사용하고 있다. 구체적으로 보면 조선로동당 제3차 당대회, 제4차 당대회, 제5차 당대회, 중앙전원회의 관계자료, 한국전쟁 관계 사료를 가지고 있다. 소장된 자료는 대부분 북한자료이지만 중앙아시아 지역 고려인 자료에 대한 정밀한 분석이 이루어지면 1945년 이후 러시아에 정착한 한인들, 북한출신 한인연구, 한인 활동사 연구를 확대하는데 도움을 줄 것으로 기대된다.

<표 Ⅳ-10> 러시아 현대문서보관센터

기관명	러시아 현대문서보관센터		
	Центр хранения современной документации, ЦХСД		
설립년도	1991년	자료규모	3000만
기관주소	103132 모스크바 일린카 12	전화번호	(495) 206-29-36
홈페이지	http://www.slovar.info	전자메일	info@slovar.info
한국관련 자료여부	1952~1991년 문서 소장. 소련공산당 중앙위원회 폰드에 북한사 자료 조선로동당 3·4·5차 대회, 중앙위 전원회의 자료, 한국전쟁 자료 1991년 이후 한러 관계 기록		

(10) 러시아 역사기록물 보관센터

역사기록물보관센터(ЦХИДК)는 국내에 많이 알려지지 않았다. 모스크바의 브보르그스카야에 위치한 4층 석조건물이다. 역사기록물 보관센터는 주로 1917년부터 1945년 사이의 기록과 자료를 전문적으로 수집하고 보존하는 기관이다. 러시아 한국학연구자들에 의해 이 지역에 대한 부분적인 조사가 진행되었지만 관련문헌의 세부적 리스트작성은 잘 나타나지 않고 있다. 그동안 전현수, 기광서 등 국내학자들이 이곳에서 한국전쟁이나 조선관계 문헌에 대한 기록발굴을 수행하기도 했다. 이곳에서는 자료목록 검색이 러시아어로만 구성되어 있기 때문에 언어나 지역적 구분은 되어 있지 않고 주로 주제별로 구분된 BBK를 적용하고 있다. 따라서 주로 러시아어를 통한 한글문서나 한국관련 자료의 검색만이 가능할 뿐이다. 이번 연구에서는 이 기관에 대한 조사결과 구체적으로 이곳에 소장된 자료들에 대한 세부목록을 확보하지는 못했으며, 현지 도서관 담당자를 통해 그곳에 소장된 러시아 한국학관련 문헌에 대한 자료조사 의뢰결과 소장된 자료로 2차 세계대전 이후 독일과 만주, 연해주, 평양에서 획득한 조선관련 문서 일부가 있으며, 소련내무성 전쟁포로사무국이 작성한 일본군 포로 중 조선인 명단에 대한 기록들, 1937년부터 시작된 극동지역에서의 아시아계와 유태계의 이주문서에 대한 자료가 소장된 것으로 파악되었다.

<표 Ⅳ-11> 러시아 역사기록물 보관센터

기관명	역사기록물보관센터		
	Центр хранения историко-документальных коллекций		
기관주소	125 모스크바 브보르그스카야 3	전화번호	(495) 159-78-83
한국관련 자료여부	한국전쟁기록, 19세기 조선관계 문헌기록, 2차대전기 소련군 노획문서, 내무성 전쟁포로국 일본군포로 관련 문서		

3) 정부산하 기관 문서보관소

고려인 정보자원 관련 정부기관 부설 문서보관소에 소장된 파일은 다음과 같다. 우선 제정러시아 대외정책문서보관소의 한인관련 기록철은 다음과 같다. 조선에 파견된 러시아공사기록, 서울러시아정교회, 황제간교신서, 거문도기록, 군산, 마산 ,평양, 개항, 러일전쟁기록, 러일협상문서, 러시아공사관직원, 압록강벌채, 간도조선인기록 등이다.

한편 대외정책문서보관소는 외무성 산하기관으로 130만 건 이상의 기록을 보유하고 있다. 이 중에서 한인관련 기록파일은 다음과 같다. 한국문제기록, 주한소련총영사관 기록, 평양 소련 민정청기록, 북한소련대사관 기록, 소련외무성 기록, 미소공동위원회기록, 한러관계사, 북러관계사, 한국문제에 대한 미소교섭사, 소련군정사, 한국전쟁사, 북한사,

남한사 관계 자료 등이다.

셋째, 러시아해군함대문서보관소에 보관된 파일은 다음과 같다. 1943
년 이후 태평양함대 부대기록, 태평양함대 대일관계자료, 북한 주둔 태
평양함대의 군정통치자료, 조소군사협력자료 등이다.

<표 Ⅳ-12> 고려인 정보자원 관련 정부기관 부설 문서보관소

주요기관명	한국관련 소장자료
제정러시아대외정책 문서보관소	조선에 파견된 러시아공사기록, 서울러시아정교회, 황제간교신서, 거 문도기록, 군산,마산,평양,개항,러일전쟁기록, 러일협상문서, 러시아 공사관직원, 압록강벌채, 간도한인기록
러시아외무성대외 정책문서보관소	한국문제기록, 주한소련총영사관 기록, 평양소련민정청기록, 북한소 련대사관 기록, 소련외무성 기록, 미소공동위원회기록, 한러관계사, 북러관계사, 한국문제에 대한 미소교섭사, 소련군정사, 한국전쟁사, 북한사, 남한사 관계 자료
러시아해군함대 문서보관소	1943년 태평양함대 부대기록, 태평양함대 대일관계자료, 북한 주둔 태평양함대의 군정통치자료, 조소군사협력자료
러시아국방부중앙 문서보관소	1943년 이후 소련부대기록일체, 주북한소련민정청 기록, 북한소재 소련군 도별 경무사령부 기록, 88특별여단, 주북한소련군정, 한국전 쟁, 조소군사협력관련자료
러시아해군성문서 보관소	러시아해군함대의 한국근해 탐사보고서, 동북아군사정세자료, 한러 관계 자료, 독립운동 관계 자료
러시아국방부중앙 문서보관소	1917~1942년 극동지역 한인독립운동, 각종 무장독립운동단체에 대한 자료, 극동 내전에의 재소한인의 참여에 관한 자료

넷째, 러시아국방부중앙문서보관소에 보관된 기록문서철은 다음과
같다. 1943년 이후 소련부대기록일체, 북한주재 소련민정청 기록, 북한
소재 소련군 도별 경무사령부 기록, 88특별여단, 주북한 소련군정, 한국
전쟁, 조소군사협력관련자료 등이 보관되어 있다. 다섯째, 러시아해군
성문서보관소에 보관된 한반도관련 기록으로는 러시아해군함대의 한국
근해 탐사보고서, 동북아 군사정세자료, 한러관계 자료, 독립운동 관계
자료 등이 있다. 여섯째, 러시아국방부중앙문서보관소에 보존된 한반도
관련 기록파일은 다음과 같다. 1917~1942년 극동지역 한인독립운동,

각종 무장독립운동단체에 대한 자료, 극동 내전에 참여한 한인자료 등이다.

전체적으로 19세기 한러 외교관계 기록은 제정러시아외무성기록보존소나 해군성문서보관소, 러시아국립극동역사문서보관소 등에 분포되어 있다. 고려인의 이주관련기록은 이르쿠츠크, 톰스크 등 연방기록보존소가 있는 지역에 있으며, 1930년대 고려인의 생활상을 담은 정보자원은 블라디보스토크 국립문서보관소, 극동국립중앙문서보관소, 국립레닌도서관 등을 꼽을 수 있다.

4) 지방소재 각종 문서보관소

러시아에서 한인문헌을 소장한 지방단위의 문서보관소는 이르쿠츠크 주정부국립문서보관소, 소연방 극동국립중앙문서보관소, 하바로프스크 변강 국립문서보관소, 러시아국립극동역사문서보관소, 사할린주 국가 고문서보관소 등으로 구체적 자료현황은 다음과 같다.

① 러시아 국립 극동역사 문서보관소

모스크바와 시베리아의 중간에 위치한 톰스크시 카를라지역에 위치한 극동국립중앙문서보관소는 소비에트정권에서 고려인관련 기록을 가장 체계적으로 관리한 핵심적인 지역문서보관소 중의 하나였다. 현재 이곳의 대표자는 로조바야 류드밀라 레오니도브나(Людмила Леонид овна Лозовая)이고 문서보관소에는 약 12명의 사서들이 근무하고 있다. 이 문서보관소는 전체적으로 약 50만권정도의 자료가 관리되고 있으며, 극동자료들이 블라디보스토크 문서보관소로 단계적으로 이전되고 있다. 1917년 러시아혁명이후 통합문서보관소 산하의 중앙급 지역문서보관소로 출범하였고, 1860년대부터 수집 보관된 지방문서보관소 자료를 대거 집중관리했다.

<표 IV-13> 러시아 연방 극동국립중앙문서보관소

기관명	러시아연방 극동국립중앙문서보관소(톰스크)		
	ТОМСКАЯ ОБЛАСТЬ		
대표자명	로조바야 류드밀라 레오니도브나	자료규모	480948
직원수	12명	주요전경	
기관주소	634050 Томск, К. Маркса, 26 톰스크시 카를라 마르크사, 26		
홈페이지	http://gato.sibr.ru		
전화번호	51-20-17		
전자메일	cdnito@mail.tomsknet.ru		
자료수집	1860년대 이후 지방문서보관소 자료를 대거 수집, 보관함		
한국관련 자료여부	한인이주자관련기록, 시베리아지역 한인이주지역, 강제이주기록, 한인집단 농장기록, 한인농업활동, 극동혁명위원회 기록		

이곳에는 19세기 후반이후 20세기 초까지 한인이주자기록, 항일 빨치산운동에 대한 기록, 시베리아지역으로 이주한 한인들의 활동지역, 동시베리아에서 다른 지역으로 이주한 한인들의 명단, 1920~30년대 고려인의 활동, 행정문서, 강제이주기록, 한인 집단 농장기록, 한인농민의 농업활동, 극동혁명위원회 기록 등이 보관되어 있다. 그동안 이 지역에서 한국인 학자들의 연구가 일부 진행되었지만, 주로 1차적인 자료의 발굴에 국한되었을 뿐 문헌해제를 포함하는 종합적인 연구는 여전히 많은 분야가 미진한 상태이다.

② 러시아국립 극동연해주 역사문서보관소

그동안 극동문서보관소에 대한 관심이 높아졌으나 다른 문서보관소와 마찬가지로 역사학, 민속학자 중심의 연구가 대부분이었고, 정보자원을 총체적으로 관리하기 위한 연구는 거의 진척되지 못했다. 최근 민속학분야 뿐만 아니라 한국독립운동사, 연해주 한인문제 등으로 국내 학계와 시민단체가 연해주로 진출하면서 이 지역에 대한 한국사회의 관심이 높아지고, 이 지역에 정착한 초기한인에 대한 체계적 자료발굴과 정보관리 필요성이 제기되고 있다.112) 연해주의 중심 블라디보스토크에 위치한 러시아연방 국립극동역사문서보관소(РГИАДВ)는 러시아연방 극동국립중앙문서보관소와 비슷한 위상을 가지고 있다. 최근 톰스크에 보관되어 있던 한인관련 기록들을 이송시키면서 통합관리하고 있다.

〈표 IV-14〉 러시아국립연해주역사문서보관소

기관명	러시아국립극동역사문서보관소 블라디보스토크		
	Российский государственный исторический архив Дальнего Востока		
대표자명	콜레스닉 옥사나 알렉산드로브나		
기관주소	블라디보스토크시 알레웃스카야 10a	전화번호	(423) 226-92-20
홈페이지	http://primorsky.ru/content	전자메일	rgiadv@vladivostok.ru
자료수집	19~20세기 말까지 고려인, 한러관계 기록 문서 망라		
한국관련 자료여부	1920~30년대 자료, 코민테른 결정문들, 고려인 교과서 기록, 문학관련, 365,537종 사진자료, 1722~1953년 4,129개 문서 50만종 연해주정치행정, 연해주자사 기록, 항일운동, 조선인 이주기록, 토지문제, 분산이주, 소련국적자와 일본국적자, 한러 관계, 북러관계 기록 등		

이 문서보관소에 소장된 자료들은 19세기부터 20세기 후반까지 러시아 동부 시베리아 및 아무르지역의 인구통계, 지역, 지형, 마을, 문화, 자원에 대한 다양한 자료들을 담고 있으며, 이 중에서도 한인관련 자료는 19세기 말 조선왕조와 러시아 연해주의 지방행정청 사이의 각종 기록문서, 러시아국경지역에 관한 보고서, 함경도지역의 인구통계 등 다양한 형태의 한국학자료를 소장하고 있어 사실상 극동 한국학 연구의 보물창고라 할 수 있다. 이곳에는 1920~30년대 자료, 코민테른 각종 결정문들, 고려인 교과서 기록, 1722년 이후 1953년 사이에 만들어진 50만종 4,129개 문서를 보유하고 있다. 극동문서보관소에 소장된 자료들은 문서함에 따라 한인관련 자료들이 다음과 같다. 폰드 1은 연해주의 정치행정에 대한 기록철이고, 폰드 128은 유즈노 우스리스크 지방의

---

112) 극동문서보관소의 문서 분류에 대한 조사결과는 이명규, 장우권 외, 『재외한인문헌 정보자원과 실제』(집문당, 2005)를 참조.

국경위원회에 대한 기록철이며, 폰드 3은 연해주지사들에 대한 기록이다. 연해주극동혁명위원회 자료는 2424폰드에 있다. 폰드 702의 목록1, 문서철 566에는 1860년대 연해주로의 조선인의 이주에 대한 상세한 기록들이 묶여져 있다. 폰드 702의 목록 1, 문서철 158, 159에 의하면 1884년 러시아와 조선사이의 국교 수립 이후 연해주로 이동해 온 연해주 고려인들의 주거지 등록기록이 있다.

③ 이르쿠츠크 주정부 국립문서보관소

이르쿠츠크는 1917년 러시아혁명 후 내전기간에 극동공화국이 들어섰을 정도로 중요한 위치에 있었고, 한인사회주의운동의 중요한 발원지이기도 하다. 이르쿠츠크에는 한인들이 많이 살지 않지만, 1990년대 이후 건너간 유학생들과 한국기업의 파견근로자, 무역업자, 소규모의 현지 고려인들이 살고 있다.

<표 Ⅳ-15> 이르쿠츠크 주정부 국립문서보관소

기관명	이르쿠츠크 주 정부 국립문서보관소		
	Центральный Государственный Архив Иркутской Области		
대표자명	나대즈다 콘스탄티노브나 세스타코바	설립년도	1921년
기관주소	664047 ул. Бай кальская 79 이르쿠츠크시 바이칼스카야 79	전화번호	(3952) 22-06-42 (3952) 24-06-42
한국관련 자료여부	1920~30년대 한인이주자, 항일투쟁기록, 한인의병부대, 의용군활동 한인소비에트 문화 활동, 교육, 소비에트 당 활동, 코민테른관련		

이르쿠츠크 주정부 국립문서보관소(Центральный Государственный Архив Иркутской Области)는 1921년에 이르쿠츠크 구베르니아 행정 문서보관소로(Irkutskoe gubernskoe upravlenie arkhivnym delom)로 설립되어 1930년까지 이르쿠츠크 주지역의 문서보관소 역할을 하다가 1930년부터 1937년에는 동시베리아 문서보관소의 기능을 하

기도 했다. 1937년이후에는 줄곧 이르쿠츠크주정부 문서보관소로 역할이 축소되었고, 소연방 해체 후 이르쿠츠크 주 국립문서고의 기능을 수행하고 있다. 이르쿠츠크 문서보관소는 바이칼스카야 79번지(664047 ул. Бай кальская 79)에 위치하고 있다. 2006년 기준으로 나제즈다 콘스탄티노브나 세스타코바(Надежда Константиновна Шестакова)가 대표를 맡고 있다.

이곳에 있는 한인 관련 기록들로는 주로 1920~30년대 한인이주자, 항일투쟁기록, 한인의병부대, 한인빨치산의용군활동(서고1, 목록1, 사건 452, 장32), 한인소비에트 문화 활동, 교육, 소비에트 당 활동, 코민테른관련기록들이 일부 소장되어 있다. 이 지역의 한인역사와 한국학에 관한 조사는 박보리스교수에 의해 주도되었으며, 그는 러시아과학아카데미 동방학연구소에서도 참여하여 고려인 이주사 관련 많은 기록을 발굴하는데 기여했다.

④ 하바로프스크 변강 국립문서보관소

하바로프스크 변강 국립문서보관소(Государственный архив Хаб аровского Края)는 하바로프스크시 나기쉬키나((г.Хабаровск, ул.На гишкина) 4번지에 위치하고 있다. 현재는 애브노키모바 나대즈다 표도로브나(Евдокимова Надежда Федоровна)가 대표자를 맡고 있다. 이 국립문서보관소는 1923년 극동 시베리아지역에서의 적군과 백군사이의 내전이 끝나고 극동소비에트 활동이 왕성하게 전개되던 시기에 설립되었다. 이곳에 보관되어진 폰드는 다음과 같은 문서철로 구성되어 있다. 폰드 П-2는 소련방 볼쉐비키 극동지방위원회의 기록자료, 폰드 П-30은 러시아공화국 공산당 하바로프스크 시당위원회 폰드, 폰드 П-44는 러시아공화국 공산당 하바로프스크 지방위원회 당기록보존소 자료, 폰드 П-399는 소련방 볼쉐비키 하바로프스크 지방위원회 기록자료, 폰드 5는 극동혁명위원회 기록자료, 폰드 99는 하바로프스크 농업 및 산업동맹 관련 자료, 폰드 137은 하바로프스크 지방집행위원회 자료, 폰드 304는 하바로프스크 이주문제에 대한 당 기록물 자료, 폰드 353은 하바로프스크 지방집행위원회 산하 계획위원회 자료, 폰드 768은 극동지방 군사문제 역사관련 기록물, 폰드 1718은 1920~30년대 극동지방 고지도 등이 있다.

이 자료관에 소장된 자료들은 1920~30년대 한인들의 국적취득 기록, 한인의료관련 기록, 사회주의 건설자료, 한글교육 실태, 농업 및 토지분배에 관한 각종 집회 및 모임기록, 한인사회주의자, 극동지역 고지도, 강제이주 사료, 한인소비에트기록, 한인학교의 설립, 한글문학작품 등에 대한 기록이 포함되어 있다.

〈표 IV-16〉 하바로프스크 변강 국립문서보관소

기관명	하바로프스크 변강 국립문서보관소		
	Государственный архив Хабаровского Края		
대표자명	Евдокимова Надежда Федоровна	설립년도	1923년
기관주소	680000, г.Хабаровск, ул.Нагишкина, 4 "а" 하바로브스크시 나기쉬키나 4 "а"	전자메일	gakhk@mail.kht.ru
홈페이지	http://www.ael.ru/iatp/2001/kvg/firstpage/	전화번호	(4212) 30-5115
한국관련 자료여부	한글교육 실태, 토지분배, 이주기록, 한인소비에트 기록, 재러 한인 국적취득활동, 교육 기록, 토지개간 기금의 유통, 조선인 학교 설립, 한글문학작품, 의료 기록		

⑤ 사할린주 국가고문서보관소

사할린지역은 러시아 고려인 문헌연구에서 상대적으로 연구가 많이 진척되지 못한 지역 중 하나다. 유즈노 사할린스크에 소재한 국가고문서보관소(Государственный архив Сахалинской области)는 소재지가 유즈노 사할린스크 대르진스카야(г. Южно-Сахалинск, ул. Дзержинского) 72번지에 위차하고 있는 주(州) 문서보관소로 1938년 11월 13일에 설립되었다. 사할린에는 연해주로 건너간 고려인들이 거의 없었으므로 한인들의 흔적은 거의 없었다. 이들은 대부분 해방직후 국적이 상실된 조건에서 한국의 국적을 회복할 기회를 갖지 못했고, 러시아에서 고려인들과 달리 러시아어와 한국어를 상대적으로 자유롭게 구사하였다. 사할린 국가고문서보관소에는 약 30만권의 기록물을 소장하고 있으며, 이 중에서 한인관련 기록이 포함된 자료함으로는 폰드1, 폰드 53, 폰드 131, 폰드 171, 폰드 459, 폰드 509, 폰드 1174 등이 있다. 사할린 한인의 사회활동자료들, 대표적인 자료로는 1930년대에서 1940년대까지의 사할린 지역 사진자료, 20여 개의 각종 문서자료 등에 고려인활동관련 기록들이 나타나 있다.

<표 Ⅳ-17> 사할린주 국가고문서보관소

기관명	사할린주 국가고문서보관소		
	Государственный архив Сахалинской области		
대표자명	Драгунова Лариса Валентиновна		
자료규모	300,000	설립년도	1938년
기관주소	693007, г. Южно-Сахалинск, ул. Дзержинского, 72 유즈노 사할린스크 대르진스카야 72	전화번호	(4242) 424116
홈페이지	http://www.sakhalinarhiv.ru/index2.htm	전자메일	sakh_arhiv@mail.
한국관련 자료여부	사할린한인 사회활동자료, 1930~40년 남사할린지역 사진자료, 20개 항목의 각종 문서자료		

5) 연방도서관 산하의 한국관련 문서기록 보존현황

(1) 러시아 연방 레닌 국립도서관

<표 Ⅳ-18> 레닌국립도서관 동양학자료센터

기관명	러시아연방레닌국립도서관 동양학센터		
	Государственная библиотека им. Ленина		
대표자명	빅토르 페도로프(Victor V. Fedorov) 센터:마리트리폰넨코(Meri Trifonenko)	설립년도	1862년
관리자수	20명(동양학센터직원)	자료규모	27.700.000
기관주소	모스크바 비블리오쩨까 레니아 no-6		
전자메일	mery@rsl.ru, oc@rsl.ru		
홈페이지	www.rsl.ru		
자료수집	레닌도서관부설 동양학센터는 고려인 문헌자료 수집과 소장고에 극동지역에 목록만 남은 자료의 원본이 다수 보관됨 한국독립운동사, 연해주 고려인 문서, 고려인 언론, 잡지, 단행본, 교과서, 콜호즈청년학교, 이주문제, 농촌문제, 강제이주		

러시아연방 레닌국립도서관(Государственная библиотека им. Ленина)은 모스크바 최초의 종합도서관인 러시아국립도서관은 러시아의 고위 관리이자 학자·장서가·미술애호가였던 N. P. 루미나테스 백작(N.P.Ruminates)이 수집한 온 러시아와 세계 각국의 서적을 바탕으로 1862년 개관한 것을 모태로 설립되었다.[113] 제2차 세계대전 동안에도 이 도서관만 유일하게 도서관 기능을 유지했고, 스탈린 시대 이후 소련을 상징하는 세계최대의 도서관 중 하나로 자리 잡았다. 1980년대 이후

---

113) 1917년 러시아혁명이후 개명하여 만들었으며, 소비에트연방시대에 최고의 국가도서관의 위치를 차지했다. 루미나테스박물관(Ruminates museum)의 일부로서 뻬쩨르부르그에 설치되었다가, 1918년 소비에트정부가 모스크바로 이전시키고 1921년에는 국가의 도서 공탁 기능을 겸하였다. 1924년에는 레닌국립도서관(Lenin state library of the USSR)이라는 이름으로 소련의 중앙도서관이 되었다. 1930년 V.A.슈코(V.A. Schuko)와 V.G.겔프베이크(V.G.Gelfveikh)의 설계에 따라 도서관 신축 건물이 완공되었다.

레닌도서관은 구소련의 해체과정을 겪었으나 장서의 규모나 시설도 비교적 조직적으로 잘 관리되어 왔다. 러시아연방에서도 레닌도서관의 중요성을 인정하여 1992년 1월 옐친의 포고에 의해 러시아 국립도서관으로 명명하게 되었다.114) 현재 모스크바의 중심지에 위치하고 있어 러시아연방의 핵심적인 국가도서관의 역할을 수행하고 있다. 현재 레닌도서관의 총관장은 빅토르 페도로프(Victor V. Fedorov)가 맡고 있으며, 지위는 러시아연방의 국립대학 총장급에 상응하는 대우를 받고 있다. 레닌도서관은 자료의 종류에 따라 여러 개의 별관들이 있으며, 4천 만권 이상의 막대한 자료량을 자랑하고 있다. 그 중에서 동양학자료센터는 한국학관련 자료의 중요한 보존기관이다. 현재 레닌도서관은 러시아 도서관법에 의거하여 보존되어야 할 국가재산으로 관리되어 있기 때문에 출입에 있어 관리가 엄격하다. 외국인의 경우 신분증을 준비해야 하고, 방문을 위한 서류를 준비해야 하는 불편함이 있다. 신분증은 카드발급 신청자의 신분이나 직위에 따라 혹은 연령에 따라 그 기간이 달라지고, 짧으면 3~4년 길면 7~9년 이상으로 발급되어 나오기도 한다.

  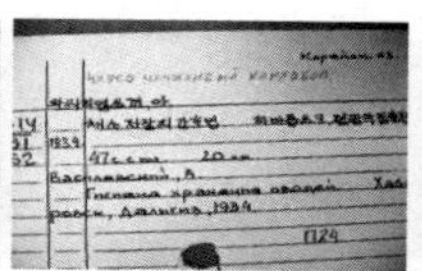 

1. 한국열람실　　　2. 자료목록파일함　　　3. 카드(한글＋로어)　　　4. 한국자료서고

〈그림 Ⅳ-1〉 레닌국립도서관 동양학자료센터 자료실 주요 모습

레닌도서관 부설 동양문헌센터는 매리 트리폰넨코(Meri Trifonenko)가 소장을 맡고 있으며, 이곳에는 블라센코 발렌틴 이바노비치, 뜨루파노프, 아나똘리 바실리비치 등 20명의 동양문헌 전공자들이 활동하고

---

114) 그러나 건물명은 여전히 비블리오쩨까 레니냐로 쓰여 있다. 본관건물 앞에는 러시아의 대문호 중의 하나인 도스도예프스키 좌상이 자리를 하고 있다.

있다. 위 그림에 나타난 것처럼 2005년 4월에 만들어진 한국자료열람실이 별도로 마련되어 있어 쾌적한 자료열람이 가능하다. 이 열람실에는 8개의 열람책상이 있으며, 컴퓨터를 사용할 수 있도록 책상 옆에 전원 플러그를 설치해놓고 있다. 레닌 도서관부설 동양학센터는 20세기 전체 고려인 문헌자료 국가수집활동이 활발히 진행되어 극동지역에 목록으로만 남은 자료의 원본이 보관되었다는 점에서 그 의미가 남다르다. 따라서 한국에서 러시아지역 고려인 문헌조사를 위해서는 반드시 레닌도서관의 자료를 검색해야 할 중요한 학문적 가치를 가지는 보존기관이라 할 수 있다. 이 도서관에서 일했던 한국문헌 관리 담당자의 철저한 목록관리 노력 덕분에 대부분 러시아로 만들어진 문서철에는 한글이용자들이 한글검색을 통한 접근이 용이하도록 목록이 다시 만들어졌다. 이로 인해 한국어와 러시아어로 동시에 자료열람이 가능하다. 문제점으로는 레닌도서관의 직원들이 러시아어만을 사용하기 때문에 열람 신청은 일일이 목록카드를 대조하면서 열람신청서를 러시아어로 작성해야 하는 불편함도 있다. 연구팀은 이곳에서 목록함을 통해 총 800여 개의 문헌목록을 획득하였고, 25개 정도의 잡지와 약 80여 개 이상의 한글교과서 목록을 확인하고 실제 자료를 열람하여 일부 자료를 녹취했다. 그 결과 크게 레닌도서관 동양학센터에 수록된 자료들의 대체적인 범주는 다음과 같다. 한국독립운동관련 서적, 연해주 고려인들의 교과서 관련 서적, 고려인의 언론 및 잡지관련 서적, 단행본, 러시아 고려인들의 이주관련 서적, 농촌 소비에트에서의 다양한 문화예술관련 기록과 문서들, 조선문서목록, 북한의 각종 잡지, 단행본, 사회주의 이념서적 등이 이곳에 소장되어 있다.

(2) 살치-코프 쉐드린 도서관

〈그림 Ⅳ-2〉 살치코프 쉐드린 도서관의 과거와 현재

살치-코프 쉐드린 도서관(Российская национальная библиотек
а Салтыкова-Щедрина)은 러시아에서 가장 유명한 공공도서관으로
1795년에 만들어졌으며, 현재 주소는 191069 Санкт-Петербург ул.
Садовая 18(뻬쩨르부르그 사도바야 18)에 위치하고 있다. 자료보관규
모는 총 3,400만권에 달하고 있으며, 직원도 400여 명에 달한다. 비교
적 시설이 고풍스러우며 외벽은 백색으로 단정한 모습을 하고 있다.
1795년 설립될 때 이후 계속해서 장서규모가 늘어나면서 건물이 확장
되었고, 현재의 건물은 사회주의시대에 일부 중수를 거쳐 관리되고 있
다. 한국관련 자료가 매우 많으며, 전 세계의 모든 지역에서 수집한 막
대한 자료를 총망라하는 특징이 있다. 18세기이후 20세기 말까지 한국
관련 자료들이 많고, 조선의 고서적인 한문도서, 고대 역사관련 서적,
한민족 시 문화, 19세기 조선-러시아 관계 서적, 20세기 초 항일독립운
동기록, 북한관련 도서, 한국도서 등을 소장하고 있다.

<표 IV-19> 살치코프 쉐드린 도서관

기관명	러시아 국립 살치코브 세드린 도서관 Российcкая национальная библиотека Салтыкова-Щедрина		
대표자명	Зайцев Владимир Николаевич 자이체브 블라디미르 니콜라에비치	설립년도	1795년
자료규모	34,000,000부		
기관주소	뻬쩨르부르그 사도바야 18	전화번호 팩스번호	(812) 310-71-37 (812) 310-61-48
홈페이지	http://www.nlr.ru/	전자메일	office@nlr.ru
한국관련 소장자료	러시아최대의 도서관 중 하나. 18세기 이후 20세기 말까지 한국관련 자료들이 다양하게 분포. 19세기 조선-러시아관계 사료, 20세기 초 극동사회주의 관련기록, 항일독립운동기록, 북한관련 도서, 한국도서		

(3) 러시아연방 외국문학도서관

러시아연방 외국문학도서관(Всероссийcкая государственная би
блиотека иностранной литературы)은 1921년 수립되었으며, 러
시아 혁명기 이후 해외의 문학관련 서적류를 집중적으로 수집 관리해
온 대표적인 도서관이다. 자료의 규모는 공개되지 않았고, 혁명문학의
자료를 보관하고, 총4층의 건물로 지어졌으며, 현재 도서관 총관장은
게니에바 에카테리나 유레브나(Гениева Екатерина Юрьевна)가 맡
고 있다. 모스크바 역사도서관에서 걸어서 15분정도 거리에 위치하고
있으며, 정확한 주소는 109189 Москва Николоямская1(모스크바 니
콜로얌스카야 1)에 위치하고 있다. 외국문학도서관은 개혁개방이후 서
점의 역할도 하고 있어 1층에서는 식당과 함께 책을 직접 판매하는 공
간이 만들어져 있는 것이 특징이다.

〈표 Ⅳ-20〉 전러시아 외국문학도서관

기관명	전러시아 외국문학도서관		
	Всероссий ская государственная библиотека иностранной литературы		
대표자명	Гениева Екатерина Юрьевна 게니에바 에카테리나 유레브나	설립년도	1921년
기관주소	109189 Москва Николоямская1 모스크바 니콜로얌스카야 1		
홈페이지	http://www.libfl.ru		
연락처	495-915-3621, 7 495-915 3637		
전자메일	vgbil@libfl.ru		
한국관련 자료여부	한국관련 자료는 문학류와 교과서 관련 서적, 네끄라소프 저작의 번역 확인된 문서철은 주로 김병하의 조선어독본, 김병하, 빠질코프, 마주르의 교재들, 극동소비에트 관련 기록		

〈그림 Ⅳ-3〉 전러시아 외국문학도서관 사서 및 주요 모습

한국관련 자료는 문학관련 서적, 교과서 관련 서적 등이 소장되어 있다. 확인된 문서철은 주로 김병하의 조선어독본 소학교편, 김병하 조선어독본 일학년용, 이학년용, 삼학년용, 김병하의 조선말본, 1949년 만들어진 로어문법 등이 있으며, 주로 나오는 카드목록의 저자들로는 김준원, 김병하, 황동준, 빠질코프, 마주르 유, 엔 등이었다. 이들 자료 목록철에는 '검필 완' 이라는 표시가 있어 해당 도서들이 특별관리 대상이었음을 보여주고 있다. 한편 문서목록들은 번호가 각기 다르게 표시되어 있고, 규칙적이지 못했다. 1949년 만들어진 로어문법의 경우 문서철 번호가 K-429, K-45로 표시되어 있다. 1949년 이후 출간된 마주르 유. 엔 과 김병하(2학년용)의 책은 출판지역이 모스크바로 표시되어 있다. 김준원 역, 네끄라소브, 엔, 아 『시선집』 은 조쏘문화사로 되어 있

다. 이런 카드 상단에 KOP ЛЗ으로 표시되어 있었다. 이는 한국파일을 의미하지만 극동을 지칭한다.

네끄라소브, 엔의 또 다른 저서인 「로씨아에서는 누가 살기 좋은가」라는 책자는 한글로 발간된 번역서적이며 출판사는 모스크바 외국문서적출판사로 표시되어 있다.[115] 쩨쩨쩨르 교육성 인준으로 표시되고 '모스크바 학용서적출판부'라는 표시가 되어 있다. 이밖에도 미할꼬프 세르게이의 「주제넘은 토끼」는 라롯쁘, 예 그림 김기철로 표시되어 있고, 출판사는 모스크바 외국문서적출판사로 표시되어 있다. 김병하 황동준이 쓴 『조선어 교과서』는 7년제학생을 위해 제작한 교과서들로 국영학용서적출판사에서 만들어 보급되었다.

(4) 국립모스크바 역사도서관

국립모스크바역사도서관(State Public Historical Library of the RSFSR Moscow)은 현재 주소가 101990 모스크바 스타로사드스키 배래울록 9에 위치하고 있으며, 대표는 아파나시에브 미하일 드미트리에비치, 관장은 루드밀라 게오로기오브나가 맡고 있다. 건물은 본관과 별관으로 구성되어 있으며, 전체적으로 약 267만권의 장서를 소장하고 있다. 고풍스러운 형태를 가진 구관은 1938년도에 모스크바 시 정부가 도스도예프스키가 살았던 곳을 개조해 만들었으며, 행정실과 수서실로 구성되어 있다. 역사도서관의 통로는 긴 복도를 활용해 한쪽에 기다랗게 문서함을 진열하고 있었고, 자료관은 통행이 어려울 정도로 약간 비좁았다. 약 2m크기에 가로 25cm 세로20cm정도의 크기로 작은 문서철들이 빼곡하게 들어서 있었다.

한글자료 또는 한국관련 자료는 동양문헌자료실에 배치되어 중국자

---

115) 이 밖에도 미할꼬프 세르게이의 『북극의 꼬마곰 실물촬영』, 김기철 역, 『소련아동문학총서』라는 자료도 보였다.

료와 함께 보존되어 있다. 동양문헌자료실은 목재로 구성되었으며, 한국학자료는 목재로 된 1.5층의 계단을 따라 올라가면 장방형구조에 가지런한 형태로 서가가 배열되어 있었다. 한국자료관의 자료 복사 장비는 약간 오래된 상태였고, 중국자료실에 배치된 복사기를 공동으로 사용했다. 문서철의 특징으로는 한국관련 자료가 많지는 않지만, 19세기 말과 20세기 초 한문으로 만들어진 일부 잡지들과 경성에서 출판된 일부 자료들, 러시아인의 한국방문기, 러시아어로 번역 출판된 프랑스인의 한국방문기, 러시아에서 한국학관련 초기 저작들, 한글문학의 러시아판 자료가 소장되어 있다.

<표 Ⅳ-21> **국립 모스크바역사도서관**

기관명	모스크바 국립역사도서관		
	State Public Historical Library of the RSFSR Moscow		
대표자명	아파나시에브 미하일 드미트리에비치 관장: 루드밀라 게오로기오브나	설립년도	1938년
장서규모	2.673.500		
전화번호	(495) 925-65-14 (495) 928-05-22		역사도서관 현판
기관주소	101990 모스크바 스타로사드스키 배래울록 9		
홈페이지	http://www.shpl.ru	전자메일	info@shpl.ru
한국관련 자료여부	한국관련 자료가 많이 있지는 않지만, 초기 한국관련 기록들과 러시아에서의 한국학관련 초기 저작들, 한글문학의 러시아판 자료가 있음		

1. 역사도서관복도   2. 19세기 한국기록   3. 동양문헌실 내부   4. 관장: 루드밀라 G.

그 밖에 자료는 1950년대 1960년대 사이에 북한에서 기증된 책자들이 매우 많았다. 별관은 9층 건물로 구성되어 있으며, 각종 단행본, 신

문기사, 해외 지역별 자료관들이 즐비하게 분리되어 있다. 별관시설에
는 한글로 만든 문서는 거의 없었고, 러시아어로 기록된 한인관련 기록
들이 목록으로 제시되어 있었으며, 고려인 연구를 위해 고려인학자와
한국인 학자들이 방문한 것으로 나타났다.

6) 과학아카데미 산하 연구도서관의 한국관련 기록현황

(1) 과학아카데미 산하 극동문제연구소 한반도센터

모스크바 나키모스키 프로스펙트 돔 32번지에 있는 러시아 과학아카
데미 극동연구소는 원래 중국학을 연구하기 위해 만들었던 연구소였다.
그러나 한반도의 역할이 증대하고 러시아의 한국학관련 관심이 높아지
면서 중국학연구소에서 분리되어 한반도센터가 만들어졌다. 한반도센
터는 규모가 크지 않고 소규모 연구자들을 위한 작은 연구실로 꾸며져

〈표 Ⅳ-22〉 과학아카데미 극동문제연구소 한반도센터

기관명	러시아과학아카데미 극동문제연구소 한반도센터		
대표자명	알렉산더 제빈(Zhebin)		
전화번호	전화 495-129-0410 팩스 495-718-9656		
기관주소	나키모스키 프로스펙트 돔 32 모스크바 117997		
홈페이지	http://www.ifes-ras.ru	전자메일	zhebin@ifes-ras.ru
한국관련 자료여부	한국학센터 제빈 소장, 김영웅교수, 리율리아, 스베따나 수슬리나 등이 활동, 주로 현대 한국 자료 소장, 한국현대사, 국제관계, 역사관련 서적이 주로 배치되 어 있음, 역사학과 정치학 전공자들이 활동 자료실 풍경 1　　　자료실 풍경 2		

있었고, 세미나실, 도서관 등이 있었다. 이 극동연구소 한반도 센터에서 일하고 있는 연구진으로는 러시아연방국회의원을 지낸 김영웅, 알렉산더 제빈, 스베따나 수슬리나, 리 율리아, 한국문학을 전공한 오그네프, 고고학을 전공한 엘비리예브(A.Lvliev) 등이 활동하고 있다. 연구진은 한러관계나 한반도 역사, 한반도 경제문제, 국제정치전문가, 역사학, 고고학 전공자 등으로 구성되어 있었다.

인터뷰를 통해 러시아의 많은 한국학연구자들이 나름대로 자부심을 가지고 있었고, 러시아 학자의 시선에서 본 러시아 한국학이 국내 연구자들의 생각보다 훨씬 저평가되었다는 의견도 있었다.

(2) 과학아카데미 동방학연구소 뻬쩨르부르그 도서관

과학아카데미 동방연구소 뻬쩨르부르그 도서관(Санкт Петербургский филиал Института Востоковедения Российской Академии Наук)은 뻬쩨르부르그 드로보초바 18번지에 위치하고 있다. 원래 동방학연구소는 1818년에 뻬쩨르부르그에 설립되었고, 러시아의 초창기 대학 중 하나였다. 후에 대부분의 시설들이 모스크바로 이동하여 모스크바 동방학연구소를 수립하게 되었다. 따라서 이 도서관은 뻬제르부르그 아시아박물관으로 자리 잡았다가 다시 박물관 도서관으로 역할이 변경되어왔다. 한때는 모스크바 동방학연구소와 더불어 러시아 과학원에서 가장 큰 기관으로 자리 잡았고, 200명이상이 근무했으나 최근에는 그 규모가 크게 감소하였다. 뻬쩨르부르그 동방학연구소의 대표는 포보바 에리나 효도로브나가 맡고 있다. 한국학 연구자로는 한국사를 전공한 니키티나(M.Nikitina), 한국사와 한국문학을 동시에 전공한 트로체비츠(A.Trotsevich), 한국문학 전공자 자다노바(L.Zhdanova)가 있다.

<표 Ⅳ-23> 과학아카데미 동방학연구소 뻬쩨르부르그 도서관

기관명	러시아 과학아카데미 동방학연구소 상뜨 뻬쩨르부르그 도서관 Санкт Петербургский филиал Института Востоковедения Россий ско й Академии Наук		
대표자명	포보바 에리나 효도로브나	설립년도	1818년
기관주소	191186 상뜨 뻬쩨르부르그 드로보초바 18	전화번호	(812) 315-8728
홈페이지	http://www.orient.ru	전자메일	invost@mail.convey.ru
자료수집	한국담당사서(따찌아노 이그노에브나), library@spios.nw.ru		

한국학 관련 정보자원은 건수는 많지 않지만 한국과의 교류를 통해 새로운 자료들이 꾸준히 유입되고 있다. 고려인관련 과거사 기록으로는 연해주 지역 독립운동자료나 러일전쟁 기록, 모스크바와 뻬쩨르부르그 에서 출간된 한글교과서와 한국 고문서들이 소장되어 있다. 이곳에는 한국어에 능통한 따찌아노 이그노예브나 한국도서 담당 사서가 한국관 련 자료를 관리하고 있다. 국내에서는 국가기록원, 국사편찬위원회, 국 제교류재단 등의 방문이 일부 있었고, 러시아 한국학연구자들에 의한 연구도 진행되었다.

(3) 모스크바 러시아과학원 동방학연구소

동방학연구소는 로츠데스트벤까(Rozhdestvenka) 12번지에 소재하고 있다. 과학아카데미 동방학연구소는 연구소중심의 대학으로 수백 명의 연구원을 보유하고 있고, 산하기관에 대학원도 있다. 러시아과학아카데 미 중에서 동방학연구소는 러시아연방에서 동방학연구를 다루는 최고 의 전문기관 중 하나다. 소비에트정부에서 이곳은 무려 1천명이 넘는 직원이 근무했다. 구소련의 붕괴이후 규모는 절반으로 줄어들어 약 500 명의 인원이 근무하고 있다.

〈표 Ⅳ-24〉 러시아과학아카데미 동방학연구소

기관명	러시아 과학아카데미 동방학연구소		
	Institute of Oriental Studies, Russian Academy of Studies		
대표자	유리 바닌 바실리예비치 Yuri Vanin Vasiliyevich	설립년도	1818년
기관주소	12. Rozhdestvenka St Moscow 107031	전화번호	495-928-3566
한국관련 자료여부			

동방학연구소는 주로 아시아, 아프리카 연구를 수행하고 있으며, 문학분야, 역사분야 전문가를 중심으로 80년대 말까지 약 20명의 한국학 연구자들이 근무하였으나 1990년대 이후 일부 학자들이 은퇴하거나 사망하여 극히 일부만이 남아있다. 이 연구소는 1990년대 중반이후 활발히 한국학 연구를 진행해왔으며, 고려인 인물로 김만겸(김만금), 한명세 전기를 펴냈다. 부설 도서관에는 19세기 이후 한-러 관계 자료집 뿐만 아니라 동방학연구소에서 출판한 한국학관련서적이 배치되어 있다. 1950년대 이후 발전한 한국학의 여러 기록들도 가장 잘 보관되어 있다. 특히 언어학, 역사학 분야의 한국학 서적, 한국과 북한에서 생산된 각종 잡지와 문학서적, 역사문헌 등을 소장하고 있다. 이런 배경 속에서 중국어, 일본어, 한국어 를 비롯한 동방학 역사와 언어, 문학연구자들이 다수 활동하고 있다. 바닌(Yuri Vanin), 볼론쇼브(A.Vorontsov), 볼코프(Volkof), 니키티나(M.Nikitina)는 사학자이며, 니꼴스키(L.Nicolsky), 콘세비치(Kontsevich)와 마주로프(A. Mazurov)는 언어학자이며, 수슬리나(S.Suslnia)는 한국정치경제를 전공했다.

(4) 러시아 과학아카데미 사회과학정보연구소

러시아과학아카데미 사회과학정보연구소(Российская Академия Наук)는 1724년에 세워진 오래된 도서관으로 모스크바 B-71 레닌 프로스펙트 14번지에 있다. 이 도서관의 설립은 강한 러시아의 힘을 도서관에서 찾았던 표트르대제와 관련이 깊다. 그의 계획에 따라 국가적 차원에서 아카데미가 출현하게 되었다. 초기 30년 동안에는 수학, 물리학과 인문학에 대한 연구 활동을 진행했으며, 이후 19세기 초반까지 지리학, 문학, 인문학 분야의 연구를 수행했고, 관련 자료를 수집하였다.

〈표 Ⅳ-25〉 러시아과학아카데미 사회과학정보연구소

기관명	러시아과학아카데미 사회과학정보연구소		
	Российская Академия Наук		
대표자명	알도신 S.M	설립년도	1724
기관주소	119991 모스크바 V-71 레닌 프로스펙트 14	전화번호	(495) 932-62-40 (495) 938-03-09
홈페이지	http://www.ras.ru		

러시아혁명 이후에는 주로 맑스-레닌주의를 연구하는 전문기관으로 활동했고, 러시아의 사회사상과 각종 사회과학 서적들을 보유하게 되었다.[116] 이곳에는 대부분의 자료가 유럽과 러시아 자료에 집중되어 있고 동양문헌자료는 많지 않으며, 중국과 일본, 북한관련 자료가 일부 있는 것으로 확인되었다.

---

116) Yu.S. Osipov, «Academy of Sciences in the History of the Russian State» Moscow, «NAUKA», 1999

(5) 모스크바 레닌교육연구소 부설 도서관

모스크바 레닌교육연구도서관(Библиотека Московского Городск
ого Педагогического Университета)은 모스크바 설호즈프로에즈
드 4동 3호 7층에 위치하고 있으며, 1872년에 수립되었다. 자료는 약
106만권 정도의 장서를 가지고 있다. 이곳에는 주로 사회주의 이론과
교육관련 서적이 있으며, 1920년대와 하바로프스크와 블라디보스토크
에서 만들어진 한글교과서들과 정치교양서적, 1940년 이후 북한에서
만들어진 정치교양서적 및 교과서가 일부 있다.

〈표 Ⅳ-26〉 모스크바 레닌교육연구소 부설도서관

기관명	모스크바 레닌교육연구도서관		
	Библиотека Московского Городского Педагогического Университета		
대표자명	로세바 니나 이오시포브나	설립년도	1872
직원수	26명	자료규모	1.064.000
기관주소	모스크바 설호즈프로에즈드 4동 3호	전화번호	(495) 181-6860
홈페이지	http://www.mpgu.ru/	전자메일	bibl@mpgu.ru

7) 대학부설 도서관별 한국관련 문서기록 현황

(1) 모스크바국립대학 고리끼 과학도서관

국립모스크바대학 부설 고르끼 과학도서관(Научная библиотека и
м А.М. Горького МГУ им. М.В. Ломоносова)은 로모노소프도서관
으로도 불리며, 4백만 권 이상의 자료를 가지고 있다. 모스크바국립대
한국어국제센터에 인접해 있다. 자료관은 4층 구조로 되어 있으며, 1층
은 대출대와 학습관이 있고, 2-3층부터 도서실과 자료실이 있다. 건물
은 상당히 오래되었지만 견고했고, 책을 보관하는 장서실은 목재로 만

들어져 있었다. 불과 근처에서 도보로 2-3분 거리에 레닌도서관이 인
접해 있다. 이 도서관에는 겨울철 기준으로 하루 평균 2,200명의 이용
자를 확보하고 있다. 현재 도서관의 책임자는 모샤긴 뱌체슬라브 빅토
로비치가 맡고 있다. 도서관 출입에 있어 다른 도서관에 비해 절차가
간단했다. 대출카드는 당일에 발급이 가능했다. 일정한 자료의 복사는
바로 가능하지만 일부 자료는 하루이상 소요되었다. 한국관련 문헌목록
은 한국어 검색파일이 정리되어 있지 않아 문서철은 많지 않았다. 다만
담당도서관 사서에 의하면 러시아어로 만들어진 고려인정보자원은 어
느 정도 있을 것으로 추정된다.

<표 Ⅳ-27> 모스크바국립대학 고리끼 과학도서관

기관명	모스크바 대학교 고리끼도서관		
	Научная библиотека им А.М. Горького МГУ им. М.В. Ломоносова		
대표자명	모샤긴 뱌체슬라브 빅토로비치	설립년도	1755년
기관주소	119899 모스크바 보로비요브 고르 비블리오쩨까 엠게우	전화번호	(495) 939-22-41
홈페이지	http://www.lib.msu.su	전자메일	inf@mail.lib.msu.su
활동모습	다마라 M 관장	열람실의 학구열(熱)	고리끼도서관현판
한국관련 자료여부	한국관련 문헌 목록을 정리한 파일 철은 몇 개 되지 않았음. 러시아로 작성된 고려인 문헌이나 러시아의 한국관련 기록은 좀더 발굴해야 함		

(2) 뻬쩨르부르그대학 중앙도서관

뻬쩨르부르그대학 고리끼 과학도서관(Научная библиотека М.Гор
ького Санкт-Петербургского государственного университета)

은 1783년에 만들어졌으며, 종종 자다노프(A. A. Zhadanov)도서관으로 부르고 있다. 현재 이곳의 관장은 세쉬나 나탈리아 알렉산드오브나이고, 직원수는 330명에 달한다. 현재 위치는 뻬쩨르부르그 우니베르시젯스카야 7/9번지로 뻬쩨르부르그 대학 별관에 위치하고 있다(현지인들은 이곳을 엘게우라 부른다). 이 도서관은 가장 긴 아치모양의 통로를 통해 들어갈 수 있으며, 자료실은 3층에 위치하고 있으며, 아치 모양의 긴 회랑을 따라 들어가면 자료대출실과 열람실이 나온다.

〈표 Ⅳ-28〉 뻬쩨르부르그대학 중앙도서관

기 관 명	쌍트 뻬쩨르부르크국립대학 중앙도서관		
	Научная библиотека М.Горького Санкт-Петербургского государственного университета		
대표자명	세쉬나 나탈리아 알렉산드오브나	설립년도	1783년
직 원 수	330명	자료규모	7,000,000
기관주소	199034 뻬쩨르부르그 우니베르시젯스카야 7/9	전화번호	(812) 328-95-46
홈페이지	http://www.lib.pu.ru	전자메일	info@lib.pu.ru

뻬쩨르부르그대학

열람실의 학생들

관장의 집무전경

〈그림 Ⅳ-4〉 뻬쩨르부르그 대학 도서관 주요 모습

대부분의 서적은 주로 러시아의 19세기, 20세기 역사서적과 과학문헌 들이었다. 도서관에 마련된 동양문헌 자료 열람실이 별도로 설치되어 있고, 한글 목록도 별도로 있었다. 목록 철에 나타난 서지사항은 현대 한국서적, 북한서적, 20세기 초의 한국에서 생산된 서적, 모스크바에서 출판한 서적 등이 있었고, 한국 신간서적은 거의 없으며, 소수의 고서적과 사본을 소장하고 있었다.

(3) 모스크바 국제관계대학교 도서관

모스크바 국제관계대학교 도서관은 원래 1954년에 폐교된 동방대학 도서관에서 소장했던 자료들을 흡수하여 한국학자료를 발전시켜왔으며, 국제관계 대학교 산하에 동방지역 연구센터가 활동하고 있어 다양한 동양문헌의 수집과 관리를 담당하고 있다. 이 도서관은 1970년대 이전까지 러시아에서 진행된 러시아 한국학관련 자료들의 일부를 소장하고 있으며, 현재 소장하고 있는 대부분의 자료들은 주로 1996년 이후 한국에서 발간되어 보급된 교과서, 문집, 단행본, 학술저널지 등을 다수 확보하여 관리하고 있다.

(4) 모스크바국립대학 아시아 아프리카 대학 도서관

모스크바국립대학 부속 아시아아프리카 대학도서관에는 한국학관련 간행물이나 서적을 수집하여 관리하는데 노력해왔다. 그러나 눈으로 확인할 수 있는 장서의 규모는 5천 건 정도로 추산되었다. 그러나 일부자료는 1990년대 이후 한국에서 반입된 자료가 상당히 섞여 있어서 구분이 곤란한 자료도 있었으며, 일부 자료는 보관상의 이유로 개인도서관에 소장한 것으로 짐작된다. 이곳의 대부분의 자료들은 1950년대부터 아시아아프리카 대학 한국학과 출신의 학자들에 의해 기증된 책자들이 많으며, 이 자료관에 소장된 자료들은 주로 한국의 역사와 문화, 고전문학, 한국인물 관련 자료들이 보관되어 있다. 한국학 국제센터 부설 도서관에는 러시아어로 만들어진 문헌들과 한국어로 만들어진 문헌들이 빽빽하게 꽂혀져 있으며, 박미하일 교수의 개인자료가 대다수를 차지하였다. 대부분의 자료들은 주로 1990년대 이후에 한국에서 생산되어 제공되어진 자료들이었다.

(5) 극동국립대 도서관

블라디보스토크에 위치한 극동국립대학은 1898년 제정러시아시대 동양연구를 대표하는 대학으로 설립되었기 때문에 도서관 역시 동방학 관련 자료를 풍부하게 수집하여 관리해왔다. 초대 총장이던 포드스타빈 (Г.В. Подставин)의 노력으로 한때 러시아연방의 동방학연구소와 함께 극동지역 한국학 및 고려인 관련 자료를 연구하는 대표적인 기관으로 위상을 떨치기도 했다. 16세기이후 출간된 다양한 출판물을 140만 종에 가깝게 소장하고 있으며, 희귀본자료실에는 한국학관련 자료를 포함해 약 15,000건의 자료들이 보관되어 있다. 그러나 이곳에 소장되어 있던 일부자료들은 1937년 강제이주과정에서 적지 않은 유실을 겪었고, 문학, 역사, 정치관련 일부 한국학 자료들만이 부분적으로 나오고 있다. 따라서 극동대학 한국어학과 한국학센터에서 발간한 문구류가 주종을 이룬다.

(6) 태평양 지리협회 자료관 및 박물관

태평양 지리협회는 1884년 4월 18일 블라디보스토크 군총독이었던 펠드가우젠(военный губернатор г. Владивостока А.Ф. Фельдгаузен, 1880~86)의 결정에 따라 설립되었다. 이 연구를 위해 연해주지방 이민국 책임자인 부세(Ф.Ф. Бycce)를 초대 지리협회 대표로 임명하여 활동을 진행하였다. 이 협회는 약 8만권의 장서와 문서자료를 소장하고 있는데. 이 중에는 연해주 일대에 살았던 이주한인들에 대한 사료와 책자들이 포함되고 있다. 태평양지리협회는 동방학연구의 성과를 보존하고 관리하기 위해 연해주 아르세네프 국립박물관을 1884년 4월 24일에 설립하였으며, 이후 블라디보스토크와 연해주 전지역에 총 11개의 부속박물관을 흡수 병합하고 신설함으로써 극동을 대표하는 박물관으로 발전하게 되었다. 이곳에는 한인들에 대한 기록과 전시자료 및 초기 한인이주에 대한 사진자료들이 담겨있다.

8) 학교교육기관

(1) 모스크바국립대학 한국학 국제센터

모스크바 도심에 위치하고 있는 모스크바국립대학 한국학 국제센터
는 1991년 3월에 모스크바 국립대 아시아아프리카대학에 설립되었다.
이 시설은 한국의 고합그룹 장치혁 회장이 적지 않은 경비를 지원했다.
이 연구센터 소장으로는 박미하일이 처음부터 현재까지 활동하고 있다.
이곳에는 한국어와 역사, 문화전문가들이 활동하고 있으며, 국내대학과
교류를 진행하고 있다.

〈표 Ⅳ-29〉 모스크바대학 한국학 국제센터

기관명	모스크바대학 한국학 국제센터		
	Moscow State University International center for Korean Studies		
대표자명	박 미하일 교수	설립년도	1991년
전화번호	495-203-2756	도서관 입구	
기관주소	Mokobaya 11번지 Moscow 125009		
홈페이지	iaas.msu.ru/	전자메일	icfks@iaas.msu.ru/
한국관련 자료여부	한국관련 자료가 다양함, 한국관련 기록들과 러시아에서의 한국역사, 문학, 각종 현대적 글, 한글문학의 러시아판 번역서, 한국에서 발간된 서적 등		

이곳은 한국관련 자료가 최신 자료부터 오래된 자료들까지 다양하게
관리되어 있다. 또한 한국관련 고려인의 기록이나 러시아에서의 번역되
거나 새로 출간된 한국사, 문학, 문학 등이 소개되었다. 1990년대 이후
꾸준히 한국과의 협조를 형성하면서 국제학술대회를 조직해왔고, 『한
러수교사』(1995), 『러시아에서 한국학발전사』(1998)와 같은 글들이 출

간되었다. 1996년에는 한국국제교류재단의 지원으로 미하일 박, 콘세비치, 볼코프에 의해 『한국학총서』를 펴냈다. 문학을 전공한 김려춘, 언어학자 콘세비치(Kontsevich)를 비롯해 역사학자 율리아 피스쿠로바(Yuliya E. Piskulova), 볼코프(S.Volkov), 심비르쩨바(T.Simbirtseva),솔로뷔예프(solovyev), 티코노프(V.Tikhonov), 수슬리나(S. Suslina) 등이 객원연구원으로 활동했다. 이 밖에도 다수의 한국학 및 역사전문가들이 활동해왔다.

(2) 뻬쩨르부르그대학 동방학과 한국어문화센터

뻬쩨르부르그 동방학부는 1855년 동방언어를 가르치기 위해 러시아황제의 명령에 따라 설치되었다. 1897년 러시아 황제는 조선정부와의 유대를 높이고 조러동맹의 상징적인 조치로서 유럽에서 최초로 한국어 강좌를 개설하도록 명령함으로써 뻬제르부르그 대학에 최초의 한국어강좌가 개설되었던 것이다. 뻬쩨르부르그대학 동방학부에 한국사분과가 설치된 것은 1947년 코도르비치(Kodolovich)의 노력에 의한 것이었으며, 현재까지도 한국사를 비롯해 한국문화, 북한정치 등을 가르치고 있다. 이곳에서는 1948년부터 한국학관련 강좌가 시작되었으며, 이곳 출신들이 러시아 과학원 뻬쩨르부르그 등에서 한국학연구자로 활동함으로써 주로 언어학이 발전하여 러시아 한국학 분야에서 레닌그라드파의 본산지로 불린다. 극동국가의 역사 강좌에서 다루는 강의는 ① 한국의 역사, 지리, 민속학, ② 남북한의 정치와 경제제도 등이 다루어지고 있다.

<표 Ⅳ-30> 뻬쩨르부르그 대학 동방학과와 한국어문화센터

기관명	뻬쩨르부르그 대학 동방학과와 한국어문화센터		
대표자명	쿠르바노프 세르게이 올레고비치	설립년도	1995년
직원수	4명	자료규모	4,000~5,000
기관주소	Universiteskaya nab 11 St-Petersburg 199034	전화번호	812-328-7732
홈페이지	http://all-on-korea.norod.ru		

동방학부 소속으로 한국어문화센터는 1995년 설립되었으며, 초창기에 이곳에서 한국어와 한국문학을 가르쳤던 림수교수는 명예교수로 활동하고 있으며, 1995년부터 2002년까지 A.G.바실리예프가 소장을 맡았으며, 이후 2002년부터 쿠르바노프(Kurbanov) 교수가 소장을 맡았으며, 총 3명의 전임교수가 활동하고 있다. 오늘날 뻬쩨르부르그 국립대 동방학부의 한국학 국제교류센터는 러시아학생들과 고려인, 해외에서 유학온 학생들이 한국어를 전공하고 있다. 이곳은 단순한 언어교육기능을 수행하는 어학센터의 기능을 수행하는 것이 아니라 한국의 역사와 문화에 대한 폭넓은 이해과 교양을 제공하는 고등교육기관의 역할을 수행하고 있다. 『한국어와 한국문화통보』를 출간했으며, 한국어강의 100주년 기념학술회의를 개최했고, 교육부의 후원으로 한국어능력시험도 시행되었다. 2002년에는 동방학연구소, 고려인협회와 공동으로 대한제국 초대공사 이범진 탄생 150주년 기념행사가 개최되기도 했다. 국제교류센터는 강의관련 시설이 비좁을 정도로 바닥부터 천장까지 가득히 한국학 자료들이 가로로 눕혀져 들어가 있었다. 이곳에는 각종 한국학 자료들, 문학서적, 교과서, 정기간행물이 수천 권에 달한다. 학부도서관에 보관되어 있는 귀중한 자료들이 많이 있다. 본 연구팀에 의해 실시한 인터뷰과정에서 림수교수와 쿠르바노프 교수는 한국관련 자료의 유실이 급속도로 진행되고, 한글에 익숙하지 않은 세대의 출현에 따라 한

글 관련 서적이 더욱 빠른 속도로 급속히 사라질 수 있음을 실토했다.

(3) 모스크바 국제관계대학교 국제관계학부

베나드스코고 프로스펙트 76번지에 위치하고 있는 모스크바국제관계대학교는 동양관련 지역학과가 있으며, 이곳에서는 일본어, 한국어, 몽골어, 인도네시어어 합동강좌가 진행되고 있다. 이곳에서 한국어강의는 주로 타찌아나 노비꼬바(Tatiana A. Novikova)가 강의담당교수로 활동하고 있다. 이곳에서는 한국어강사가 정규적으로 고정되어 있지 않으며, 한국외국어대 강사들을 초빙하여 강의를 진행해왔다. 기연수, 강덕수, 김현택 등이 교수들이 한국어를 강의해왔으며, 박사과정의 유학생들이 한국어강의를 맡기도 했다. 이곳의 교재는 러시아 한국학자들이 만든 교재뿐만 아니라 한국에서 출판된 교재와 북한에서 출판된 교재가 같이 사용되고 있다. 정부는 이 외교관계대학교 도서관에 많은 도서를 기증해왔다.

(4) 모스크바국립언어대학교 한국어-영어과

모스크바 국립언어대학교는 통역대학으로 곧잘 불렸으며, 통역학부 과정에 동양어 강좌가 있었다. 1985년부터 통역학부가 설치되어 한국어 강의를 진행해왔고, 1993년부터 한국어-영어과가 정식으로 개설되었다. 한국어 강의는 블라디미르 김이 주로 맡았으며, 부산외국어대, 경희대 등과의 교환협약을 통해 한국에서 한국어 전문 강사들이 파견되었고, 한국어실습, 한국어 이론, 한국역사, 문화, 지리학 등이 교과과목으로 채택되어 사용되어왔다.

(5) 극동국립대 한국학대학

극동대학 한국학대학은 연해주지역에서 가장 인기 있는 한국학관련 교육기관이다. 블라디보스토크 알레취카야 56번지(690600 Vladivostok, Aleuskaya 56)에 위치하고 있으며, 1900년에 개설되었다. 이곳의 초대 강좌장은 그리고리 포드스타빈(Grigory V. Podstavin)으로 1921년까지 이곳에서 한국어를 강의했다. 그러나 1939년 7월에 이 학교는 폐교되었다. 무려 36년이 지난 1975년 9월에 극동국립대는 한국학강의를 재개하였으며, 1970년대와 1980년대 모스크바에 있는 한국학연구자의 도움을 받아 한국어교재를 구입하여 한국학강의를 진행했다. 극동대학 한국학과는 설립 초기에 모스크바에 소재한 동방학연구소의 막대한 지원과 협력을 받았다. 이 때문에 1980년에는 우수한 학생들로 구성된 한국어과 재학생과 졸업생이 다수 배출되었다. 또 1987년에는 동방학부에 한국문학 강좌가 개설되었다. 이러한 성과에 힘입어 1994년에는 한국학고등대학으로 그 위상이 확대되었다. 현재 이 학부과정에는 약 300명 정도의 러시아아인과 고려인 학생들이 재학 중이며, 한국교원 5명을 포함해 총 25명의 강사진을 두고 있다. 또한 동방학, 아프리카학이라는 교육과정 속에 한국어, 한국역사, 한국경제라는 세 가지 전공분야를 설치하고 있다. 한편 극동대학 한국대학에서는 한국어와 한국문학, 한국역사에 관한 교재를 발간해왔다. 이곳에는 12,000권의 도서가 있으며, 한국학관련 도서들도 많이 보급되어 있다. 또 활발한 교재발간에 따라 한국국제교류재단, 한국국립도서관, 한국학술진흥재단, 고려과학문학재단 등의 지원을 받았으며, 2000년에는 한국학대학 부설 한국학연구원이 개설되기도 했다. 한국학대학은 국제교류활동도 활발히 진행하여왔는데, 1998년에 「발해 1300년」이라는 국제학술대회를 개최했고, 1999년에는 「연해주에서의 한국민족독립운동」이라는 한-러학술회의를 개최하기도 했다. 또 「러시아극동지역에서의 한인들」이라는 책자를 출간하기도 했다.

(6) 1086 한국국제학교

1980년대 후반 소비에트 연방에서는 민족주의가 거세게 발생했지만, 극동대학에 한국어강좌가 들어선 것과는 달리 모스크바에서는 한글교육기관이 전무했다. 특히 모스크바에서 초등학교와 중등학생을 대상으로 하는 가르치는 학교교육의 기반은 전혀 없었다. 이런 조건에서 1989년 출범한 모스크바 고려인협회를 필두로 다양한 민족사회단체가 출현했다. 이 중에는 모스크바고려인 과학기술협회, 독립운동가후손협회, 전러시아고려인 민족문화자치회, 러시아연방 고려인연합회 등이 있었다. 이들은 민족문화의 복구에 있어 모국어의 부흥의 필요성에 깊은 관심을 가지고 있었다. 모스크바에서는 한글을 사용할 수 있는 고려인이 5%에도 미치지 못하는 현실 속에서 민족학교에 대한 관심이 거세졌고, 엄넬리 박사에 의해 1086학교가 설립되었다.

<표 Ⅳ-31> 1086 국제학교

기관명	모스크바 시 교육청 소속 1086국제학교		
대표자명	엄 넬리	설립년도	1992년 9월
직원수	50여 명의 교사진, 900여 명의 학생들	자료규모	4,000권
전화번호	7-495-335-8028		
기관주소	32 A 베젠스키 117279		
자료수집	모스크바 교육부에서 지원하는 책, 자체구매 도서, 한국의 기증도서		
한국관련 자료여부	엄넬리 박사에 의해 50개 소수민족 아동과 청소년 대상 국제교육, 한글교육기관. 국내자료와 러시아자료가 섞여있고, 도서관 전문직원 1명		

1086학교는 1992년 9월에 개교를 했으며, 현재 50여 개 소수민족으로 구성된 900명의 학생들을 가르치고 있다. 교과과정은 초등학교 1학년부터 11학년까지로 초등학교 입학시험에 치열한 경쟁이 붙을 정도로 이 학교에 대한 관심이 높다. 초등과정: 1학년~4학년 I단계, 중등과정: 5~9학년 H단계, 고등과정: 10~11학년 HI단계로 구분되고 있다. 한국어 학습은 1~4학년은 주당 2시간, 5~11학년은 주당 3시간씩 운영되고 있다.

1086국제학교에는 한글자료와 러시아자료를 보관하는 도서관이 있다. 이 도서관에는 고려인 사서가 1명이 근무하고 있으며, 한글관련 자료들은 주로 한국에서 기증받은 것들이다. 대부분의 내용은 어린이용 교재, 위인전, 한글 소설, 일반잡지 등이었으며, 한글 서적 수는 전체적으로 2천 개를 밑돌았다.

고려인 도서관 사서　　　　도서관 사가배열(1)　　　　도서관 서가배열(2)

〈그림 Ⅳ-5〉 1086 국제학교 자료실 주요 모습

1086학교에서는 학교교육뿐만 아니라 사회문화활동도 진행하고 있다. 설날행사, 삼일절 공동행사, 한식날 조상성묘행사, 어버이날 행사, 8.15광복절 행사, 추석행사를 치르고 있다. 1086민족학교의 건립을 통해 모스크바 고려인사회는 다양한 문화적 공동체를 형성할 수 있었다. 특히 모스크바 고려인 연합회를 중심으로 각종학술회와 기념식이 진행되면서 다양한 사회단체들이 형성되었다. 모스크바 한인회도 1086학교의 도움을 받아 설립되었다. 이는 1086학교가 모스크바에서 새롭게 형성되고 있는 고려인 정보자원의 새로운 발전가능성을 보여주는 공간임을 의미한다.

9) 언론사 및 출판사

(1) 러시아고려인신문사

러시아 고려인신문사(РОССИЙСКИЕ КОРЕИЙЦЫ)는 천발렌틴 세르게이비치가 대표자로 있으며, 1997년 이후 활동해 온 대표적인 모스크바 지역의 고려인 언론사이다. 현재 위치는 레닌그라드스키 프로스펙트 돔 43A에 위치하고 있다. 1997년 2월에 창간호가 발행되었으며, 매월 1회에 발행되고 있다.

<표 Ⅳ-32> 러시아 고려인신문사

기관명	러시아고려인신문사(在露韓人)		
	РОССИЙСКИЕ КОРЕИЙЦЫ(Russian Koreans Newspapers)		
대표자명	천 발렌틴 세르게이비치 (Valentin Chen)	설립년도	1997년
전화번호	7-495-787-4231		
기관주소	124167 Moscow, Leningradsky Prospect 43A		
전자메일	tchenvs@mail.ru		
주요활동	1997년부터 러시아고려인이라는 제호의 신문을 발간했으며, 고려인사회의 정보교류의 중심신문		
	러시아-고려인신문으로 전러시아연방과 CIS지역에도 배포		

초기 창간호에서는 주로 고려인들의 디아스포라문제가 중요한 주제였다. 따라서 신문은 한동안 고려인들의 이주문제를 집중적으로 다루고 있었다. 이후 고려인신문은 주제를 다양하게 넓혀 러시아에서 활동하는 다양한 고려인들의 생활, 인물, 기록, 활동상과 한국관련 소식을 전하는

종합소식지로서 발전해왔다. 러시아 고려일보는 특별히 러시아 고려인들의 지위회복을 위한 고려인들의 연대활동과 지식정보 발굴을 위해 노력해왔다. 특히 1937년 강제이주이후 잃어버린 고려인들의 연해주지역의 권리를 회복하고, 소비에트연방의 붕괴이후 흩어지거나 해체위기에 있는 중앙아시아 고려인들의 자유로운 러시아 공민으로서의 권리 회복을 위한 각종 학술회의나, 고려인들의 자치활동을 위한 연대활동에 참여해왔다. 특히 러시아연방고려인자치회 등에 참여함으로써 러시아연방에 살고 있는 고려인의 목소리를 대변하는 언론매체로 발전해왔다.

〈그림 Ⅳ-6〉 러시아 고려인신문 1997년 창간호

고려인 신문사의 대표를 맡고 있는 천 발렌찐 세르게이비치에 의하면 1997년부터 199년 4월까지는 한때 코리아 디아스포라라는 이름으로 발행되었으며, 1999년부터 러시아고려인으로 바뀌었다. 2001년에는 신문의 크기를 줄여서 타블로이드판으로 만들어서 발간하였고, 2001년 4월에는 다시 디자인을 변경하여 일반적인 신문크기로 제작하였다. 러시아고려인신문은 16페이지로 구성되어 있다. 구독자는 평균2천명이고, 발행부수도 2천명이다.

2002년부터는 러시아고려인들의 자치협회 사무실에 입주해 활동하고 있다. 러시아고려인신문사는 한국인 강수자 사장이 이끌고 있는 러시아어 한국뉴스정보지인 이끄노프 까레유 미디어(주)의 Koreawindow.com과도 유기적인 연계를 맺고 있으며, 러시아고려인신문사와 네트워크형식으로 연락을 취함으로써 한국관련 정보를 공유하고 있다. 한편 이 신문사는

1991년 출범한 전 러시아연방 고려인협회와 함께 1999년부터 월간 「고려사람」을 발행하였고, 러시아 전역과 독립국가연합 지역에까지 배포시켰으나 현재는 발행이 중단된 상태에 있다.

(2) 고려인 잡지 「아리랑」

〈그림 Ⅳ-7〉 잡지 아리랑

1998년 출범한 고려민족문화자치회는 2001년에 월간 아리랑을 출판하였고, 1만부를 발행했으며, 러시아연방 전체와 독립국가연합지역에 배포하고 있다. 러시아 민족문화자치회가 발간하고 있는 고려인 소식지 「아리랑」은 2005년까지 발간되었으나 2006년 이후 발간이 중단된 상태에 있다. 아리랑은 총 16면으로 만들어졌으며, 1면에는 표제와 머리기사의 페이지가 표시되어 있고, 2면부터는 5단으로 편집되었다. 기사의 주요한 내용을 보면, 러시아 고려인 인물에 대한 기록, 고령의 학자의 생일잔치 소식, 김영웅 전 러시아연방국회의원 인터뷰(4면), 러시아 고려인의 강제이주관련 기록(1934~1938) 출판 소식, 한인가극단 공연 및 연주소식(8~9면)이 실렸다. 이 밖에도 12면 이후에는 한국 관련 소식이나 재외동포관련 소식 등이 다양하게 소개되고 있다.

(3) 고려인 잡지 「통일」

〈그림 Ⅳ-8〉 잡지 통일

북한출신의 학자들에 의해 모스크바에서 출판되는 한글잡지 중 하나로는 범민련계열로 부르는 국제고려인연합회가 발간하는 통일(ЕДИНСТВО)이라는 잡지가 있다. 이 잡지는 2006년 2월에 1/68호가 나왔으며, 총 48면이고, 잡지크기는 25cm×20cm규격판이었다. 내용은 대부분 러시아어로 작성되었고, 부분적으로 소제목 등에 한글이 들어있다. 대부분의 내용은 북한관련 뉴스, 정책안내, 북-러 역사 등을 다루고 있었다. 이런 자료들은 모스크바의 학자들 속에서 특별한 차별 없이 유통되고 있었고, 연구자의 서재에 자연스럽게 배포되어 있었다.

(4) 생활정보 소식지

현재 발간 중인 생활정보형 신문으로 총 5개의 현지신문이 유통되고 있었고, 동아일보, 재외동포신문 등이 유통되고 있었다. 모스크바에서 발간되는 신문은 매일신보, 겨레일보, 우리신문이 발매되고 있다. 이들 신문은 주로 생활정보지형 신문들이라 할 수 있으며, 한국관련 정보와 러시아인들 소식, 모스크바 한인소식, 대사관 소식 등을 담고 있으며, 한글로 발행되면서 각종 한인업소들의 소식이나 연락처를 파악하기 쉽게 만들어진 신문들이다. 뻬쩨르부르그 지역에서 판매되고 있는 신문으로 다바이코리아(DB)가 발매되고 있었다. 이 신문은 12면으로 인쇄되었고, 2006년 2월 115호를 찍고 있었으며, 1면에는 목차와 전체내용 안내와 광고가 2면부터는 교회관련 광고, 3면에서는 러시아 지역관련 뉴스와 지역별 날씨를 실고 있으며, 5~6면부터는 뻬쩨르부르그 지역과 한국관련 뉴스 등이 실렸다. 4면부터 8면까지는 2단으로 편집해 만들었고, 겉표지와 1~2페이지, 9~12페이지는 다단편집을 하지 않았다. 광고란은 정해져 있지 않았고 지면의 하단 여백에 광고가 실렸다.

「매일신보」　　　　「겨레일보」　　　　「다바이코리아」

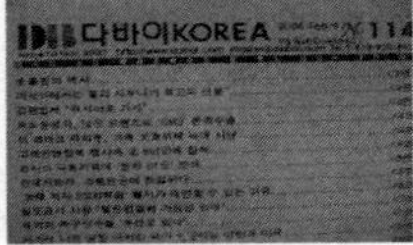

〈그림 Ⅳ-9〉 생활정보 소식지들

(5) 종간 내지 발행이 멈춘 신문

1992년 「고려사람」이라는 잡지가 오웨치슬라브라는 타스통신 출신의 고려인 기자에 의해 뻬쩨르부르그에서 출간되었다. 이 신문은 1992년부터 1997년까지 발간되었으나 신문발행인의 사망으로 종간되었다. 이 신문에 대한 자료는 거의 찾아보기 어렵고 일부 언론인들에게만 보관되어 있는 것으로 알려졌다.

(6) 삼일문화원

3·1운동의 정신을 계승한다는 의미를 가진 삼일문화원은 한국 국적의 이형근목사를 중심으로 설립되어 활동하고 이는 대표적인 한인 사회사업단체로 교육 및 출판문화활동을 전개하고 있다. 삼일문화원이 소재한 곳은 모스크바시내 야스네바 울리짜 로꼬또바 1번지이다. 삼일문화원은 고려인들의 한글교육을 위해 한글웅변대회, 한글 글짓기대회 등 한글교육사업과 함께 또 차세대 고려인 자녀들의 한국과의 연결하는 활동도 벌이고 있다. 1996년부터는 한국사강의를 러시아학자와 한국학자들을 초청해 진행했다. 1999년에는 3·1절 80주년 기념식 행사를 추진했고, 2000년 한국전쟁 50주년 기념행사, 2002년 6.10만세 75주년 기념식, 1997년 강제이주 70주년 기념식에 참여했다. 2003년에는 러시아 한인 이주 140년 기념행사에도 참여했다. 한편 출판 분야로 삼일문화원은 대상문화재단이나 한국국제교류재단의 지원을 받아 「한국학총서」를 발간했으며, 현재 러시아어로 만들어지는 교회잡지 「신앙과 생활(БЕРА)」도 출간하고 있다. 또 러시아의 한인연구에 대한 조사도 수행하고 있다. 그동안 「1937년 강제이주」, 「한국전쟁 50주년 학술대회」, 「6,10만세 기념세미나」, 「1920년대 고려인의 항쟁」, 「1920~1930년대 고려인의 논문」을 출판했고, 이기백의 「한국사신론」, 최인훈의 「광장」을 러시아어로 번역 출판하였다.

〈표 Ⅳ-33〉 삼일문화원

기관명	삼일문화원		
대표자명	이형근 목사	설립년도	1995년
기관주소	야스네바 울리짜 로꼬또바 1	전화번호	7-425-0844 7-426-8688
홈페이지	www. mossamil.com	전자메일	mossamil@netian.com
한국관련 자료여부	고려인 출판물-러시아판 발행자료가 많고, 주로 1995년대 후반자료 번역과 출판		
한국과의 교류여부	고려인 정보자원 및 사회네트워크 활동에 관심을 가지고 활동		

(7) 모스크바 러시아과학원 산하 동양문헌출판사

모스크바에 있는 동방문헌 출판사는 모스크바시 뜨벳노이 블바르 21(103051 Tsvetnoy bulvar 21)에 위치하고 있으며 러시아과학원 소속 출판사이다. 이 출판사는 그동안 한국학센터와 함께 「삼국사기」 러시아판 번역서를 출간했고, 「한국의 불교건축 서적」, 「동방철학사」, 1999년 이후 「한국학총서」를 발간해왔다. 또한 동양제민족 古書籍 대총서시리즈로 「삼국사기(三國史記)」증보판을 박미하일과 콘세비치에 의해 2001년 발간했다.

(8) 빼쩨르부르그 동방학연구소 부설 동방학 출판사

뻬쩨르부르그 동방학연구소 동방학출판사는 1993년 뻬쩨르부르그 도보트소바야 나베레자나야(Dvortsovaya Naberzhnaya)에 설립된 출판사다. 이 출판사는 동양문화 고문서총서의 번역에 참여했고, 뻬쩨르부르그대학과 뻬제르부르그 동방학연구소의 한국학저작을 출판했다. 트로체비치(A. F. Trotsevich)와 니키티나(M. I. Nikitina)의 「한국신화」, 즈다노바(L.V. Zhdanova)의 「최치원」, 보로뷔에프(M.V.Vorobiev)의 「한국문화개요」 란꼬프(Lankov)의 「16세기-18세기 조선의 당쟁」등을 출간했다. 또한 뻬제르부르그대학 정기간행물인 「한국어와 문화센터 통보」를 발간했다.

10) 한국학 연구자들에 의한 한국학 연구

1860년대 이후 러시아에서 한인들이 살아왔지만 한인에 의한 러시아 한국학은 19세기 후반부터 1910년대까지는 거의 불모지였다고 할 수 있고, 주로 통역관이나 러시아 장교로 편입된 러시아화된 고려인들에 의해 진행되었다. 초보적인 한국학의 출발점은 1920년대 이후 극동에서 시작된 한인 소비에트시대를 통해 형성되었으며, 이 시기에 왕성한 번역문학과 한인문학이 발전했다. 여기서는 주로 1945년 이후 활동한 한국학 연구자들을 중심으로 한국학 인물 디렉토리를 구성하고자 한다.

한국학연구자들도 그 숫자가 매우 많기 때문에 전체를 한 번에 조사하기 어렵기 때문에 여기서는 1980년대 이후 2005년 말까지 러시아국적을 가진 러시아 한국학연구자들과 현저한 업적을 기록한 사람을 중심으로 디렉토리를 구성하였다.

〈표 Ⅳ-34〉 1980년대 후반이후 러시아 한국학연구자들

분류 번호	분류 기호	성명/러시아명	주요 활동	분류 번호	분류 기호	성명/러시아명	주요 활동
005	ㄱ	김 그리고리 효도르	○	010		리 블라디미르 효	○
017		김영웅	○	015		알렉산더 제빈	○
	ㄴ			020		유리 바닌	○
	ㄷ			021		엄 넬리	○
014	ㄹ	라니베꼬바 아베	○	023		리 율리아	○

분류 번호	분류 기호	성명/러시아명	주요 활동	분류 번호	분류 기호	성명/러시아명	주요 활동
	ㅁ			024		이 형근	○
001	ㅂ	박미하일	○		ㅈ		
006		박 바딤 트카첸코	○	007	ㅊ	최 블로냐	
008		부가이 니꼴라이 효	○	018		최 발렌틴 발렌티노비치	○
009		박 보리스	○	022		최선옥	○
013		바란소프 아베6	○	021	ㅋ	쿠르바노프	○
019		블라디미르 효도르	○	012	ㅌ	타찌아나 심비르쩨바	○
002	ㅅ	샤브쉬나	○		ㅍ		
011		S. 콘세비치	○	004	ㅎ	한득봉	○
003	ㅇ	림수	○				

한득봉(1906.12.09~1995.11.28)은 함경북도 센진출신으로 러시아에서 대표적인 한국어 연구자 중 한명으로 모스크바 동방대학 외 외교아카데미 등에서 활동했으며, 1954-1978 러시아 한국학의 연구방법론을 개발한 인물이다. 1952년 「조러사전」 책임편집, 1954년, 「한국어 역사지리학 교과서」 출판, 1950년 「한국음성학」, 1956년 「한국어강의교재」, 1952년 「북한헌법」을 번역하는 등 1980년대 후반까지 총 50여 편의 저서를 발행했다.

〈표 Ⅳ-35〉 한국학 인물 디렉토리: 한득봉

성 명	한득봉 교수	KRI-004
출생년도	함경북도 센진(1906.12.09~1995.11.28)	
활동분야	교육분야	
소속기관	모스크바 동방대학 외	
연구분야	언어, 역사, 문화에 관심 1954~1978 러시아 한국학의 연구방법론	
주요저서	주요 저서 약 50여 편(대부분 러시아어)	
기 타	기록관리: 모스크바 근교 증손녀 가족들	사진제공: 박소라
주요활동	1947~1954 동방학연구소와 외교관계대학에서 한국어학과장 엮임 1952년 조러사전 책임편집, 1954 한국어 역사지리학 교과서 출판 1950년 한국음성학, 1956 한국어강의교재, 1952년 북한헌법번역	

박 미하일교수는 1918년생으로 모스크바대학 한국학국제센터의 명예교수로 활동하고 있는 러시아 고려인 최고의 석학 중 한 사람이다. 그는 이미 1949년 모스크바대학 교수로 부임한 이래 삼국사기 번역, 한러사전 편찬, 동국통사, 한국 언어 연구를 포함해 그동안 저서와 역서를 포함해 총 80여 편 이상의 저작을 발표해왔다.

〈표 Ⅳ-36〉 한국학 인물 디렉토리: 박미하일

성 명	박 미하일	KRI-001	
출생년도	1918년생		
활동분야	한반도 역사, 문화, 고려인 이주, 문학		
소속기관	모스크바대학 한국학센터		
연구분야	1949년 모스크바대학교수 한러사전 편찬, 동국통사, 한국 언어 연구		
주요저서	저서, 역서 포함 총 80여 편 이상		

파냐 샤브쉬나는 러시아 한국학 연구자의 대표적 인물 중 한명이다. 그녀는 전통적인 그리스정교 출신 유태인으로 1939년 이후 1945년 사이에 남편을 따라 서울주재 총영사관에서 활동했고, 꼼소몰스까야 프라우다 특파원으로 활동했다. 그녀는 박헌영, 임화 등의 조선공산당 국내파들과 친분을 유지하였으며, 해방 후 총독부의 식민지조선에 대한 기록자료에 관심을 기울였다. 그는 1948년 소련으로 귀국하여 1949년 태평양연구소에서 「제2차 세계대전 이후 조선」이라는 논문을 발표했으며, 1950년 태평양연구소와 레닌그라드 동방학연구소가 통합되자 러시아과학아카데미 동방학연구소에서 활동했다 이후 1952년 「1919년 조선에서의 인민봉기」[117]를 필두로, 1963년 「사회주의 조선에 대한 연구」, 1977년 「동방에서의 프로레타리아 국제주의의 경험」, 1974년 회고

---

117) 「1919년 조선에서의 인민봉기」는 1919년 3·1운동에 참여한 인물들에 대한 인터뷰와 문헌자료조사, 10월 혁명과 3·1운동의 관계를 밝힌 연구서였다.

록 「남한에서, 1945~1946」, 1988년 「조선공산주의운동사」, 「식민지조
선에서 1940~1945」 등 총 22편의 글을 작성했다.

<표 Ⅳ-37> 한국학 인물 디렉토리: 샤브쉬나

성 명	파냐 샤브쉬나	KRI-002
출생년도	1906.10.25. 벨라루시 비쩹스크 출신 유태인	
활동분야	러시아 한국학연구자	
소속기관	1950년대 초 과학아카데미 동방학연구소 소장	
연구분야	모스크바 동방대학, 동방학연구소에서 한국사 강의 한국현대사와 북한사연구의 대표적인 러시아학자	
주요저서	『1919년 조선에서의 인민봉기』 등 총 22편의 저서	

뻬쩨르부르그대학 동방학부 명예교수로 활동하고 있는 림수교수는
1921년 생으로 현재 86세이고 러시아문학과 한국문학을 전공한 대표적
인 러시아 고려인 한국학연구의 거두 중 한 명이다. 그는 코르도노프
교수를 필두로 레닌그라드학파를 형성해 온 인물이다. 대표 저작으로
「한국속담집」, 「장끼전」이 있다.

<표 Ⅳ-38> 한국학 인물 디렉토리: 림수

성 명	림수 교수	KRI-003
출생년도	1921년생	
활동분야	러시아문학, 역사	
소속기관	뻬쩨르부르그대학 명예교수	
연구분야	한국의 역사, 한국의 문화 한국의 언어, 러시아 사상	

김 게오로기(김 그리고리 표도르비치)는 1924년 출생해 1989년까지
활동했던 대표적인 러시아 고려인학자다. 그는 한 러 관계, 소련-북한
간 외교관계의 전문가였으며, 한국현대사에 대한 연구를 수행했다. 소

련과학아카데미 준회원과 동방학연구소의 수석부소장을 지냈으며, 1988년에는 고르바쵸프의 밀사로 한국에 파견되어 한소 국교수교에 결정적인 중재자 역할을 맡기도 했다. 그의 대표적인 저서로는 샤브쉬나와 공저한 동방에서의 프로레타리아 국제주의와 혁명, 노농동맹과 아시아 사회주의국가의 경험 등이 있다.

〈표 Ⅳ-39〉 한국학 인물 디렉토리: 김 그리고리 효도르비치

성 명	김 게오로기(그리고리 표도르비치)	KRI-005
출생년도	1924~1989	
활동분야	한러관계, 역사분야 연구	
소속기관	소련과학아카데미 준회원	
연구분야	한소 국교수교에 결정적인 중재자 역할 고르바쵸프 시대 한반도 분야 전문가 북한, 남한을 가리지 않는 외교전문가	
주요저서	대부분의 기록이 흩어져있음	저서관리 필요성 높음
기 타	기록관리: 모스크바 근교 증손녀 가족들	자료제공:김 이레이다

박 바딤 트카첸코(Badim Pak)는 1970년대 이후 러시아 동방학 연구소에서 활동했으며, 주로 근세 한국문학 및 한국언어에 대한 연구를 맡아 활동했으며, 대표작품으로 「금강산의 선녀」를 비롯해 중세소설과 북한소설의 번역과 집필활동을 수행했다.

〈표 Ⅳ-40〉 한국학 인물 디렉토리: 박 바딤 트카첸코

성 명	박 바딤 트카첸코	KRI-006
출생년도	미상	
활동분야	한국문학연구, 문학번역, 한글교육	
소속기관	과학아카데미 동방학연구소	
연구분야	한국문학연구, 문학번역, 한글교육	
기 타	기록관리: 별도 없음, 동방학연구소 관리	사진제공: 동방학연구소

  최블로냐(최봉길, Tsoi Bronia)은 기술공학계열 러시아 고려인 최고의 석학으로 로모노쏘브 모스크바 화학기술아카데미 교수로 활동하고 있으며, 러시아의 재소한인 활동사 연구, 러시아 과학자 인명사전을 출판했으며, 러시아 고려인 과학적 업적을 조사했고, 2001년부터 고려인 이주 140년 기념을 위한 편집위원회에서 책임편집을 맡아 「러시아의 고려인 백과사전」을 2003년에 출간했다.

<표 IV-41> 한국학 인물 디렉토리: 최 블로냐

성 명	최블로냐(최봉길, Tsoi Bronia)	KRI-007
출생년도		
활동분야	기술공학계열 러시아 고려인 최고의 석학	
소속기관	로모노쏘브 모스크바 화학기술아카데미 교수	
연구분야	러시아의 재소한인 활동사 연구 러시아 과학자 인명사전 러시아 고려인 과학적 업적 연구	
주요저서	러시아의 고려인 백과사전 편집책임(2003)	urovni@mail.ru
기 타	현재 활동: 현재 고려인 관련 자료수집	인터뷰:연구팀

<표 IV-42> 한국학 인물 디렉토리: 부가이 니꼴라이 효도르비치

성 명	부가이 니꼴라이 효도르비치	KRI-008
출생년도		
활동분야	러시아 민족문제관련 전문가	
소속기관	러시아연방 민족문제부장관 고문	
연구분야	러시아의 재소한인 활동사 연구 러시아 고려인 이주사, 역사 연구	
주요저서	저서, 역서 포함 총 70편 이상	117465 Moskva
기 타	재러 한인들과 다수의 고려인연구 수행	사진촬영: 연구팀

니꼴라이 부가이 효도르비치는 러시아 민족문제관련 전문가로 러시아연방 민족문제부장관 고문으로 활동하고 있으며, 주로 1990년대 이후 러시아의 재소한인 활동사 연구, 러시아 고려인 이주사, 역사 연구를 수행했으며, 재러한인들과 다수의 고려인학자들과 함께 연구를 수행하여. 총 70편 이상의 저서와 역서를 출간했다.

〈표 Ⅳ-43〉 한국학 인물 디렉토리: 박 보리스 드미트리예비치

성 명	박 보리스 드미트리예비치	KRI-009
출생년도		
활동분야	재소한인연구, 한인이주사, 극동지역 역사연구	
소속기관	과학아카데미 동방학연구소 수석연구원 이르쿠츠크 국립대학 역사학과	
연구분야	러시아의 재소한인사 연구 선두그룹 역사학 박사로 재러한인 연구에 권위자	
기 타	기록관리: 별도 없음, 동방학연구소 관리	인터뷰:박벨라

박 보리스 드미트리예비치는 이르쿠츠크 국립대학 동방학부 역사학과 교수로 이르쿠츠크와 모스크바지역에서 활동해 온 러시아 고려인 한국학연구자이다. 그는 재소한인연구, 한인이주사, 극동지역 역사연구를 수행해왔으며, 과학아카데미 동방학연구소 수석연구원으로 활동하는 등 러시아한인 대표 연구자 중 한명이다.

〈표 Ⅳ-44〉 한국학 인물 디렉토리: 리 블라디미르 효도르비치

성 명	리 블라디미르 효도로비치(이우효)	KRI-010
출생년도		
활동분야	러시아 한러 외교관계, 동방학연구	
소속기관	러시아 외무부 외교아카데미 교수	
연구분야	러시아 고려인 역사, 한러 외교관계, 러시아외교	
주요저서	사진으로 본 러시아 한인의 항일독립운동	자료출처: 독립유공자협회

리 블라디미르 효도로비치(이우효)는 러시아 동방학분야 연구와 한러 외교관계를 전공한 인물로 러시아 러시아 외무부 외교아카데미에서 활동하고 있으며, 한인이주사 관련 연구와 러시아에서 항일독립운동사관련 연구를 수행했으며, 「사진으로 본 러시아 한인의 항일독립운동」을 편찬하기도 했다. 모스크바에서 고려인 출신의 대표적인 지식인 중 한 사람이다.

<표 Ⅳ-45> 한국학 인물 디렉토리: 스바르니끼 콘세비치

성 명	스바르니끼 콘세비치(КОНЦЕВИЧ)	KRI-011
활동분야	한국문학 노어번역 선집	
소속기관	과학아카데미 동방학연구소	
연구분야	한러 문학, 한국문학, 번역활동 고려인기록, 고려인목록집	
주요저서	한국문학 노어번역 선집을 비롯한 50여 편의 저서	

스바르니끼 콘세비치(КОНЦЕВИЧ)는 러시아에서 한국어 관련 대표적 연구자로 활동해왔으며 그동안 한국에서 만들어진 중세문학 및 근대문학을 러시아어로 편집하여 출판한 인물이다. 1960년대 이후 과학아카데미 동방학연구소에서 활동하고 있으며, 그의 출판물은 주로 과학원산하 동양출판사 등에서 주로 출간되었다. 「БИБИОГРАФИЯ КОРЕИ(1917~1970)」을 비롯한 50여 편 이상의 저서와 역서를 편집하여 출간하기도 했다. 콘세비치가 정리한 문헌목록은 3장에서 제시되었다.

〈표 Ⅳ-46〉 한국학 인물 디렉토리: 타찌아나 심비르쩨바

성 명	타찌아나 심비르쩨바
활동분야	한국역사 연구
소속기관	러시아 과학원 동방학연구소
연구분야	19세기 한국역사학 연구 한국근대사 연구 한러관계 연구
주요저서	근세 한국관련 30여 개의 저서
기 타	제3장 문헌목록 참조

타찌아나 심비르쩨바는 1990년대 이후 러시아 한국학 분야 중 근세 한국사에 대한 연구를 전문적으로 수행해온 대표적인 인물이다. 그는 러시아과학원 러시아 과학원 동방학연구소와 모스크바국립대학 한국학 연구센터 등에서 활동하고 있으며, 19세기 한국역사학 연구, 한국근대사 연구, 한러관계 연구, 근세 한국관련 연구목록 등에 대한 연구를 통해 약 30여 편의 단행본과 논문이 있다.

〈표 Ⅳ-47〉 한국학 인물 디렉토리: 바란소프 아베

성 명	바란소프 아베(ВОРОНЦОВА А. В)	KRI-012
활동분야	한국역사 연구	
소속기관	한국관련 저널리스트, 자유기고가	
연구분야	한러관계, 한국의 사회경제구조 한국경제, 한국일반 한·러 발전연구	
기 타	단행본 3, 잡지 기사 56	

바란소프 아베(ВОРОНЦОВА А. В)는 한국역사 연구분야, 러시아언론, 문화 등에 대한 연구를 수행해온 대표적인 한국관련 저널리스트로 이름을 떨치고 있는 인물이다. 그는 한러관계, 한국사회, 한국경제 분야의 단행본 3편, 서평 56편을 발간했다.

<표 Ⅳ-48> 한국학 인물 디렉토리: 라니베꼬바, 아, 베

성 명	라니베꼬바 아베(ЛАНЬКОВА А. В.)	KRI-014
활동분야	한반도 문제관련 자료 서평,	
연구분야	북한정치, 한국경제, 정치리더십 자료 서평	
주요저서	한국, 북한관련 단행본6, 논문 29	

프라우다 신문 기자 출신으로 유태인출신의 러시아 학자 라니베꼬바 아베(ЛАНЬКОВА А. В.)는 한반도 문제관련 자료 서평을 쓴 언론인이 자, 한반도 문제 전문가로 그동안 북한정치, 한국경제, 정치 리더십 관 련 서평을 많이 써왔으며, 그는 한반도 관련 정보를 담은 각종 단행본 6편과 29편의 논문을 작성했다.

<표 Ⅳ-49> 한국학 인물 디렉토리: 알렉산더 제빈

성 명	알렉산더 제빈((Alexender Zebin)	KRI-015
활동분야	한러 외교관계 분야, 동방외교 연구	
소속기관	극동문제연구소 한반도센터 소장	
연구분야	북한정치연구, 한러 외교관계 분야 한러, 러미관계 연구	
주요저서	한러 국제정치 분야에 대한 20여 편의 저서	
기 타	한국의 통일연구원, 전략문제연구소 등과 교류	사진촬영: 연구팀

알렉산더 제빈((Alexender Zebin)은 극동문제연구소 한반도센터 소장 으로 한러 외교관계 분야, 동방외교 연구, 한러 외교관계 분야, 한러, 러 미관계 연구 등을 연구하고 있는 정치학 연구자다. 주로 북한정치연구, 국제정치분야의 저서를 출간했다.

<표 Ⅳ-50> 한국학 인물 디렉토리: 김영웅

성 명	김영웅	KRI-017
활동분야	고려인 지위 향상, 한러 외교관계 분야	
소속기관	극동문제연구소 한반도센터 교수	
연구분야	러시아연방 국회의원 출신 고려인 지위 향상 한러 외교관계 분야	
주요저서	강제이주관련연구, 러시아고려인 재이주문제 탄압받은 민족의 명예회복에 관한 법률	인터뷰: 연구팀

　　김영웅은 극동지역 출신으로 모스크바로 유학을 간 고려인으로, 러시아연방의원을 지냈으며, 과학아카데미 극동문제연구소 한반도센터에서 활동하고 있다. 한러외교협회 사무국장을 맡고 있으며, 고려인사회의 정치적 지위향상, 한러 외교관계에 대한 연구를 수행해왔고, 1992년 이후 박보리스 등의 한국학연구자들과 함께 강제이주관련연구, 탄압받은 민족의 명예회복 등의 연구를 수행했다.

<표 Ⅳ-51> 한국학 인물 디렉토리: 최발렌티 발렌티노비치

성 명	최 발렌틴 발렌티노비치	KRI-016
특별배경	독립운동가 최재형 선생의 손자	
활동분야	한인독립운동에 대한 기록관리자료의 수집과 발굴	
소속기관	러시아 고려인 독립운동유공자협회	
연구분야	한인독립운동 연구, 한러관계 연구	
주요저서	사진으로 본 러시아 한인의 항일독립운동	
기타사항	119334 Moscow pr 60-letia Octiabria	사진촬영:연구팀

　　블라디미르 효도르는 바나울 국립교육대학(Barnaul State Pedagogical University)의 소속으로 현재 지역연구소장 아시아 연구를 담당하고 있

으며, 극동아시아 지역연구와 고려인 사회문화연구에 대한 연구 활동을
수행하고 있는 연구자이다.

<표 Ⅳ-52> 한국학 인물: 유리 바닌 바실리예비치

성 명	유리 바닌(Yuri V. Vanin) 바실리예비치	KRI-019
활동분야	한러 외교관계 연구	
소속기관	현재 과학아카데미 동방학연구소 소장 Leading Research Scholar	
연구분야	한러 관계 연구, 북한역사 연구 러시아 동방 외교전략 연구	인터뷰: 연구팀 3인

유리 바닌(Yuri V. Vanin)은 현재 러시아과학아카데미 동방학연구소
모스크바 본관의 소장을 맡고 있으며, 주로 한러외교관계 연구, 북한역
사 연구, 러시아 동방 외교전략 연구분야의 석학으로 활동해왔다. 그는
남한출신과 북한출신 유학자들과 깊은 친분관계를 바탕으로 남북한 지
역연구에도 남다른 재능을 발휘했으며, 1990년대 이후 민족통일연구원,
극동문제연구소와 협력해 러시아 한국학 자료연구와 러시아의 외교정
책에 관한 저술을 남기기도 했다.

<표 Ⅳ-53> 한국학 인물: 블라디미르 효도르

성 명	블라디미르 효도르	KRI-018
활동분야	극동아시아 지역연구, 고려인 사회문화연구	
소속기관	Barnaul State Pedagogical University 지역연구소장 아시아연구분야 교수	
연구분야	러시아 고려인 독립운동사, 강제이주	촬영: 연구팀

<표 Ⅳ-54> 한국학 인물: 쿠르바노프 세르게이 올레고비치

성 명	쿠르바노프 교수	KRI-020
출생년도	1960년생	
활동분야	한국어, 한국사 연구	
소속기관	뻬쩨르부르그대학 한국학센터 소장	
연구분야	한국고대역사연구, 한국 한문서적 연구 한국학센터 한국관련 자료발굴과 수집	
주요저서	효경언해 번역으로 러시아 국가박사	인터뷰: 연구팀

쿠르바노프 세르게이 올로레고비치 교수는 1960년생으로 뻬쩨르부르그대학 동방학부의 역사분과 교수로 활동하면서 현재 한국교육문화센터 소장으로 활동하고 있다. 쿠르바노프는 한국어와 한국사 연구를 전공했으며, 고대한국역사에 대한 연구, 한문서적 연구를 수행해왔고, 한국학센터를 통해 한국관련 자료발굴과 수집을 해온 전문가로 2005년 말에 효경언해 번역으로 러시아 국가박사 취득하기도 했다.

<표 Ⅳ-55> 한국학 인물 디렉토리: 엄 넬리 니꼴라예브나

성 명	엄 넬리	KRI-021
출생년도	1938년생	
활동분야	한국어교육 1086학교 설립자	
소속기관	모스크바 1086한국어학교 교장	
연구분야	한국어 교육, 고려인 교육활동 해외한민족 여성네트워크	
기 타	세계한인여성네트워크, 민주평통자문회의 활동	자료제공: 연구팀 촬영 인터뷰: 연구팀 3인

엄 넬리 니꼴아예브나는 1938년생으로 교육분야에서 레닌상을 수상한 러시아연방의 공훈자로 한국어교육분야에서 활동하고 있다. 1992년

에 모스크바 1086 국제학교를 설립하였으며, 초등학교부터 중등학교까지 학생들을 대상으로 총 50여 개 소수민족학생들 900여 명을 교육하고 있으며, 그동안 고려인연합회, 민주평통자문회의 구주동유럽지부, 해외한민족 여성네트워크 등에 참여해왔다. 1994년 이후 서울교육청과 국제교류센터 등 한국의 여러 교육문화 단체와 교류협력을 맺고 있으며, 한국어교육에 헌신하고 있다.

〈표 Ⅳ-56〉 한국학 인물 디렉토리: 최선옥

성 명	최선옥	KRI-022
활동분야	재러 독립운동가 후손협회	
소속기관	의학박사, 산부인과	
연구분야	러시아 태아 및 산부인과 연구센터	
주요저서	현대인들의 기억 속의 허웅배(허진)	

최선옥은 의학박사이자 산부인과 의사로 현재 재러독립가 후손협회에서 활동하고 있으며, 전러시아연방고려인연합회와 한국독립운동관련 러시아의 자료수집 분야에서 활동하고 있다. 대표적인 저서로 「현대인들의 기억속의 허웅배(허지)」가 있다.

〈표 Ⅳ-57〉 한국학 인물 디렉토리: 이형근 목사

성 명	이형근목사	
출생년도	1937년생	
활동분야	종교, 문학, 역사 서적출판	
소속기관	모스크바 삼일문화원	
연구분야	고려인 교육문화활동 한국자료 러시아 번역출판 종교잡지 벨라 출판	
주요저서	저서, 역서 20여 편(1995년 이후)	인터뷰: 연구팀

이형근목사는 1937년생 한국의 남원에서 출생했으며, 1995년 이후 모스크바 삼일문화원을 설립해 활동하고 있는 한국학 분야의 출판관련 인물이다. 그의 주요 활동범위는 한국의 문학, 역사 관련 서적의 번역, 종교잡지 벨라를 출판하는 등 20여 편 이상을 출판했으며, 고려인 인권과 생활정착 지원활동에도 참여하고 있다.

<표 Ⅳ-58> 한국학 인물 디렉토리: 리 율리아

성　　명	리 율리아	KRI-023
활동분야	한러 외교관계 연구	
소속기관	극동연구소 한국학센터에 근무	
연구분야	19세기 조-러관계 역사 발전 조선반도의 식민지 이전 연구 한러관계 연구	
주요저서	초대 러시아공사 이범진 연구	인터뷰: 연구팀

근래 들어 러시아한국학연구자들에 새로운 세대의 출현현상도 볼 수 있다. 신진학자로는 극동연구소 한국학센터에서 활동하는 제5세대 러시아 한국학연구자인 리 율리아는 한러외교관계 연구, 조선반도의 식민지 이전 시기를 연구하고 있는 학자이다.

이 밖에도 세계문학연구소의 김려춘교수는 1950년대 모스크바에 유학을 왔다 한국문학을 전공한 북한출신의 학자이며, 블라디미르 리(V.Li)는 북한문학을 연구하고 있다. 뻬쩨르부르그 언어학연구소에 근무하는 아뜨닌(V.Atknin)은 한국어를 전공하고 있으며, 과학아카데미 극동지부에서 한국문학을 연구하고 있는 학자로 활동하는 볼론쇼프(V.Vorontsov) 등의 학자들이 있다.

V
고려인이 생산한 정보자원 매체 분석

1. 고려인 정보자원 문헌목록

1) 러시아연방 도서관 등에 소장된 조선의 문서들

러시아정부는 19세기 후반 한국과 연해주로 진출하면서 한국에 관한 수많은 자료를 채집하고 관리하는 활동을 꾸준히 진행했다. 이런 가운데 연해주지방의 관료나 학자, 조선왕조에 파견된 러시아공사 관료들에 의해 수집되었다. 레닌도서관 등에 소장되어진 자료는 조선 중기 고문서자료부터 1880년대부터 1910년 사이에 발간된 자료 등이 있다.

(1) 조선 중기와 후기에 쓰여진 고문서자료들

이 밖의 글로는 明心寶鑑의 내용을 중심으로 옛 성현의 명언을 적은 感應篇(서울, 光緖六年. 1880). 조선 중기 퇴계이황의 제자인 남치리 (1543~1580)의 賁趾集(上~下),[118] 신석번의 百源集(1권~3권, 1845),[119] 조선후기 白軒 이경석(1595~1671)의 문집을 모아 1700년에 간행

---

118) 퇴계의 계보를 잇는 영남학파의 한명인 분지 남치리는 안동부 법장동 출신으로 퇴계 이황의 훈도제자이다. 그의 책은 분지문집賁趾文集』이라 부르는데 국제퇴계학회, 퇴계학연구원에서 비지집 또는 분지집으로 불린다.

119) 백원집은 조선중기 한학자 신석번(申碩蕃)의 글을 후손 진홍이 수집, 편차하고 찬정을 거친 정고본에 7세손 신덕규가 부록을 더해서 만든 초간본으로 이미 국내에는 민족

된 白軒先生集(1~17), 辛慶兄. 錦汀集(崇禎四年, 1631). 이관명이 쓴 병산집(屛山集)(1~7),[120] 保晚齊集(보만제집)(1~8)[121], 임태춘의 聾翁遺稿(1883)[122], 三山齊集(서울, 1895). 17세기 선비 식암 김석주의 息庵先生遺稿(서울, 1895).[123]

(2) 19세기 말 20세기 초 조선에서 유입된 도서류

교육관련 독본이나 교재로는 普通敎科漢文讀本(서울, 1908), 小學漢文讀本(서울, 1907). 「녀자독본」上, 下(서울:廣學書舖, 1908), 敎育普通國民儀範全(京城:義進社,1908)가 있으며, 사전 혹은 옥편관련 문서로 國漢文新玉篇(평양:福音印刷合資社, 1908), 池錫永의 增補字典釋要(京壤:東書館, 1914), 範模鮮和辭典(京城:博文書館, 1936), 文世榮. 朝鮮語辭典(京城:朝鮮語辭典刊行會, 1942)가 있다.

한국의 근세 초기 법률연구자료로 중요한 의미를 가진 자료들이일부 발견되었다. 한인 최초로 회사에 대한 법률을 쓴 金祥演의 會社法(서울:皇城新聖春, 1907), 法規類編(서울:光武五年, 1901), 法規類編(서울:隆熙二年, 1908), 現行韓國法典(서울:日韓書房, 明治四十三(1910),[124] 欽欽

문화추진회의 주도로 한국문집총간 제99집에 실리기도 했다.

120) 병산집은 조선후기 이관명이 쓴 詩文集, 서문이나 발문이 없어 간행시기를 알수 없는 책이며, 국내에는 서울대 규장각에 보관된 국학자료이기도 하다.

121) 保晚齊集은 레닌도서관에 6~7권이 빠져있는데 크질오르다대학(Kzyl-Orda Pedagogical Institute) 중앙도서관 희귀본자료실에 고려사범대학 도서인장이 박힌 보만제집 제6권(B6264)이 있다. 크질오르다대학의 한국고문서에 대한 정보는 김필영, "강제이주와 '원동 고려사범대학' 도서의 행방", 오마이뉴스.

122) 이 책은 조선 말기 선비였던 고산 임헌회(任憲晦)(1811~1876)의 鼓山集의 일부에 포함된 것으로 임헌회는 1844년 조부 任泰春의 「聾翁遺稿와 부친 임천모(任天模)는 (醉菊稿(취국고)」를 썼다.

123) 金錫胄(1634~1684)의 詩文集으로 23권, 유고 1권, 별고 2권 합 12책이다.

124) 레닌도서관에 소장된 法規類編(1901)과 現行韓國法典(1910)의 중간 시기에 발간된 책자는 現行大韓法規類纂(현행대한법규류찬, 1907)으로 카자흐스탄의 크질오르다대학에 소장되어 있음, 현행대한법규류찬은 동국대학교 법학과 김재문교수의 연구"조선왕

新書(서울:槍印社, 1907)[125], 新舊刑事法規大典(서울:普成社, 光武十一年, 1907), 行政法. 上下(서울:隆熙二年(1908), 朝鮮現行法規大全(서울:修文書館, 1912) 등이 있다.

한편 종교관련 서적으로는 신학월보(1902~1904),[126] 천도교 경전인 東經大全(1908)이 있다. 이 밖의 서적으로는 西北學會月報(漢城:西北學會, 1902~1904),[127] 崔暎海의 朝鮮時調集(京城:正音社, 1946), 增補文獻備考(서울:홍문관, 1908)[128] 氏解說 設定 及 改名手續(京城:皇國臣民社, 1939), 御定五經百選(北部. 1908), 朝鮮圖書解題(조선총독부, 1919)등이다.

(3) 일제식민지하에서 서울, 상해 등지에서 생산된 자료

이 밖에도 레닌도서관에 소장된 한글 소식지로, 조양서원이 만든 조선어문잡지, '한글'(1927)[129], 태평양로동조합비서부가 상해에서 만든 '태평양로동자'(1930 1권, 1931 2권), 서울의 장신사가 만든 '실생활(實生活)'(1930),[130] '삼천리(1930년 11월호)'[131], '중앙'(1930) 등이 있다.

조의 법전편찬고"의 법전목록에 제시되어 있음. 법규류편은 1896년에 초판이 간행되었고, 1901년과 1908년에 간행됨.

125) 欽欽新書(흠흠신서)는 다산 정약용이 1819년에 완성되어 1822년에 간행된 19세기 초 형법연구 및 살인사건 실무지침서이다.

126) 신학월보는 원래 1900년 12월 감리교회에서 발행한 최초의 교회 잡지이자 신학잡지이다. 인천 감리교회 존스목사에 의해 발간되었다. 그 중에 모스크바 레닌도서관에 소장된 책은 1902년판과 1904년판이 있다.

127) 서북학회월보는 1908년 6월 창간되었으며, 김달하(金達河)가 발행인이다. 서우학회와 한북학회의 통합으로 서북학회가 창립되었다. 서우학회에서 발간했던 서우(西友)》의 제호를 변경해 발간했다. 1910년 5월 5일자 <경성신보>에 서북학회월보 23호가 압수된 기사가 경성신보에 실려 있다. 50면 내외.

128) 東國文獻備考는 1770년 영조때 발간되었으며, 제계고(帝系考) 또는 왕계고(王系考)는 없고 씨족(氏族)에 관한 사항이 권38 예고(禮考) 16 잡편(雜編)에 있다. 이후 1780년 정조때 증보동국문헌비고가 만들어졌다. 반면 증보문헌비고에서는 王系考를 帝系考로 바꾸고 氏族을 附로하여 기록하였다.

129) <한글> 창간호는 한글학회가 1927년 2월 10일 기관지로 발간했다.

<표 Ⅴ-1> 레닌도서관에 소장된 한국에서 생산된 문헌

년도	잡지명	제작자	주요특징	발행지
1927	한글	朝陽書館	제1권((朝鮮語文雜誌)	서울
1930	태평양로동자	태평양로동조합비서부	1930 1권, 1932 2권	상해
	실생활	장산사(奬産社)	no.811-12.	서울
	삼천리	삼천리사	11월호	서울
	중앙	조선중앙일보	no.1-2.	서울

(4) 연해주와 모스크바에서 만들어진 20세기 초기 도서와 신문

1905년 이후 연해주에 이미 오래전부터 정착했던 고려인이나 새롭게 러시아아령으로 건너간 지식인들은 활발하게 현지에서 새로운 정보자원을 생성했다. 초기 잡지로는 해죠신문(海朝新聞,1907), 대동신보(大東新報, 1909), 대양보(大洋報, 1911), 권업신문(勸業新聞, 1912), 大韓人正敎報(Православие 1912.1~1914. 6),[132] 러시아혁명으로 만들어진 한인신보(1917), 청구신문(1917), 자유종(1918) 등이 있다. 이 밖에도 상해에서 간행된 독립신문 아령실기(俄領實記, 1920)[133]와 외국로동자출판부가 출간한 '앞으로'(1933)가 있다.

(5) 북한에서 생산되어 보급된 자료들

1945년 이후 1950년대에 북한에서 출판되어 소 연방 중앙정부와 지

---

130) 1930년 초 잡지 실생활(實生活)은 1920년대 조선물산장려운동을 주도했던 물산장려회의 소식지로 1920년 11월 '산업계'(産業界)를 창간되었으나 자치(自治), <물산장려회보>, <장산(奬産)>, <실생활>로 연달아 개칭되었다.

131) 월간 잡지 '삼천리'는 한국 최초의 서사시 '국경의 밤'의 작가 김동환이 1929년 6월 12일 창간했으며, 1942년까지 간행되었던 대중문화잡지이다.

132) 이 잡지는 자바이칼주의 치타에서는 월간잡지로 대한인국민회 시베리아지방총회의 기관지로서 1912년 1월 2일부터 1914년 6월까지 총11호 발간되었다.

133) '아령실기(俄領實記)는 상해판 독립신문으로, 러시아에서 활동한 계봉우(桂奉瑀, 1880~1959)가 12회에 걸쳐 '뒤바보'라는 필명으로 연재하기도 했다.

역단위의 기관 및 국가도서관, 문서보관소 등에 보급된 한글 잡지는 다음과 같다. '건설'(1946), '조선농업'(1946 창간), '평남전보'(1946), '인민교육'(1946). '문화건설', '문화전선', '조쏘문화'(조쏘문화협회)134), '어린동무', '새삼천리' 등이 있으며, 1947년에 발간된 잡지는 '보도', '인민'이 있다.135)

(6) 모스크바에서 생산된 자료들

모스크바에서 출간된 잡지로는 월간 사회정치화보로 발간된 '쏘련'이 있으며 1953년부터 발간되어 1990년까지 보급되었다. '쏘련녀성'은 쏘련녀성반팟쇼위원회 및 쏘련직맹중앙위원회 기관지로 모스크바에서 출판되었다. 또 '평화와 사회주의 제문제'라는 잡지도 1958년부터 1963년에 모스크바 쁘리가출판사에서 출판되었다.

2) 출판형태와 주제에 따른 고려인 정보자원

(1) 한글로 발간된 정기간행물과 소식지

연해주지역 고려인들은 정착지에서 공동체를 수립하면 자연스럽게 공동체의 소식을 전하는 정보자원을 창조하고 발전시켜왔다. 그 결과 다양한 형태의 정보자원과 기록자료들이 생산되었다. 출간된 문헌자료들은 신문이나 월간잡지, 소식지, 각종 단행본서적 뿐만 아니라, 초등학교, 중등학교, 꼴호즈 청년학교용 교과서출판물, 개인이 남긴 단행본서적, 산업분야, 문화분야, 조선문목록집, 사회주의학습서적 및 당 출판물 등 다채롭게 발전했다.

그 중에서 가장 먼저 고려인 커뮤니티를 결속시킨 매체는 신문과 잡

---

134) '조쏘문화'는 임화가 처음에 주필을 맡아 박헌영을 지지 문학노선이다.
135) 북한의 중앙도서관이 발행한 '도서생활'은 1955년, 1956년 판이 보관됨.

지였다. 1908년 2월 26일에 해삼위에서 러시아 한인 최초의 한글신문 '해죠신문(海朝新聞)'이 발행되었다. 해죠신문은 약 3개월간 총 72호로 발간된 일간지였다. 해죠신문의 창간자는 함경도 경흥 출신으로 러시아에 귀화한 재력가였던 최봉준(崔鳳俊)이었다. 발행과 편집은 최봉준의 조카 최만학과 라시아인 듀코프가 담당했다. 주필은 처음에는 의병운동가 출신인 정순만이 맡았으나 전국적인 명망가인 장지연이 맡았고, 이후에 이강이 맡았다.136)

1908년 11월에 해죠신문에 이은 두번째 한글지로 대동공보(大東共報)가 창간되었다. 대동공보는 유진률이 발행과 편집을 맡았고 최재형이 1909년 1월부터 1910년 5월까지 대표를 지냈다.137) 대동공보는 주2회로 발간되었으나 일본의 압력을 받아 러시아당국에 의해 1909년 9월 폐간되고 말았다.

그러나 일제의 한반도 강점 이후 한인들의 한인신문을 발간하기 위한 열정과 노력은 더욱 치열했다. 대동공보를 만들었던 사람들을 중심으로 근업회(勤業會)가 결성되고 이들은 1911년 6월 18일 블라디보스토크 신한촌에서 대양보(大洋報)를 발간했다. 대양보의 발행도 유진율이 맡았고 주필로 역사학자 신채호가 참여했다. 그러나 재정적 어려움과 내부 알력으로 오래 지속되지 못했다. 한편 1911년 12월 19일 러시아당국의 허가를 받아 최초의 한인자치조직인 권업회가 탄생했다. 이 협회는 홍 빅토르, 김 야콥, 안 로만, 홍 파벨 등 러시아국적 고려인과 새로운 망명지를 찾아온 애국운동가들이 망라된 합법조직이었다. 이런 환경 속에서 권업회는 신한촌에서 1912년 5월 5일 권업신문(勸業新聞)을 창간했다. 권업신문은 주1회 한글로 발간되었고, 듀코프, 신채호, 김하구, 이상설, 윤해 등이 활약했다. 권업신문은 1914년 8월 29일 126호

---

136) 해죠신문은 최초의 교포신문이자 연해주 한인신문이었다. 제호는 블라디보스토크를 의미하는 해삼위(海蔘威)에 거주하는 조선인들의 신문이라는 의미다.
137) 대동공보의 주필은 이강이 맡았으며, 정재관이 대리주필로 활동했다.

로 종간될 때까지 약 2년 4개월간 유지되었다.

1917년 러시아혁명 직전 창간된 청구신보는 니꼴스크-우수리스크에서 창간되었으며, 러시아국적취득자(원호인)로 구성된 전로한족회중앙총회의 기관지였다. 창간위원은 최종범, 문창범, 전보리스였고, 주필은 박은식, 윤해 등이 맡았다. 1918년 체코봉기 직후 전로한족회중앙총회는 한족상설의회로 바뀌었으며, 산하기관지명을 한족공보(韓族公報)„로 개칭했다. 1917년 이후 내전기간 중에 한인신문은 발행을 주도한 사회단체가 노령한인회로부터 고려족 총회, 연해주한인사회당, 신한촌민회 등으로 다양해졌다.

1919년 이후 한인잡지로는 3·1운동에 영향을 받아 한족연합회에 의해 창간된 '국민성'이라는 잡지가 있다. 또한 한족연합회는 1920년 9월 '자유보'라는 신문도 발행했다. 한편 1920년에는 유진구에 의해 '대중의 목소리'가 창간되었고, 최태일, 오성묵에 의해 '새세계'가 발간되었으며, 이다몰, 이인섭은 '새벽북'의 간행을 주도했다. 또한 나만춘, 한봉익은 '적기'를 발간했으며, 이성, 박승만에 의해 '동아공산'이 만들어졌다. 특히 「동아공산」은 이르쿠츠크 고려공산당 중앙위원회가 만든 기관지였다. 1921년에는 계봉우에 의해 치타에 있던 러시아공산당 극동국 한인지부 소식지로 '노동신보'가 발간되었다. 1922년에는 블라디보스토크 신한촌 자치위원회가 '자위회보'를 발간했다. 또 1922년 8월 러시아공산당 연해지부 고려인출판부도 '붉은긔'를 발간했다.

1923년 시베리아내전이 종식된 후 한인신문의 발간환경은 안정을 되찾게 된다. 1923년 3·1운동 4주년 기념으로 三月一日이라는 신문이 발행되었다. 이 신문은 처음에는 이백초에 의해 주2회로 3호까지 인쇄되었으나 제4호부터 '선봉(先鋒)'으로 이름을 바꾸고, 발행자도 '해삼현 당간부 고려부'로 변경했다. 1937년 9월 12일 폐간될 때까지 주1회 또는 주2회(일, 목)에 발간되어 고려인사회의 중심 신문으로 자리 잡았다.[138]

---

138) 1929년 발행기관이 '전동맹원동변강위원회'와 '직업동맹원동변강쏘베트'로 바뀌자

<표 Ⅴ-2> 연해주에서 출판된 한글소식지 특징(1908~1937)

년도	잡지명	발행자	제작자	주요특징	발행지
1908	해죠신문	최만학,듀코프	노령한인	1918. 2. 26~5. 26(일간)	해삼위
1908	대동공보	유진율	노령한인	1908. 11. 8~1910. 9. 10	해삼위
1911	大洋報	신채호	청년근업회	1911. 6~1911. 9. 14	해삼위
1912	권업신문	듀코프, 신채호,이상설	권업회	1912. 4. 12~1914. 8. 30	해삼위
1917	자유종	김림	한인사회당	한인사회당기관지	하바로프스크
	청구신보	윤해	고려족총회	1917. 7. 5~ 총 27호	해삼위
	일세보	전일	한인사회당	연해주한인사회당(1917. 7)	해삼위
	한인신보	한안드레이 장기영,김하구	신한촌민회	1917. 7. 8	해삼위
1919	국민성	한족연합회	한족연합회	1919. 4	니꼴라예프스크
1920	자유보	한족연합회	한족연합회	1920. 9	블라고베셴스크
	대중의 목소리	유진구	추풍솔밭관	솔밭관한족공산당기관지	
	새세계	최태일,오성묵		아무르한인공산당흑룡주연합회	블라고베셴스크
	새벽북	이다몰,이인섭	옴스크	1920. 5	옴스크
	적기	나만춘,한봉익	이르쿠츠크	러시아공산당이르쿠츠크지부	이르쿠츠크
	동아공산	이성,박승만	이르쿠츠크	이르쿠츠크고려공산당중앙위	이르쿠츠크
1921	노동신보	계봉우		극동한인지부 당소식지	치타
1922	붉은긔		공산당연해 지부연합회	공산당연해지부연합회1922. 8 (고려인출판부 교육지)	블라디보스토크
	자위회보		신한촌자위회	블라디보스토크 신한촌 소식지	블라디보스토크
1923	선봉			고려공산당해삼위1923. 3~ 1937. 9(3·1신문)	블라디보스토크
1929	동방꼼무나	김태봉	흑하시당간부	흑하시당간부(1929~1933. 4)	흑하시
1932	연해주어부	한블라디미르	블라디보스토크 식량작업회	블라디보스토크식량산업회 1932~1933	블라디보스토크
	당교육	이광,라공		연해주문화선전부 1932. 11~1934. 3	하바로프스크
1933	공격대원	김아파나시	포시에트엠떼 에스정치부	1933~1935(레닌의길로통합)	포시에트
1934	광부	한블라디미르	아르쯤당간부	아르쯤탄광소식 (1932. 11~1933. 1)	하바로프스크
1935	스딸린네츠	사랍낀	블라디보스토크 크나젠스크	1933. 10~1933. 12	블라디보스토크
1936	레닌광선	정한립	스꼬또브지 구당위원회	1936. 10~1936. 11	스꼬또브

하바로프스크로 이전했다가 1933년 다시 블라디보스토크로 되돌아왔다.

1937년까지 러시아 고려인사회에서는 총 18개의 고려인 언론기관이 형성되었고, 고려인에 대한 삶의 자취가 기록으로 전해졌다. 1930년대 이후 '연해주어부', '광부', '공격대원'이 발간되었고, 연해주변강문화선 전부의 '당교육'도 발간되었다. 또한 공산당 기관지 '동방꼼무나', 블라디보스토크 나젠스크 정치부에 의해 '쓰딸린네트', '레닌광선' 등의 책자도 발간되었다.

(2) 한글로 만든 각종 교과서

① 한글 교과서

연해주에서 고려인들에 의한 교육출판이 시작된 것은 1923년 부터였고, 교재로 사용된 것은 1924년 이후부터다. 연해도 교육부에서 편찬한 「붉은아이」(1924), '고려말과본'(1932) 같은 책자들이 초등학생부터 중등학생을 대상으로 하여 보급되었다. 성인을 위한 '고려어교과서'(청년학교용)(1932), '꼴호즈건설자'(1931)같은 형태의 책들도 발간되었다. 또한 종종 공격대원과 같은 잡지가 문맹퇴치용으로 학교에 보급되었다. 1930년대 중반이후에는 '고려인교과서'라는 이름의 책들이 대거 발간되었다. 계봉우와 강채정이 공저한 '고려어교과서', 계봉우가 쓴'고려어교과서'(1932)는 꼴호즈 청년학교 교재였다.[139) '어린투사'(1932), '고려말과본'이 출간되었고, 오창환은 '조선어교과서'와 '문법 및 정서법'(1934)을 개발해 교육과정에 보급했다. '자란이의 새독본', '새학교'(1929), '새학교독본'(1930), '중등학교 조선어문법교과서'(1934)도 발간되었다.

연해주에서 고려인 교과서는 학년별 수준에 맞춘 교과서 개발이 매

---

139) 이 표에 제시된 자료는 2006년 본 연구팀의 해외조사과정에서 방문 조사기관이었던 러시아 국립레닌도서관에서 획득한 자료를 기초로 내용을 서지정보와 내용에 대한 개괄적인 해제가 진행되었음을 밝힌다.

우 체계적으로 진행되었다. 한글교육용 교재는 간혹 잡지형태나, 정치 팜플렛 형태로 있으며, 풍부한 내용과 볼거리를 제공해 줌으로써, 당시 교과서 제작자들이 한글교육에 대한 동기를 부여하기 위해 세심하게 노력했음을 알 수 있다.

교육관련 주요자료 중 일부는 자격규정관련 책들이 있는데 예를 들

〈표 V-3〉 교과서 분야별 고려인 문헌자료 목록: 한글교재

출판년	제 목	저 자	출판형태	발행지	출판사
1924	붉은아이	연해도교육부	로력학교용새독본	해삼위	연해교육부
	붉은아이(제1~4권)	미상	로력학교용독본	블라디보스토크	도서주식회사
1926	붉은아이(제1~3권)	미상	로력학교독본	블라디보스토크	도서주식회사
	지도자 독본		초등교과서	해삼위	해삼위
1927	독본 붉은아이	미상	원동교과서		도서주식회사
1929	새학교	미상	초등학교용	미기재	
1930	독본 새학교	리병국 외	초등학교용	하바롭쓰크	
	자란이의 새독본		초등학교용		
1931	꼴호즈건설자	꼴호즈당간부	고려일급학교용		
1932	어린투사		초등3학년용	하바롭쓰크	원동국립
	고려어교과서	계봉우, 강채정	초등교과서		
	고려어교과서	계봉우	초등교과서		
	어린꼴호즈니크	리인, 조명희	초등2학년용	하바롭쓰크	원동국립
	십월아동교과서		초등1학년용	하바롭쓰크	원동국립
	공격대원		문맹퇴치학교용	하바롭쓰크	원동변강
	고려말과본	오창환, 박유경	초등4국어교과	하바롭쓰크	
1933	문자편	리광, 오성묵	조선어문법교재	하바롭쓰크	
1934	고려말과본	오창환, 김산	초등3학년용	하바롭쓰크	
	조선어교과서	오창환	소식자학교용	하바롭쓰크	
1935	중등조선어문법	오창환	중등학교용	하바롭쓰크	6

어 '초등학교 검정시험', '원동변강인민교육부 편지', '아이들에게 벌을 주지 말라'등은 교육자를 위한 편지들이다. '사범전문학교강령에 의하여 공부하는 교원'(1937), '사범전문학교강령에 의하여 공부하는 초급

학교의 교원자격향상에 대한 재료'(1936), '초등학교, 초급중학교 및 중학교에서의 검정시험진행에 대하여'(1935). 초등학교입학전의 아동을 대상으로 한 교육방법에 대한 책으로 '입학전아동의 유희기구'(하바롭쓰크:원동변강교육부, 1930), '하긔육아원은무엇인가'(블라디보스토크-하바롭쓰크:도서주식회사, 1927)도 있다.

〈그림 V-1〉 연해주에서 만들어진 한글교육 교재

② 한글 수학교과서

1920년대부터 1930년대 후반 고려인사회에서 사용된 교과서들은 한글교과서 뿐만 아니라 수학, 물리, 지리, 역사, 화학분야에서도 한글로 된 교재가 사용되었다. 수학분야의 발굴된 자료들은 총 16종으로 수학과 기하학, 산수가 포함된 것이었다. 이 중에 초급수학과 산수는 간단한 수학의 기본원리와 공식을 제시한 것이었고, 「수학과본」은 콜호즈 청년학교 교재로 사용되었다. 수학교재는 초등학교 1학년부터 4학년까지 산수 또는 산술교과서 등 기초수학 교재를 사용했다. 5학년 때부터는 중등학교로 불렸으며, 5~6학년부터 수준이 높아지고, 7~8학년 교재에는 기하학과 기하학문제풀이, 평면삼각법 등 교과과정이 심화되는 특징을 보이고 있다.

〈표 V-4〉 교과서 분야별 고려인 문헌자료 목록: 수학과목

년도	제 목	저 자	출판형태	발행지	출판사
1932	초급수학초등학교	연해도교육부	원동로력학교용	VLAD	연해교육부
	초급수학		초급학교 4학년용		원동국립
	초급수학		초등학교 2학년용		원동국립
	수학과본 제1~2권	세까엠 페제에쓰	2학년용 교과서	HAB	원동국립
	수학과본,제1~2권		꼴호즈 청년학교용		원동국립
1933	초등학교산술교과 서1~3권	뽀뽀바. N. 쏘	교과서	VLAD	원동국립
1934	기하학문제집 :평면기하	륍긴, N	중등학교(8학년용)	HAB	원동국립
1935	산술교과서	뽀뽀바. N. 쏘	소학1년용	MOS HAB	연합출판
1936	중등기하학문제집	륍긴, N	중등 6~8년용	HAB	원동국립
1936	삼각법문제집	륍긴. N	중학교 8~9년용	HAB	원동변강
	평면삼각법	륍긴, N	중학교 8~9년용	HAB	원동변강

〈그림 V-2〉 고려인 수학교육 교재

1950년대 한글로 제작된 수학교과서는 모스크바에서 학용출판사나 교육도서출판사에서만 발행했다. 이 교재들도 초급학교 1학년 수학교과서부터 6~9학년까지 수준별 교재로 발간되었으며, 사할린 지역의 고려인들에게 교재로 제공되었다.[140]

1920년대 이후 고려인들이 쎄쌔쎄르 등지의 콜호즈와 각급학교에서 교재로 사용했던 지리교과서나 화학교과서, 물리교과서는 매우 수준이 높다. 그들은 이미 러시아어에 익숙하였기 때문에 번역수준도 상당히 높았다고 할 수 있다. 각 책자들은 대부분 간략한 형태로 출판되었고, 비교적 쉽고 상세하게 이해할 수 있도록 도표나 삽화들이 들어있었다. 세계지리 6학년용 교과서의 경우 천연색의 컬러화보를 사용하여 만들기도 했는데, 아주 화사하고 색감이 좋아 오랜 세월이 지났지만 표지색이 유지되고 있었다. 지리과목의 교과서는 학년구분은 1~3학년까지는 없고, 주로 4학년이후부터 표기되어 발간되었다. 꼴호즈에 배포된 「지리학과본」은 청년용이었다. 발간 시기는 1933년에서 1935년 사이에 집중되었고, 1950년대 이후 출판물들은 주로 모스크바 국립교육출판사와 국영학용서적출판사에서 출판되었다. 주요 저자는 바로꼬, 쩨렌호브, 쓰차쓰뜨녜브, 뽈로윈끼나 등의 러시아학자들의 저서를 러시아고려인인 리진수 등이 번역하여 한글로 출판한 것이었다.

---

140) 1950년대 모스크바에서 출판된 한글판 수학교과서는 다음과 같다. 뤱낀, N, '기하학 문제집', 초급중학 및 고급중학(6~9학년용) 모스크바: 국영학용서적출판사, 1953. 쁘쫄꼬, A. S, 뽈라크, 게베, 저, 리진수 역,'산수문제집', 소학교 제4학년용, 모스크바, 국립교육도서출판사, 1958. 리진수 역, '산수교과서, 초급 제1학년용', 모스크바, 국립교육도서출판사, 1959. 쁘쫄꼬 A. S 및 뽈라크, 게. 베, '산수제2학년용', 모스크바, 국영학용서적출판사, 1959.

③ 지리학 교과서와 지리교과서

〈표 Ⅴ-5〉 교과서 분야별 고려인 문헌자료 목록: 지리과목

년도	제 목	저 자	출판형태	발행지	출판사
1932	쎄쎄쎄르지리학과본	꼴호즈 청년학교	2학년용	하바롭	원동국립
	초등지리과본	미상	초등 4학년용	하바롭	원동국립
1933	지리교과서	쩨레호바, 르 크, 에르젤리, 브, 그	초등학교 교과서	모쓰크 하바롭	연합국립
1934	지리학교과서	뽀쫄긴, 므, 쩨레호브, 쁘	소식자학교용	하바롭	련합국립
1935	자연지리교과서	바르꼬브, 아, 쓰, 쁘, 로빈긴, 아, 아	중등학교교과서 (제5학년용)	하바롭	원동변강
1953	자연지리초급	바로꼬브, 아, 뽈로윈끼냐	제5학년용교과서	모스크바	국영학용
1957	세계지리교과서	쓰차쓰뜨녜브, 뻬, 엔, 쩨렌호브, 뻬, 게	중학제6학년용	모스크바	
1958	쏘련자연지리	스뜨로예브, 까, 페	7학년용 교과서	모스크바	국립교육
1960	세계지리	쓰차쓰뜨녜브, 뻬, 엔, 쩨렌호브, 뻬, 게	중학교제6학년용	모스크바	국립교육

〈그림 Ⅴ-3〉 고려인 지리교육 교재

④ 역사와 정치교과서

1920년대 후반 이후 연해주에서 발행된 역사분야의 서적은 주로 러시아 사회주의의 역사를 중심으로 혁명역사를 배경으로 하여 쓰여진 책들이다. 이 책들은 사회주의 교양학습을 위한 수단으로 사용되었고, 초등학교 교과서로부터 꼴호즈의 청년교육용으로 다양하고 널리 활용되었다. 주요 내용들은 기존의 러시아 문헌을 한글로 번역하여 사용한 것이 대부분이지만 내용을 축약하고 한글로 쉽게 이해할 수 있도록 편집자들이 노력한 흔적이 많이 나타난다. 대표적인 출판물로는 「봉건시대력사」, 「로씨야 력사교과서」, 「계급투쟁사」, 「초등학교 력사교과서」, 「중등학교 력사교과서」 등이 발간되었다. 또 「정치학초보」라는 책의 경우 손에 들 수 있을 정도로 작아 작업장에서 호주머니에 넣고 다닐 정도로 작은 형태로 만들어 배포하였다. 물론 이 책의 경우 현대의 정치학개론과는 많이 다르며, 맑스 레닌주의에 대한 기본적인 이해를 담는 철학사상 교양서적으로 제작되었다.

〈그림 V-4〉 고려인 역사교육 교재

⑤ 사회주의 학습교과서

이 번조사과정에서는 한글로 만들어진 사회주의 학습교과서로는 「레닌주의의 초보」, 「농촌공산당청년들에게」 「쏘련공산당 50년」등의 서적들이 발굴되었다. 이 밖에 많은 코민테른 관련 서적, 지령, 지침 들이 사회주의 학습서적으로 활용되었으며, 원동변강 당 출판사에서 출간된 대부분의 자료들이 이에 해당된다.

〈그림 V-5〉 고려인 사회주의 교육 교재

⑥ 물리학교과서

물리학교과서는 중등학교 교재와 꼴호즈청년학교용이 분리 제작되었다. 제작 시기는 1931년부터 1934년에 집중되었고, 물리과목은 5학년부터 보급되었다. 물리학 교과서는 소련의 기초과학분야의 수준을 짐작할 만한 학습내용이 포함되어 있다. 페이지들은 대부분 100페이지 안팎이었고, 최대 178페이지에 달하기도 했다.

〈표 V-6〉 교과서 분야별 고려인 문헌자료 목록: 물리과목

년 도	제 목	출판형태	발행지	출판사
1931	물리학 꼴호즈청년학교용(제1권)	꼴호즈학교용 교육교재	하바롭	국립연합
	물리학 꼴호즈청년학교용(제2권)	꼴호즈학교용 교육교재	하바롭	국립연합
1932	물리학교과서	꼴호즈청년학교 1학년용	해삼위	원동국립
1933	중등학교물리학교과서(6년용)	중등학교 물리교과서	하바롭	원동국립
1934	중등학교물리문제집(5~7년용)	중등학교 물리문제집	하바롭	원동국립
	중등학교물리학교과서(1~3권)	중등학교 물리교과서	하바롭	국립연합
	중등학교물리문제집(5~7학년)	중등학교 물리교과서	공통	국립연합

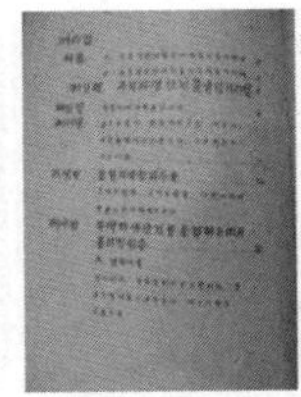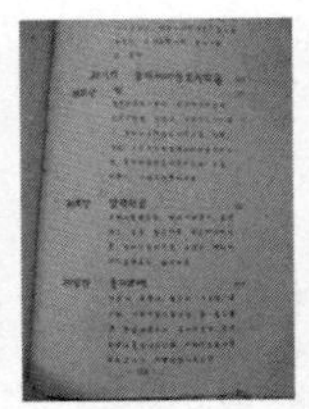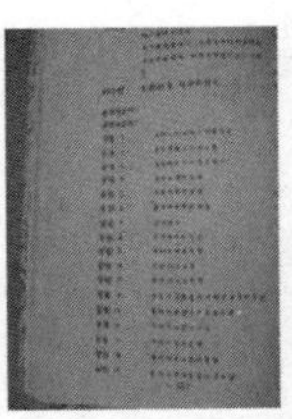

〈그림 V-6〉 고려인 물리교육 교재

⑦ 화학교과서

화학교과서는 주로 중등학교에서 다루어진 과목이었다. 화학교재는 주로 실제 응용 가능한 화학이론과 실제를 혼합해서 다루었으므로 비교적 관찰이 용이한 특징을 보여주었다. 꼴호즈 청년학교 1학년용부터 시작해서, 중등학교화학교과서와 같은 교재가 발간되었고, 주요 발간지역은 원동 국립출판부에서 출판되었고, 저자는 웨르홉쓰끼, 골리드파르브, 쓰모곤쓰끼이, 야르골리드 등 소비에트 국영출판사 교재는 출판부에서 한글로 번역출판한 것들이다. 교재의 수준은 매우 체계적이고 정교하게 잘 만들어져 있고, 주로 목차들은 책의 마지막 페이지에 적힌 것이 특징이다. 중학교 화학교과서의 경우에는 10학년용까지 발간되었고, 화학교과서는 1950년대 모스크바에서 한글로 번역출판된 자료는 발견되지 않았다.

〈표 V-7〉 교과서 분야별 고려인 문헌자료 목록: 화학과목

년 도	제 목	출판형태	발행지	출판사
1931	화학교과서 1	꼴호즈청년학교	하바롭	원동국영
	화학교과서 2	꼴호즈청년학교	하바롭	원동국영
1934	중등학교화학교과서	7학년용 교제	하바롭	원동국립
1936	중학교화학교과서	제10학년용 교재	하바롭	원동국립
1937	중학교화학련습문제집	중학교과 문제집	하바롭	원동국립

(3) 산업분야 한글문헌들

① 농업분야 지침서와 각종 재료들

고려인들은 1920년대 후반부터 다양한 산업활동을 수행하면서 직능별 분야에 관한 전문적인 정보자원을 정리하고, 출판했다. 국립레닌도서관에 소장된 자료들 중에서는 러시아 고려인들이 산업분야별 지식을 정리한 소책자들이 다수 발굴되었다. 대표적인 저작들을 간추려 정리해보면 아래와 같다. 산업관련 저서는 세부 분야에 따라 크게 농업, 어업, 광업, 상업, 계획경제라는 5대 분야에서 총 15종에 연해주와 사할린 지역에서 발간된 자료목록은 총 185건에 달했다. 농업분야의 주요 관심은 파종기, 또는 곡물 수매, 농산 아르쩰리의 규칙, 농업학교 교육용 교과서인 「농업과본」, 정지, 파종, 정곡기계(정곡귀게)에 대한 간이지도 등 다양한 분야의 출판물이 주로 1930년부터 1935년 사이에 집중적으로 발간되었다.

② 어업분야 지침서와 각종 서적들

어업분야의 출판물도 어업의 기술, 어업시기, 어업인을 위한 청년동맹 조직 규약과 같은 내용을 다룬 책자들이 발간되었다. 대부분의 책자들은 소책자들은 성인의 손바닥에 들고 다닐 정도의 크기인 가로 14cm×세로 18cm정도의 책자들이 거의 비슷한 시기에 집중적으로 출판되었다. 1930년대 고려인들의 문헌자료에 나타난 특징 중 하나는 당대의 시대적 삶의 기록에 대해 비교적 꼼꼼하게 잘 기록했다는 점이다. 또한 단체계약이나 농민상조회규정과 같은 자료들도 날짜별로 체계적으로 정리되어 있었다.

<표 Ⅴ-8〉 농업·어업·광업·상업분야에 대한 고려인 문헌목록

년도	제 목	제작자	출판형태	발행지	출판사
1926	농민상조회규뎡	미상	조직규약	해삼위	원동국영
1930	파종 깜파니에 대한 재료수집	미상	자료보고서	해삼위	기재없음
	연해도어업공리사 상조 저금국의 규측	연해주어업공리사	조직규약	해삼위	기재없음
	농산아르쪨리의 모범적 규측	미상	조직규약	하바롭쓰크	기재없음
	상점 꼬미씨야와 그 사업	데니쏩으,쓰.아			원동변강소비조합동맹
1931	원동변강꼴호즈제1차대회결정들	미상	활동문서	하바롭쓰크	기재없음
	어업알쪨리의 모범적 규측	미상	조직규약집	하바롭쓰크	국영련합
	쎄쎄쎄르 광산로동자직업회 원동변강위원회와 북화태석유주식회사 단체계약		활동보고서	하바롭	
1932	고기를 위하여	꿀릭긴	활동지침서		원동국립
	농업과본, 2학년용	미상	농민청년학교	해삼위	원동국립
	곡물 및 수육매수와 쏘베르산업	미상	자료보고서	하바롭쓰크	원동국립
1933	어장에서 투쟁하는 공산청년	김와실리	활동지침서	하바롭쓰크	원동당출판
1934	누가 어업에서 승리의 기빨을 전취할가?	뽀몰쩨브,르	활동지침서	하바롭쓰크	당출판원동
	원동변강어업꼴호즈 로력조직과 수입분배	원동변강어업꼴호즈	활동보고서	하바롭쓰	연합국립
	춘긔 파종준비에 대한 결정	원동당출판	활동지침서	하바롭쓰크	원동당출판
	어떠케 꼴호즈원은 유족하게 되는가	김태연	자료보고서	모스크바	외국로동자출판부
1935	농촌경리 알쪨리의 모범 규측	미상	조직규약집	하바롭쓰크	원동국립
	정지, 파종및 정곡귀게 간이지도	쏘꼴로브,	활동지침서	하바롭쓰크	기재없음

〈그림 Ⅴ-7〉 1920~1930년대 농업분야 고려인 문헌

(4) 여성 및 건강 관련 한글 문헌자료

1920년대와 1930년대 연해주지역에서 고려인 여성의 지위를 짐작하게 하는 여러 자료들이 문헌에 출간되고 있었다. 일부 자료는 목록만 있고, 문헌이 없는 경우도 많았는데, 자료발굴을 위해서 지역별 자료실의 소장목록을 세밀히 비교하는 것도 필요하다. 여성관련 자료는 주로 러시아공산당연해도 위원회 내 여자부에서 만든 「고려로력녀자」라는 자료가 1925년에 발간되었다. 1927~1928년에는 여자지도원의 지남과 여자대표라는 지도강령이 배포되었다. 이를 통해 알 수 있는 것은 공산당 조직사회에서 여성의 사회적 역할이 증대되고 수평적인 남녀관계가 형성되는 현상을 반영한다. 연해주에서는 1920년대와 30년대에 건강관련 서적들이 상당히 많이 출간되었다. 1925년부터 1932년 사이에 출판된 내용을 살펴보면 「아동교육」, 「성교육」, 「탁아소에서의 위생지식」, 「전염병예방법」, 「아편경고책자」, 「여자위생」, 「식사와 새 풍습」, 「천연두와 종두」, 「적십자활동」, 「음주 경고책자」등이 나왔다. 아동의 성적 성숙과 성적교육이라는 책자는 당시 고려인사회가 성교육문제에 관심을 기울인 상당히 개명한 사회였음을 보여준다.

<표 V-9> 여성관련 및 건강관련 문헌목록

년도	제 목	제작자	출판형태	발행지	출판사
1925	임부와 유모의 알어야 될 것		단행본	해삼위	연해도위생부
	해방전선의 고려로력녀자	당여자부	단행본	해삼위	
	녀자대표. 재료수집		단행본	해삼위	
1926	삼월팔일에 고려로력녀자에게		단행본	해삼위	
1927	녀자지도원의 지남과 여자대표 강령		단행본	해삼위	
1928	생식귀와 화류법과그와의 투쟁	골봅으, B	단행본	해삼위	
	네건강을 보호하여라	삐오네르야	단행본	해삼위	
	녀자위생	투리예, A	단행본	해삼위	레쎄페쎄레적십자
	천연두와 종두(天然痘와 種痘)	가마떼야 N	단행본	해삼위	레쎄페쎄레적십자
1929	아편먹는 일은 어떤 해독을 주는가	야워르쓰끼	단행본	하바롭쓰크	원동변강직업동맹
1930	아이를 옳게닙히라	그린베르그	단행본	하바롭쓰크	인민교육
	아동의 성적 성숙과 성적 교육	꼬곤	단행본	하바롭쓰크	
	찌프쓰(열병)와 그들과의 투쟁		단행본		
	식사와 새풍습	까로브	단행본	하바롭쓰크	
1931	전염병과 그에 대한 예방법	박윤하	단행본	하바롭쓰크	국영련합
	원동변강탄광에서의 해한 귀생충에 대해	즈메예브	단행본		원동변강
1932	탁아소에서의 위생의 초보적 지식	만나니꼬바, N.	단행본		원동출판
	여자가 나아간다	클레베르 외	단행본	하바롭쓰크	원동국영
	여자대표회의사업에 대하여	크랍첸꼬	단행본	하바롭쓰크	원동국영
	녀자대표통상회의 강령		단행본	해삼위	
1933	불행한 경우에와 중독제로써 마취 도니때에하는 초보적 구급	베르란도, A	단행본	하바롭쓰크	레쎄페쎄르적십자
1934	조선공산당 행동강령	조선공산당	단행본	모스크바	외국로동자
1962	폭음은 건강의 원쑤이다	로스노브, 웨.Ye	단행본		유즈노사할린

〈그림 Ⅴ-8〉 1925~1935년대 여성분야 고려인 문헌

(5) 생활상식 및 사회생활 관련 각종 지침서

1930년대 고려인사회에서 발간된 책자들 중 문화와 생활관련 책자들
도 상당히 많이 출판되어 보급되었다. 「칠어를 어떻게 간잡할까」, 「채소
저장의 간호법」, 「토끼치는 자의 지남」, 「원동변강에서의 양잠업」, 「원
동변강에서의 양장업」, 「정어리」, 「도야지 치는 법」, 「잡초와의 투쟁」,
「깜부기와의 투쟁」, 「원동의 벼농사」, 「양봉업」, 「닭치는 법」, 「양잠상
식」, 「콩재배법」 등 다양한 분야의 간략한 소책자들이 만들어졌다. 이
책들은 대부분 크기가 작은 소책자 수준으로 포켓용 일반상식 책이라
할 수 있다. 이들 저서들의 서지사항을 구체적으로 정리하면 다음과 같
다. 1923년에 마리꼬브쓰끼는 「잡초와의 투쟁」을 쓴다. 이후 1928년에
는 「파종깜빠니야에 당면한 농민들의 참고거리」가 출간되었다. 또
1931년에 국립연합출판부에서는 4편의 문헌이 나타났는데. 이와노브,
므, 「도야지 치는 법」, 장도정, 「원동변강에서의 겐작고사용」, 까가높스
끼이, 아그, 「정어리」, 빠뜨리크, 이, 아, 「닭치는 법, 단합적 또는 개인
적으로」등이 출간되었다. 이것은 생활 속의 작업생활지침서들이라 할
수 있으며, 연해주 농민들의 생활상을 반영해주는 것들이다. 이후에도
리 설송이 쓴 「원동변강에서의 양봉업」(1932), 게라씨모브, 므, 리문현
번역, 「고기잡이에 대하여」(1932), 드미뜨리예브, 「벼농사의 수확률을
높이자」(1932), 백성환, 「원동에서의 양잠상식」, 체까띨로, A의 「옥수수」
등이 출간되었다. 또 1933년 출판된 문헌으로는 바스게롭의 「칠어를 어

떻게 간잡할까」, 클레첸코, A, 베, 「토끼치는자의 지남」, 리동휘의 「원
동변강에서의 양잠업」, 민홍, 박 디미뜨리의 공저 「원동의 벼농사」, 「뜨
락또르 운전수의 닞지 말고 할 일」, 주 알렉세이의 「깜북이와의 투쟁」,
장도정의 「콩과 그 재배법」 등이 있다.

〈그림 V-9〉 생활 상식분야 고려인 문헌

〈표 V-10〉 생활상식 및 민속문화 관련 문헌목록

년도	제 목	제작자	출판형태	발행지	출판사
1923	잡초와의 투쟁	마리꼬브쓰끼, 이	단행본	하바롭쓰크	원동국립
1928	파종깜빠니야에 당면한 농민들의 참고거리		단행본	하바롭쓰크	
1931	도야지 치는 법	이와노브, 므	단행본	하바롭쓰크	국립련합
	닭치는 법, 단합적 또는 개인적으로	빠뜨리크,이,A	단행본	하바롭쓰크	국영련합
	정어리	까가높스끼이	단행본	하바롭쓰크	국영련합
	민족문제		단행본	하바롭쓰크	국립련합
	원동변강에서의 겐작고사용	장도정	단행본	하바롭쓰크	국립련합
	고려인의 구력과 명절미신	게봉우	단행본	하바롭쓰크	원동변강
	꼴호즈에서의 문화와 생활제도		단행본	하바롭쓰크	국영련합
1932	옥수수	체까띨로, 아	단행본	하바롭쓰크	원동국립
	고기잡이에 대하여(리문헌 번역)	게라씨모브, 므	단행본	하바롭쓰크	원동국립
	토끼치는자의 지남	클레첸코, 아	단행본	하바롭쓰크	
	원동변강에서의 양잠업	리 동휘	단행본	하바롭쓰크	원동국립
	벼농사의 수확률을 높이자	드미뜨리예브	단행본	하바롭쓰크	원동국립
	원동변강에서의 양봉업	리 설송	단행본	하바롭쓰크	원동국립
	원동에서의 양잠상식	백성환	단행본	하바롭쓰크	

년도	제 목	제작자	출판형태	발행지	출판사
1933	원동의 벼농사	민홍, 박 디미뜨리	단행본	하바롭쓰크	원동국립
	칠어를 어떻게 간잡할까	바스게롭	단행본	하바롭쓰크	국립원동
	뜨락또르 운전수의 닛지말고할일		단행본	하바롭쓰크	원동변강당
	깜북이와의 투쟁	주 알렉세이	단행본	하바롭쓰크	원동국립
	콩과 그 재배법	장도정	단행본	하바롭쓰크	원동국립
1934	채소저장의 간호법	와쓰리엠쓰끼	단행본	하바롭쓰크	연합국립
	원동변강에 힘있고 건강한 말	두젭쓰끼	단행본	모스크바	국립련합
1935	원동변강에서의 농작물의 병해와 동물해		단행본	하바롭쓰크	원동국립
	문하우젠이 격근 별아별히 한인한 인들		단행본	모스크바	외국노동자

1934년에는 와쓰리엠쓰끼, 아, 「채소저장의 간호법」과 두젭쓰끼, 「원
동변강에 힘있고 건강한 말」이 출간되었고, 1935년에는 「원동변강에서
의 농작물의 병해와 동물해」가 출간되었다. 이 밖에도 명절관련 기록으
로 게봉우의 「고려인의 구력과 명절미신」책자가 있으며, 고려인의 문화
와 풍속에 대해 문하우젠이 경험담을 기록한 「문하우젠이 격근 별아별
히 한인한인들」같은 자료도 문화적 기록으로서 의미를 가진 문헌자료
라 할 수 있다.

(6) 희곡집, 음악서적 관련 자료

1932년 김재철의 조선연극사(朝鮮演劇史)는 서울의 조선어문학회가
편찬하여 고려인 사이에 보급되었다. 이 자료의 원판은 국내에도 많지
않음으로 사료사적 가치는 매우 높다고 할 수 있다. 특히 1930년대 말
연해주지역에서 상영되었던 각종 연극과 공연작품의 원본에 대한 자료
발굴은 이 분야의 중요한 과제라 할 수 있다.

해방직후 생산된 희곡집은 주로 평양에서 만들어진 자료들이 많이
보관되어 있다. 남궁만, '복수꽃 필 때'(BKH:평양, 1946), 김창만, '북경

의 밤'(희곡집. 평양, 1946), 국립예술극단 편, '人民戱曲集'(평양:문화전
선사, 1947), 김태진, '이순신장군'(희곡.평양:국립조선인민출판사, 1948). 남
궁만, '홍경래희곡집'.(평양:북조선문학예술총동맹문화전선사, 1947). 남
궁만, '로동자'(BKH:단막희곡집, 평양, 1948), 탁진, '꽉쇠'(BKH:단막
희곡집. 평양, 1948) 등이 있다.

　음악서적으로는 1932년에 만들어진 「혁명창가집」이 있다. 이 책은
소비에트 고려인들이 널리 부르던 40여 개의 음악이 수록되어 있다.
1959년 사할린에서 만들어진 '해표-음악가'(싸할린서적출판사)도 1950
년대 사할린 한인의 음악을 이해할 수 있는 자료다.[141]

〈그림 V-10〉 한글로 만들어진 음악 및 희곡집

(7) 문학 분야 서적들

　1920년대 이전 작품으로는 유원표의 '夢見諸葛亮(몽견제갈량)'(서울:
보문사, 1908), 이광수의 '一說春香傳'(京城:한성도서주식회사, 1929),
作文集 少年模範(서울:신소년사, 1929) 등이 있다. 1930년대 작품에는
일린, 므. '100,000은 어찌하여'(하바롭쓰크:원동국립출판부, 1932), 보
리쏘브, 트. '선도의 필지'(해삼위:원동국립출판부, 1933) 등이 있다.

---

141) 해표음악가의 악보를 정리한 편저자는 바유ㅅ간쓰ㅅ기, 아 로 기록되어 있음

이광수(1920) 양명문(1947) 이태준(1947) 조명희(1960) 조기천(1962)

〈그림 V-11〉 문학분야 관련 다양한 서적들

1945년부터 1950년 사이에 북한지역에서 생산된 작품에는 '巨流詩集'(평양, 1946), '永遠한 握手'(평양:조선문화협회, 1946), 楊明文의 頌歌(평양:문화전선사, 1947),[142] 이태준, '농토'(평양:로동당출판사, 1947), 이원우, '茂盛하는 노래' 詩集(평양:문화전선사, 1947), 리찬, '쏘련 詩抄'(평양:조쏘문화, 1947), '北嶺詩集'(평양:북조선문학동맹, 1947), '승리의 기록', 시집(평양:문화전선, 1947), '砂漠의 改造'(함흥:한소문화협회함흥지부, 1947), 최명익, '麥嶺창작집'(평양:북조선문학예술총동맹문화전선사, 1947), 이기영, '땅'(평양:조선인민출판사, 1948), 이동규, '단편집'(평양:조소문화협회중앙본부, 1948), 한설야, '쏘련 方旅行記'(평양:교육성,1948), 한설야, '炭鑛村' 단편집(평양:조소문화협회중앙본부, 1948), '농민소설집'(평양:북조선농민동맹중앙위원회군중문화부, 1949), 조정철, '빨치산의 딸'(평양:국립인민출판사,1949), 쏘련군환송시집, '영원한 친선'(평양:북조선문학예술총동맹문화전선사, 1949), 직장문학써클 시집, '로동자의 노래'(평양:북조선직업총동맹군중문화부, 1949), 김상오. '우리의 날'(평양:문화전선사, 1950) 등이 있다.

한편 1920년대 조선프롤레타리아동맹에 가입하여, 리기영과 한설야와 함께 사회주의 학습서클을 조직했으며 1938년 5월 11일 일본간첩의 누명을 쓰고 총살당했던 조명희의 작품은 1950년대 이후 북한과 모스크바의 문학가들에 의해 재조명되었다. 그의 작품은 러시아연방의 여러

---

142) 양명문의 대표작 '송가'는 1959년 自由文學 7월호에 다시 실리기도 했다.

도서관에 한국학관련 작품들 속에 많은데, 사후에 출판된 것으로 '락동
강선집'(평양:조선작가동맹, 1955), '조명희선집'(모스크바:쏘련과학원
동방도서출판사, 1960), '시월의 노래'(싸할린서적출판사, 1960) 등의 작품이
있다.[143]

1950년대 말부터 1960년대 사이에 고려인문학작품은 구소련에 흩어
져 살고 있던 중앙아시아지역과 사할린 등 고려인 집거지역과 모스크바
에서 출판되었다. 박일이 편집해 만든 '조선시집(1958)'은 크질오르다와
알마티에 있는 카사흐국영문예서적출판사에서 출판되었다. 김준의 '십
오만원사건(1964)은 알마티에서 카자흐국영문학예술출판사에서 간행된
장편소설이다. 사할린에서 생산된 문학작품으로는 조기천의 '백두산서
사시'(1962), '김삿간시선집'(1963), '최서해의 작품선집'(1963)이 사할
린서적출판사에서 간행되었다. 모스크바에서 간행된 소설로는 '조선고
전소설집'(모스크바 과학출판사, 1965), '춘향전'(모스크바 쁘로그레쓰
출판사, 1966), '심청전'(모스크바쁘로그레쓰출판사, 1966)등이 있다.

(8) 한글로 쓰여 출판된 아동도서

한글로 쓰여지거나 번역된 아동도서도 연해주지역과 모스크바에서
출판되었다. 1930년대 작품에는 보빈스끼야의 '재만생각하여 내엇다'
(원동변강인민교육부, 1930)가 모스크바 어린이도서관에 소장되어 있으
며, 레닌도서관에 소장된 어린이도서로는 김알렉쎄이의 '어린투사의 생
활'(하바롭쓰크:원동국영출판사, 1932), 까베린, 벤, '궁전의 포격'(하바
롭쓰크:원동국립출판부, 1932), 반ㅅ젤레예브의 '봉함편지'(모스크바:외
국로동자출판부, 1936), 레베제브, 쓰. 크의 '첫 번의 지구일주:마겔란의
려행'(하바롭쓰크:원동변강국립출판부, 1936), 또한 ㅅ가씰, 로. '별로모

---

143) 조명희는 중학교 조선어문교재에 소설 '락동강'이 실릴만큼 중국의 연변에서 문학분
    야에서 널리 알려진 인물로 1894년 8월 10일 충청북도 진천에서 태어나 1938년 5월
    11일 당시 연해주 하바롭스크에서 사망한 문학가였다.

르아저씨와 알료사랴잔이야기'(모스크바:외국문서적출판사, 1936), 꼬르닐로브, 보리쓰 그림 크로또브, '어떠케 곰이 꿀에 니를 알키 시작하엿는가'(모스크바:외국로동자출판부, 1936) 등이 있다.

한글로 쓰여진 아동도서는 1930년대 강제이주 이후 약 15년간 종적을 감추었다가 1950년대 중반 이후에 나타나기 시작한다. 와쓰네쪼브, 유, 김기철 역, '여우이야기'(모스크바:외국문서적출판사, 1956), 까따예브, 왈렌찐, '초원의 전장',(모스크바:외국문서적출판사, 1958), 까따예브, 왈렌찐, '흰돛'(모스크바:외국문서적출판사, 1957), '여우와 승냥이', '로씨야예이야기'(유즈노싸할린스크:싸할린서적출판사, 1959), 가이다르, 아르까지 저. 리보배 역, '학교'(모스크바:외국문서적출판사, 1962).

그림이 있는 동화책으로는 모스크바 외국문서적 출판부에서 다수 출판되었다. 마르사크, 에쓰가 쓰고 웨.레베제브가 그린 '수영쟁이 얼럭둥이'(1955), 미할꼬브, 쎄르게이가 쓰고, 유루쉬끼나. N이 촬영한 '북극의 꼬마곰'(1956), 미할꼬브, 쎄르게이가 쓰고, 서막 외 정이막. 예. 라쵸브가 그린 동화극 '주제넘은 토끼'(1958), 바죠브, 뻬가 쓰고, 우스뻰스까야가 그린 '은발굽 어린이 책'(1957), 이삭. 유, 와쓰네쪼브 그린 '우크라이나인민동화'(1958), 비안끼, 위딸리가 쓰고 게니꼴스끼가 그린 '가시돋은 숲속의 꼴로보크'(1958), 까찌가 쓰고 유, 와쓰네쪼브가 그린 '로씨야 인민유희가'(1958), 꼴로보크. 아.엔. 똘스토이 편작. 예.라쵸브 그림, '로씨야인민동화'(1959), 챠쁠리나, 웨라. 아, 안좌노브 사진, '장남군과 울래미'(1959), 바르또, 아그니아 저, 웨쑤쩨예브 그림, '버릇 궂은 꼬마곰'(1960), 랍쩨브, 아, 조정보가 번역한, '재미있는 그림들'(1962), 미할꼬브, 쎄르게이 저, 까.로또브 그림, '스쪼바 아저씨'(1961) 등이 있다.

(9) 종교관련 서적

종교관련 서적으로는 성교감략.下~上(1883), 쎄쎄쎄르전투적무신론 자동맹규측(하바롭쓰크, 1930), 주강생, '周年祝文'(대영국 성교회, 1904), 야로쓸랍쓰크, 옘. '공산주의자들과 종교'(하바롭쓰크:원동변강국영출판부, 1932). 야로쓸랍쓰크, 예. 에. 뗄리만, 므. 세이만, '자본주의의 위기와 교회'(하바롭쓰크:원동국립출판부, 1933)이 있다.

(10) 일본의 침략 및 식민지기록

일제의 한인사회에 대한 압제의 기록으로 세균무기준비사용죄로 기소된 前日本軍務者 事件公判材料(외국문서적출판부, 1950).

(11) 한글문헌목록자료

조선문서적목록(1935), 조선문서적목록(1936), 조선서지학개관(평양:국립출판사, 1955), 그리고리예브, 유.예. '도서관장서조직'(평양:조선민주주의인민공화국국립중앙도서관, 1955), '각급도서관기술요강초안'(평양: 조선민주주의인민공화국국립중앙도서관, 1955).

(12) 기타 한글로 번역된 서적들

가이다르, 아르까지. '찌무르와 그의 부대'(모스크바:외국문서적출판사, 1956). 가이다르, 아르까지. '축크와 게그'(모스크바:외국문서적출판사, 1956). 까실리, 레브, '이른해돋이'(모스크바:외국문서적출판사, 1958), 프라예르만, 루윔, 김이돌 역, '첫사랑에 대한 이야기'(모스크바:외국문서적출판부, 1960), 챠쁠리나, 웨라, '네발가진 동무들'(모스크바:외국문서적출판부, 1958). 챠루신, 예. '똠까에 대한 이야기'(모스크바:

외국문서적출판부, 1960).

3) 소장기관에 따른 고려인 문헌목록

(1) 레닌도서관 소장 단행본 문헌목록

4천 만권 이상의 막대한 장서량을 자랑하고 있는 레닌도서관은 1994
년 이후 러시아 국립도서관으로 불리고 있다. 레닌도서관 부설 동양학
자료센터는 한국학 관련 자료를 보존하고 있으며, 동양학자료센터의 조
사를 통해 독립운동 관련 서적, 연해주 고려인들의 교과서, 고려인의 언
론 및 잡지관련 서적, 단행본, 러시아 고려인들의 이주관련 서적, 농촌
소비에트에서의 다양한 문화예술관련 기록과, 문서, 조선 문서목록, 북
한의 각종 잡지, 사회주의 이념서적 등 약 900여 개의 문헌목록이 획득
되었다. 아래의 표는 1925년부터 1930년까지 생산된 한국관련 단행본
들 중 레닌도서관에 소장된 문헌들을 제시한 것이다.

〈표 V-11〉 레닌도서관 소장 단행본 문헌목록(1925~1930)

년도	서 명	저 자	언어	형태	발행지	출판사
1925	녀자대표. 재료수집		한글	단행	해삼위	
	1925년도 고려녀자 대표회 강령		한글	단행	해삼위	
	로씨야레닌공산청년회력사	구르, 레브	한글	단행	해삼위	
	공산청년회야체이끼사업에 대한 재료수집	공산청년회	한글	단행	해삼위	
1926	공리조합과 공산청년회		한글	단행	해삼위	
	직업동맹규측의 중요사항		한글	단행	하바롭쓰크	
	모쁘르는 무엇인가		한글	단행	해삼위	
1927	당꼰페렌치야의 총게.		한글	단행	해삼위	
	각성하는 고려(고려공산당 공판에 제하야)	루빈스데인, 드	한글	단행	해삼위	모사보르현간부

년도	서 명	저 자	언어	형태	발행지	출판사
1927	녀자지도원의 지남과 여자대표-통상회의 강령		한글	단행	해삼위	
	농림로동자직업회사업에 대한재료수집		한글	단행	해삼위	
	모뽀르 야체이카 집행부의 사업	볼류메나우, 아, 김원번역	한글	단행	해삼현	모뽀르
	모뽀르 야체이카와 농촌		한글	단행	해삼위	
1928	전동맹볼세비끼공산당중앙위원회.뿔레눔	전동맹(볼세비크)공산당 중앙위원회	한글	단행	해삼위	
	녀자대표통상회의 강령		한글	단행	해삼위	
	전동맹레닌공산청년회 제八차대회재료수집	전동맹레닌공산청년회	한글	단행	해삼위	
	쎄쎄쎄르직업, 회의의의와 과업	보얄쓰끼, 야	한글	단행	하바롭쓰크-해삼위	원동변강직업쏘베르로옹출판부
	공장제조소 메쓸꼼내에 조직원들의 사업규정		한글	단행	해삼위	
	모뽀르 검사위원회 사업		한글	단행	해삼위	
1929	국제공산당강령과 헌장		한글	단행	해삼위	해삼현당간부
	식민지와 반식민지 국가들에서의 혁명운동에 대한 론강		한글	단행	해삼위	
	예고롭으, 브. 끄용농민과 공산당		한글	단행	하바롭쓰크	직업동맹-원동변강쏘베트출판부
	민족문제.로씨야 볼세비끼공산당 제12차 대표회에서 쓰딸린의 보고와 그에 대한 결정서	쓰딸린, 이	한글	단행	하바롭쓰크	원동변강인민교육부
	제 4 차 . 블 라 디 윗 똑 . 1929. 제 4차현당꼰페렌찌야결정	현당꼰페렌찌야	한글	단행	블라디보스톡	전동맹공산당 해삼현간부
	제3차해삼현꼰페렌치야 결정서	전동맹레닌공산청년회	한글	단행	해삼위	
	전동맹레닌공산청년회 6차꼰페렌치아 결정들	전동맹레닌공산청년회	한글	단행	하바롭쓰크	
	사업의 새방식으루		한글	단행	하바롭쓰크	

년도	서 명	저 자	언어	형태	발행지	출판사
1929	원동공산청년회의 당면과업		한글	단행	하바롭쓰크	
	침략주의와 전쟁을 반대하는 태평양직업동맹	로좁쓰끼, 아	한글	단행	하바롭쓰크-해삼위	태평양 직업동맹
	쎄쎄쎄르 농림로동자직업동맹은 어떻게 조직되며 무엇을 목적하는가	네 뽐 냐 씨 이, 느. 쁘	한글	단행	하바롭쓰크	
	앞으로 열니는 태평양직업동맹대회의 해석감빠니야에 대한 재료	뿌께, 뱌이네	한글	단행	하바롭쓰크 블라지보스또크	
	직업동맹들의 국제덕련합. 데이편. 32c.	뿌께, 뱌이네	한글	단행	하바롭쓰크	
	직업동맹들의 국제덕련합. 데일편, 38c.	뿌께, 뱌이네	한글	단행	하바롭쓰크	
	직업동맹들의 국제덕련합	뿌께, 뱌이네	한글	단행	브라디보스톡	
	직업동맹실용교과서 1~7편		한글	단행	하바롭쓰크	직업동맹-원동변간쏘베트로동출판부
	직업회전동맹소베트는 세쎄쎄르 농림노동자에 대하야		한글	단행	하바롭쓰크	
1930	해삼현당간부 제5차 꼰페렌찌야 결정서		한글	단행	해삼위	해삼현당간부
	전동맹공산당 제16차 대표회의 정치사업보고	쓰딸린, 이	한글	단행	하바롭쓰크	크니스노예젤로
	전동맹공산당내의 우경에 대하여	쓰딸린, 이	한글	단행	하바롭쓰크	해삼현당간부

　　1925년부터 1930년 사이에 발간된 문헌목록 중 러시아 레닌국립도서관에 보관되고 있는 문헌은 40편이었다. 이 중에서 1925년 4편, 1926년 3편, 1927년 6편, 1928편 6편, 1929년에는 17편, 1930년 3편의 자료가 있었다. 1925년에서 1929년까지의 특징은 대부분의 발행지가 해삼위로 쓰여 있다. 일부 당지침서 등은 모스크바와 하바롭스크에서 연합출판한 것들이다.

〈표 V-12〉 레닌도서관 소장 단행본 문헌목록(1931~1933)

년도	서 명	저 자	형태	발행지	출판사
1931	현 계단에서의 두 전선에 대한 당의 투쟁		단행	모스크바 하바롭쓰크	원동국영
	원동변강당교육총서. 1~13		단행	하바롭쓰크	원동국영
	십이월런합쁠레눔의 결정		단행	하바롭쓰크	국영련합
	전동맹(볼세비크)공산당 원동변강위 쁠레눔		단행	하바롭쓰크	국영련합
	꼴호즈내당야체이까의 사업규정		단행	하바롭쓰크	국영련합
	전동맹(볼세비크)공산당중앙위. 쁠레눔	공산당중앙위원회	단행	하바롭쓰크	원동국립
	전동맹볼세비끼공산당중앙위원회. 쁘레눔	공산당중앙위원회	단행	하바롭쓰크	국영련합
	전동맹볼세비키당16차대회 민족문에 대하여	술리판, 므	단행	하바롭쓰크	국영련합
	여자대표회의사업에 대하여	크랍첸꼬, 예	단행	하바롭쓰크	원동국영
	전동맹레닌공산청년회 제9차	레닌공산청년회	단행	하바롭쓰크	
	전동맹레닌공산청년회 원동변강 제5차꼰페렌치야의 재료	레닌공산청년회	단행	모스크바	국영련합
	전동맹레닌공청회 7차전동맹 꼰페렌치야의 결정들		단행	모스크바 하바롭쓰크	
	변강간부 공청회 뷰로에서 결정한 해삼시 공청회		단행	해삼시	
	전동맹공산당원동변강위원회결정	공산당 원동변강위원회	단행	하바롭쓰크	
1932	가치와 및 정탐과의 투쟁	뷰흐네르이. 스브로보스	단행	모스크바	외국로동자
	볼세비크적도정에서	쓸로도브, 엔.아	단행	하바롭쓰크	원동국립
	十월혁명과 로씨야공산주의자들의 전술	쓰딸린, 이.웨	단행	모스크바	외국문서적
	둘재오년계획에 대하여		단행	하바롭쓰크	원동국립
	전동맹볼세비끼공산당중앙위원회. 쁘레눔	공산당중앙위원회	단행	하바롭쓰크	원동국립
	전동맹공산당칠차꼰페렌찌야에서 한 보고(둘재오년계획에 대하여)	꾸이비쎄브, 브	단행	하바롭쓰크	

년도	서 명	저 자	형태	발행지	출판사
	1931~1932학년도 초등당학교강령		단행	하바롭쓰크	원동국립
	여자가 나아간다	클레베르, 꾸르트, 로르베예브, 한	단행	하바롭쓰크	원동국립
	전동맹레닌공산청년회중앙위원회 셋재쁘레눔	레닌공산청년회	단행	하바롭쓰크	
1932	공산청년회에서의 구체적 지도에 대하여	레닌공산청년회	단행	하바롭쓰크	원동국립
	전동맹레닌공산청년회의 셋재쁠레눔에서 한 브.쁘 쓰뜨쇼브동무의 연설	뽀쓰뜨쇼보, 브	단행	하바롭쓰크	
	전동맹레닌공청회칠차전동맹 꼰페렌치야의 결정들		단행	하바롭쓰크	원동국립
	전동맹레닌공산청년회중앙위원회의 셋재쁠레눔의 결정	레닌공산청년회	단행	하바롭쓰크	원동국립
	국제정세와 국제공산당각지부의 임무	ㅅ구시넨	단행	모스크바	외국로동자
	국제형편과 국제공산당쎅치야들의 과업에 대하여	꾸시넨	단행	하바롭쓰크	원동국립
	목재준비소에서의 당적 및 군중사업설치에 대하여	알렐레꼬브, 아	단행	해삼위	국립원동
	당청결에 대하여	안쩰로비츠, 노	단행	하바롭쓰크	원동변강당
	전동맹 공산당 원동변강위원회. 쁠레눔		단행	하바롭쓰크	원동국립
	전동맹 공산당연해주조직뷰로의 결산	쁘세니쩬, 크	단행	하바롭쓰크	원동병강당
1933	전동맹 공산당 원동변강위원회 쁠레눔		단행	하바롭쓰크	원동변강
	농민문제에 대한 당의 세 가지 기본구호	쓰딸린, 이.웨	단행	모스크바	외국문서적
	당청결에 대하여.	공산당중앙간부	단행	하바롭쓰크	원동변강당
	쏘련공산당강령과 헌장.	쏘련공산당	단행	하바롭쓰크	원동병강당
	전동맹공산당 내의 우경에 대하여	쓰딸린, 이	단행	모스크바	외국로동자
	어장에서 투쟁하는 공산청년	김와실리	단행	하바롭쓰크	
	농촌공산청년회관업에 대하여	꼴레쓰니첸고	단행	하바롭쓰크	
	공산청년회의 임에 대하여	쓰딸린, 이	단행	모스크바	외국로동자
	전동맹레닌공산청년회헌장		단행	하바롭쓰크	원동변강당

1931년 자료는 14편이었으며, 이 중에서 원동변강 당 교육총서를 제외하면, 13편은 모두 전동맹공산당 및 공산당청년회 활동관련 자료들

이 전부였다. 1932년 자료는 13편이었다. 「여자가 나아간다」 등의 서적을 포함해 모든 서적들이 공산당활동에 대한 내용을 다루고 있었다. 1935년 자료는 15편이었다. 대부분의 글들은 원동변강위원회와 국제공산당 등 주로 당 활동서적이 대부분이었다. 출판지와 출판사의 특징을 보면 1931년 이후 당 출판사의 출판활동이 커지고 있으며, 모스크바에서 연해주지역으로 지시되는 모든 당출판물들이 한글로 번역되는 추세가 나타났다.

<표 V-13> 레닌국립도서관 단행본 한글문헌목록(1934~1937)

년도	서 명	저 자	형태	발행지	출판사
1934	새조건새전술	왕민	단행	모스크바	외국로동자
	중국에서의 공산당의 볼세비크화와 레닌주의의 승리의 길	왕민	단행	모스크바	외국로동자
	중국에서의 혁명전쟁무장간섭과 공산당의 임무	왕민	단행	모스크바	외국로동자
	국제공산당ㅅ블레눔 레제와 결의		단행	모스크바	외국로동자
	파시즘과 전쟁의 위험과 각국공산당의 임무	ㅅ구시넨	단행	모스크바	외국로동자
	인도공산당의 임무에 대하여	올구왈드	단행	모스크바	외국로동자
	XI병강당꼰페렌찌야의 총화에 대하여	뻬뜨로브, 그	단행	하바롭쓰크	원동당출판
	정동맹공산당(볼세비크) 강령과 규약	전동맹공산당	단행	모스크바	외국로동자
	전동맹(볼)공산당헌장.	전동맹공산당	단행	하바롭쓰크	원동당출판
	전동맹(볼세비크)공산당대회 제17차		단행	모스크바	외국로동자
	혁명적 위긔의장성에 대하여	마누엘쓰끼, 드	단행	모스크바	외국로동자
	XVII당대회. 전동맹공산당중앙위원회의사업보고	쓰딸린, 이	단행	모스크바	외국로동자
	17차당대회에서 공산당 중앙위원회 사업결산	쓰딸린, 이	단행	하바 롭쓰크	원동당출판
	조선공산당.조선공산당의 행동강령	조선공산당	단행	모스크바	외국로동자
1935	국제공산당결정서. VII차 세계대회		단행	모스크바	외국로동자
	인도지나공산당의 임무에 대하여	올구왈드	단행	모스크바	외국로동자
	국제공산당가맹조건 21개조	뻬 ㅅ드니츠키, 오	단행	모스크바 레닌그라드	외국로동자

년도	서 명	저 자	형태	발행지	출판사
1935	전동맹(볼세비크)공산당 원동변강위원회. 쁠레눔		단행	하바롭쓰크	원동국립
	공산주의자는 이러한 자이어야 한다	크롭쓰카야	단행	모스크바	외국로동자
	전동맹공산당(볼세비크)략사	브.뽀노마로브	단행	모스크바	외국로동자
	전동맹(볼세비크)공산당중앙위원회. 쁠레눔	공산당중앙위원회	단행	하바롭쓰크	원동국립
	전동맹(볼세비크) 공산당중앙위원회십일월쁠레눔	공산당중앙위원회	단행	하바롭쓰크	원동국립
1936	평화를 위한 투쟁의 유일전성	디미ㅅ드호브	단행	모스크바	외국로동자
	전쟁과 긔근과 무권리의 통치에 반대하여 투쟁하는 일본공산당	오가노	단행	모스크바	외국로동자
	중국민중의 영웅-방지민		단행	모스크바	외국로동자
	중국민중의령수모택동		단행	모스크바	외국로동자
	정동맹공산당(볼세비크) 강령과 규약	전동맹공산당	단행	모스크바	외국로동자
	전동맹(볼세비크)공산당중앙위원회. 쁠레눔	공산당중앙위원회	단행	모스크바	외국로동자
	전동맹레닌공산청년동맹 강령과 규약	레닌공산청년동맹	단행	모스크바	
	전동맹레닌공산청년동맹제십차대회에서의 중앙위원회의 결산보고	꼬싸레브, 아	단행	모스크바	
1937	파시즘과 전쟁에 반대하는 투쟁의 인민전선	디미ㅅ드호브	단행	모스크바	외국로동자
	국제공산당. 국제공공산당강령		단행	모스크바	외국로동자
	그리고리이 꼰쓰딴찌노위츠 오르도소니끼드제		단행	하바롭쓰크	원동국립
	당사업의 결점에 대하여서와 트로츠키파와 표리부동자들을 청산 하는 방침에 대하여	쓰딸린, 이	단행	모스크바	외국로동자
	끼로브락전.1886~1934		단행	모스크바	외국노동자
	＋월혁명과 로씨야공산주의자들의 전술	쓰딸린, 이.웨	단행	모스크바	외국문서적
	전동맹(볼세비크) 공산당 력사	야로슬랍쓰끼, 옙	단행	하바롭쓰크	원동당출판

1934년 출판건수는 14편, 1935년 출판건은 8편, 1936년 출판된 건수는 8편, 1937년에 출간된 것은 7편이었으며, 지역적으로는 모스크바의 외국문서적출판사와 외국인노동자출판부, 원동국립출판부, 원동변강

당출판부 등으로 나타났다.

(2) 뻬쩨르부르그 공공도서관 소장 단행본 문헌목록

뻬쩨르부르그 국립도서관은 1814년에 설립된 러시아 최초의 국립도서관으로서 34,500,000권의 장서량을 자랑하고 있다. 한국관련 자료가 가장 많은 도서관으로서 18세기 이후 20세기 말까지의 한국관련 자료, 한문도서, 고대 역사관련 서적, 한민족 시 문화, 19세기 조선-러시아 관계 서적, 항일독립운동기록, 북한관련 도서 등이 다양하게 소장되어 있다. 아래는 쌍뜨 뻬쩨르부르그 도서관에 소장된 한글 문헌을 1925년부터 1937년까지 제시한 목록이다.

〈표 Ⅴ-14〉 뻬쩨르공공도서관 한글문헌목록(1925~1930)

년도	서 명	저 자	형태	발행지
1925	자란이의 독본		교과서	블라디보스토크
	공청회 야체카 사업에 대한 재료수집		단행본	블라디보스토크
	임부와 유모의 알라야 될 것	그. 브. 게쭙으	단행본	
	신로(新路)		단행본	블라디보스토크
	어머니독본		교과서	블라디보스토크
1926	공리조합과 공산청년회		소식지	
	농촌공산청년들에게 자번 각국청년들의 생활과 투쟁에 대하여	그레제르 그	단행본	블라디보스토크
	새독본 붉은아이		교과서	블라디보스토크
1927	농민은 무엇을 알아야 될까		단행본	블라디보스토크
	하기유아원은 무엇인가,		단행본	블라디보스토크
	하긔유아원사업	쑤룹체바아	단행본	블라디보스토크
	토지법적		단행본	블라디보스토크
	국제혁명자 구제회 규칙		단행본	블라디보스토크
	소년탐험대원의 법측		단행본	블라디보스토크
1928	옮는 병과 그와 투쟁하는 방법	긴스부르그, 쓰 옮김 김병호	단행본	하바로브스크
	생식기와 화류병과 그와의 투쟁		단행본	블라디보스토크

년도	서 명	저 자	형태	발행지
1929	43소년탐험군의 유희		단행본	블라디보스토크
	생의 기원과 발전	므, 그레야츠키	단행본	블라디보스토크
	쎄쎄쎄르 농림로동자 직업회 농촌 상조회의 모범적 규측		단행본	블라디보스토크
	민족문제		단행본	하바로브스크
	사회주의 쏘베트공화국 동맹농업		단행본	블라디보스토크
	국제공산당 헌장과 강령		단행본	블라디보스토크
	토지사용과 토지정리의 일반적시초		단행본	블라디보스토크
	성인문맹퇴치 소강렬		단행본	블라디보스토크
	교원참고자료수집		교과서	하바로브스크
	새학교 독본 제1권,1편		교과서	
	구역, 면, 농촌 쏘베트 꼬미사이의 사업규정		단행본	하바로프스크
	사업의 새방식으로		단행본	블라디보스토크
	싸 홈 단편소설	김유경	소설	하바로브스크
1930	아이를 옳게 닙히하	므, 그렌베르그	교과서	하바로프스크
	독본새학교	리병국 외	교과서	하바로브스크
	쎄쎄쎄르 전투적 무신론자동맹규측		단행본	하바로브스크
	새계단에서		단행본	하바로브스크
	쏘베트 주권-소식자학교 자습자용		교과서	하바로브스크

1925년 이후 발간된 저서들은 「자란이의 독본」, 「공청회 야체카 사업에 대한 재료수집」, 「임부와 유모의 알라야 될 것」, 「신로(新路)」, 「어머니독본」이 있었고, 1926년 문헌으로는 「새독본 붉은아이」등 총 3편이었다. 1927년 이후의 글들은 연해주 한인소비에트의 활동이 보다 체계적으로 진행되고 있는 내용들이 많이 나타나고 있다. 이 중에서 「하기유아원은 무엇인가」, 「하긔유아원사업」은 탁아소문제를 다룬 것이고, 「농민은 무엇을 알아야 될까」, 「토지법적」, 「국제혁명자 구제회 규칙」, 「소년탐험대원의 법측」에서는 새로운 형태로서 농업문제와 토지보상문제등의 내용들이 다루어졌다. 1928년에 나타난 문헌으로는 「옮는 병과 그와 투쟁하는 방법」, 「생식기와 화류병과 그와의 투쟁」, 「43소년탐험군의 유희」 등에서 건강한 생활과 도덕적 재무장을 강조하고 있다.

1929년에는 많은 번역서와 사회주의 지도부 지침, 문맹퇴치용 서적, 교원을 위한 교재들이 많이 출간되었다. 주요 문헌으로 「사회주의 쏘베트 공화국 동맹농업」, 「국제공산당 헌장과 강령」, 「토지사용과 토지정리의 일반적시초」, 「성인문맹퇴치 소강렬」, 「교원참고자료수집」, 「새학교 독본 제1권」 1편, 「구역, 면, 농촌 쏘베트 꼬미사아의 사업규정」 등이 있다. 대부분의 책들은 극동지역의 원동변강 국립출판사, 국립연합출판사 원동지부에서 출간되었다.

<표 V-15> 뻬쩨르 공공도서관 소장 문헌목록(1931~1933)

년도	서 명	저 자	형태	발행지
1931	민족문제에 대하여	술리안 므	단행본	하바로브스크
	새전쟁의 위험과 우리의 국방		단행본	하바로브스크
	쎄쎄세르 광산로동자 직업회운동 연강위원회와 북화래석유주식화사 단테계약		단행본	하바로브스크
	어업꼴호즈		단행본	하바로브스크
1932	2년계획을 완성하는 제4년인 1932년도 농촌경리세랍	살리모브 쓰	단행본	하바로브스크
	볼세비크적 도정에서		단행본	하바로브스크
	공산청년회에서 구체적 지도에 대하여		단행본	하바로프스크
	고려어 수학 및 장련과학 강령		교과서	하바로브스크
	사회학과본과 초등학교 3학년용 상편	김병호	교과서	하바로프스크
	꼴호즈 생산-재정 통계의 기초적 규정	그리고리예브, 크	단행본	하바로프스크
	높은 수확을 위하여		단행본	하바로브스크
	레닌의 유언		단행본	모스크바
	사회학과본 꼴호즈청년학교 제1학년 상	이종일 역	교과서	하바로프스크
	사회학과본 꼴호즈청년학교 제1학년 하	박뿌뜰 역	교과서	하바로프스크
	사회학과본–초등학교 사학년용		교과서	하바로브스크
	쎄쎄쎄르 고농과 목자의 사회보험		단행본	모스크바
	레닌과 스딸린이 중국분할에 대하여		단행본	모스크바
1933	로동자 농민정부에 관한 문제에 대하여		단행본	레닌그라드
	극동에서 이러난 제국주의전쟁		단행본	레닌그라드
	중국혁명과 국제공산당의 임무		단행본	레닌그라드

년도	서 명	저 자	형태	발행지
1933	국제공산당 집행위원회 제12차 쁠레늄 테-제 결정서 결의문		단행본	
	외국로동자대표단과의 담화		단행본	모스크바
	사회학과목 꼴호즈청년학교 이학년용		교과서	하바로프스크
	레닌주의의 기본에 대하여		단행본	
	공산청년단체 및 삐오네르단체의 장성과 그들의 정치교양사업형편		단행본	하바로프스크
	당사업에 대하여		당출판	하바로프스크
	목재울모리에서 브라가드를 어떻게 조직할까	브, 아, 그라봅쓰끼	당출판	하바로프스크
	사회과학본,초등학교 삼학년용 하	이문현 역	교과서	하바로프스크
	어장에서 투쟁하는 공산청년	김와실리	단행본	하바로프스크
	17차 당 대회 결정서들		당출판	하바로브스크
	콩과 그 재배법		교과서	하바로브스크
	동방민족대학의 정치적 임무		단행본	레닌그라드
	고기잡이에 대하여	게라시모브모크	단행본	하바로브스크
	과거의 붉은 빨찌산과 적위군들에게 변제와 우선권을 줌에 대하여		단행본	하바로브스크
	농촌사업에 대하여		단행본	하바로브스크
	공산청년회의 임무에 대하여		단행본	레닌그라드
	쏩호즈 꼴호즈내의 가죽위생감시원의 일지 말고 할 일		단행본	하바로브스크
	농민문제에 관한 당의 세 가지 기본적 표어에 대하여		단행본	레닌그라드

1931년에는 4편의 문헌이 주로 민족문제, 국제정세, 어업꼴호즈 문제를 중심으로 작성되었고, 1932년에는 한글교재로 「고려어 수학 및 자연과학 강령」, 「사회학과본」 초등학교 3학년용 상편, 「사회학과본」 꼴호즈청년학교 제1학년용, 「사회학과본」 초등학교 사학년용 등의 교재를 보관하고 있었고, 1933년 자료로는 「사회학과목」 꼴호즈청년학교 이학년용, 「공산청년단체 및 삐오네르단체의 장성과 그들의 정치교양사업형편」, 「사회과학본」, 초등학교 삼학년용 하, 「동방민족대학의 정치적 임무」,

「콩과 그 재배법」을 비롯해 10여 개의 사회주의 활동관련 지침들이 있었다. 이 중에서 총 6개는 레닌그라드와 모스크바에서 출간되었다.

〈표 V-16〉 뻬쩨르 공공도서관 소장 문헌목록(1934~1937)

년도	서 명	저 자	형태	발행지
1934	개정 기하학교과서-중등학교 8~9학년	유, 오, 구르위츠	교과서	하바로프스크
	6자 전동맹 당 꼼페렌치아의 결성서들		단행본	
	매에 대한 놀애, 바다 제비에 대한 놀애		단행본	
	13차 국제공산당 쁠레눔테제와 결의		단행본	
	봉건시대역사 중등학교 육칠학년용	아, 이, 구꼽쓰끼	단행본	하바로프스크
	유고슬라비아의 민족문제에 대하여		단행본	레닌그라드
	문제와 대답		단행본	레닌그라드
1935	위대한 전환의 해		단행본	모스크바
	두 연설		단행본	레닌그라드, 모스크바
	개정 기하학교과서-중등 육팔학년용	유, 오, 구르위츠	교과서	하바로프스크
	국제공산당 7차 세계대회 결정서		단행본	모스크바
	유기화학교과서 중학교 제10학년용	골리드 파로프	교과서	하바로프스크
	중국 붉은 군대이약이	아, 스메들리	단행본	
	정치경제학 모스크바		단행본	
	레닌주의의 제문제		단행본	레닌그라드
1936	국방후원회 초급단체에 대한 규정		단행본	하바로프스크
	서평 영용적 진군		단행본	모스크바
	새시기 새사람		단행본	모스크바
	단편소설		소설	
	노인국에 갓다온 굴리웨르		단행본	모스크바
1937	레닌주의의 문제들에 대하여		단행본	모스크바
	화학연습문제집	골리드 파로프	교과서	
	맑쓰주의와 민족문제		단행본	모스크바
	쏘베트 사회주의공화국 동맹헌법		단행본	모스크바
	쎄쎄쎄르 최고소비트 선거법		단행본	모스크바
	국제공산당 강령		단행본	모스크바
	니야기초집		단행본	하바로프스크
	공중 및 화학방어에 준비되자		단행본	하바로프스크

1934년에 출판된 교재 중 뻬째르부르그 도서관에 보관된 자료는 「개정교정 기하학교과서」-중등학교 팔구학년용, 「봉건시대역사 중등학교 육칠학년용」이 전부였다. 특이한 것은 「매에 대한 노래, 바다제비에 대한 놀애」의 경우 극동지역이나 모스크바에 없던 책이었다. 1935년 발간된 한글자료는 전체 자료 중 교과서 분야가 세 편이었고, 「개정 기하학교과서-중등 육팔학년용」, 「유기화학교과서 중학교 제10학년용」, 「정치경제학」 등이었다. 1936년에 출간된 자료로는 번역소설인 「노인국에 갓다온 굴리웨르」, 「단편소설」, 「영용적 진군」과 같은 서적들이 배치되었다. 1937년에는 「레닌주의의 문제들에 대하여」, 「화학연습문제집」, 「맑쓰주의와 민족문제」, 「쏘베트 사회주의공화국 동맹헌법」, 「쎄쎄쎄르 최고소비트 선거법」, 「국제공산당 강령」 등이 대부분 번역되어 출간되었다.

4) 시기별 정보자원의 발전 형태와 문헌목록의 분류

(1) 1860년 이후 1900년 이전까지 문헌목록

1860년대부터 1900년대 초반까지는 러시아에서는 한국에 관련된 19세기 후반의 다양한 기초정보를 수집하여 정리한 책자들이 다수 출판되었다. 특히 1860년 북경조약 이후 러시아가 조선과 국경을 접하게 되면서 이에 대한 지적 관심과 지정학적 관심이 발생했다. 많은 러시아연방의 도서관과 문서보관소에 한인이주, 극동지방의 언어와 풍습, 한반도 정세, 한국어, 러한사전, 한국역사 개괄서 등 다양한 기초자료들이 수집되었다. 아래는 1860년부터 1990년 사이에 출간된 러시아 문헌 목록을 제시한 것이다.

<표 V-17> 1860년부터 1880년까지 문헌목록

년도	서 명	저 자	발행지
1833	Корей цы во Владивостоке.		Новь
1842	Статистические описание китай ской империи.	Иакинф	СПб
1851	Собрание сведений о народах, обитавшых в? Средней Азии в древние времена.	Бичурин И	СПб
1861	Путешествие в долине реки Уссури	Максимов А	СПб
1863	Гельмерсена в южной части Уссурий ского края	Исследования штаб-капитана П.	летом 국방참모부
1865	Амурский край в коммерческом, промышленн ом и хозяственном отношениях.	Носков И.	СПб
1871	Инородцы Приморской области.	Книжка дляшкольника	М.
1871	Этнографи-ческая экспедиция в Южно-Уссури й ский край . Известия имп. русского географи ческого общества.	Кафаров П.И	вып.
1871	С. На Востоке, поездка на Амуре в (1860~1861 годах).	Максимов С.	СПб
1871	Очерки по истории Сибири. вып	Пржевальский Н	Иркутск
1872	Корей цы, их религия и отношения кевропей цам.		РВ
1872	Описание Кореи н корей цев. ИГО, Сибирский отдел.	Любенский В	Иркутск
1873	Религии Востока: конфуцианство, буддизм и д аосизм.	Васильев Г.	СПб
1874	Корей ская азбука. В пользу корей ских школ Южно-Уссурий ского края. Автограф корей ца.	Пьянков В	СПб
1874	Опыт русско-корей ского словаря.	Пуцилло М.	СПб
1874	Корей ская иммиграция в Маньчжурию.	Пуцилло М.	СПб
1875	Корей цы на Амуре. Сборник исторических и ст атистических сведений о Сибири и сопредельн ых ей странах	Вагин В.	СПб
1875	Корея очерк историй , учереждений , языка, нр авов, обычаев и распространения христианства.	Ждан-Пушкин П.	СПб
1875	Замечание о словаре Пуцилло.	Кафаров П.И	ИИРГО
1875	Замечания о словаре Пуцилло.	Палладий	ИИРГО

년도	서 명	저 자	발행지
1876	Новый прилив корей цев.		Сибирь
1879	Сведения об официальном преподовании восточных языков в России.	Веселовский Н.	СПб
	Исторический очерк Уссурий ского края в связи с историей Маньчжурии.	Кафаров П.И	вьш
	Исторический очерк Уссурий кого края в связи с историей Маньчжурии.	Палладий .	ИИРГО
1880	Нашы задачи на Дальнем Востоке. Инородцы в Уссурий ском крае.	Максимов А	СПб

〈표 Ⅴ-18〉 러시아 문헌목록(1881~1900)

년도	서 명	저 자	발행지
1882	Указатель литературы об Амурском крае.	Буссе Ф.	
1883	Геогрофическое описание Кореи (перевод с китай ского).	Дмитреевский Н.	Ханьхоу
1884	Труды православной миссии? Восточной Сибири.	Виниамин.	Иркутск
1885	Жизненные вопросы православной миссии в Сибири.	Виниамин.	СПб
	К истории корей ских школ.		Владивосток
	Корей ская тай на.		ВО
	Корей ский вопрос и корей цы на?? Амурье.		
	Очерки современного состояния Северо-Уссурий ского края.	Надаров И.	Владивосток
1886	Золотопромышленность в Амурской и Приморской областях.	Боголюбский Н.	Бляговешенск
	Путешествие по Корее с декабяр 1885 по март 1886 года.	Делоткевич И.	ИИРГО
	Современная Корея.	А.	ИВ
1887	Дневник по путе пешком из Сеула в Посьет через Северную Корею с 6 декабря 1885г.	Делоткевич И.	СГМА
	Краткий очерк Кореи.	Калнин Г.	СГМА
	Хамгенская и Пхеньянская провинции Кореи.	Лубенцов А.	Хабаровск
	На Дальним Востоке.Рассказы и очерки.	Максимов А	СПб

년도	서 명	저 자	발행지
1887	Некоторые статистические данные о корей цах Посьетского участка Южно-Уссурий ского края.	Н.	Владивост ок
	Северо-Уссурий ский край .	Надаров И.	СПб
	Южно-Уссурнй ский край и современное-его со стоянис.	Надаров И.	Владивост ок
1888	Военно?статистический очерк Амурской облас ти.	Назаров Г.	СПб
1889	История Сибири.	Андреевич В. К.	СПб
	На край нем востоке России. Из путевого альбо ма.	Поляков И.	новь
1890	Поездка в Корею Генерального штаба подполко вника? Вабеля,	Вебель Ф.	летом
	Наши соседи.	Старчевский А.	СПб
1891	Библиография Азии.	Межов В.	СПб
	Восточно-Сибирский отдел РГО.	Обручев В.	Иркутск
1892	Библиографические записки.	Ивановский А.	
	По островам Дальнего Востока.	Краснов А.	СПб
	Очерки Кореи.	Поджио М.	СПб
	Русский морской переводчик во всех портах на 25 языках, служащего также для русских люде й , путешествующих по южным м восточным ст ранам Азии.	Старчевский В.	СПб
1893	Всеподдан-ней ший отчёт Приамурского генер ал - губернатора. 1893, 1894 и 1895 годы.	Духовский С. М.	СПб
1894	Описание Амурской области.	Грум-Гржимай ло Г	СПб
	Географическо-статистический словарь Амурск ой и Приморской областей со включениями не которых пунктов сопредельных сними стран.	Кириллов А.	Благовеще нск
	Корея и ее обитатели.	Клюпшенбург А	Новое слово
	Наши задачи на Тихом океане: Политические эт юды.	Максимов А	СПб
	Наша задачи на Тихомокеане. Политические эт юды.	Максимов А	СПб
	О корей цах. Очерк.	Максимов А	М
1895	Корея и корей цы.		Нива

년도	서 명	저 자	발행지
	Корей цы Приамурского края.		ПВ
1895	Сибирская библиография. Указатель книг и? статей о Сибири на русском языке и одних только книг на иностранных языках за весь период книгопечатания.	Межов В.	СПб
	Корей цы Приамурского края. Труды Приамурского отдела	Насекин Н.	ИРГО
1896	Переселение крестьян морем?	Буссе Ф.	СПб
1897	Описание Маньчжурии. Составлено в канцелярии министра финансов под ред.	Позднеев Д.	СПб
	Наш Дальный Восток.	Шредер Д.	СПб
	Пер. с китай ского.	Душистая Весна	СПб
1898	Корей цы. Его же: По белу свету ? Очерки и картины путешествий .	Елисеев А.	СПб
	Желтый вопрос на русском Дальнем Востоке.	Колин П.	РВ
	Корей ские тексты (на корей ском языке).		СПб
	Северная Корея.?? Сборник описаний позиции.	Корф Н	СПб
	Русско-корей ский словарь.	Тай щин А.	Хабаровск
1899	По Дальнему Востоку.Путевые заметки.	Максимов С.	СПб
	Справка об Уссурий ском крае и его обитателях.	Хмелева О.	Mockva
1900	Описание Кореи.		Mockva
	Рыбные промыслы Дальнего Востока.	Бражников В	СПб
	Прогноз развития совктско-южнокорей ских экономических отношений	Журнал ?Эй шиа.РК ? НИС в мире?	Токио
	?Рыбные промыслы Дальнего Востока. Осенний промысел в низовьях Амура.	Бражников В.	СПб
	Жёлтый вопрос.	Духоветский Ф	РВ
	Известия из? Корей ско-сахалинской экспедиции 1900 года.		СПб
	Элементарное пособие кизучению корей ского языка, с граммческими правилами и упражиемиями.	Кузьмин К	Хабаровск
	Справочная книга г. Владивоскока. С приложением 5 рисунков словарей китай ского, корей ского и японского плана театра и нлана города.	Матвеев Н.	Владивосток

년도	서 명	저 자	발행지
1900	Корейский вопрос в Приамурье.	Н	РВ

(2) 1901년 이후 1917년 이전까지 문헌목록

1910년 한일합방 이후 한민족들의 연해주 이주는 일제강점이라는 외적 요인의 영향을 받은 것이었다. 따라서 이주의 성격도 해방, 저항, 도피 차원에서 진행됐다. 1900년 이전의 이주가 농촌 중심이었다면 1901년부터는 도시지역으로 이동하였다. 연해주정부는 이들을 러시아의 우호세력으로 간주했으며, 1890년대 이후 러일전쟁에 이르는 러일 양국 간의 조선각축과정에서 이들을 활용하고자 했다. 이 시기에 러시아 학자들에 의해 기록되고 만들어진 저서들을 <표 V-19, 20>에서 1901년부터 1916년까지 고려인 관련 러시아 문헌 목록으로 정리했다.

① 러시아문헌목록: 1901~1910

〈표 V-19〉 러시아 문헌목록(1901~1910)

년도	서 명	저 자	발행지
1901	Восточные языки и наши окраины.		Русский вестник
	Корея ? страна утренней свежести.	Колокольников В	М
	?Новейшая история стран Дальнего Востока.	Кюнер Н	Владивосток
	?Корейская хрестматия.	Подставин Г	Владнвосток
	Корейская хрестоматия. Т.2.	Подставин Г	Владивосток
	?Обозрение преподавания по кафедре корейской словесности на 1901~1902 академический год для студентов корейско-китайского отделения	Подставин Г	ЦВИ
	?Обозрение преподавании по предмету политического устройства современной Кореи на 1901~1902 академический год.	Подставин Г	ЦВИ

---

144) 러시아 정교선교회: Православное миссионерское общество

년도	서 명	저 자	발행지
1902	?Симсян сехак. Собрание текстов для упражнения в разборе смешенного корей ско - китай ского письма. С подстрочным словарем для наиболее трудных отделов.	Подставин Г	Владивосток
	?Краткий конспект лекцей полической организации современной Кореи.	Подставин Г	Владивосток
	?Собрание своеобразных выражений корей ского разговорного? языка.	Подставин Г	Владивосток
	Собрание образцов корей ских официальных бумаг и деловых документов.	Подставин Г	Владивосток
	Азбука для корей цев.144)		Казань
1903	Военно-географический и статистический очерк Северной Кореи.	Бажов А.	СПб
	Главные китай ские и корей ские промыслы на русском Дальнем Востоке.	Врадий В	Санкт-Петербургские ведомости.
	Корей ские и китай ские названия древесных пород	Врадий В	Сельскоехозяй ство и лесоводство
	Взгляд на современное состояние европей ских литератур, в частности географических о Дальнем Востоке.	Кюнер Н	ИВИ
	Южно-Уссурий ский край и переселенцы.145)	Новицкая Л.	Харьков. изд
	Страны Утреннего спокой ствия Корея и ее обитатели.	Шмидт П	СПб
	Япония и Корея.146)		Владивосток
1904	Корея, запретная страна.	Алов В.	СПб
	Корея.?	Белоконский И.	Ростов на Дону
	Страна утра. Корея, ее природа, жители и их прошлое и современное состояние. .	Берёзен Н Чао-Сянь.	СПб
	Маньчжурия и Корея.	Вольский	Сибирский наблюдатель
	Некоторые дополнения к моей брошюре: Опьяняющие напитки китай цев, корей цев и японцев и инородцев Уссурий ского края.	Врадий В	СПб

년도	서 명	저 자	발행지
	Пищевые продукты китай цов, корей цов, японцев и других инородцев Дальнего Востока. (заметки из путешествия по Азии).	Врадий В	СПб
	Япония и Корея	Голанчьев А	М
	По Корее, по Маньчжурии и Ляодунскому полуострову.	Гарин Н.	СПб
	Из писем корей ского миссионера.	Епископ Хрисанф.	Казань
	Корея и ее обитатели.	Нива	
	Корея и корей цы.		СПб
	Корея.?147)		СПб
	?Военный ? обзор Северной Кореи.	Корф Н	СПб
	?Капитуляция русского труда икапитала в Приамурье	Л. Г	СБ
	Корей цы Приамурского края.148)	Насекин Н.	
	Очерки Японии, Кореи и Маньчжурии.	В.	М
1904	Современное положение христианских мисси й в Корее.	Павел Иеромонох.	Владивосток
	Краткий очерк развития миссионерского дела среди? корей цев Южно-Уссурий ского края.	Павел Иеромонох.	Владивосток
	Корея, Китай , Маньчжурия. Тибет..	Паукер Е.	СПб
	Вестник иностранной литературы	По Корее.	
	?Ободрение преподавания по кафедре корей с кой словесности на 1902~1903 акадамечиский год. 1. Корей ский язык. 2. Политическая организация Кореи. 3. Обзор торгово-промыш ленной деятельности Кореи.	Подставин Г	ИВИ
	Японцы, корей цы и хунхузы. Очерки из жизн и азиатов Дальнего Востока.	Полятусь С.	Одесса
	Слова и выражения к русско-корей ским разгов орам.	Православное миссионерское общество	Казань
	Природа и люди? в Корее.	Рабинов К	СПб
	?Корея и Япония.	Рагозина Д	Одесса
	?Издание военно-статистического отдела гла вного штаба.	Разведчику в Корее	СПб

년도	서 명	저 자	발행지
1904	Корея: страна и ее история посленего времени.	Сувирев Н	СПб
	Япония, Корея, Маньчжурия.	Н.	М
	Корея и корейцы.	Шмидт П	СПб
	Из писем корейского миссионера.	Щетковский Х	Казань
1905	?Географический, этнографический и экономический ? очерк Маньчжурии.	Врадий В	СПб
	Корейцы христиане.	Ивановский П.	М
	Переселение и колонизация.	Кауфман А.	СПб
	?По Дальнему Востоку. Сахалин, Уссурийская область, Маньчжурия, Корея, Япония.	Львовеч В.	М
	??Хрестоматия литературного корейского языка Часть, 1.	Подставин Г	ИВИ
	Хрестоматия литературного корейского языка. Вып. 1.	Подставин Г	Владивосток
	?Корейская грамматика.	Подставин Г	Владивосток
	Краткий очерк переселения корейцев в наши пределы.	Рагоза А	Военный сборник
	От Сеула до Владивостока. Путевые заметки миссионера.	Щетковский Х	М
1906	Желтая опасность или иммиграция китайцев и ее влияние на белую и жалтую расы.	Менгден О.	СПб
	Владивосточская епархия в первые пять лет ее существования (1898~1903).	Разумовский А	Симферополь
1907	Корея. Сводка сведений из газеты ?Дальний Восток?	Болховитинов Л	М
	Образцы сатирических произведений современной корейской литературы. Т. 1.	Подставин Г	Владивосток
1908	О корейском языке и корейском чтении китайских иероглифов. На правах рукописи.	Вебер К.	СПб
	Пробная? транскрищия всех городов Кореи.	Веберь К.	СПб
	Всеподданейший отчет Приамурского генерал-гу-бернатора Умтербергера		Хабаровск
	Обзор революционного движения в округе Иркутской судебной палаты за 1897~1907 гг.		Иркутск
	Уссурийский край.	Холодов Г	СПб

년도	서 명	저 자	발행지
1909	Корея ? страна утреней ясности.	Колокольников	2-изд
	Желтая раса и рабочий вопрос в Амурской зол отопромышленности.	Комов А	Сибирские вопросы
	О китай цах и корей цах в Приамурском крае.	Комов А	СБ
	Переселенческое? дело в Китае и наша Дальн евосточная окраина. Отд.	Кохановский Н	ИВИ
	По поводу колонизай ии в Китае и у нас. СПб,. 1909Отдсльный оттиск ИРГО.	Кохановский Н	ИВИ
	Исторический очерк развития основ китай ской материальной идуховной культуры, в свя зи с выяснением роли последней в жизни дру гих народов на Дальнем Востоке.Часть 1 - вве дение. Обзор источников.	Кюнер Н	Владивосток
	Корей ские анекдоты и рассказы.	Подставин Г	Владивосток
	?Упражнения в переводе с русского языка? на корей ский .	Подставин Г	Владивосток
	Полный список изданий Восточного институ та.		Владивосток
	Дальнем Востоке сотрудниками общеземской организации.	Приамурье. Факты, цифры, наблюдении, собранные на	М
	Цифры. Наблюдения.	Приамурье. Факты	М
1910	Наши богатства. Промыслы Примерской обла сти, Камчатки, Сахалина.	Богданов Д.	Владивосток
	Желтая России. Доклад.	Ланкин А.	СПб
	Краткий исторический очерк города Владиво стока 1860~1910.	Матвеев Н.	Владивосток
	?Желтый вопрос в Приамурье. Историко-стат истический очерк.	Панов А	ВК

---

145) Харковского общества грамотности

146) Очерк государственного хозяй ства, общественного строя, быта и военно й организации.

147) История, ее политическое устрой ство, экономическое положоние,? торго вля и промышленность

1901년부터 1910년까지는 대한제국과 제정러시아의 국가적 운명이 뒤바뀌는 중대한 시기였다. 이 시기는 또한 제정러시아로 이주한 고려인들이 이주 40주기를 맞이하던 시기였다. 이 시기에는 다른 어느 때보다 활발한 한국관련 기록, 연해주 한인에 대한 기록들이 관리되었다. 이 시기의 자료들은 제정러시아 외무부 대외정책문서보관소 등에 있다. 또 이 시기의 대표적인 저자들로는 20세기 초반의 러시아 한국학의 줄기를 형성하는 연구자가 나타난다. 그 중 극동대학의 포스타빈(Подставин Г)교수는 1900년대 초반에 조선반도의 정세분석에 능통했고, 연해주의 한인들과 접촉했다. 코르프(Корф Н)총독도 연해주 한인사회에 관심이 많았다. 그밖에도 콜라코니코프(Колокольников В), 큐네르(Кюнер Н), 블라디(Врадий В), 노비츠카야(Новицкая Л.), 슈미트(Шмидт П), 벨로콘스키(Белоконский И.), 이바노프스키(Ивановский П), 라노자(Рагоза А), 볼호비티노브(Болховитинов Л), 마떼예바(Матвеев Н.), 파노프(Панов А) 등이 있다.

② 1911년부터 1916년까지 러시아 문헌목록

<표 Ⅴ-20> 러시아 문헌목록(1911~1916)

년도	서 명	저 자	발행지
1911	Современное положение нашей рыбопромышленности Даьннем Востоке.	Богданов Д.	Владивосток
	Аннекция Кореи и отношение ее к христианству в этой стране.	Ивановский П.	ВА
	К вопросу о колонизации Северной Маньчжурии.		ВА
	Желтый труд и меры борьбы с наплывом желтой расы в Приамурье.	Меркулов С.	Владивосток,
	Вопросы? колонизации Приамурского края.	Меркулов С.	СПб
	Православная церковь в Корее, к 10-летию существования? исторический очсрк.	Недачин С	СПб

---

148) Журнал министерства народного просвещения
149) Восточный сборник, издание общества русских ориенталистов.

년도	서 명	저 자	발행지
1911	Православная церковь в Корее. Миссионерская обозрение.	Недачин С	
	Обзор Приморсюй области зав 1911г.		Владивосток
	Слово к корей цам, проживающим в Приморской области. По поводу пропаганды пресвитерианского учения.	Попов В. Василия Огай	번역본
	Труды Амурской экспедиции.		СПб
1912	Далёкая Россия. Уссурий ский край .	Алябьев Г.	СПб
	Алфавитный указатель литературы по вопросам Азии и Дальнего Востока за год.		СПб
	Краткий военно-географический и военно-статистический обзор Уссурий ского края. 1901~1911гг.	Арсеньев В.	Хабаровск
	Материалы по изучению древней шей истории Уссурий ского края.	Арсеньев В.)	Хабаровск
	Корей ское дело.	Вольнец А.	Церковные ведомости.
	Китай цы, корей цы и японцы Приамурья. Труды Амурской экспедиции.	Граве В.	Владивосток
	Альфавитный указатель литературы по вопросам Азии и Дальнего Востока за 1911г.		СПб
	Наш край ний северо-весток.	Калинников Н.	СПб
	Антропологии корей цев. Труды антропологического общества при Императорской Военно-Медицинской академии.	Кириллов Н	СПб
	Статистико-географнческнй н экономический очерк Кореи.	Кюнер Н	ИВИ
	??Желтый вопрос?.	Ланкин А.	Амурский земледелиц
	Материалы по обследованию крестьянских хозяй ств Приморской области.		СПб
	Миссионерское дело в Корее и в Уссурий ском крае частное письмо из Сеула.		СПб
	Третья Государственная? дума и жслтая опасность.	Михай лов В	СПб

---

150) Лснинградское отделение Архив АН СССР

년도	서 명	저 자	발행지
1912	О желателности издания учебника корейского языка для? детей корейцсв, прожпвающих в пределах приамурского генерал- губсрнаторство.	О Унсок В.	
	Желтый вопрос и меры борьбы с ?желтым засильем? в Приамурье (Историко-статистический очерк).	Панов А	ВК
	Борьба за рабочий рынок в Приамурье.	Панов А	ВК
	Рабочий рынок Приамурья.	Панов А	СПб
	Приамурье. Факты. Цифры. Наблюдение.	Подставин Г	М.
	Приамурский край 1906~1910гг..	Унтерберг П	СПб
1913	?Опьяняющие напитки китайцев, корейцев и японцев и инородцев Уссурийского края.	Врадий В	СПб
	Россия на? Дальнем Востоке.	Денисов В.	СПб
	Корея. Медико-антропологический очерк Записки Приамурского отдела	Кириллов Н.	Хабаровск
	?Корейцы-колонисты. К вопросу о сближении корейцев с Россией 149)	Недачин С	
	Корейский вопрос в Приамурье. Труды командированной по высочайшему поведению Амурской экспедиции.	Песоцкий В.	Хабаровск
1914	Д. Китайцы в Уссурийском крае.	Арсеньев В.	Хабаровск
	Заметки о народных обычаях корейцев на 150)	Конрад Н.	
	К вопросу об экономическом состоянии Амурской области за последнее десятилетие.	Мурзаев В	Благовещинскю
	Отчет Приморского справочного бюро по рабочему вопросу за 1910 год.		Хабаровск
1916	Желтый труд на Дальнем Востоке по данным на 1914г.	Л. Г	Вопросы колоннзацни

1911년부터 1917년 러시아 혁명전까지 러시아에서 한국문제는 일본과의 정치적 경쟁구조 속에서 정세분석 대상이었다. 이 시기 대부분의 글들은 제정러시아의 수도인 뻬쩨르부르그와 하바로프스크 등에서 출현했다. 대표적인 저자들도 외무성이나 내무성, 하바로프스크지방 관리자들이었고, 보그다노프(Богданов Д) 이바노프스키(Ивановский П),

메르쿠로프(Меркулов С), 니다친(Недачин С), 파포브(Попов В), 바실리 유가이(Василия Огай), 아르시안에프(Арсеньев В) 등이었다.

(3) 1917년 이후 1945년 이전까지 문헌목록

1917년 러시아혁명을 계기로 전통적인 한국학 연구가 쇠퇴하였다. 특히, 1937년 강제이주 후 고려인들은 한반도와 직접 접촉할 수 있는 기회를 상실하고, 언어와 문화가 다른 여러 민족과 함께 살게 되었다. 중앙아시아로 이주한 고려인들은 엄청난 대혼란을 겪었음에도 불구하고 연해주에서 이룩한 문화활동의 업적을 재건하고자 학교설립과 계몽사업 등을 통해 공동체를 형성하였다. 이러한 과정에서 자연스럽게 발생된 정보자원의 양이 점차 증가하였다. <표 V-21, 22, 23>에 1917년 이후부터 1945년 이전까지의 고려인 관련 러시아 문헌목록을 정리하였다.

① 1917년부터 1920년까지 문헌목록

〈표 V-21〉 러시아 문헌목록(1917~1921)

년도	서 명	저 자	발행지
	У Корей ских берегов.	Амурский Н.	Великий океан
1917	Карты Азиатской России.	Багров Л.	СПб
	Приморско-Амурская окраина и Северная Маньчжурия. 2-е из.	Глуздовский В.	Владивосток
	Приморско-Амурская окраина и Северная Маньчжурия. 2-ое им.	Глуздовский В	Владивосток
1919	В когтях японского империализма (Борьба корей ского народа за независимость).	Виленский	М.
	Дальный Восток и Приамурский край в минувшие 20 лет, в связи с развитием деятельности Востоного института.	Кюнер Н	Владивосток

년도	서 명	저 자	발행지
1920	Корей ская эмиграция в России.	Пак Джиншун.	Жизнь национальностей
1921	По Уссурий скому краю.	Арсеньев В	Владивосток
	Успехи разведения риса а Приморской област и.	Военков А.	Владивосток
	?Народы Дальнего Востока[151]		М
	Шумяцкого на учредтельном съезде Корей ско й Коммунистической партии	Доклад тов	Иркутск
	К съезду корей ских делегатов[152]		Народы Дальнего Восток
	Партизанское движении в Корее Бюллетен ь[153]		
	принятый Учредительным Съездом Коркомп артии. Народы Дальнего Востока		Иркутск
	Отношение к национально-революционным о рганизациям в Корее[154]		М
	Учредительный съезд корей ской коммунис тической партии (Отчет о съезде).		Народы Дальнего Востока

1917년 이후 1922년까지 러시아사회는 혁명과 내전의 시기였다. 따라서 이 시기에 대부분의 주제들은 급변하는 시대 상황에 대한 기록에 집중되어 있었다. 이 시기의 주요 서적들은 코민테른 극동비서국이나, 또는 블라디보스토크, 모스크바의 정책당국자들에 의해 쓰여졌다. 1917년 아무르스키(Амурский Н)의 「조선정세(У Корей ских берегов)」

---

151) Доклад Корей ской Коммунистической партии 111 конгрессу Коминтер на

152) Документы революционного движения народов Дальнего Востока

153) 기관명: Дальневосточного секретариата Коминтерна(코민테른 원동비서국)

154) Учредительный съезд корей ских коммунистических организаций (한국 공산당 창설대회)

와 구르스돕스키(Глуздовский В)등의 기록이 있었고, 1919년에는 비렌스키(Виленский (Сибиряков))의 "В когтях японского империализма (Борьба корей ского народа за независимость"가 있었다. 1919년 이후 부터는 큐네르(Кюнер Н)를 비롯해 아르시안네프(Арсеньев В)와 「극동 원동비서국(Дальневосточного секретариата Коминтерна)」 등에서 작성한 소책자형 팜플렛이 주로 나타났다. 한편 극동 내전 시기 항일 빨치산활동에 대한 기록은 1922년 일본군이 블라디보스토크에서 최종 철수한 이후 기록되기 시작했다.

② 1922년부터 1930년까지 문헌목록

<표 V-22> 러시아 문헌목록(1922~1930)

년도	서 명	저 자	발행지
1923	Россия на Дальном Востоке.	Виленский В	М
	Советская Россия у берегов Тихого Океана.?	Виленский В	М
	Этнография Приморья. Приморье, его природа и хозяй ство.	Лопатин Н.	Хабаровск
	его природа и хозяй ство. Сборник статей научно-просветительной секцией Приморского Выставочного Бюро.	Приморье (연해주)	Хабаровск
	Сборник материалов по политическому и экономическому состоянию Дальнего Востока.		Чита
1924	Рисосеяние в Приморье.	Крьлов Л	Экономическая жизнь Дальнего Востока
	Экономическая жизнь Дальнего Востока.		Хабаровск
1925	Дальневосточная область	Глуздовский В.	Владивосток
	Пути? рационализации сельского хозяй ства ДВО.	Крьлов Л	Экономическая жизнь Дальнего Востока
	Туземцы Дальнего Востока.	Леляков А.	Хабаровск

년도	서 명	저 자	발행지
1925	По школам Приморского Губоно. Советское Приморье.	Паршин В.	Владивосток
1926	СССР по рай онам. Дальневосточная область.	Архипов Н	М-Л
	Всесоюзная перепись населения 1926 года.		М
	Правовое положение иностранцев в РСФСР. Справочник для иностранцев, оптантов и беженцев.	Левин М.	М
	Будущность шелководства в Приморье. Советское Приморье.	Леляков А.	Владивосток
	?Росский ская духовная миссия в Корее. За первое 25-летие ее существования	Перевалов Ф.	Харбин
1927	Искатели женьшеня в Уссурий ском крае.	Арсеньев В	Владивосток
	Производительная сила? Дальнего Востока. Человек.	Арсеньев В	Хабаровск
	Очерки? хозяй ственной жизни Дальнего Востока.	Дербер П. и Шер М	М-Л.
	О роли корей цев в рисоводстве края.	Льщенский В.	Экономическ ая жизнь Дальнего Востока
	Экономический бюллетень.[155]		
1928	Корей цы в Уссурий ском крае.	Аносов С	Хабаровск-В ладивосток
	?Быт и характер народностей ДВК.	Арсеньев В	Хабаровск-В ладивосток
	Библиография Востока, Часть 1.		М
	Партизанское движение в Приморье.	Ильюхов Н. Титов М	Л.
	Рис: краткие сведения о культуре риса в Приморье.	Панченко М.	Хабаровск
	Россия в Маньчжурии	Романов Б	Л.
1929	?Корей цы в сельском хозяй стве Хабаровског о края. Статообозрение ?Дальный Восток?,	Вьшасов П	Хабаровск
	Корея.?	Ким Н	М

---

155) Пересиление корей цев в Северную Маньчжурию

년도	서 명	저 자	발행지
1929	Методическая записка к букварю ?Новая школа?.	О Санир и О Чан Хван.	Хабаровск
	Рис, его культура и успехи рисосеяния в крае.	Панченко М.	Хабаровск
1930	О латинизации корей ской письменности.	Булатников И	Культура и письменность Востока
	Проблема риса в Японии и ее связь с рисосеяни ем в Приморье.	Нельсон Л. и Дикарев С.	Новый Восток
	Корей ская грамматика.	О Чан Хван.	Хабаровск

1923년부터 1930년대 까지는 러시아 내전이 끝나고 극동지역에 소비에트시대가 열린 시기였다. 이 시기부터 연해주 한인들의 기록에는 이념적 성격과 정치동원에 관한 기록이 더욱 많이 나타났다. 신경제구조하에서 어느 정도 경제활동의 자율성이 확대되기도 했으나 전체적으로 연해주 고려인사회는 소비에트의 안정에 따라 1922년 이전까지 보였던 역동성이 크게 약화되었다. 주요 저자들로는 비렌스키(Виленски й В), 라파틴(Лопатин Н), 크릴로프(Крылов Л), 페레발로프(Перевалов Ф.), 아르시안에프(рсеньев В), 일루호프(Ильюхов), 로마노프(Романов Б). 판첸코(Панченко М.), 블라드니코프(Булатников И) 등이 있다. 출판지의 경우 모스크바, 하바로프스크, 블라디보스토크이었고, 모스크바와 지역간 합동출판을 한 사례도 자주 나타났다.

③ 1931년부터 1937년까지 문헌목록

1930년대에 러시아 한국학 연구 분야에는 아파린(Аварин В), 가리즈(Галич А), 계학림(Ге Хак Рим), 파르쉰(Паршин В.), 박(Пак), 크레만스크(Кремянский С), 소코로브(Соколов В) 등이 저술활동에 참여했으며, 고려인들의 출현이 특징적이다.

〈표 Ⅴ-23〉 러시아 문헌목록(1931~1937)

년도	서 명	저 자	발행지
1931	Колонизация и национальный вопрос в Маньч журии.	Аварин В	Революция и националности
	За ленинскую национальную политику в колх озном движении среди? корей цов ДВК.	Али Закир.	Революция и национально сти
	?К вопросу о развитии рисосеяния в Приморье.	Бельденинов С	Советская Азия
	Корей ские земледельческие? поселки в рай о не КВЖД.	Галич А	Вестник Маньчжурии
	Корей ские религиозные празднования.	Ге Бон У	Хабаровск
	Судьба рукописей моего отца Ге Бон У. Извест ия о корееведении в Казахстане и Средней Аз ии. №3.	Ге Хак Рим.	Алматы
	Неотложность латинизации корей ской пись менности.	Паршин В.	Культура письменност и Востока
1932	Учебник корей кого языка для 2 года обучения школ колхозной молодежи.	Ге Бон У	Хабаровск
	Рабочая книга по корей скому языку для 3 год а школ колхозной молодежы.	Ге Бон У	Хабаровск
	Итоги переписи корей ского населения Влади востокского округа в 1929 году.	논문	Хабаровск-В ладивосток
	Рабочая книга по корей скому языку. Для нача льной школы.	О Чан Хван, Пак Чын Гун, Ким Сан.	Хабаровск
	Рабочая книга по корей скому языку. Для 4 го да начальной школы.	О Чан Хван, Ким Ю Генг, Хан Ча У.	Хабаровск
	Корей цы в Маньчжурии. Журнал министерст ва	Пак(박).	народного образования
1933	Учебник корей ского языка для начальной шк олы.	О Чан Хван.	Хабаровск
1934	Учебник корей ского языка. Часть 1. Граммат ика.	О Чан Хван.	Хабаровск
1936	Корей ские лирики.		Алма-Ата

년도	서 명	저 자	발행지
1936	Национальный состав сельского населения Приморской губернии.	Кремянский С	Экономическ ая жизнь Приморья
1937	Актияпонская? борьба героических партизан Маньчжурии и Кореи.	(논문)	Тихий океан
	Боевое содружество трудящихся? зарубежных стран с народами советской России	(논문)	Документы и материалы
	Иностранный шпионаж на Советском Дальнем Востоке.	Володин И	Правда
	Содружество народов Советского Дальнего Востока.	Соколов В.	Тихий океан

(4) 1945년 이후 1970년 이전까지 문헌목록

1945년 이후 러시아에서는 현대 한국학이 새롭게 출현했다. 2차 세계대전의 승리로 러시아가 세계국가로의 도약하면서, 한반도의 분단 구조에도 깊숙이 관여하게 되자, 한국연구에 관심을 가진 언어와 역사분야의 학자들이 자연스럽게 한국학연구의 새로운 흐름을 형성하게 된 것이다. 한글서적과 한글교과서, 한글 사전들이 출판되면서, 자연스럽게 러시아 한국학분야에서 러시아 고려인의 비중이 확대되었다. <표 V-24, 25, 26>에는 1945년부터 1960년까지 고려인 관련 한글 단행본 목록과 1945년부터 1970년까지 러시아어로 만들어진 문헌 목록을 분류한 것이다.

① 한글 단행본 : 1945~1960

1945년 이후 1950년대 말까지 문헌목록 러시아에서 제작된 한글문헌서적은 대부분 사회주의관련 정책문서를 번역하여 출판한 것이다. 1950년대 10년 동안 작성된 27편의 문헌 중에서 크질오르다에서 제작된 레닌기치신문이나 유즈노 사할린스크에서 제작된 조선로동자신문을 제외하면 대부분은 모스크바지역의 외국문서적 출판사에서 출판되었다.
1960년대의 출판의 특징은 스탈린 사후 본격적으로 서울, 평양, 알마타

〈표 V-24〉 러시아 문헌목록 한글 단행본(1945~1960)

출판년	제 목	저 자	발행지	출판사
1950	十월혁명과 로씨야공산주의자들의 전술	쓰딸린, 이.웨	모스크바	외국문서적
1951	문학문제 및 예술문제들에 관하여	공산당중앙위원회	모스크바	외국문서적
	쏘련직맹규약		사할린	조선로동자신문
1952	쏘련공산당(볼세위크) 구성		모스크바	외국문서적
	당내의견불일치에 관하여 간단히론함.	쓰딸린	모스크바	외국문서적
	쏘련공산당은 쏘베트사회의 지도적 향도적 력량		모스크바	외국문서적
	무정부주의냐? 사회주의냐?	쓰딸린, 이.웨	모스크바	외국문서적
1953	쏘련공산당의 五0년(1903~1953)		모스크바	외국문서적
	저작집T.1-13	쓰딸린, 이.웨	모스크바	외국문서적
	쏘련공산당규약	쏘련공산당	모스크바	정치서적
	쏘련공산당대회 제19차 모스크바		모스크바	외국문서적
	한민족투쟁사에 대한 논고		모스크바	
1954	쏘련농업의 가일층의 발전대책에 대하여	엔.에쓰.흐루쏘브	모스크바	외국문서적
	농민문제에 대한 당의 세 가지 기본구호	쓰딸린, 이.웨	모스크바	외국문서적
1955	쏘련공산당 중앙위원회 쁠레눔		크질오르다	레닌기치신문
	저작집 T.1-9	쓰딸린, 이.웨	모스크바	외국문서적
	프로레타리아계급과 당(규약 제―조에 관하여)	쓰딸린, 이.웨	모스크바	외국문서적
	로씨야공산주의자들의 정치적 전략전술에 관하여	쓰딸린, 이.웨	모스크바	외국문서적
	十월혁명과 로씨야공산주의자들의 전술	쓰딸린, 이.웨	모스크바	외국문서적
1956	개인숭배와 그 후과의 극복에 관하여	공산당중앙위원회	모스크바	외국문서적
	쏘련공산당 제20차대회에서 한 연설	워로실로브, 끄.예	모스크바	외국문서적
	라조	구벨리만M.I.,	모스크바	
1958	소비에트 극동을 위한 투쟁	구벨리만M.I.,	모스크바	
	1919년 조선의 종기	파프쉬나 F.I	모스크바	
1959	야스베르들로브	스베르들로바, 까	모스크바	외국문서적
	공산당은 쏘베트사회의 지도적 및 향도적 력량		싸할린	싸할린서적
	쏘련공산당대회 제12차 모스크바		싸할린	싸할린서적
1960	전면적공산주의건설기쏘련공산당의 역할제고	쉬따레브, 게	모스크바	외국문서적

출판년	제 목	저 자	발행지	출판사
1961	쏘련공산당중앙위원회.		모스크바	노워쓰찌
	쏘련공산당강령	쏘련공산당	알마따	카사흐국영
	우리 젊은 날의 이야기	파제에프A.A	모스크바	
	재일귀국민을 위한 학습참고자료		평양	조선로동당
1962	쏘련공산당강령	쏘련공산당	알마따	카사흐국영
	쏘련공산당규약	쏘련공산당	알마따	카사흐국영
1963	당의3개 강령에 대하여	랴브쩨브. 이.제	싸할린	싸할린서적
1964	제1차 세계대전전야의 한인독립투쟁	박 보리스.D	모스크바	
	일본제국주의의 조선식민화 1895~1917	쉬파에프 V.P	모스크바	
1967	위대한 10월 혁명 50년	쏘련공산당 중앙위	알마따	카자흐스탄
	쏘련공산당 23차대회는 무엇을 토의하였는가	블라디미로브, 효	모스크바	노워쓰찌
1968	공산주의자들	브라인닌, 이	모스크바	노워쓰찌
	농업문제에 관한 23차 당대회와 공산당중앙위원회 쁘레눔들의 결정	브레셔브, 엘.이	알마따	정치서적
	레닌주의 기발 밑에	브레쥐네브, 엘.이	모스크바	노워쓰찌
1969	제공산당 및 로동당 국제회의		모스크바	아뻬엔

등 다양한 지역의 서적들이 출판되어 보급되고 있었다는 점이다. 「한국유이민사」(서울), 「재일귀국민을 위한 학습참고자료」(평양)와 같은 주제들이 나타났다. 저자들도 스탈린이나 당 기관지 명의 보다는 개인의 이름이 나타나고 있다.

② 1945~1960년까지 러시아어 문헌

〈표 V-25〉 러시아 문헌목록(1945~1960)

출판년	제 목	저 자	발행지
1946	Корейские литературные памятники и маньчжурские архивные документы в Алма-Ата как этнографические источники.	Кюнер Н. (큐네르)	КСИЭ
	Полевые исследовании Института этнографии в 1946г. СЭ. 1947, №2. с. 207-212. (Об антропологическом изучении корейцев Средней Азии).	Левин М. (레빈)	СЭ
1947	Путешествие в Уссурийском крае. 1867-1869гг.	Пржевальский Н	М.

출판년	제 목	저 자	발행지
1947	Русско-японские отношения и Корея. 1894-1993 гг.	Нихамин В. (니하민)	М. АКД
	25 лет со дня осжобожденияПриморья от интервенци и н белогвардей цев.	Приморский край	Владиво сток
1948	Агротехника риса для Кахахстана.	Коваленко В. Хван А.	Алма-А та
1949	Из дневников кругосветного путешествия (по Коре е, Маньчжурии и Ляодунскому полуострову)	Гарин Н (가린)	М.
	Антропологический тип корей цев.	Левин М. (레빈)	КСИЭ
	Краткий очерк особенностей корей ского языка (В помощь преподавателям русского языка в корей ско й школе)	Хван В. (황 ㅂ)	Ташкен т
1950	Колхоз Авангард(Колхоз нашей страны).	Пак М. (박미하일)	М
	Современная корей ская поэзия.	А. Тюгай	М
	Южнее 38-й параллали. Драма.	Тхай Дян Чун.	М Искусство
1951	В дебрях Уссурий ского края.	Арсеньев В. (아르시안네프)	М
	Корей ский фонд Алма-Атинской библиотеки им. Пушкина.	Пак Ир.	КСИВ
	Экономика передового колхоза. Полярная звезда	Тен А.	Ташкен т
	Строки дружбы.	Ким Цып Сон, Ен Сен Нен	Ташкент. Госиздаг Уз
1952	Путешествия по Приамурью, Китаю и Японии.	Венюков М	Хабаровск
	Грамматика корей ского языка для 3- класса.	Ким Пен Ха., Хван Юн Дин.	М
	Опьгт выращевания вьюоких урожаев риса (колхоз По лярная звезда) Средне - Чирчикского рай она, Ташке нтской области).	Ким Пен Хва. (김병하	М
	Борьба корей ского народа против установления япон ского колониального господства (1906-1911). Крат	니타친 Ф. И.샤브쉬나	вьш

출판년	제 목	저 자	발행지
	кие сообщения института Востоковедения.		
1952	Повести, Рассказы, Очерки.	(잡)ИВЛ[156]	М
	стихи корейских поэтов.	На корейской земле	М
	Слово Корейца. Стихи и поэмы.	Тю Сон Вон	М
	Избраннное.	Те Ги Чен	М
	Современные поэты Китая и Кореи.	А. Гитович	Лениздат
1953	Книга для чтения по русскому языку для корейских школ. Ч.1.	Колокольцев Н. Цой Чан Гир.	М
	Из истории освободительного движения корейского народа.	Пак М.	М
	Труды русских исследователей как источник по новой истории Кореи. Очерки по истории русского востоковедения.	Тягай Г.	М
	Лексические заимствования из русского азыка в корейских переводах.	Хегай М.	АКД
	Земли. Роман.	Ли Ги Ён	М
	Земля. Роман. Кн.1-9.	Ли Ги Ён	Для слепых
1954	Наш опыт выращивания высоких урожаев картофеля и овощей .	Кан Тю Хон.	Алма-Ата
	Корей ертергилери.		Алма-Ата
	Корейские повести.		М
	Кореи жырлары (Корея акындарынын, олен, поэмалар жыйнагы).		Алма-Ата
	Некоторые вопросы экономики укрупненных колхозов (По материалам Талды-Курганской области).	Ли Чен Хо.	АКД
	Краткий очерк грамматики современного корейского языка. Русско-корейский словарь.	Мазур Ю.	М
	Классовая сущность народной демократии в Корее.	Пак Ир. П. А.	АКД
	Фонетика северных диалектов. Холодович А. Очерки грамматики корейского языка.	Холодович А. (효도르비치)	М
	Корейские повести.	Холодович	М

출판년	제 목	저 자	발행지
		(효도르비치)	
1954	Стихи и поэмы.	Се Ман Ир. (서만일)	М
1955	По Уссурий скому краю.	Арсеньев В. 아르시안에프	М
	Книга для чтения по русскому языку для корей ских школ. Ч.2.	Колокольце в Н. Цой Чан	М
	Методика обучения русскому предложному управлен ию корей ской семилетней школе.	Пак М.	АКД
	Из истории революционного движения на Дальнем Востоке за 1905 -1907 гг.	Чернышева В.	Хабаровск
	Избранное. Пхеньян: Министерство культуры и пропаганды.	Ен Ам Пак Ди Ван.	пер(Тян Ир)
	Проблемы человечества. Роман.	Кан Гён Э (강영애)	М(ХЛ)
	Счастье. Роман. Пхеньян.	Хван Ген	Из-во лит-ры на иност

1945년 이후 1955년에 이르는 기간동안 두드러진 특징은 이 시기에 러시아 한국학분야에는 신진 인물이 대거 나타났다는 점이다. 이들은 주로 모스크바와 뻬쩨르부르그의 동방학연구소나 모스크바 기술대학 등에서 유학했거나 극동대학 등을 마친 언어와 문학, 역사와 지역전문 가들이었다. 이 시기의 저자들은 큐네르(Кюнер Н.), 레빈(Левин М.), 니하민(Нихамин В.), 황 ㅂ(Хван В), 박미하일(Пак М.), 아르시안네 프(Арсеньев В). 김취선(Ким Цып Сон), 베뉴코프(Венюков М), 김 병하(Ким Пен Хва.), 니타친 Ф. И. 샤브쉬나, 강태홍(Кан Тю Хон.), 박일(Пак Ир. П. А), 효도르비치(Холодович А), 서만일(Се Ман Ир.), 강영애(Кан Гён Э) 등이 있다. 주요 출판지역으로는 모스크바, 알마타 출판사의 활동도 확대되어 중앙아시아 한인들의 한국관련 기록의 정리 활동이 진행되었음을 보여준다.

---

156) Корея борется

출판년	제 목	저 자	발행지
1955	Рассвет. Драма. (출판사: Мистецтво)	Ко Сан Джун (고상준)	Киев
1956	Корей ский танец(안선희, 트가첸코,르보브).	Ан Сон Хи, Ткаченко Т., Львов Н.	М
	Родной колхоз (Пер. на кор. яз. Ким Ге Чхеля.).	Ачирков П 아취리코프	М
	Чосон мальпон. Учебник для 2-класса	Ким Пен Ха. (김병하)	М
	Учебник корей ского языка для 3-класс.	Ким Пен Ха. (김병하)	М
	Учебник корей ского языка для 4- класса.	Ким Пен Ха (김병하)	М
	Корей ская классическая поэзия.		М
	Корей ские шестистишия (XV11-XIX вв.) пер. А. Жо втиса и Пак Ира.		Алма-Ата
	Колониальная политика капиталистических держав на Дальном Востоке. 1860-1890.	Нарочицки й А.	М
	(перевод) Корей ские шестьстьшия.	Пак Ир. П. А.	Алма-Ата
	Талдьı-Курганская область.	Хан И. (한 이)	Алма-Ата
	Как мы выращиваем высокие урожаи хлопка.	Хван С.	Алма-Ата
	Корей ские шестистишия.	А.Л.Жовтис и П.А.Пак Ир(박일)	Алмата
	Рожление мира Рассказы.		М
1957	40 лет советской культуры.	Ким М. П.	М
	Корей ские танцы.		Пхеньян
	Роман. Орыстадан аударган Т. Кенжалин.	Ли Ге. Ен. Жер. 레.게.예제르	Алма-Ата

출판년	제 목	저 자	발행지
1957	Передовой рисосеюший колхоз (111-й Интернацио нал Кармакчинского рай она″).	Новик Д.	Алма-А та
	Гражданская вой на на востоке Сибири (1917~1922).	Постышев П. П.	Воспом инания М
	Сопостовительное описание согласных современных корей ского и русского языков. Итоги экспериментал ьно фонетического исследования и методики постан овки русских согласных у корей цев.	Скалозуб Л. (스카로주브)	АКД
	Сопоставительное описание в современных корей ск ом и русском языках.	Скалозуб Л. (스카로주브)	Киев
	Участие корей ских трудящихся в борьбе против инт ервентов на Дадьнем Востоке	Цыпкин С. (취프낀)	ВИ
	Сборник. ХЛ	Поэты Азии	М
	Чхунхян. Драма. Отдел распр. ВУОАП	Ким Сын Гу	М
	Остров Канхвадо. хеньян.	Сон Ён (손영)	Из-во лит-ры на иност
	Современная корей ская пьеса.	Хван Юндон	М
1958	Поездка в Корею генерального штаба полковника Ал ьфтана а декабре 1895 и январе 1896г.	Альфтан	М
	Собр. соч.	Гарин Н	М
	Братство, скрепленное кровью.	Бабичев И.	Дальны й Восток
	Борьба за советский Дальный Восток.	Губельман М.	М
	40 лет Советской власти.	Дальний Восток за	Комсомо льск-на -Амуре
	Результаты самоотверженного труда.	Ким А.	М
	Агротехника высоких урожаев риса.	Киричей ко А.	М
	Библиографический указатель работ по корей скому языкознанию. Вопросы грамматики и истории восточ ных языков.	Концевич Л. Р.	М
	Совхоз Красная Тымь на Сахалине.	Нам Н.	Южно-С ахалинс к

출판년	제 목	저 자	발행지
1958	Просветительские идеи корей ского поэта Ким Сака ди (1804~1864). Ученые записки КазГУ. Философи я, том 40.	Пак Ир. П. А. (박일)	Алма-Ата
	О пригородном овощеводстве в Карагандинской обл асти	Протас И.	
	Участие корей ских трудящихся в борьбе против инт ервентов на Дальнем Востоке (1919~1922 гг.).	Хан С	М
	Русско-корей ский словарь школьника (для учащих ся 3-10 классов школ с корей ским контингентом уча щихся).	Хегай М. (허가이)	Ташкент
	Передовым методом.	Цой Фир Му. (최필무)	СХК
	Сказание о девушке Чхун Хян.		
	Сумерки. Роман. Госполитиздат	Хан Сер Я (한 설야)	М
	Из китай ской и корей ской поэзии(ХЛ).	Гитович, Александр	М
	Героическая лирика(Правда).	Хан Юн Хо (한윤호)	М
	Либретто Пхансори. Пхеньян. (яз)	Сказание о девушке Сим Чхон	Из-во лит-ры на иност
	Перепутье. Драма. (Искусство)	Хан Юн Хо. (한윤호)	М
1959	Участие китай ских и корей ских трудящихся в граж данской вой не на Дальном Востоке.	Бабичев И.	Ташкент
	Корей ские крестьяне русского Дальнего Востока в ко нце XIX начале XX вв.	Ким Сын Хва. (김신화)	Алма-Ата
	Положение корей ских крестьян на русском Дальнем Востоке в начале XX века ИАН КазССР.	Ким Сын Хва. (김신화)	Серия историк
	Корей ские новеллы.		М
	. Многоотраслевой совхоз на целинных землях. На примере совхоза Кустанай ский	Пак А. 박.	М

출판년	제 목	저 자	발행지
1959	Они с нами сражались за власть Советов.	Попов Н. А. (파포프)	Л
	Они сражалась за власть Советов. Китай ские добров ольны на фронтах гражданской вой ны в России (1918~1922).	Попов Н. А. (파포프)	Л
	Лук Каратальский .	Хван А. (황 А)	
	Корей ские новеллы. (ИВЛ)	Д. Елисеев (엘리세에브)	М
	Ченлима корей ского народа. Очерк. Пхеньян.	Ли Ги Ён	Из-во лит-ры на иност
	Сумерки. Роман. (ИЛ)	Хан Сер Я 한 설야	М
1960	Борьба большевиков за победу Великой Октябрьско й социалистической революции в Приморье.	Беликова Л. Н	Владиво сток
	Культура и быт корей цев совхоза РаушанКунградск ого рай она Кара-Калпакской АССР. Краткие Сообще ния Института	Джарылгас инова Р.	Этногра фии
	Интернационалные части Красной Армии в боях за власть Советов в юды иностранной военной интерв енции и гражданской вой ны в СССР.	Жаров Л.И., Устинов В. М.	М
	Кзыл-Ординская область.	Пак Б. Д.	Кзыл-О рда
	К истории боевого содружества с трудящими корей ц ами в борьбе за Советскую власть на Дальнем Восток е (1919~1922). Труды ПГА РСФСР Дальнего Восток а.	Разгон И, Флероа В, Хаскина С.	Томск
	Съезд народов Дальнего Востока (21 января 1922 г., Москва)	Соркин Г.	М
	Борьба иностранных групп РКПб за осуществление принципов пролитарского интернационализма	Устинов В	М
	Документы об участии корей ских трудящихся в бор ьбе за власть Советов на Дальнем Востоке. Труды ЦГА РСФСР (Дальний Восток).	Хаскина С.	Томск
	Средневековые корей ские повести. ИВ[157]		М

출판년	제 목	저 자	발행지
1960	Пэкрен чхохэ (Антология лирических стихотворени й рен-гу с корей ским переводом). ГРВЛ,	Изд. текста, пер. и коммент	М
	Рассказы корей ских писателей . Для среднего и стар шего возраста. ДЛ.	Тай ное письмо	М
	Испытание Роман. (Молодая Гвардия)	Юн Се Дюн.	М

1955년부터 1960년까지의 저작들은 주로 소련혁명사와 사회주의 관련 기록, 한국중세소설, 한국의 문화와 언어, 한국지리, 한국역사에 관한 저서들이다. 또 20~30년대 혁명운동사나 항일운동 자료의 기록들이 있다. 주요 저자로는 고상준(Ко Сан Джун), 아취리코프(Ачирков П), 김병하(Ким Пен Ха), 한 이(Хан И), (박일Пак Ир), 김 М(Ким М.П), 스카로주브(Скалозуб Л.), 취프낀(Цыпкин С.), 최세하(Цой се Хя), 손영(Сон Ён), 황윤동(Хван Юндон), 가린(Гарин Н), 허가이(Хе гай М.), 최필무(Цой Фир Му.), 한 설야(Хан Сер Я), 한윤호(Хан Юн Хо), 김신화(Ким Сын Хва.), 파포프(Попов Н. А), 황 А(Хван А) 등이 있다.

③1961~1970년까지 러시아어 문헌

〈표 V-26〉 러시아 문헌목록(1961~1970)

출판년	제 목	저 자	발행지
1961	Коммунисты-вдохновители и организаторы уча стия корей ских н китай ские трудящихся в борь бе против интервентов и белагвардей цев на Да льнем Востоке. (1918~1922)	Бабичев И. (바브체프)	АКД. М
1961	На подъеме. (рассказ 1-ого секретаря Верхне-Чи рчикского рай кома партии).	Ким М. (김 М)	Ташкент
1961	Очерк по истории советских корнй цев. 〈Наука〉	Ким Сын Хва. (김신화)	Алма-Ата

---

157) 학술지 История верности Чхун Хян, ИВЛ.

출판년	제 목	저 자	발행지
1961	Корейский язык. Сборник статей .		М
1961	. Заметки по корейской деаликтологии. Корейский язык. Сборник статей .	Мазур Ю.	М
1961	Из истории заселения и селькохозяйственного освоения территории Казахстана. Вопросы географии Казахстана. вып. 8.	Назаренко И. (나자렌코)	Алма-Ата
1961	Возделывание культуры риса в Казахстане.	Пак Б. Д. (박보리스)	Кзыл-Орда
1961	Ымырт. Орысшыдан аударган Толетай . Акшодаков.	Хан Сер Я 한설야	Алма-Аты
1961	Колхоз шагает в коммунизм.	Хван М. Г.	Ташкент
1961	Казахстанскому рису-широкую дорогу.	Цой В. (최 브)	СХК
1961	Облачный сон девяти. Роман. ⟨ХЛ⟩	Ким Манджун	М.Л
1961	Сумерки. Роман.⟨Госполитиздат⟩	Хан Сер Я (한 설야)	М
1961	Стихи корейских поэтов. ⟨ИЛ⟩	Девушка с моря	М
1961	Радостное письмо. Стихи. ⟨Ёш гвардия⟩	Ким Ден Ше.	Ташкент
1962	Партизанские движение в Приморье.	Ильюхов Н., Самусенко.	М
1962	Итоги Всесоюзной переписи населения.		М
1962	О языке корейцев СССР. Ученые записки Ташкентского Средне-Азиатского государственного университета.	Ким О. (김 О)	вып
1962	Кобра под подушкой	Ким Роман. (김로만)	М
1962	(перевод). Пак Инно (1591~1642). Пятицветные облака.	Пак Ир. П. А. (박일)	Алма-Ата
1962	(перевод) Ким Соволь (1903~1935). Цветок багульника.	Пак Ир.П. (박일)	Алма-Ата
1962	Опыт получения высокого урожая лубяных культур в совхозе Сверлова Верхночирикского рай она, Ташкентской области.	Пак Сусан. (박수산)	Ташкент
1962	Рекомендательный указатель литературы.	Приморский край	Владивосток

출판년	제 목	저 자	발행지
1962	Освободительная борьба корей ского народа в го ды японского протектората.	Хан М. (한 М)	М
1962	Трудом и только трудом.	Хван Ман Гым. (황만금)	М
1962	Сеянъчхон кьй бонь (Удивительное соединени е двух браслетов). Квон 1. изд. текста, пер. и коммент. ⟨ИВЛ⟩	М. И. Никитиной и А.Ф. Троцевич	М
1962	Корей ские лирики (с 8 века до наст. врем.)	Корей ские лирики	Алмата
1962	Пятицветные облака. ⟨Казгослитиздат⟩	Пак Инно (박인노)	Алмата
1962	Цветок багульника. ⟨ИВЛ⟩	Ким Со Воль(김소월)	М
1962	И если я, мечтатель, полюблю..⟨Гослитиздат У зб. ССР⟩	Хо Дин.	Ташкент
1963	У корей цев Средней Азии. КСИЭ,	Ионова Ю.	вып
1963	Корей ская делегация беседует с В. И. Ленины м. О Владимире Ильиче Ленине. Воспоминание. 1900~1922.	Ким А. (김А)	М
1963	Корей ский фонд библиотеки Института Восток оведения АН СССР. Москва. Востоковедные фон ды крупных библиотек Советского Союза.	Концевич Л. Р.	М
1963	Народы Средней Азии и Казахстана.		М
1963	Золотое десятилетие деятельности партий ной организации колхоза Политотдел.	Пак Ден Ен. (박뎅영)	Ташкент
1963	Корей ские партизаньв борьбе за власть Совето в на Дальнем Востоке.158)	Хан С	
1963	Сборник.	Восточная новелло.	
1963	Земля. Роман. Ч.1-2. ⟨ХЛ⟩	Ли Ги Ён	М
1963	Телефонист. Рассказы. ⟨Воениздат⟩	Пак Ун Гер. 박 일 세	М
1964	Сибоманвон сакэн. Дело о стапятидесяти тысяч и вон.	Ким Дюн. (김준)	Алма-Ата

---

158) Военно-исторический журнал

출판년	제 목	저 자	발행지
1964	Особенности русской речи корей цев Узбекской ССР. Фонетико-морфологический очерк.	Ким О.	АКД Ташкент
1964	Взгляды прогрессивных писателей Кореи на литературу и искусство (1920~1930 гг.) Проблемы теории литературы и эстетики в странах Востока.	Ли В. (박 В)	М
1964	К вопросу о классификации корей ских сказек. К онференция аспирантов и мол. научных сотр. Ин -та народов Азии. 23-25 июня 1964 г. Тезисы и планы докладов.	Пак В (박 В)	М
1964	Колониальное закабаление Кореи японским имп ериализмом (1895~1917).	Шипаев В.	М
1964	Мышь под судом. Повесть. 〈ХЛ〉	Лим Чже	М
1965	Учебник корей ского языка. Для 3-4 классов.	Ким Нам Сек., Хегай М.	Ташкент
1965	Кто украл Пупникона.	Ким Роман. (김로만)	М
1965	Корей ская ассоциация пролетарских писателей и проза 20-30-х годов. Национальные традиции и генезис социалистического реализма (в литер атурах стран народной демократии).	Ли В.	М
1965	Нормирование национального Литературного яз ыка в Корее. Современные летературные языки стран Азии.	Никольский Л	М
1965	Утреннее солнце. Стихи. 〈ашкент〉	한 설야 유가이 데국	Ташкент
1966	Приключенческие повести.	Ким Роман. (김로만)	Магадан
1966	Корей ские сказки.		М
1966	Нактонган. Рассказы.	Те Мен Хи.	М
1966	Повести страны Зеленых гор. 〈ХЛ〉	М.Никитина, А. Троцевич, коммент. Б. Рифтин	М
1967	Корей ский язык. Советское языкознаниеза 50 лет.	Концевич Л. Р. (콘세비치)	М
1967	Этническая история и современное национально е развитие народов мира.		М

출판년	제 목	저 자	발행지
1967	О работе большевиков среди иностранных трудя щихся в Сибири (февраль октябрь 1917г.). Учас тие трудящихся зарубежных стран в Октябрьско й революции.	Матвеев И. (맛베이브)	М
1967	Захватническая политика Японии в Корее и воор уженная борьба корей ского народа в 1909~1910 гг. Ученые записки Московского университета.	Пак Б. Д. (박 В.А)	М
1967	Корей ский вопрос в России в 1910-1914 гг. Уче ные записки Иркутского пединститута, 1967, в ып. 28, сер. ист., с. 195~216.	Пак Б. Д. (박 В.А)	вып
1967	Освободительная борьба корей ского народа нака нуне первой мировой вой ны.	Пак Б. Д. (박 В.А)	М
1967	Из истории собрания и изучения корей ского фол ьклора. Литература и фольклор народов Востока.	Пак В (박 В)	М
1967	Корей ская классическая поэзия. 〈ХЛ〉	В переводе А.Ахматовой	М
1967	Родная строна. Роман. 〈ХЛ〉	Ли Ги Ён	М
1967	Сборник рассказов. Пхеньян. 〈яз〉	Хан Сер Я	Из-во лит-ры на иност
1968	Традиционное и новое в семей ной обрядносте й корей цев Средний Азии. История. Археолог ия и этнография Средней Азии.	Джарылгасин ова Р. (자를 가스노바)	М
1968	К вопросу о культе медведя, пешер и гор у коре й цев. Страны и народы Востока. Вып. 6.	Ионова Ю.	М
1968	Механизация возделывания риса в Кзыл Ординс кой области.	Ким Дон Чер. Ундербаев Ш.	Кзыл-Ор да
1968	Стихи поэтов Азии и Африки. 〈ХЛ〉	Мы живем в одной планете	Ташкент
1969	Колхоз на подъеме (Из опыта работы колхоза 18 лет Казахстана, где председателем Кан Де Хан)	Брезинский В.	Алма-Ата
1969	Вторые имена как историчес-этнографичсский источник. Ономастика Поволжья.	Джарылгасино ва Р. 자를 가스노바	Ульяновск

---

159) 학술지 Хлебников М, Евлампиев П, Володин Я.

출판년	제 목	저 자	발행지
1969	Корейская национальная одежда в коллекциях МАЭ. Женская одежда. Сборник Музея Антропологии и этнографии.	Джарылгасинова Р. 자를 가스노바	Л
1969	О работе Каратальского опытного поля. Бюллетень научно- технической информации Всесоюзного НИИ риса.	Дудунко В.	М
1969	Религиозные воззрение корейцев. Сборник музея антропологии и этнографии.	Ионова Ю. (이오노바 효)	М
1969	Наша встреча с Ильичом. Воспоминания Владимире Ильича Ленине.	Ким А. (김)	М
1969	Школа призраков.	Ким Роман. (김로만)	М
1969	Малая история искусств. Искусство стран Дальнего Востока.		М
1969	Казахстан мактасы.	Май лыбоев М.	Алма-Ата
1969	Восточные интернационалисты в России. Коминтерн и Восток.	Персии И.	М
1969	Справочник.	Писатели Казахстана	Алма-Ата
1969	Классическая поэзия Востока. Из Древнеегипетской, индийской, китайской и корейской поэзии. Переводы. ⟨ХЛ⟩	Ахматова А.А	М
1970	Антропонимические процессы у корейцев Средней Азии и Казахстана. Личные имена в прошлом, настоящем и будущем.	Джарылгасинова Р.	М
1970	Религии и мифологии народов Востока и Южной Азии.		М
1970	Восхождение (исторический очерк о колхозе Полярная звезда).	Иноятов Х., Нуруллин Р	Ташкент
1970	Пережитки тотемизма в религиозных обрядах корейцев. Религия и мифология народов Восточной и Южной Азии.	Ионова Ю.	М
1970	Деятельность Коммунистической партии Узбекистана по организационно-Хозяственному укреплению корейских колхозов	Ким П. Н.	АКД Ташкент

출판년	제 목	저 자	발행지
1970	Очерки по истории советских корей цев. (60-е годы XXв. 1962). Рукопись диссертации на соискание учен ой степени доктора исторических наук	Ким Сын Хва. 김신화	Алма-Ата
1970	Исторические названия Кореи Этнонимы.	Концевич Л. Р. (콘세비치)	М
1970	Внутриказахстанская миграция и ее влияние на сближение национальностей . Проблемы труда и народонаселения в Казахстане.	Москвина Г. (모스커비나)	Алма-Ата
1970	Корей ская народная сказка.	Пак В	М
1970	Братья по крови. Стихи. Пер. с корей ского Ю: Кушака.	한 설야 Дегук. 유가이 데국	Ташкент
1970	Корей ские интернационалисты в борьбе за влас ть Советов на Дальнем Востоке (1918~1922 гг.).	Хан С. Ким В. 한 С. 김 В	вып
1970	О сходстве корей ского и тюркских языков. Мате риалы2-ой научной конференции молодых уче ных АН КазССР.	Хасанов В. (하사노브)	
1970	Легендарная Чапаевская. (논문)159)		М
1970	Корей ские рассказы XV_XVII веков. ⟨ХЛ⟩	Черепаховый суп	Л

1960년대 러시아에서 한국학 관련 문헌연구는 다양한 번역활동과 역사서의 번역을 통해 진행되었다. 1961년 14편, 1962년 15편, 1963년 9편, 1964년 6개, 1965년 5개, 1966년 4편, 1967년 10편, 1968년 4편, 1969년 12편, 1970년 14개로 생산규모의 변화의 폭이 컸다. 김만중(Ким Манджун)의 구운몽, 춘향전 등이 번역되었으며, 김소월(Ким Со Воль)을 비롯한 한국의 시와 시조가 번역되어 출판되었다. 이 시기에 문학 분야의 인물로는 김신화(Ким Сын Хва), 김로만(Ким Роман), 박일(Пак Ир. П. А), 박수산(Пак Сусан), 김쥰(Ким Дюн), 김남석(Ким Нам Сек) 등이 있고, 콘세비치(Концевич Л. Р)는 한국언어를 연구했다. 이밖에도 바브체프(Бабичев И.), 나자렌코(Назаренко И), 박보리스(Пак Б. Д), 한 설야(Хан Сер Я), 최 브(Цой В), 한 막스(Хан М), 황만금(Хван Ман Гым), 박인노(Пак Инно), 박뎅영(Пак Ден Ен), 박일

세(Пак Ун Гер), 맛베이브(Матвеев И), 이오노바 효(Ионова Ю), 하사노브(Хасанов В) 등이 있다.

(5) 1970년부터 1980년대까지 문헌목록

① 한글문헌목록: 1971~1989

〈표 V-27〉 한글 문헌목록(1971~1989)

출판년	제 목	저 자	형태	발행처	출판사
1972	코민테른 2차 회의	코민테른	단행본	모스크바	모스크바
	재소 한국인의 사적 고찰	현규환	단행본	서울	
1973	한국유이민사 연구(하)	고승제	단행본	서울	장문각
	일제하 강제 인력 수탈사	김대상	단행본	서울	장문각
1975	민족운동가 아내의 수기: 서간도 시종기	이은숙	단행본	서울	정음사
1979	1918~1979년 극동 소비에트 권력투쟁에서의 한인 극세주의자들	김 M.T	단행본		모스크바
1982	한민족 독립운동사 연구	박영석	단행본	서울	일조각
1984	소련중앙아시아의 한인들	고송무	단행본	서울	한국국제 문화협회
1986	평범한 러시아의 길	콜레스니코바A.F	단행본	볼고그라드	
1987	녹두꽃: 여자 독립군 정정화의 낮은 목소리	정정화	단행본	서울	
1988	소련의 고려사람들	신연자	단행본	서울	동아일보사
1989	소련한족사	김승화, 정태수 편역	단행본	서울	대한교과서 주식회사
	소비에트 한인 백년사	서대숙 엮음, 이서구 옮김	단행본	서울	태암
	간도유랑 40년	소재영 편	단행본	서울	조선일보사

1970년대 이후 1980년대 후반까지 러시아 한인관련 저서와 역서로는 고승재(1973) 「한국유이민사 연구」, 김대상(1973) 「일제하 강제 인력 수탈사」, 이은숙(1975) 「민족운동가 아내의 수기: 서간도 시종기」, 김 M.T.(1979) 「1918~1979년 극동 소비에트 권력투쟁에서의 한인 극

세주의자들」, 박영석(1982) 「한민족 독립운동사 연구」, 고송무(1984) 「소련중앙아시아의 한인들」, 콜레스니코바 A.F(1986) 「평범한 러시아의 길」, 정정화(1987) 「녹두꽃」, 신연자(1988) 「소련의 고려사람들」, 김승화(1989) 「소련한족사」, 서대숙(1989) 「소비에트 한인 백년사」, 소재영(1989) 「간도유랑 40년」 등이 있다.

<표 V-28> 사회주의정책관련 한글문헌(1970~1980)

출판년	제목	저자	형태	발행지	출판사
1972	쏘련공산당 제24차 대회와 맑스-레닌주의 리론의 발전	쏘련공산당	단행본	모스크바	아뻬엔
1974	레인의 당이 걸어온길		단행본	모스크바	아뻬엔
1976	쏘련공산당중앙위원회의 사업총화와 대내외정책분야에서의 당의 당면 과업들	브레쥬네브, 엘이	단행본	모스크바	아뻬엔
1983	공장의 직맹참모부	도로쉰스까야 옐	단행본	모스크바	아뻬센
1985	대회에서 대회로: 쏘련공산당대회	쏘련공산당	단행본	모스크바	아뻬엔
1986	생동한 맑스-레닌주의 학설	쁘노미료브 베. 엔	단행본	모스크바	아뻬엔
	쏘련공산당강령	쏘련공산당	단행본	모스크바	아뻬엔,
	쏘련공산당 제27차대회에서 한 당중앙위원회 정치보고	고려쵸브, 엠에쓰	단행본	모스크바	아뻬엔
1987	개편과 당의 간부정책에 대하여	고려쵸브, 엠에쓰	단행본	모스크바	아뻬엔
	10월과 개편:혁명은 계속되고 있다	고려쵸브, 엠에쓰	단행본	모스크바	아뻬엔
1988	사회주의 사회의 정치적 체계서의 당의 역할: 리론적 개요	부뗀꼬, 아.뻬	단행본	모스크바	아뻬엔

사회주의 정책관련 한글문헌은 이미 널리 알려진 것으로 각종 소비에트정부의 기록들이 다루어졌다. 이 책들은 원래 러시아어로 출간되었으나 국내에 유입되면서, 한글로 번역되어 해제된 자료들이다. 1972년부터 1988년 사이에 출간된 서적들은 모스크바의 아뻬엔출판사에서 발간되었고, 당 활동에 대한 기록을 담고 있다.

② 러시아 문헌목록: 1971~1980

<표 Ⅴ-29> 러시아 문헌목록(1971~1980)

출판년	제 목	저 자	발행지
1971	Корейская сосна.	Ким Дюн.(김준)	М
	(перевод) Песня над озиром. Лирика сред невековой Кореи.	Пак Ир. П. А. (박일)	М
	Справочное издании.	Современная Корея	М
	Корейские песни в записи А. Б. Затаевеч а. Музыкознание.	Тен Чу.	Алма-Ата
	Чхое Чхун Джон. Из. текста рукописи, пер. и коммент. <ИВЛ>	Д.Елисеева (에르세에바)	М
	озером. Лирика средневек. поэзии. <ГРВЛ>	Песня над	М
	Новеллы корейских писателей . <ГРВЛ>	Жили такие люди	М
	Оживщая тень. Повесть. Для среднего во зраста. <ДЛ>	Пак Ын Хо	М
	Корейская сосна. Роман.<Сов. писатель>	Ким Дюн (김준)	М
1972	Люди счастливой судьбы (О труженник ах колхоза Полярная звезда).	Исаков Ф. Ким М. (이스카코브, 효, 김 М)	Ташкент
	Новые рассказы, услышанные на горе Зо лотой Черепахе. Пер. с ханмуна.<ХЛ>	Ким Си Сып.	М
1973	Стихи корейских поэтов Казахстана. Пер. А	Багульник в степи	Жовтиса
	Бахчеводство-доходная отрасль.	Дюсенбаев Б.	Алма-Ата
	Представления кордей цев о душе. Мифо логия и верования народов Восточной и Южной Азии.	Ионова Ю.	М
	Погребальные обряды корей цев. Культ ура народов зарубежной Азии. Сборник Музея антропологии и этнографии Т.29	Ионова Ю.	Л
	Итоги Всесоюзной переписи населения.		М
	Как заселялся Далбный Восток (Вторая половина XIX начало XXв.).	Кабузан В.	Хабаровск
	(перевод). Багульник в степи. Сборник стихов.	Пак Ир. П. А (박일).	Алма-Ата

출판년	제 목	저 자	발행지
1973	Корейские исторические песни. Музыко знание	Тен Чу.	Алма-Ата
	Огонек. 〈Жасуши〉	Ен Сеннен.	Алмата
1974	История Кореи (С древней ших времен д о наших дней). Т.1-2.		М
	Использование фольклора в атеистическ ой пропаганде.	Ли Хан Сен. (리한센)	Алма-Ата
	Пакта-Арал.	Лим Тен Хан. (림 텐한)	Алма-Ата
	Видный исследователь многонациональной советской культуры (о научной деятельност и члена-кор. АН СССР М.П. Кима).	Сулей менов Р. (술레이메노프)	М
	Роза и Алый Лотос. Корей ски повести. (XVII-XIXвв.).	Л.Концевич	М.ХЛ
	Роман. Пхеньян. 〈яз〉	На повороте истории	Из-во лит-ры на иност
1975	О социально-экономических отношениях в Корее X1X в. Социальная история народ ов Азии.	Ионова Ю.	М
	Население Средней Азии.	алимов Х.	Ташкент
	Новые песенные жанры советских корей цев. Музыкознание.	Тен Чу.	Алма-Ата
	Основные приемы возделывание риса в Казахстане (Аналитический обзор).	Цой З.	Алма-Ата
	О некоторых типах языкового контакта в Узбекской ССР. Вопросы литературове дения и языкознания.	Югай И. (유가이)	Ташкент
	Классичесеая проза Дальнего Востока.〈ХЛ〉		М
	Ним чангун джон (Повесть о полководце Ниме). Факсимиле ксилографа. Изд. текс та, пер. и коммент.〈ГРВЛ〉	Ним чангун джон	М
	Стихотворные переводы.〈Зазуши〉	Луна в Реке	Алмата
	Одинокий журавль. Из корей . поэзии 16 века 〈ХЛ〉	Чон Чехол	М

출판년	제 목	저 자	발행지
1975	Море крови(피바다) 〈яз〉	Море крови (북한)	Из-во лит-ры на иност
	Сборник переводов. вып. 2.〈ГРВЛ〉	Современная восточная новела	М
1976	Голубой остров: Рассказы и повести.	Ким Анатолий (김아나톨리)	М
	При прочтении сжечь. Тетрадь най денн ая в Сунчоне.	Ким Роман. (김로만)	Владивосток
	Песенная культура советских корей цев. ИАН АН КазССР. Серия филологическая.	Тен Чу.	Алма-Ата
	Из истории школьного образования коре й ского населения в Казахстане в 1937~1970 гг.〈АКД〉	Хан Б. (한 보리스)	Алма-Ата
1977	П. Новое вкультуре и быгу корей цев Ср едней Азии и Казахстана (на примере се льского населения)	Джарылгасинова Р. 자를 가스노바	СЭ
	Разговор с тобой .	Ким Дюн.(김준)	Алма-Ата
	Театр масс.	Ким Н.	Ташкент
	Корей ское классическое искусство.		М
	Некоторые аспекты выражения форм веж ливости в корей ском языке. Националь но- культурная специфика речевого пове дения.	корбатюк И.	М
	Колхоз Политотдел.	Хван Ман Гым. (황만금)	М
	О влиянии статистического фактора на яз ыковые процессы у корей цев Узбекско й ССР. Исследования по литературоведе нию и языкознанию.	Югай И.(유가이)	Ташкент
	Этносоциологическое изучение языковы х процессов средикорей цев Узбекской С СР. Полевые исследования Инситута Эт нографии.	Югай И.(유가이)	М
	Классическая поэзия Индии, Китая, Коре и, Вьетнама, Японии. 〈ХЛ〉	Библиотека всемерной литературы	М

출판년	제 목	저 자	발행지
1978	К характеристике современной антропо нимческой модели корей цев, проживаю щих в сельских рай онах Узбекской ССР.	Джарылгасинова Р. (자를 가스노바)	М
	Памятник бессмертия.	Ким Ден Ше. (김덴시)	Ташкент
	Песенная культура советских корей цев	Тен Чу.	Алма-Ата
1979	Корей ская лирика. 8-9-века.〈ИВЛ〉	Бамбук в снегу	М
	Россия и Кореи.	Пак Б. Д.	М
	Героические дела корей ских интернацио налистов. Ким М. Т. Корей ские интерна ционалисты в борьбе за власть Советовн а Дальнем Востоке	Пак В, Шабшина Ф. И. (박 В)	М
	Хунмин чоным 〈ГРВЛ〉	Л.Р.Концевича (콘세비치)	М
	Колхозное крестьянство Узбекистана в го ды Великой Отечественной вой ны.	Аминова Р. (아미노바)	Ташкент
1980	Основные тенденции этнических процес со у корей цев Средне Азии и Казахстана. Этничекие процессы у националбньых гр уп Средней Азии и Казахстана.	Джарылгасинова Р. (자를 가스노바)	М
	К изучению антропонимии корей цев СС СР. Ономастика Востока.	Ким О. (김. О)	М

③ 러시아 문헌목록: 1981~1989

〈표 V-30〉 러시아 문헌목록(1981~1989)

출판년	제 목	저 자	발행지
1981	Япония и Корея. Заметки из кругосветн ого плавания.	Азбелов Н.	М
	Освоение русского Дальнего Востока. Конец XIX в	Алексеев А.	М
	Ассоциация Корей цев Казахстана. Инф ормационная бюллетень.	апрель	Алматы
	Ассоциация Корей цев Казахстана. Буклет.	Ни Г. М Р&V.	Составитель
	Ассоциация Корей цев Казахстана - 10 лет.	Дай к-Пресс.	Алматы

출판년	제 목	저 자	발행지
1981	Формирование и развитие структуры населения КазССР	Базанова Ф.	Алма-Ата
1982	Просветительская деятельность Русской Провославной Церкви среди корейских иммигрантов в дореволюционной России. Актуальные проблемы Российского востоковедения	Белов М. В. (베로프 M.B)	Москва
	Корейские трудящиеся в Западной Сибири в 20-е годы XX века (источники и основные аспекты исследования проблемы). Источниковедение и историография стран Востока: узловые проблемы теории. (Те-зисы). Подготовительные материалы V тома «Новейщая история стран Востока»	Бойко В. С.	М
	В ГУЛАГ без обратного хода. Актуальные проблемы Российского востоковедение	Бойко В. С.	Москва
	К вопросу о «проблемах сахалинских корейцев»	Бок Зи Коу.	Сахалинск
	Сахалинские корейцы: проблемы и перспективы,	Бок Зи Коу.	Сахалинск
	Корейцы в СССР: из истории вопроса о национальной государственности. No. 3.	Бугай Н. Ф.	Восток
	О выселении корейцев из Дальневосточного края. ⟨Отечественная история.No6⟩	Бугай Н. Ф.	М. Наука
1983	Трагические событие не должны повториться. Актуальные проблемы Российского востоковедение	Бугай Н. Ф.	Москва
	Сталину: «Согласно Вашему указанию»	Бугай Н. Ф. Л. Берия - И.	М
	Народы и власть: социалистический эксперимент.	Бугай Н. Ф. Мекулов Д.	Май коп
	Корейский узел снова начал завязываться в российском Приморье. Родина, No2	Буяков А. Полутов А.	
	Вестник Центра корейского языка и литературы. Вып. 1.	Под ред. А.Г. Васильева и (바실리에프) М.Н.Никитиной	СПб

출판년	제 목	저 자	발행지
1984	Мартовское восстание 1919 г. в Корее к движении «4мая» 1919г. в Китае: сравнительный анализ. Актуальные проблемы Россий ского востоковедения	Волкова А. А.	Москва
	Время газетной строкой (К 75-летию газеты «Коре илбо».		Алматы
1985	Библиография Корея 1917~1970	Володина П. (목록집)	М
	Государство Бохай (698~926) и племе на Дальнего Востока России		М. Наука
	Корея. Этнография питания народов стран мзарубежной Азии.	Джарылгасинова Р. 자를 가스노바	М
	Корей цы. Календарные обычаи и обряды народов Восточной Азии.	Джарылгасинова Р. 자를 가스노바	Москва
	Дорогой горьких испытаиий . К 60-летию депортации корей цев России.	Экслибрис-Пресс	Москва
	К проблеме национально-смешанных б раков (по результатам актов записей го рархива ЗАГС г. Алматы).	Ем Н. Б.	
	Известия корееведов Казахстана. Отв. ред. Г. Н. Ким. Ассоциация корееведов Казахстана. Вып. 1		Алматы
1986	Известия корееведов Казахстана. Отв. ред. Г. Н. Ким. Ассоциация корееведов Казахстана. Вып. 2		Алматы
	Известия корееведов Казахстана. Отв. ред. Г. Н. Ким. Ассоциация корееведов Казахстана. Вып. 3-5		Алматы
	Известия корееведов Казахстана. Отв. ред. Г. Н. Ким. Ассоциация корееведов Казахстана. Вып. 6		Алматы
	Информационная Бюллетень АКК. Ассоциация корей цев Казахстана. Вып 1		Алматы
1987	О культе деревьев в Корее. Мифы, культы, обряды народов зарубежной Азии.	Ионова Ю.	М

출판년	제 목	저 자	발행지
1987	Обряды и обычаи и их социальные функции в Корее. Середина Х1Х — начало ХХ вв	Ионова Ю.	М
	К 80-летию академика М. П. Кима. Истории СССР.		
	Сны нерожденных. Повести и рассказы.	Кан А	Алматы
	Корейцы в Казахстане: трагедия переселения и обретение новой родины. №. 4.	Кан Г. В.	Мысль
	Корейцы Казахстана: Исторический очерк.Казахстан.	Кан Г. В.	Алматы
	История корейцев Казахстана	Кан Г. В.	Алматы
1988	История переселения корейцев в Казахстан. Евразийское сообщество: Экономика, политика, безопасность. №. 6 — 7.	Кан Г. В.	
	История корейцев в Казахстане. Автореферат диссиртации из соискание ученй степени доктора исторических наук.	Кан Г. В.	Алматы
	Исторические связи корейцев с Казахстаном. Проблемы истории Казахстана.	Кан Г. В.	Алматы
	Предыстория корейцев в Казахстане. Известия орееведения Казахстана. вып. 1	Кан Г. В.	Алматы
	Диаспора в полиэтническом Казахстане: история и современность Евразийского сообщество: Экономика, политика, безопасность.	Кан Г. В.	
	Предыстория корейцев Казахстана. Ж4.	Кан Г. В.	Нива
	Корейцы Казахстана: иллюстрированная история. Сеул. На русском корейском, английском языке.	Кан Г. В., Ан В. И., Ким Г.Н., Мен Д.В.	ВТС
	Корейцы Казахстана. Хан Г.Б. прошлое и настоящие корейцев Казахстана.	Кан Г. В., Хан Г. Б.	Алматы
	Нефретовый пояс	Ким Анатолий (김 아나톨리)	М
	Собиратели трав.	Ким Анатолий . (김 아나톨리)	М
	Отец-лес	Ким Анатолий . (김 아나톨리)	М

출판년	제 목	저 자	발행지
1989	Кентавры.	Ким Анатолий (김 아나톨리).	М
	Так распоридилась жизнь. — Время газе тной срокой	Ким Б.	Алматы
	Корей цы Узбекистана. Кто есть кто. Сп равочное издание.	Ким Б.	Ташкент
	Под крылом праматери корей ской прес сы. СНГ. — Время газетной строкой .	Ким Б.	Алматы
	Корей цы Узбекистана. Кто есть кто. Ча сть 1. Известия о кореееведения в Казахс тане и Средней Азии.	Ким Б.	
	Ветры нашех судеб. Звезда Востока. №2.	Ким Б.	
	Уриньн нугуе?	Ким Б.	Санкт-Петербург
	Ушедшие вдаль.	Ким Б.(Ёнг Тхек).	Санкт-Петербург
	Кровавый круг. Книги 1-2. .	Ким В.	Алматы
	Туманган — пограничная река	Ким В.	Ташкент
	Эшелон 58.	Ким В.	Ташкент
	"Правда-полвека спустя"	Ким В. Д.	Ташкент
	Корей цы. Литературный Киргизстан.	Ким В	М
	К историогрифии развития духовной к ультуры корей цев Казахстана. Вопросы истории и историографии культуры Каза хстана.	Ким Г. Н.	Алма-Ата
	Корея и корей цы.	Ким Г. Н.	Алма-Ата
	Корей цы в братской семье народов Каз ахстана.	Ким Г. Н.	Алма-Ата Знание

(6) 소연방해체 이후 자료 러시아 고려인관련 문헌목록

① 한글문헌목록: 1990~1999

〈표 V-31〉 러시아 문헌목록 한글 단행본(1990~1999)

출판년	제 목	저 자	발행지	출판사
1990	백로의 나라의 후손들	박 보리스.	타슈겐트	
	소련의 한인들		서울	이론과실천
	일제하 극동시베리아의 한인사회 주의자들	미뜨베이 찌모피예비치 김	서울	역사비평사
	국외한인사회와 민족운동	윤병석	서울	일조각
1991	한인지역	남S.G	모스크바	
	재러한인. 역사와 문화	남S.G	모스크바	
1992	30~40년대 제러한인 강제이주백서	이우효, 김영웅	모스크바	
1994	두만강-국경의 강	김 V	우즈베키스탄	타슈켄트
	스딸린 체제의 한인 강제이주 (김명호 역)	리 블라지미르 효도로비치. 김 예브게니	서울	건대출판부
	러시아지역의 한인사회와 민족운동사	한국독립 유공자협회	서울	교문사
1995	일제의 조선인 노동력 수탈 연구	김민영	서울	한울
	아직도 내 귀엔 서간도 바람소리가	허? 은	서울	정우사
1996	일제강점기 한민족 독립운동1905~1910	한 M.N	모스크바	
	해외 한민족 총서 : 독립국가연합 편	권희영	서울	통일원
	한인노령이주사 연구	이상근	서울	탐구당
1997	"한민족 해방운동의 특성 1904~1911년간 의병운동"	만드리긴A.B	모스크바	
	한국 공산당 운동1918~1945	우소바 L.A.	모스크바	
	1919년 3·1운동과 한국기독교회	장정	모스크바	
	재소한인의 항일투쟁과 수난사(조영환역)	김 블라지미르	서울	국학자료원
1998	한러관계사에서	로자리예프 Y.N	모스크바	
	재소 한인 민족운동사 연구	박환	서울	국학자료원
	러시아 연해주의 한인사회	이광규	서울	집문당
1999	하얼빈 역의 복수	박 보리스.D	M 이르쿠츠크, 상뜨	동방학연구소
1999	소비에트 러시아의 한인들	박 보리스.D	M 이르쿠츠크, 상뜨	동방학연구소

소연방의 해체를 통해 고려인의 문화와 민족정체성에 대한 중대한 도전에 직면하게 된다. 또한 정보통신의 발달로 지역적으로 이념적으로 단절되었던 모국인 한국과의 접촉과 교류가 늘어나게 된다. 이와 같은 요인으로 인해 1980년 말부터 고려인, 한국, 한국인, 러시아와 한국의 관계 등을 주제로 하는 문헌들이 한글과 러시아어로 쓰여진 문헌들이 대량으로 발행된다. <표 V-31, 32, 33, 34>에는 1990년 이후부터 국내와 러시아, 중앙아시아에서 한글로 발행된 고려인 관련 단행본 목록과 러시아어로 쓰여진 고려인 관련 단행본 목록을 나타내고 있다.

② 러시아 문헌목록: 1990~1999

<표 V-32> 러시아 문헌목록(1990~1999)

출판년	제 목	저 자	발행지
1990	Социально-культурное развитие корей це в Казахстана.	Ким Г. Н.	Алма-Ата. Наука
	Антропонимия корей цев. Имена народов Казахстана.	Ким Г. Н.	Алма-Ата
	Источники по изучению истории, культу ры и языка корей цев в Советском Союзе. Доклад, прочитанный на 14 конференции АКВЕ, состоявшей ся в Варшаве	Ким Г. Н.	Манускрипт
	Советская периодическая печать на коре й ском языке. Многонациональная советс кая журналистикаю: исторический опыт и проблемы перестрой ки.	Ким Г. Н.	Алма-Ата

---

160) 김부식의 삼국사기 (Памятники письменности народов Востока. Тексты. Бо льшая серия 1, 3). 김부식. 삼국사기. 잡지. 열진 (권 32~50)

161) 조프티스, 조선. 고전 한국 시가 우크라이나어 번역 선집. Ранкови спокий . Корес кая классическая плэзия. Сборник. . (пер. корей ской классической поэзии на украинский язык). А.

162) Зеленые горы, (поэтич. пер. А.Жовтис). 김삿갓. 푸른 산. 시집.

출판년	제 목	저 자	발행지
1990	Национальные культурные центры и реализация закона о языках. Языковая политика вКазахстане и пути ее реализации. Материалы Республиканской научно-практической конференции. Часть первая. Общество. Государство и развитие языка.	Ким Г. Н.	Алма-Ата
	Молодежи о формировании и развитии многонациональной структуры населения Казахской ССР (на примере корей цев Казахстана). Молодежь, перестрой ка, демократия, гласность	Ким Г. Н.	Алма-Ата
	Корей цы Казахстана и Средней Азии в зарубежных исследованиях)	Ким Г. Н.	Алма-Ата. Наука
	История и культура корей цев Средней Азии. №6.	Ким Г. Н.	
	Из истории переселения корей цев в Казахстан. Перестрой ка и советские корей цы Токио.	Ким Г. Н.	
	Корей цы Казахстана и Средней Азии. До клад, прочитанный на первом Всемирном симпозиуме корей ских ученых.	Ким Г. Н.	Сеул
	Просвещение и оброзование среди корей цев в СССР. Перестрой ка и советские корей цы.	Ким Г. Н.	Токио
	История, культура и язык коре сарам и советской литературе	Ким Г. Н.	
	Конференция АКСЕ в Берлине. Этнографическое обозрение.	Ким Г. Н.	Москва
	Формирование и развитие корей ской даа споры в Казахстане.	Ким Г. Н.	
1991	Корей цы за рубежом: прошлое, настояшие и будущие.	Ким Г. Н.	Алматы, Гылым
	Актуальные проблемы корей ской диаспоры Казахстана(на анг.)	Ким Г. Н.	Алматы
	Межнациональные браки среди корей цев г.	Ким Г. Н.	Алматы

출판년	제 목	저 자	발행지
1991	Корейская диаспора в Казахстане: актуал ьньыепроблемы и перспективы. Материл ы междунородной конференции (Нацьюн ализм в постсоветской Центральной Ази я, университет Дж. Неру.	Ким Г. Н.	Дели
	Октябрьская революция и советские коре й цы. Известия корееведения Казахстана.	Ким Г. Н.	М 4
	Социально-экономическое положение в Ка захстане переходного периода и корей ская диаспора.	Ким Г. Н., Квон Л. А., Мен Д.В. и др.	Алматы
	Современное положение и перспективы к орей ской диаспоры в Казахстане. Матери алы междунородной конференции. Униве рситет Чоннам.	Ким Г. Н.	Кванджу
	История иммиграции корей цев. Книга п ервая. Второя половина XIX в − 1945.	Ким Г. Н.	Алматы Дай к-пресс
	История иммиграции корей цев. Книга пе рвая. Вторая половина X1X в. − 1945. Авт ореферат на соискание учеиой степени до ктора исторических наук.	Ким Г. Н.	Алматы
	Актуальные аспекты этнического ренесса нса корей цев постсовктской Центрально й Азии. Материалы междунородной кон ференции	Ким Г. Н.	Алматы Дай к-пресс
	Формирование и развитие этнического сам осознания корей цев Казахстана. Особенно сти развития этнического развития личнос ти XXI в. Материалы научно-практическо й конференции, посвященной 10-летию создания Ассоциации корей цев Казахстан а Тараз.	Ким Г. Н.	
	О структуре и содержании этнического са мосознания корей ской диаспоры Казахста на. Этническое самосазнание зарубежной корей ской диаспоры: традиции и трансф ормации. Материалы международного нау чного ссминара, посвященного 10-летию Ассоциации корей цев Казахстана.	Ким Г. Н.	Алматы

출판년	제 목	저 자	발행지
1991	Анализ 10-летней истории создания и деятельности корей ских культурных цент ров в Казахстане. Стратегия, направленна я на развитие зарубежной корей ской диа споры в 21 веке. Материалы междунар. на учной конференции Ун–т Чоннам.	Ким Г. Н.	Квангжу
	Корей цы Казахстана： иллюстрированная история.	Ким Г. Н., Кан Г.В., Мен Д.В., Ан В.И.	Сеул. STC
	История и культура корей цев Казахстана.	Ким Г. Н., Мен Д.В.	Алматы
	История, культура и язык коре сарам. (Ист ориография и библиография).	Ким Г. Н. Рос Кинг.	Алматы
	Соб. (ред.) История корей цев Казахстан а. Сборник архивных материалов. Т.1.	Ким Г. Н., Сим Енг	Алматы–Сеул
	Соб. (ред.) История корей цев Казахстана. Сборник архивных материалов. Т.2,	Ким Г. Н., Сим Енг	Алматы–Сеул.
	Соб. (ред.) История корей цев Казахстан а. Сборник архивных материалов. Т.3	Ким Г. Н. Сим Енг	Алматы. Сеул
	Соб. История просвещение корей цев Росс ии и Казахстана. Вторая половина XIX в. – 2000	Ким Г. Н. Сим Енг	Алматы Казакун–т
	Актуальные проблемы и перспективы к орей ский диаспоры Центральной Азии. - Известия корееведения Казахстана.	Ким Г. Н., Хан В.С.	
	Десять лет спустя. «Размышлении о прой денном пути в корей ском движении». Асс оциация корей цев Казахстана.	Ким Г. Н., Хан В. С.	Алматы АКК
1992	(ред). 66-лет корей скому театру – фотоа льбом	Ким Г. С.	Сеул
	Сеум (Дыхание).	Ким Дюн. (김준)	Алма-Ата
	Вечерная сверель	Ким Дюн. (김준)	М

출판년	제 목	저 자	발행지
1992	Комментарий к статье Тен В.А.. к.и.н. «Судьбы первых ссыльных корей цев в Ка захстане, опубликованный в журнале «Из вестия корееведения Казахстана» вып.	Ким Д. М.	Алматы
	Из жизни Международной конфедерации корей ских ассоциаций СНГ Актуальные проблемы Россий ского востоковедения	Ким Ен Ун.	Москва
	Корей ский этнос в постсоветском простр анстве, Дин в воспоминаниях современни ков	Ким Ен Ун.	М
	Советский корей ский театр.	Ким И.	Алма-Ата
	Цветы зимы.	Ким Кван Хен.	Алма-Ата
	Ссак (Ростки)	Ким Кван Хен.	Алма-Ата
	Страницы дальневосточной истории коре й цев. Часть 1 — Известия корееведения Казахст ана. Вып.1	Ким Мен Гир.	Алматы
	Страницы дальневосточной истории коре й цев. Чмть 2. — Известия корееведемия Казахст ана. Вып. 2.	Ким Мен Гир.	Алматы
1993	Судьба человека, покинувшего Чхунч-хо ндо	Ким Ли В.	Алматы
	Самая длинная ночь. Повесть.	Ким Ли В.	Алматы Билим
	Страницы дальневосточной истории коре й цев. Ч. 1. Известия корееведения Казахстана. Вып.1	Ким М. Г.	Алма-Ата
	Проблемы теории и истории реального соц иализма.	Ким М.	М
	Народное художественное творчество наро дов Востока	Ким Н.	М
	Мировые идеи в корей ских и русских паре миях: философский анализ.	Ким О.	Алматы
	О культуре советских корей цев. Сеул: Ак адемия духовной культуры Кореи,	Ким О. Г.	

출판년	제 목	저 자	발행지
	О корей ской диаспоре Казахстана. – Известия корееведения Казахстана.	Ким П. Г.	
	Корей цы Республики Узбекистан.	Ким П. Г.	Ташкент
	Корей цы Узбекистана.	Ким П. Г.	Ташкент
	Проблема взаимоотношений языка и мышления в социокультурном контексте. Автореферат диссертации на соискание учено й степени доктора философских наук.	Ким О. Г.	Алматы
	Язык корей цев СССР теория и реальност ь. Сеул Национальный Институт по ист ории Кореи,	Ким О. Г.	
	Роман. Сеул. 1990. (на кор. яз.) в 1918~1922 гг. Сборник статей , посвеще нный 60 летию профессора Пак Ен Сока – Директора Национального комитета по и зучению истории Кореи.	Ким Се Ир., Хом Вомдо.	Сеул
	Исповедь сорен сарам-советского человек а. Дружба народов.	Ким С.	
1993	Литература советских корей цев в газете «Леним кичи» Известия корееведов Казахс тана. вып. 2.	Ким Фил Янг (Ким Пхиль Енг).	Алматы
	Жизнь в стране абсурдов. (фрагменты до кументальной повести). Известие корее едов Казахстана. вып. 1	Ким Э. М.	Алматы
	Книга памяти. Архивные списки депорти рованных россий ских корей цев в 1937 го ду. Часть 1.	Пак Чон Хе, Ли О.А. М.	Авторы составители
	Корей цы в Прикаспии.	Ковжасарова Ж. У.	Алматы
	Корей ская пресса в системе многонациона льного масс-медиа. – Время газетной стр окой .	Козыбаев С. К.	Алматы
	И истории развития корей ской печати на территории СНГ. – Известия корееведени я Казахстана. Вып. 6	Козыбаев С. К. Гай калова И. Н.	Алматы
	Корей ская периодическая печать в много национальных СМИ Казахстана. Известия корееведов Казахтана. Вып. 5.	Козыбаев С. К.	Алматы

출판년	제 목	저 자	발행지
1993	Дальневосточные корейцы, жизнь и трагедия судьбы.	Кузин А. Т.	Южно-Сахалинск
1994	Из плена лет и лживых наветов	Куреньков И. П.	Астана
	Иностранцы в Корее. Вестник Центра корейского языка и культуры, вып. 1	Ланьков А. Н	СПб
	Сатирические традиции корейской литературы. Актуальные проблемы Российского востоковедения	Ли В.	Москва
	Слово о Георгии Федоровиче Киме. Актуальные проблемы Российского востоковедения	Ли В.Ф. и Хо Дин.	Москва
	Корейцы в Кыргызстане.	Ли Г. Н.	Бишкек
	Записки наблюдателя о любви корейцев к земле	· и Герон. Гобонди.	Бишкек
	Кольца годичные. Стихи	Ли Дин.	Алма-Ата
	Журавли покидают гнезда.	Ли Д.	М
	О деспортации корейского населения России в 30-40-х годах. Книга вторая Москва	Ли У Хе, Ким Ен Ун.	МККА
	Белая книга. О депортации корейского населения России в 30-40х годах. Книга первая.	Ли У Хе, Ким Ен Ун.	Москва
	Гряда. Книга стихотворений	Ли С.	Алматы
	Корейские народные изречении.	Лим Су.	М
	Третья волна иммиграции. Корейский вопрос в Приморской деревне в 20-30-е годы ХХ в. Россия и АТР. № 2.	Лыкова Е.А. Проскурина Л. И. (프로스쿠리나)	
	Вклад корейцев в социально-экономическое развитие Казахстана — Известия корееведения Казахстана.	Мен Д. В.	
	60 лет на казахской земле.	Мен Д. В.	Мысль
	Корейцы СНГ об объединении Корейского полуострова. Материалы международной конференции в Республике Корея,	Мен Д. В.	Сеул
	Корейская интеллигенция: Казахстане — история и современные проблемы. Известия корееведов Казахстана, вып 1	Мен Д. В.	Алматы

출판년	제 목	저 자	발행지
1994	Казахстан стал для корей цев Родиной . Народ не безмолвствует	Мен Д. В.	Алматы
	Чесленность, расселение и языковая ситуация советских корей цев. Материалы международной конференции по билингвизму в Москве	Мен Д. В.	Сеул
	Мин Л. Национальные семей ные традиции и обычаи в формировании этнического сознания подростков (на материале советс ких корей ских семей).		Алма-Ата
	Семей ные традиции и обычаи корей цев проживающих в Казахстане.	Мин Л. В.	Алма-Ата
	Детерминанты поведения этнодисперсн ых групп.	Митин А. П.	М
	Казахстанские корей цы между прошлы м н настоящем. Конституция РК и развит ие национальных меньшинств.	Мен Д. В., Чан В.Ч.	Алматы
	История и культура корей цев Казахстана. Алматы,	Мен Д. В., Ким Г. Н.	Гылым
1995	Корей цы Казахстана: иллюстрированная история.	Мен Д. В., Кан Г.В., Ким Г.Н., Ан В.И.	Сеул. STC
	Социально-политические проблемы межн ациональных отношений в СССР: теории и практика.	Мен Д. В. и Кан Г. В.	
	Корей цы: перипетии судеб.	Мен Д. В. и Абсатторов Р. В.	Акикат
	. Социально-культурное развитие совет ских корей цев: проблемы и решения. Акт уальные проблемы развития национальн ых отношений в СССР.	Мен Д. В	Ташкент
	К вопросу о дальней шем развитии культ ур национальных групп. Социалистическа я культура: социальное и национальное.	Мен Д. В.	Алма-Ата
	Национальным меншенствам подлинну ю заботу. Казахстая Коммуниси.	Мен Д. В.	
	А теперь поговорим о корей цах.	Мен Д. В.	Акикат

출판년	제 목	저 자	발행지
	Нам жизнь дана. Литературно-публицист ический сборник о корей цах Сахалина.		Южно-Сахали нск
	Корей ский национальный рай он. Пути поиска исследоваттеля.	Нам С.	М
	Наука Советского Казахстана		Алма-Ата
	Новое о наркоме по иностранным делам Ха баровского совета − Александре П. Ким–С танкевич. Актуальныепроблемы Россий с кого востоковедения		Москва
1995	К вопросу о заселении корей цами террит ории россий ского Приморья. Дорогой горь ких испытаний . К 60-летию депортаци и корей цев России.	Нам С. Г.	М, Экслибрис-П ресс
	Образ будущего в корей ской диаспоре в ее полиэтническом окружении. Материал ы еждународной конференции		Алматы
	Участие корей ской эмиграции в России в антяпонской борьбе.	Пак Б. Д. (박보리스)	Сеул
	Корей цы в Россий ской империи.	Пак Б. Д (박보리스).	М
	Тернистые пути корей ской эмиграции в Россию накануне и в годы первой мирово й вой ны. Актуальные проблемы Россий ского кореевидения	Пак Б. Д.	Москва
	Корей цы в Советской России.	Пак Б. Д.	М. Иркутск((이 르쿠cm)
1996	Возмездие на Харбинском вокзале. Докум ентально-исторический очерк.	Пак В. (박 보리스)	М. Иркутск((이 르쿠cm)
	Как это было (из истории депортированн ых в Узбекистан корей цев). Сборник стат ей . посвященный 60-летию профессора Пак Ен Сока -Директор Национального ко митета по изучению истории Кореи.	Пак Д. (박보리스)	Сеул
	Литературные памятники Кореи в Алма-Ате. Памятники истории и культуры Каза хстана.	Пак Ир. П. А. (박일)	Алма-Ата

출판년	제 목	저 자	발행지
	Национальная литература советских корей цев. Казахская энциклопедия	Пак Ир. П. А. (박일)	Алма-Ата
	О литературе советских корей цев.	Пак Ир. П. А. (박일)	Простор
	Октябрьская революция в России и Корее. Сборник статей , посвященный 60-лети ю профессора Пак Ен Сока — Директора На ционального комитета по изучению истор ии Кореи.	Пак М.	Сеул
	Корей ская терминология родства (диале кт Южчин Кор- мар). Известия корееведов Казахстана вып.1 .	Пак Н. С.	Алматы
	Об исторических судьбах советских коре й цев. Проблемы Дальнего Востока.	Пак М. Н.	
	О причинах насильственной депортации корей цев Дальнего Востока в Центральну ю Азию. Дорогой горьких испытаний . К 60-летию депортации корей цев России	Пак М. Н.	М, Экслибрис-П ресс
1996	Рецензия на книгу Kho Song Moo «Korean in Soviet Central Asia». «Коре сарам».	Пак Н. С.	М, Санкт-Петер бург
	Тенденция развития Коре мар. Известия Национальной академии наук РК. Серия общественных наук.	Пак Н. С.	Алматы
	Формирование корей ского населения и ег о хозяй ственная деятельность на террито рии русского Дальнего Востока 1864 - февр аль 1917 гг.(препринт).	Петров А.	Владивосток
	Писатели Казахстана. Справочник		Алма-Ата
	Истоки дружбы. У карты Тихого океана.	Петров А.	
	Корей ская миграция на русский Дальны й Восток и позиция цинского Китая (1864~1884) конференция «Общества и г осударство в Китае»: Тезисы докладов. Ч.2.	Петров А.	М
	Корей цы на русском Дальнем Востоке в эпоху россий ского капитализма. 1861 — февраль 1917.	Петров А.	Владивосток
출판년	제 목	저 자	발행지

출판년	제 목	저 자	발행지
1996	Новь колхозного села (Колхоз «18 лет» Ортандинского рай она, Целиноградской области.	Подольский А.	Алма-Ата
	Последний взгляд. Повести и рассказы.	Пу В.	Алматы
	Особенности миграции сельского населения в Казахстане. Проблемы воспроизводства и миграции населения.	Реннер Т.	М
	Родина счастья. Повести и расказы корейс ких авторов.		Алма-Ата
	Центральный государственный архив Республики Казахстан. Известия о корееведения в Казахстане и Средней Азии. №3	Сандыбаев М. Т.	Алматы
	Мои корей ские друзья. Очерки, статьи, стихи).	Сидоров В.	Ташкент
	Советские корей цы Казахстана		Алма-Ата
	Историографическая проблемы депортации корей цыв в 30-40-е годы. Репрессированные народы: упразднение их государственности и проблемы реабилитации.	Сим Хон Енг.	Элиста
	Динамика демографических изменений р асселения корей цев на Дальнем Востоке России (вторая половина XIX — XX в) Мирное сотрудничество в Северо-Восточной Азии и проблемы объединения на Корей ском полуострове.	Сим Хон Енг.	М
1997	Корей ский этнос в системе национальн ых отношений на евразий ском континенте: проблемы депортации в 1930–40-е годы.	Сим Хон Енг.	Челябинск
	Историография проблемы депортации «российских» корей цев в 1930–40-е годы в СССР. — Народы России, проблемы депортации и реабилитации.	Сим Хон Енг.	Май коп
	Причина и карта депортации советских корой цев — Вера и жизнь	Сим Хон Енг.	М
	Корей ский этнос в системе межнационал ьных отношений СССР.	Сим Хон Енг.	АКД. М

출판년	제 목	저 자	발행지
1997	Заметки о корей ском языке (коре мар) в Казахстане. Вестник КазГУ. Серия филоло гическая.	Сон С. К.	
	Список научных трудов Георгия Федорови ча Кима. Актуальные поблемы Россий ско го востоковедения		Москва
	Русский и корей ский (коре мар) язык: пр облема вибора. Теория и практики русисти ки в мировом контексте.	Сон С. К.	Москва
	Языковая ситуации среди корей цев Каза хстана (опыт социолингвистического исс ледования). Актуальные вопросы филоло гии.	Сон С. Ю.	Алматы
	Основные особенности взаимодей ствия к орей ского и русского языков в корей ской диаспоре Казахстана.	Сон С. К.	
	Социолингвистический анализ функцион ирования коре мар и русского языка в коре й ской диаспоре Казахстана.	Сон С. Ю.	Алматы
	Страницы лунного календаря. Сборник пр озы корей ских советских писатслей .		М
	1937-ой транзитный .Трагедия в 2-х де й твиях	Тен Б.	Алма-Ата
	О выселение корей цев в Северный Каза хстан. Известия о корееведении в Казахст ане и Средней Азии.	Тен Б. А.	Алматы
	Воспоминания о прошлом (Полевая запись Ким Г.М.) Известия о корееведении в Каза хстане и Средней Азии. No. 5	Тин Тен Юр.	Алматы
	Этнолингвистическая ситуация в Костан ай ской области на 1992 год. Известия о корееведении в Казахстане и Средней Аз ии.	Тен Б. А.	Алматы
	Освободительное движение корей цев Пр иморья в начале 20-х годов по свидетельс твам Ким Сын-бина и Нам Манчуна. Изве стия корееведении в Казахстане и Средне й Азии. No. 3.	Тен Б. А.	Алматы
출판년	제 목	저 자	발행지

출판년	제 목	저 자	발행지
1997	Начальные страницы истории кустанай ских корей цев.	Тен Б. А.	Кустанай
	Судьбы первых ссыльных корей цев в Ка захстане. Известия корееведов Казахстан а. вып. 1.	Тен Б. А.	Алматы
	Социально-экономическое развитие коре й ских колхозов «Самир» и «5-декабря»в 1938~1940 гг. на территории Кустанай с кой обл. Известия о корееведении в Казах стане и Средней Азии, М 3,	Тен Б. А. и Зай цев Б. А.	Алматы
	К вопросу о романтизме в литературе Вос тока (на примере ранней лирики Чо Мен Хыя).	Тэн А.	
	Национальная идея и просветительство в Корее в начале XX в.	Тягай Г. Д. Пак В. П.	М
	Новые материалы о Ли Донхви. Известия о корееведении в Казахстане и Средней А зии, No. 3.	Тян Л. А.	Алматы
	Чунвон-Ли Гвансу и его роман «Мучжон». Известия корееведения Казахстана.	Тэн А. Н.	Алматы
	Корей ская диаспора в Республике Карак алпакстан. Известия о корееведении в Каз ахстане и Средней Азии, №1.	Тюгай Д. С.	Алматы
	Крылатое счастье. Стихи, поэмы, басни, сказки.	한 설야 Дегук. (유가이 데국)	Ташкент
	Педагогические проблемы обучения коре й ского населения	Хан Б.	Алма-Ата
	К вопросу о роспуске коммунистической партии Кореи в конце 20-х годов. Актуал ьные проблемы Россий ского востоковеде ния	Усова Л. А.	Москва
	Корей ское коммунистическое движение.	Усова Л. А.	М
	«Мы» и «Они» — Известия корееведения Казахстана. No. 6.	Хан Б. С.	

출판년	제 목	저 자	발행지
1997	Этно-региональные проблемы ценностн ых ориентации личности. Постановка про блемы. Советские корей цы: история и со временность. Материалы Всесоюзной нау чно-практической конфиренции.	Хан М. М.	Москва
	Этно-региональные особенности ценност ных ориентации личности.	Хан М. М.	Алматы АКД
	Этническое самосознание: проблемы иссл едования. Гуманизация духовной сферы о бщества и совершенствование системы об разования.	Хан М. М.	Алматы
	Коре сарам. Кто мы?	Хан Б. С. Хан С. М.	Сеул
	Прошлое и настоящие корей цев Казахстана.	Хан Г. Б.	Алматы
	Некоторые проблемы корей ской диаспор ы в Казахстане. Актуальные проблемы Ро ссий ского востоковедения	Хан Г. Б.	Москва
1998	Пьессы.	Хан Дин.	Алма-Ата
	Язык и этническое самосознание корей це в Казахстана Кунсткамера. Этнографическ ие тетради.	Хан М. М.	
	Незабываемые эпизоды из жизни нашего коллеги и друга. Актуальные проблемы Россий ского востоковедения	Хан М. М.	Москва
	60-летие трагической депортации корей ского населения из рай онов Дальнего Вост ока. Дорогой горьких испытаний .	Хан М. Н.	Экслибрис - Пресс
	Национальные языки, двуязычие и много язычие: поиски и перспективы	Хасанов В.	Алма-Ата
	Щедрости земли(колхоз «Полетотдел»). Т ашкент	Хван Ман Гым.	
	Я жизнь прожил не напрасно.	Хван Ун Ден.	Алматы, Кенже-пресс
	Правовое положение корей цев Центральн ой Азии и вопросы их реабилитации. − Известия корееведения Казахстана.	Хегай А. О.	
	"Хо Дин в воспоминаниях современников (к 70-летию со дня рождения"	Хо Унбе.	М

출판년	제 목	저 자	발행지
1998	Иммиграция рабочих на золотые прииски Сибири в дооктябрьскнй период. Хозяй ст венное освоение Сибири в XIX − начале XX в.	Хроленок С. Ф.	Иркутск
	Просветитель и организатор национально −освободительного движения корей цев а конце XIX − начале XX веков Цой Зя Хен (Цой П.С.) Актуальные проблемы Росси й ского востоковедения	Цой В. П.	Москва
	Язык и газета. − Время газетной строкой .	Цой Е.	Алматы
	Китай ские и корей ские отходники на зо лотьх приисках русского Дальнего Восток а (конец XIX − начало XX в.).	Хроленок С. Ф.	
	Цвет времени. Рассказы советских корей с ких писателе		Алма-Ата
	Изучение семей ной обрядности корей ц ев Казахстана	Цой В.	СЭ
	Современная культура и бьгг корей цев К азахстана.	Цой В.	АКД
	Наша жизнь. Воспоминания дочери П.	Цой Е. П.	
	Культура евразий ских корей цев Казахс тана. Опьгт сравнительного анализа в прос транстве и времени.	Цой Э. И.	Алматы
	Корей цы Костанай ской области.	Черныш П. М. Хан В. М.	Костанай
	Юридические аспекты реабилитации гума нитарньх прав корей цев, депортированн ьх в Казахстан. Известия корееведов Каза хстана, вьш. 1,	Чжан Вон Чан.	Алматы
	Гражданин, человек, ученый . Актуальные пр облемы Россий ского востоковедения	Шабшина Ф. И. (샤브쉬나)	Москва
	Развитие духовной культуры корей цев Казахстана в братской семье советких нар одов. Осуществление ленинских идей др ужбы народов и пролетарского интернацио нализма в Казахстане.	Шалекенов У, Цой В.	Алма-Ата

출판년	제 목	저 자	발행지
	Советские корей цы: Социально-психолог ический портрет своего поколения.	Югай Г.(유가이)	Ташкент
	Развитие современных этноязыковых пр оцессов в национальной среде.	Югай И.(유가이)	АКД, М
	Прошлое и настоящее газеты «Коре ильбо ». — Время газетной строкой .	Ян Вон Сик.	Алматы
	Сказание о Чхунян. Крей ский народный эпос.	Литературный пер. А Ким. Подстрочный пер. Ким Хён Тхэк и Т. Габрусенко	М. БОНФИ
	Сон в Нефритовом тереме. Роман. 남영로, 옥루몽. 장편소설 번역	пер. Г. Рачков, стихи в пер. Э. Шустера, коммент. В. Сорокин	МХЛ
1998	Самгук саги. (Исторические записи Трех г осударств). Т.3. Разные описания. Биогра фии. изд. текста, пер. и приложение под общ. ред. 번역160)	Ким Бусик. (김부식), М.Н.Пака и Л.Р.Концевича. (역)	М Восточная литература
	Чек Сэёный чен квонджи тан. 적성의젼 권 지단. 〈번역〉, Востоковедение(뻬쩨르부르그 동양학)	А. Ф. Троцевич.	СПб
	Отражения. Из поэзии Востока. А. 조프티 스. 반영, 동방 시가 번역.	Жовтис А.	М ГРВЛ
	Светлый источник среденевековая поэзия Китая, Кореи, Вьетнама. .밝은 샘. 인도, 중 국, 한국, 월남의 중세기 시가.	Сост. Е.Дьяконова, коммент. И. Смернов	МПравда
	Золотая птица гаруда. Рассказы современн ых корей ских писателей . 금시조. 현대한국 작가 단편소설 선집 번역	сост. Ким Гын Сик, отв. ред. С.Н. Сухачев	СПб 뻬쩨르동방출판
	Ранкови спокий . Кор!еская классическая плэзия. Сборник. . (пер. корей ской класс ической поэзии на украинский язык). А. 161)	Жовтис А.	Киев Днепр

출판년	제 목	저 자	발행지
1998	Эхо. Стихотворные Переводы. .조프티스, 메이리. 운문적 번역 선집.	Жовтис А.	Алмата Жазуши
	Зеленые горы, (поэтич. пер. А.Жовтис). 김삿갓 시집번역162)	Ким Саккат (김삿갓).	Алматы Дай к-Пресс
1999	Избранные корей ские рассказы нового времени. Ли Гвансу. Ким Доньин. Ким Юджон. Хён Джингон. Ке Ёнмук. Ли Хёсок. Чхве Сохэ. М: Изд-во МЦК МГУ, 한국 근대 단편집 번역		
	Избранные корей ские рассказы новей шего времени. Чу Ёсоп, Ким Донни, Хван Сун вон, Ан Сугиль, Ким Сонхан, Чон Хансук. М: Изд-во МЦК МГУ,한국 현대 단편집 번역		
	Рыбак не ломает камышей . 김주영. 고기 잡이는 갈대를 꺾지 않는다. 소설.	Ким Джуён. (김주영)	М Изд-во МЦК МГУ
	Сезон дождей , 장마. 한국단편소설 번역		СПб 동방출판사
	Раскаты Грома. (сост. Ким Кен Сик). 김주영. 천둥소리. 단편집 번역	Ким Чжу Ёнг (김주영)	М Культура
	Счастье. Роман.(пер. В. Ли, В.Мокляк). 김재규. 행복. 장편소설 번역	Ким Чжэгю. (김재규)	М Радуга
	Цветоцнича. Роман. Пхеньян. . 꽃 파는 처자. 장편소설 번역		Из-во лит-ры на иност. яз
	Эссе. 정숙회. 수필집 번역	Чоп сук Хи. 정숙희	СПб Петербургски е ведомости
	Журавли покидают гнезда., 미가 둥지를 버린다.	Ли Д(두루)	М
	Серебряный колокольчик. Стихи, (пер А. Жовтис) 리 동래. 은방울. 시집.	Ли Дон Не (이 동네)	Минск
	Страницы лунного календаря. Сборник прозы корей ских советских писателей . Повести и рассказы. 달력의 장들. 고려 작가 산문선. 중편, 단편소설집.		М

출판년	제 목	저 자	발행지
1999	Крылатое Счастье. Стихи, поэмы, басни, сказки. 우가이 제국. 날개를 가진 행복. 시, 서사시, 우화, 동화집.	Угай Дегук. 유가이 대국	Ташкент
	Пхёньян чибунъ митх. (Под крышами Пхеньяна). Сеул. «Енхаптьонёсинса», 1991. к ор.яз. Переведена на японский яз.	ЛАНЬКОВА А. Н. (란꼬바)	Токио
	Пукхан хёндэ чонъчхи са (Политическая история Северной Кореи) Кор. яз. 〈Оры м〉	ЛАНЬКОВА А. Н. (란꼬바)	Сеул
	From Stalin to Kim ll Sung. London, "Hurst and Co." . Анг.яз.	ЛАНЬКОВА А. Н. (란꼬바)	
	Ли Кончхан как историк межпартий ной борьбы в Корее. Тезисы конференции аспи рантов и молодых научных сотрудников ИВ АН СССР.		М
	Государственные экзамены в Корее эпохе Ли. Тезисы конференции аспирантов и молодых н аучных сотрудников ИВ АН СССР.		М
	Сословная структура прявещего класса в К орее 17-18 вв. Письменные памятники и проблемы истории культуры народов Вост ока. 17 научная сессия ЛО ИВ АН СССР.		М
	«партиях» в Корее в 16-17 вв.〈Вестник Ленинградского Университета〉	К вопросу о	Л
	"Северная Корея в 1945~1948 годах: от О свобождения до провозглошения КНДР"〈П роблемы Дальнего Востока. No.6〉		
	1956 нён Пукхан Сорён кванге виги 〈Кризис в советско-северокорей ских отно шениях в 1956г.〉		Пукхан
	Высшее образование в корей ском обществ е: социальная и культурная роль. Корея: История, Экономика, Культура, Филологи я.		М
	"Христианство в Корее"〈Проблемы Дальн его Востока.No.2〉		

출판년	제 목	저 자	발행지
1999	"Корейские беженцы в Северо-Восточном Китае", «Проблемы истории, филологии, культуры»		Москва Выпуск X1

③ 한글문헌목록: 2000년 이후

〈표 V-33〉 2000년 한글 문헌 목록 단행본

출판년	제 목	저 자	발행지	출판사
1999	하얼빈 역의 복수	박 보리스.D	모스크바, 이르쿠츠크	동방학연구소
	소비에트 러시아의 한인들	박 보리스.D	모스크바, 이르쿠츠크, 레닌그라드	동방학연구소
2000	소비에트 정치탄압의 희생자-한인들 1934~1938	이형근 편저	모스크바	삼일문화원
2001	김만금	박 보리스.D	모스크바	러시아과학원 동방학연구소
	러시아 극동의 한인들. 19세기 후반~20세기 서류와 자료들	극동대학교 한국대	블라디보스톡	극동대학교
	한인국제주의자 한명세와 그의 가족	한 파민나 B.A	모스크바	
	최재형	초이 V.V	알마아타	
	상해 한인사회사 연구	손과지	서울	한울
2002	이범진	박보리스.D	모스크바	러시아과학원 동방학연구소
	이범진과 러시아 연해주 한인들의 항일 독립운동: 전통과 현재	박환	모스크바	모스크바
	한국 공산당 운동1918~1948(영어번역)	서대숙	모스크바	
2003	신한국사	토르쿠노프A.V 편, 구벨리만M.	모스크바	역서
	한국과 러시아. 이범진 탄신 150주년 기념	러시아외무성	모스크바	러시아 연방 외무성
	이동휘 이야기	이L.D	알마아타	
	러시아 제국의 한인들	박 보리스.D	모스크바	
	한국의 역사와 사료학	박 M.N	모스크바	
	러일전쟁과 한국 1904~1905	박종효	모스크바	

출판년	제 목	저 자	발행지	출판사
	러시아 한인백과사전	최블로냐	모스크바	자연과학아카데미모스크바
	일제말기 조선인 강제연행의 역사		서울	경인문화사
	소비에트 한인들에 대한 논고	김승화 M.I	모스크바	삼일문화원

최근 러시아에서 간행된 저작으로 박 보리스의 「하얼빈 역의 복수」(1999), 박 보리스 D의 「김만금」(2001), 극동대학교 한국대학, 「러시아 극동의 한인들. 19세기 후반~20세기 서류와 자료들」(2001), 한 파민나 B.A의 「한인국제주의자 한명세와 그의 가족」(2001), 최 V.V의 「최재형」(2001), 박보리스의 「이범진」(2002), 박환의 「이범진과 러시아 연해주 한인들의 항일독립운동: 전통과 현재」(2002), 서대숙 저, 이형근 편, 「한국 공산당 운동1918~1948」(영문, 2002), 토르쿠노프A.V 편저, 구벨리만M.I.의 「신한국사」(2003), 러시아외무성의 「한국과 러시아: 이범진 탄신 150주년 기념」(2003), 박 보리스의 「러시아 제국의 한인들」(2003), 박 미하일의 「한국의 역사와 사료학」(2003), 박종효의 「러일전쟁과 한국 1904~1905」(2003), 최 블로냐의 「러시아 한인백과사전」(2003), 이형근(편), 「소비에트정치탄압의 희생자-한인들1934~1938」(2000), 김승화의 「소비에트 한인 논고」(2003) 등이 있다.

④ 러시아문헌목록: 2000년~2004년

<표 V-34> 심비르쩨바 따쩨아나의 문헌목록

년도	제 목	발행지	출판사
	СИМБИРЦЕВОЙ Т.М.의 문헌목록		
2000	Некоторые оценки южнокорей скими историографами характера россий ско-корей ских отношений в Х1Х в. - «100 лет Петербургского корееведению». Материалы международной конференции, посвященой столетию корееведения в Санкт-Петербургском университете (14-16 октября 1997 г.)	Спб	

년도	제 목	발행지	출판사
	Посещение Кореи экспедицией адмирала Путянина (1854г.): находки и комментарии южнокорей ского ис торика - «Корея». Сб. Статей к 80-летию со дня рожд ения профессора М. Н. Пака.〈Муравей 〉	М	
	Россий ско-корей ские контакты в Пекине в конце ХУ 11 середине Х1Х вв. (По дневникам корей ских посло в) - «Проблемы Дальнего Востока» №6.		
	Прибывание в Корее экспедеции адмирала Путятина (1854г.) и некоторые ее оценки в южнокорей ской ис ториографии. - «Диалог культур народов России, Сиб ири и стран Востока». Доклады научно-теоретической конференции докторантов, аспмрантов, молодых преп одавателей и исследователей гуманитарных кафедр (13-15 октября 1998г.) кн. 1.	Ирку тск	
	Бургомистр Амстердама Николаас Витсен (1641~1717) и россий ское корееведение - «Россий с кое корееведение», алманах. Вып.1.	М	Муравей - Гай д
2000	Прибывание в Корее экспедеции адмирала Путятина (1854г.) и некоторые ее оценки в южнокорей ской ис ториографии. - «Вестник центра корей ского языка и культуры». Вып. 3-4.	Спб	
	Корея на перекрестке эпох.	М	Муравей - Гай д
	Потриарх православной церкви Корее архимандрид Хр исанф (1869~1906): Его дела и время - «Христианст во на дельнем Востоке». Мат. меж. науч. конф. (19-21 апреля 2000г.) Части 1 и 2	Влд	
	Ранний период россий ско-корей ских отношений в ро ссий ской и южнокорей ской историографии - «Акту льные проблемы корееведения». Мат. конф. Посвяще нной 10-летию устоновления дипотношений между Россией и Республикой Корея (23-24 мая 2000 г.)	Спб	
	Современная православная церковь Корее: Проблемы изучения и некоторые особенности - «Восточная Азия - Санкт-Петербург - Европа: межцивилизационные контакты и перспективы экономического сотрудничес тво». Тезисы и доклады меж. конф.	Спб	

년도	제 목	발행지	출판사
2000	Республика Корея. Карманная энциклопедия (в соавто рстве с С. В. Волковым).	М ИД	Муравей -Гай д
	К 100-летию православия в Корее - «Этнографическо е обозрение»		
	История корей ской общины в Кореи: изучение и нов ые факты - "Корей ский полуостров: мифы, ожидания и реальность". Материалы 1У научной конференции корееведов (15-16 март 2000 г.)	М	ИДВВ РАН
	Из истории христианство в Кореи: к 100 летию правос лавия - "Россий ское корееведение". альманах Вып.2	М	Муравей
	Современная православная церковь а Корее: проблем ы изучения и особенности. - "Проблемы истории, фило логии, культуры". Вып. 1	М	Магнито горск
	Россия и Корея: отношения и оценки (современная юж нокорей ская историография об истории россий ских от ношений) - "Проблемы Дальнего Востока"		
	Участия корей ских отрядов в албазинских вой нах 1654 и 1658 гг. источники и историография - "традици онная культура Востока Азии".	Благ овещ инск	Изд-во АмГУ
	러시아에서 본 묄렌도르프의 조선에서의 "친노" 활동 (1882~1885) (Прорусская деятельность П.Г. Мёллен дорфа в Корее (1882~1885): взгляд из России) - "묄렌 도르프의 21 세기의 한국" ("Мёллендорф и Корея 21 век а"). Материалы международной конференции (12 мая 2001г.).		
	P.G. von Moellendorf's ''pro-Russian'' activities in Korea (1882~1885): opinion of Russian Historiographers - ''Transactions of the Royal Asiatic Society, Korea Branch''.	Сеул	
	Русско-корей ские переговоры в Кёнхыне в 1969 г. и их историческое значение - "Весник Центра корееведче ских исследований ". (История Россий ско-корей ских отношений на Дальнем Востоке России). Сб. статей .	Влд	Из-во Далнь. ун-та.
	"Загадочный " барон П.Г. фон Мёллендорф и его "прору сская" деятельность в Корее (1882~1885). - "Вопросы истории Кореи". Петербургский научный семинар 2001. Сб. статей .	СПб	

년도	제 목	발행지	출판사
	Современная южнокорей ская историография о россий с ко-корей ских отношений . - "Перспективы межкорей ского диолога. Внутренние и внешние аспекты"	М	ИДВ РАН
	1869~1879 년대에 진행된 경흥 노조협상과 그 역사적 의의 (Историческое знание русско-корей ских переговоров в Кёнхыне в 1869~1870 гг.). - "세계적 전망에서의 한국학" ("Перспективы развития мирового кореведения"). Тез исы 6-й межд. тихоокеанско-азиатской конференции по корееведению.	Сеул	
	Фрегат "Паллада" у корей ских берегов. - "Восточная коллекция"		
2000	1869~1870 년간에 진행된 러시아와 조선간의 경흥협상과 그 역사적 의의 (Историческое знание русско-корей ских переговоров в Кёнхыне в 1869~1870 гг.). - "한국민족운동사연구" ("Проблемы истории национального движения корей цев")		
	Первые изображения Кореи на русских географических картах ХУ11 века - "Традиционная культура Востока Азии".	Благ овещ инск	Из-во АмГУ
	Участие корей ских отрядов в военных столкновениях Китая с Россией на Амуре в 1654 и 1658 гг. - первая встреча русских и корей цев - "Вестник Центра корей с кого языка и культуры".	СПб	
	К вопросу об изучения современного южнокорей ского общества в России - "Корей ский полуостров и вызовы XX1 века". Доклады 4 научной конференции по корееведению (26-27 марта 2002г.)	М	ИДВ РАН
	From the History of Political Intrigue in Korea: Did the "Secret Russian-Korean Agreement" of 1885~1886 ever exist? - "Proceeding of the 21st Conference of the Association for Korean Studies in Europe".		Frascati

<표 V-35> 톨스토쿨라쿠프 러시아 한국학 문헌목록

년도	제 목	발행지	출판사
	Толстокулаков И. А.(똘스토쿨라코프)		
2000	Экономические центры Кореи // Океанские вести		

년도	제 목	발행지	출판사
2001	Воздей ствие процессов демократизации на экономи ческую ситуацию в Южной Корее // II- научн. Кон ф. преподавателей и студентов Вост. ин–та ДВГУ. Тез. докл. Владивосток		Изд–во Да льневост. Ин–та.
	Толстокулаков И А. Программа по курсу истории Кор еи древняя история и средние века.	Владив осток	Изд–во Да льневост. ун–та.
	Гражданское общество в стране. К вопросу о его фор мировании // Россия и АТР.		
	Институционные основы демократического процес са в Южной Корее // III научн. конф. Преподавателс й и студентов Вост. ин–та ДВГУ. Тез. докл.	Вдадив осток	극동대출판사
	Конфуцианские традициии формирование граждан ского общества в Корее . V Дальневост. конф. молод ых историков. – Владивосток: Ин–т истории, археол огии и этнографии народов Дальнего Востока.		ДВО РАН
	Влияние процессов демократизации на высшую шк олу Южной Кореи // Высшее образование на Дальне м Востоке: история, современность, будущее. Мат. научн. Конф.	Владив осток	극동대출판사
	К выходу в свет третьего тома Эниклопедического издания «Языки мира» // Известия Вост.		Ин–та ДВГУ
	План семинарских занятий по курсу истории Кореи в новый период.	Владив осток	극동대출판사
	Программа по курсу географии Кореи.	Владив осток	극동대출판사
	Программа по курсу истории Кореи: новый период.	Владив осток	극동대출판사
	Методические рекомендации по Проведению провер ки остаточных знаний студентов методом тостиров ания. – :	Владив осток	극동대출판사
	Методические рекомсндации по оформлению ссыл ок на –электронные ресурсы информации.	Владив осток	극동대출판사
	Развитие демократического процесса и конституцио нный вопрос в Республике Корея		Изд. Вост. ин–та.

년도	제 목	발행지	출판사
2001	Президент Ким Ёнсам и развитие демократическог о процесса в Республике Корея // Россий ское кореев едение Альманах Междунар. центра корееведения при МГУ.	М	Муравей
	Партии в политической системе VI Республики // IV научн. конф. преподавателей и студентов Вост. ин-та ДВГУ: 100 лет Вост. ин-ту (1899~1999). Те з. докл.	Владив осток	극동대출판사
	Роль высшего образования в демократизации южнок орей ского общества // Университеты в формирован ии специалиста XXI в. Тез. докл. Междунар. науч н.-метод. конф		
	Роль высшего образования в демократизации южно корей ского общества // Университеты в формирова нии специалиста XXI в. Тез. Докл. Междунар. Науч н. Метод. конф. (Пермь. Пермский ун-т. 24 - 28 мая 1999 г.). В 2-х т. Т.1. Общие проблемы универс итетского образования: итоги и прогнозы на рубеже нового тысячилетия.	Пермь	Изд-во Пе рмского ун -та.
	Высшая школа Южной Кореи: традиционное прошл ое, демократическое настоящее. Классическое выс шее образование: достижения, проблемы, перспект ивы. Мат. междунар. научн. метод, конф. -	Владив осток	극동대출판사
	Высшая школа Южной Кореи: традиционное прош лое, демократическое настоящее. Классическое вы сшее образование: достижения, проблемы, перспек тивы. Мат. междунар. научн.метод. конф. - Online. Available: http/www.dvgu.ru/. 10 October		
	Высшая школа Южной Кореи: традиционное прошл ое, демократическое настоящее // Томоженная поли тика России на Дальнем Востоке.		
	О некоторых лингвистических сложностях, возкика ющих при изучении страноведческих дисциплин. П одготовка современных специалистов в Артемовско м Инст-те ДВГУ: Вопросы метод. и преподавания. Тез, докл. Научн.-метод, конф.	Владив осток	극동대출판사
	Курс президента Ким Тэ Джуна и демократизация современного Южнокорей ского общества. Вестник	ДВО РАН.	

년도	제 목	발행지	출판사
	Развитие демократического процесса в Южной Кор ее в период 6-й Республики: Дис. канд. ист. наук: 07.00.03. Ин-т истории, археологии и этнографии	Владив осток	ДВО РАН
	Развитие демократического процесса в Южной Кор ее в период VI Республики: Автореф. дис. канд. ис т. наук: 07 00.03 / Ин-т истории, архиологии и этн ографии	Владив осток	ДВО РАН.
2001	Международная научная конференция «100 лет коре еведения в ДВГУ» // Вестник Центра корееведчесхи х исследований .		ДВГУ
	. Корееведение в ДВГУ: истории и современность // Мат. Междунар. научн. конф. «100 лет корееведе ния в ДВГУ». Тез. и докл.	Владив осток	극동대출판사
	Начальный этап демократического процесса в Южн ой Корее. Мат. Междунар. научн. конф. «100 лет кореевсдения в ДВГУ». Тез. и докл.	Владив осток	극동대출판사
	Мат. Междунар. научн. конф. «100 лет корееведени я в ДВГУ». Тез. и докл. / Отв. ред. И.А Толстокулак ов.	Владив осток	극동대출판사
	Программа по курсу истории Кореи: новей ший пер иод.	Владив осток	극동대출판사
	Республика Корея: истоки демократической трансф ормации // Россий ское корееведение: Альманах Ме ждунар. центра корееведения при МГУ. - Вып. 2.	М	Муравей
	Хроника жизни Восточного института (1999 ~ июнь 2000г.)		Изв. Вост. ин-та.
2002	Развитие корееведческого образования в Дальневос точном государственном университете./ Вестник Ц КИ ДВГУ.		
	Некоторые аспекты воздей ствия демократически х реформ на экономическую ситуацию в Южной Кор ее (конец 80- начало 90-х гг.)./ Развитие корей ско й экономики: уроки переходного периода / Под ред. Н. В. Кузнецовой и И. А. Толстокулакова. - :	Владив осток	극동대출판사
	История россий ско-корей ских отношений на Даль нем Востоке: Сб. Научн. Трудов. Отв. ред. И. А. Тол стокулаков.	Владив осток	극동대출판사

년도	제 목	발행지	출판사
2002	Развитие корейской экономики: уроки переходного периода. Под ред. Н. В. Кунецовой и И. А. Толсток улакова: Уч. пособие.	Владивосток	극동대출판사
	Программа курса этнологии Кореи.	Владивосток	ДВГУ/ Lotus
	Программа по курсу истории Кореи: древность.	Владивосток	Электр. публикация ДВГУ
	Программо по курсу истории Кореи: средние века.	Владивосток	
	Программа курса «Модернизация в истории Кореи»	Владивосток	
	Программа курса «Актуальные проблемы истории Кореи: колониальный период».	Владивосток	
	Программа курса «Актуалные проблемы истории Кореи: история КНДР и Республики Корея».	Владивосток	
	Программа курса «Теория и практика периода: корейский язык.	Владивосток	
2003	Программа курса «История културы Кореи».	Владивосток	
	Программа спецкурса «Развитие демократического процесса вРеспублике Корея».	Владивосток	
	Программа спецкурсв «Типология переходного периода от авторитаризма к демократии».	Владивосток	
	Программа спецкурса«Предприятия в экономической системе Республике Корея».	Владивосток	
	Программа спецсеминара «Работа с историческим с текстом: корейский язык».	Владивосток	
	Деятельность президентов Ким Енсама и Ким Тэжуна в отценки соотечественников и зарубежных исследователей.	Вестник	ДВО РАН.
	Политическая модернизация Южной Кореи в исследованиях зарубежных и отечественных авторов // .	Вестник	ЦКИ ДВГУ
	Некоторые аспекты законодательного регулирования российско-корейских отношений. Сб. статей / Отв. ред. И. А. Толстокулаков.	Владивосток	Изд-во Дальневост. ун-та.

년도	제 목	발행지	출판사
2003	Очерк истории корейской культуры: Уч. для вузо в.	Владив осток	Изд-во Да льневост. ун-та.
	Программа государственного экзамена по истории К ореи - Владивосток		Электр. п убликация ДВГУ
	Рец. на книгу: Марков В. М. Искусство Республики Корея второй половины XX века.	Владив осток	ун-та
	Хроника жизни Восточного института (июль 2000 г. ~ 2001 г.)		Изв. Вост. ин-та.
	Тестовые задания для проверки остаточных знани й по курсу «История Корея: средние века» 〈Электр. публикация: ДВГУ〉	Владив осток	

⑤ 콘세비치·볼로디나의 러시아 한국학 연구목록들

〈표 Ⅴ-36〉 콘세비치·볼로디나의 한국학연구목록

연 도	제 목	저 자	형 태	발행지
1897	Korejskaja diaspora na Dal'nem Vostoke Rossii.1897 - 1917	Pltrov A.I. 페트로브		블라디
1898	Russkie instruktory v Koree v 1896 - 1898	아파니세예프 구르진스끼		하바롭
1926	arkhimandrit. Rossijskaja dukhovnaja missija v Koree za pervoe 25-letie eja sushchestvovanija (1900~1925) 25년간 조선러시아 정교회 활동	Feodosij (Perevalov)	정교회 사제	하얼삔
1947	Bartol'd V.Istorija izuchenija Vostoka v Evrope i Rossii. 유럽과 러시아에서의 동방학 역사			모스크바
1948	Vklad russkikh uchenykh v issledovanie Korei (한국학에의 러시아학자들의 기여) «Voprosy geografii»(지리학 제문제) 1948, No. 8,	Zajchikov V.T. 자이치코프	잡 지 (지리학)	모스크바

---

163) 한국근대사의문헌 러시아문헌) Trudy russkikh issledovatelej kak istochnik po novoj istorii Korei.

연 도	제 목	저 자	형 태	발행지
1951	Korejskij fond Alma-Atinskoj biblioteki im. Pushkina(알마아타 도서관내의 한국 서적 수집) 소비에트과학원 동방학연구소보 «Kratkie soobshchenija Instituta vostokovedevija AN SSSR»	Pak Ir	잡지	
1953	Trudy russkikh issledovatelej kak istochnik po novoj istorii Korei[163] «러시아동방학역사개요» «Ocherki po istorii russkogo vostokovedenija»	Tyagay G.D.	잡지	
1957	istoriiotechestvennogo vostokovedenija1899~1916〈소베트동방학」	Grigorcevich S.S. Iz	잡지	블라디 극동대학교
1958	Bibliograficheskij ukazatel´ rabot po korejskomu jazykoznaniju(한국어학 관련 논문 목록. 러시아어와 유럽언어 판). «동방 제언어 문법과 역사 문제» «Voprosy grammatiki i istorii vostochnykh jazykov» 1958	Kontsevich L. R.	잡지	레닌그라드
	Po Koree Puteshestvija (조선기행문) 1885~1896	Sost. G.D. Tjagaj	모스크바	
1960	Opisanie Korei. Izd.(한국지)	소연방재무부	단행본	모스크바 (재무부)
	Kholodovich A.A. Kafedra korejskoj filologii (한국어문 강좌), «Vostokovedenie v Leningradskom universitete»	레닌그라드대학	학술지	상뜨뻬쩨
1961	Korejskij jazyk v sovetskom jazykoznanii (소비에트언어학에서의 한국어). «Korejskij jazyk. Sbornik statej»	Pashkov B. K.	잡 지	모스크바
1963	Opisanie pis´mennykh pamjatnikov korejskoj kul´tury1956 - 1963.[164]	Petrova O.P.		
1965	Ocherki po istorii sovetskikh korejcev(소비에트한인역사)	김승화	단행본	알마타
1967	Korejskij jazyk (한국어)	콘세비치	단행본	모스크바

---

164) 한국문화문헌도서해제). Opisanie pis'mennykh pamjatnikov korejskoj kul'tury1956 - 1963.

연 도	제 목	저 자	형 태	발행지
1970	Izvestija o Koree v Rossii v konce XVII - nachale XVIII vv. (17세기 말 - 18세기 초 러시아에서의 조선 관련 정보, «Uchenyezapiski Irkutskogo pedagogicheskogoinstituta»	박보리스 박보리스	논문집	이르크추크 사범대논문집
	Iz istorii sovetskogo vostokovedenija(소비에트동방학역사대요) 1917~1967	Kuznetsova N.A., Kulagina L.M.	단행본	모스크바
1972	Koreevedenie(한국학)"«Aziatskij Muzej - Leningradskoe otdelenie Instituta vostokovedenija AN SSSR»	Eliseev D.D., Nikitina M.I.	잡지	상뜨뻬쩨 아세아박 물관
1976	G.V. Podstavin (k stoletiju so dnja rozhdenija) (G.V. Podstavin교수의 탄생 100돌), «Narody Azii i Afriki»(아세아-아프리카 국민들).	Kontsevich L. R.	학술지	상뜨뻬쩨
1977	Raboty po istorii vostokovedenija (동방학 역사 저작집).	Bartol'd V.V. Sochinenija. T. 1.	단행본	모스크바
1979	Rossija i Koreja (러시아와 조선).	Pak B.D.	단행본	모스크바
1981	Bibliografija Korei. 1917 - 1970 (한국 서지학. 1917 - 1970)	Sost. L.M.Volodina.	단행본	모스크바
1982	Stanovlenie sovetskogo vostokovedenija. Sbornik statej		논문집	모스크바
1987	Korejskie i mongol'skie kollekcii v sobranijakh MAEH, 〈Sbornik Muzeja antropologii i ehtnografii, XLI〉		논문집	상뜨뻬쩨
1988	Vostokovednie i perestrojka (동방학과 페레스트로이카), «Narody Azii i Afriki»	Kim G.F.	논문	모스크바
1990	Istorija otechestvennogo vostokovedenija do serediny XIX veka (19세기 중엽까지의 우리나라의 동방학 역사)		단행본	모스크바
	Korejskaja real'nost' i koreevedenie v SSSR (한국의 현실과 소련에서의 한국학), «Problemy al'nego Vostoka» («극동 제문제»)	Shabshina F.I. (샤브쉬나)	잡 지	모스크바

---

165) 뻬쩨르부르그 대학교 동방학부 소속 도서관에 보관하는 야샤 필본서지) «Rossijskoe

연 도	제 목	저 자	형 태	발행지
1991	Pravoslavnaja missija v Koree (한국정교사절단창립90주년), «Zhurnal Moskovskoj patriarkhii»(«모스크바 총주교 관구 잡지»)	Anisimov L.	잡 지	모스크바
1993	Istorija, kul'tura i jazyk korjo saram. (Istoriografija i bibliografija) (고려사람의 역사, 문화와 언어: 역사학과 서지학	Kim G.N., Ross King.	단행본	알마티
	E.D. Polivanov i ego vklad v korejskoe jazykoznanie (E.D. Polivanov교수와 한국어학 대한 그의기여),«Peterburgskoe vostokovedenie» («페테르불그 동방학». Vyp.4, 1993	Kontsevich L.R.	학술지	상뜨뻬쩨
	Unikal'nye i redkie korejskie kollekcii MAEH im. Petra Velikogo (뾰트르대제 고고학과 민속박물관 내 특별한 한국수집). «Peterburgskoe vostokovedenie» («페테르불그 동방학»)	Ionova Ju.V.	잡 지	상뜨뻬쩨
	arkhimandrit. Russkaja pravoslavnaja missija v Koree (한국에서의 러시아 정교사절단), «Pravoslavie na Dal'nem Vostoke» («극동에서의 정교회»)	Avgustin (Nikitin)	잡 지	모스크바
1995	Biobibliograficheskij slovar' otechestvennykh vostokovedov s 1917(소련동방학자인명 사전).	Miliband S.D.	단행본	모스크바
1996	Koreevedenie v Institute Dal'nego Vostoka (극동연구소에서의 한국학). «Problemy Dal'nego Vostoka» ("극동 제문제»),	Tkachenko V.P.	잡 지	모스크바 (동방연)

---

koreevedenie. Al'manakh» "러시아한국학 통보»).

166) K. Vebera) (러-한 관계 발전에 대한 K. Veber 대사의 기여. – K. Veber의 «보고서» 의 발표에 제하여) «Rossijskoe koreevedenie. Al'manakh» («러시아한국학 통보»). 2.

167) «Rossijskoe koreevedenie. Al'manakh» («러시아한국학 통보») 2 "한국에서의 기독교 역사 – 정교회 창립 100주년에 대하여"

168) 러시아 극동한인 19세기말-20세기 초 문헌과 자료:러시아국립역사극동문서보관소)

연 도	제 목	저 자	형 태	발행지
1997	Uchenyj. Uchitel´. Chelovek. Grazhdanin. 120 let so dnja rozhdenija Nikolaja Vasil´evicha Kjunera , (학자 - 스승 - 위인 - 공민. N.V. Kjuner교수의 탄생 120돌에 제하여 《상뜨뻬쩨 : 상뜨뻬쩨 동방학연구	Zenina L.V.	학술논문 세미나집	
	Iz istorii prepodavanija i izuchenija korejskogo jazyka v Sankt-Peterburgskom universitete. K stoletiju nachala p」repodavanija korejskogo, 상뜨뻬쩨: 《한국어문화 센터 통보》	Vasiliev A.G., Rachkov G.E.	국제학 술세미 나집	
	Istorijaotechestvennogo vostokovedenija s serediny XIX veka do 1917 goda, 〈우리 나라의 동방학 역사: 19세기 중기~1917〉.		국제학 술세미 나집	상뜨뻬쩨
	Opisanie korejskikh pis´mennykh pamjatnikov, khranjashchikhsja v biblioteke vostochnogo fakul´teta S.-Peterburgskogo universiteta, 《Vestnik Centra korejskogo jazyka i kul´tury》 (상뜨페쩨르대학 동방학부 도서관내 한국문학문헌들)	Trotsevich A.F.	국제학 술세미 나집	
1998	rossijskij diplomat i vostokoved (러시아 외교관과 동방학자, 모스크바:《Koreja. Sbornik statej. K 80-letiju so dnja rozhdenija prof. M.N. Paka》	Khokhlov A.N. P.A. Dmitrevskij	논문집	모스크바
	U istokov russko-korejskikh kul´turnykh svjazej (러시아와 한국의 문화적 관계의 발생).《Koreja. Sbornik statej. K 80-letiju so dnja rozhdenija prof. M.N. Paka》	Tyagay G.D.		모스크바
	Istorija korejcev Kazakhstana. Sbornik arkhivnykh dokumentov (카자흐스탄 고려인 역사. 고문복란서 자료집	Red. Dim Eng Sob, G.Kim	단행본	알마티

연 도	제 목	저 자	형 태	발행지
1998	oseshchenie Korei ehkspediciej admirala Putjatina (1854 g.): nakhodki i kommentarii juzhnokorejskogo istorika (푸타친 해군제독의 조선탐험선), 모스크바: «Koreja. Sbornik statej. K 80-letiju so dnja rozhdenija prof. M.N. Paka»(팔순기념학술회의)	Simbirtseva T.M.	팔순기념학술논문	
	Russko-korejskie kontakty v Pekine v konce XVIII - seredine XIX vv. (po dnevnikam korejskikh poslov), «Problemy Dal′nego Vostoka» («극동제문제»), No. 6, 1998, s. 84 - 96. (18세기 말엽 - 19세기 중엽 한-러 접촉. 한국대사들 일기를 바탕으로).	Simbirtseva T.M.		
1999	Korejskij patriot Hwan Kil-myon v ocenke rossijskoj dal′nevostochnoj pressy (러시아극동 신문에서 평가한 한국애국자 황길명). «Rossijskoe koreevedenie. Al′manakh» («러시아한국학 통보»	Khokhlov A.N	논문집	모스크바
	Istorija Dal′nevostochnogo gosudarstvennogo universiteta v dokumentakh i materialakh. 1899 - 1939 (극동국립대 문헌과 자료).	극동국립대	단행본	극동국립대
	Istorija immigracii korejcev. Kn. I. Vtoraja polovina XIX 한국인 이민사.1권. 19세기~1945	Kim G.N.	단행본	알마티
	Burgomistr Amsterdama Nikolaas Witsen (1641 - 1717) i rossijskoe koreevedenie, Rossijskoe koreevedenie. Al′manakh»	Simbirtseva T.M.	단행본	모스크바
	Rossijskoe (sovetskoe) ehtnograficheskoe koreevedenie, «Rossijskoe koreevedenie. Al′manakh»	Dzharylgasinova R.Sh.	잡 지	모스크바
	O razvitii tradicionnogo koreevedenija v carskoj Rossii, «Rossijskoe koreevedenie. Al′manakh»	Kontsevich L.R	잡 지	모스크바

연 도	제 목	저 자	형 태	발행지
1999	Dal′nevostochnyj gosudarstvennyj universitet.Istorija i sovremennost′ 1899 - 1999 (극동국립대:역사와현재)		잡 지	블라디
	Iz istorii korejskogo fonda Otdela literatury stran Azii i Afriki Rossijskoj nacional′noj biblioteki (러시아 민족도서관내의 아세아, 아프리카 문학부의 한국 출판물 수집에 관한 고찰). «Vestnik Centra korejskogo jazyka i kul′tury» «한국어와 문화센터 통보».	Artem′eva A.A.	논문집	상뜨뻬제
	Izuchenie korejskoj literatury v Rossii (러시아에서의 한국 문학의 연구), «Vestnik Centra korejskogo jazyka i kul′tury» «한국어와 문화센터 통보».	Trotsevich A.F.	논문집	상뜨뻬제
	Rossijskoe koreevedenie v proshlom i nastojashchem, «Problemy Dal′nego Vostoka» «극동 제문제»,	Vanin Ju.V.	논문집	모스크바
2000	Patriarkh pravoslavnoj cerkvi v Koree arkhimandrit Khrisanf (1869 - 1906)극동에서의기독교, «Khristianstvo na Dal′nem Vostoke»	Simbirtseva T.M.	국제학술논문집	블라디 극동대
	Korjo saram: Istoriografija i bibliografija 고려사람:역사-서지	Kim G.N.	단행본	알마티
	Korejskaja diaspora na Dal′nem Vostoke Rossii. 60 - 90-e gody XIX veka (러시아극동에서의 한인 디아스포라. 19세기 60 - 90년대)	Petrov A.I.	단행본	블라디
2001	Uchastie korejskikh otrjadov v albazinskikh vojnakh 1654 i 1658 gg.: istochniki i istoriografija, ⟨Tradicionnaja kul′tura Vostoka Azii⟩ «아세아의 동방전통문화»	Simbirtseva T.M.	논문집	Blagoveshcnsk
	Rukopisnye sobranija «neoficial′nykh istorij» (jasa) v biblioteke Vostochnogo fakul′teta S.-Peterburgskogo gosudarstvennogo universiteta[165]	Trotsevich A.F	논문집	모스크바

연 도	제 목	저 자	형 태	발행지
	i ego vklad v razvitie russko-korejskikh otnoshenij (k publikacii «Zapiski…»166)	Sukovitsyna O.V. Karl Veber	학술지	모스크바
	Iz istorii khristianstva v Koree: k stoletiju pravoslavija167)	Simbirtseva T.M.	학술지	모스크바
2001	Korejcy na rossijskom Dal′nem Vostoke. Vtoraja polovina XIX Dokumenty i materialy / Podgot. Rossijskij gosudarstvennyj istoricheskij arkhiv Dal′nego Vostoka - DVGU, Centr koreevedcheskikh issledovanij168)	러시아극동대학 한국학연구원편	단행본	블라디
	Koreevede nie. Izbrannye raboty	Kontsevich L.R	단행본	모스크바

5) 한글로 번역된 러시아 한국학 문헌

그동안 러시아 한국학 문헌목록 중 국내에 번역되어 소개된 자료들은 주로 한인 이민사와 강제 이주, 소련의 한국학에 관한 연구들이 주로 다루어졌다. 최근에는 러시아에서 한국어 교육에 대한 관심이 높아지면서 러시아 내에서 전개된 한국학 생성과 발전 과정에 대한 자료들도 번역되는 추세에 있다. 한글로 번역된 러시아 한국학 문헌목록 중 학위논문은 다음과 같은 특징을 나타내고 있다. 대부분이 국내 연구자들에 의한 논문이지만 러시아인의 한국학 연구를 통해 발행된 논문도 소수 발견되었다. 1990년대 이후 한국과의 교류가 활발해지면서 러시아 내의 한국학과 개설, 한국어, 한국사, 한국연구에 대한 실질적 연구 주제들이 나타났다.

〈표 Ⅴ-37〉 한글번역 러시아 단행본-논문목록(1957~1999)

년 도	제 목	저 자	발행지	출판사
1957	"소비에트언어학과 해방 이후 조선 언어학 발전에 준 그의 영향"	송서룡	평양	조선어문
1967	한국의 유이민사 상	현규환	서울	어문각
1971	"소련의 한국어학"	콘세비치	서울	아세아연구
1972	재소 한국인의 사적 고찰	현규환	서울	《교포 정책 자료집》
1976	"M.Puchilo의 《노-한 사전》에 대하여"	최학근	서울	관악어문연구
	한국의 유이민사 하		서울	삼화인쇄
1980	"제정 러시아에서의 한국과 한국어연구"	고송무	서울	《한글》, 제169호
1984	소련 중앙 아시아의 한인들	고송무	서울	
1986	"러씨아와 쏘련에서의 조선어 학습 및 연구"	장흥권	서울	《조선어문》 제3호
1988	"〈노-한 자뎐〉의 한국어와 그 전사에 대하여"	곽충구	서울	《이화여대 어문논집》
1989	소비에트 한인 백년사	서대숙	서울	태암
1990	해외 한국학의 개황과 발전 방향 (소련의 한국학)	박일재 외 편	서울	한국학술 진흥재단
1991	"러시아와 소련에서의 한국어학과 한국어 교육"	Mazur Yu.N	서울	《이중언어학회》. 제8호
1992	"러시아와 한국의 문화적 관계발생"	Tyagay G.D	대구 영남대	통일문제연구 제17집
1993	재소 한인 이민사	김P.G. 방상현	서울	탐구당
1994	소련의 한국학	민족문제연구소 편	부산	부산대출판부
	"러시아에서의 전통적 한국학의 발전사, 현황과 문제점"	콘세비치	서울	이중언어학회 제11호
1996	"소련 이후 러시아의 한국학: 현황과 미래에 관한 고찰"	콘세비치	서울	경기대제3회 국제 심포지움
1998	고려사람의 역사, 문화, 언어에 관한 사료 편찬적 고찰.	김G.N	서울	
1999	러시아의 한국 연구. 한국 인식의 역사적 발전과 현재적 구조	Yu. Vanin 외 기광서 옮김	서울	풀빛

2. 중국 조선족 정보자원의 목록구성

1) 조선문 정보자원의 목록분포

국내에 입수된 조선족 문헌자료가 얼마나 다양한 형태로 있는지를 알기란 쉽지 않다. 국내의 대표기관과 해외한인자료문헌 수집기관에 소장된 자료의 목록을 비교하더라도 그 규모를 파악하기란 간단하지 않다. 2005년 11월 1일부터 2006년 4월 30일까지 진행된 연구결과 중국에서 중국조선학을 직접 다룬 연구는 단행본 114권, 학위논문 228편, 학술지기사 396편 전체 738편으로 나타났다. 우선 중국에서 중국어와 조선문으로 만들어진 문헌목록에 대한 조사를 수행했다. 이를 바탕으로 중국의 조선학과 한국학 관련 문헌목록(1949년부터 1990년까지)을 정리하고 조선문 잡지에 나타난 문화예술분야 작품목록을 정리하였다.

(1) 중국의 한국학 문헌목록

① 분야별 저서와 역서

분야별 저서를 살펴보면, 전국총서목(全國總書目)의 경우, 1949년 이후 1987년까지 다루고 있는 각종 문헌목록들을 망라한 것이고, 전국신서목(全國新書目)은 1984년부터 1992년까지의 자료들을 정리한 것이다. 또 전국내부발행도서총목은 1949년부터 1986년까지의 자료를 다루고 있었고, 민족출판사 도서목록(民族出版社. 朝鮮文圖書目錄)과 민족출판사가 출간한 「朝鮮文圖書目錄」은 1953년부터 1993년까지 40년간의 조선문에 대한 종합적 자료를 담고 있는 자료였다. 한편 연변인민출판사(延邊人民出版社)가 발행한 도서목록(圖書目錄: 1947~1982)과 요녕성 민족출판사(遼寧民族出版社)가 발행한 도서목록(圖書目錄: 1975~1985), 그리고 요녕성 민족출판사의 「圖書目錄: 1986~1990」도 참고할 만하다. 이 밖에도 흑룡강 민족출판사가 발행한, 도서목록 「圖書目錄, 開拓前進的十五年: 1976~1991」, 북경대학도서관 「관장조선학도서휘편(北京大學圖書館館藏朝鮮學書目彙編)」 등이 있다.

〈표 V-38〉 중국에서 발간된 한국학 문헌목록

제 목	언어	출판형태	지역	출판사
全國總書目：1949		목록집	북경	
全國總書目：1966~1983		목록집	북경	
全國總書目：1985~1987		목록집	북경	
全國新書目：1984~1992		목록집	북경	
全國內部發行圖書總目：1949~1986		목록집	북경	全國內部
民族出版社圖書目錄：1953. 1~1993. 1	한글	목록집	북경	民族出版社
朝鮮文圖書目錄：1953~1993	한글	목록집	북경	民族出版社
圖書目錄：1947~1982		목록집	연변	延邊人民出版社.
圖書目錄：1983~1990		목록집	연변	延邊人民出版社.
圖書目錄：1986~1990.		목록집	요녕	遼寧民族出版社.
圖書目錄: 開拓前進的十五年：1976~1991		목록집		黑龍江朝鮮民族出版社
北京大學圖書館館藏朝鮮學書目彙編.		목록집	북경	北京大學圖書館

② 논문, 번역논문

〈표 V-39〉 중국에서 발간된 한국학 논문 및 번역문 색인

제 목	언어	출판형태	지역	발행자
全國主要期刊重要資料索引：1954	漢語	목록집	북경	
全國主要期刊資料索引：1955	漢語	목록집	북경	
全國主要報刊資料索引：1956~1966	漢語	목록집	북경	
全國報刊索引：1973~1991	漢語	목록집	북경	
人民日報索引, 光明日報索引：五十年代部分	漢語	목록집	북경	
中國少數民族資料合輯本：朝鮮族.	漢語	목록집	북경	中央民族學院圖書館
中國內 朝鮮史研究目錄 韓民族(韓國文) 第三集.	한글	목록집	북경	韓民族學會
當代少數民族作家文學研究資料索引	漢語	목록집	북경	中國社會科學院少數民族文學研究所
中國少數民族文學論文, 作品索引：1981~1990	漢語	목록집	북경	中國社會科學院少數民族文學研究所

중국에서 발간되고 유통된 한국학관련 논문, 서지, 번역문에 대한 색인목록자료는 「全國主要期刊重要資料索引: 1954」, 「全國主要期刊資料索引: 1955」, 「全國主要報刊資料索引: 1956~1966」, 「全國報刊索引: 1973~1991」, 「人民日報索引, 光明日報索引: 五十年代部分」, 「中國少數民族資料合輯本: 朝鮮族」, 「中國內 朝鮮史研究目錄 韓民族(韓國文)」, 「當代少數民族作家文學研究資料索引」, 「中國少數民族文學論文,作品索引:1981~1990」 등이 있다.

③ 중앙민족대학 한국문화연구소 연구총서

〈표 Ⅴ-40〉 중앙민족대한 한국문화연구소 소장 문헌목록

년 도	제 목	언어	지역	출판사
1954	全國主要期刊重要資料索引	漢語	북경	
1993	中朝佛教文化交流史	漢語	북경	中國社會科學出版社
1993	中國朝鮮族人口簡論	漢語	북경	中央民族大學出版社
1994	海東人華求法高僧傳	漢語	북경	中國社會科學出版社
1995	韓國文化研究	한글	목단시	黑龍江朝鮮民族出版社
1995	中國朝鮮學韓國學研究文獻目錄 (1949~1990)	한글	북경	中央民族大學出版社

이 연구에서 수집된 자료와 관련해 중앙민족대학 한국문화연구소에 보관된 자료들의 경우 한국관련 문헌목록을 정리하는데 도움이 될 만한 자료들이 있다. 여기에는 중국 사회과학원의 「中朝佛教文化交流史」(1993), 중앙민족대학 출판, 「中國朝鮮族人口簡論」(1993), 「海東人華求法高僧傳」(1994), 崔蓮, 金順子가 공편한 「中國朝鮮學-韓國學研究 文獻目錄: 1949~1990」(1995) 등이 있다.

〈표 Ⅴ-41〉 연변지역 발간 조선족 정보자원 문헌목록

발행년도	서 명	저 자	언어	출판형태	발행사
1989	中國哲學思想史	朱紅星等	漢語	圖書	延邊人民
1990	延邊人口統計資料彙編	崔昌來主編	漢語	圖書	延邊大學
1988	延邊党事件与人物	金東和等編	朝鮮文	圖書	延邊人民
1988	延吉党史資料彙編	本書編組編	漢語	圖書	東北朝鮮民族教育
1989	中共延邊党組織活動大事記	中共延邊州委党史硏究所編	朝鮮文	圖書	延邊人民
1989	延邊靑年運動史	金東和	漢語	圖書	延邊人民

이상의 문헌을 바탕으로 조사한 연구결과는 1949년부터 1990년까지 발행된 것으로 단행본이 1,397권(저서 1,067권, 역서 333권), 논문이 7,947편, 번역논문이 636편으로 전체 9,983개(권, 편)로 나타났다(<표 Ⅴ-38>). 여기에서는 한문과 조선문으로 발표된 문헌을 모두 포함한 것이다. 소개된 문헌은 저자, 서명, 발행사, 발행년월일 등으로 분석(목록색인)하였다.

2) 조선문 정보자원의 목록색인

이 절에서는 조선문 정보자원 목록색인으로 조선족이 한반도에서 중국으로 이주 이후 공식적으로 발표하거나 발행한 잡지와 잡지 속에서 나타난 문화예술분야의 콘텐츠 목록을 연대별로 색인하여 정리하였다. 이 목록색인은 이주부터 1999년까지 발생한 문화예술분야의 조선문 정보자원으로 문학, 미술, 음악작품에 대한 기록을 정리한 것이다. 특히 목록색인은 중국조선족의 정보자원 발달시기를 3시기로 구분하여 정리하고자 한다. 제1기는 1850년대 전후한 조선백성의 만주지역으로의 이주부터 1920년대에 이르는 시기이고, 제2기는 1921년부터 1949년에 중화인민공화국이 건국되기 이전까지의 시기로 구분할 수 있다. 제3기는

1949년부터 1999년까지로 정리할 수 있다(姜連淑 2001).

이 연구팀은 2차년도 연구에서 제1기부터 1957년까지의 조선문 정보
자원의 매체 발달에 대한 조사를 진행한 바 있다. 따라서 3차년도(2005.
9. 1~2006. 8. 31)에서는 2차년도에 수행하지 못했던 부분에 대한 조사
와 함께 새로운 분야로 연극, 미술, 음악작품, 인적자원(시인, 소설가,
화가, 작곡가 등)들에 대한 자료를 수집하여 정리하였다. 또한 1950년
대 이후 1999년까지의 문화예술분야의 문헌자료에 대한 자료발굴과 정
리를 진행하고, 그 결과를 아래와 같이 제시하였다.

(1) 문화예술 조선문 정보자원 목록색인

가. 문화예술분야 조선문 정보자원 목록색인(1899~1939)

〈표 V-42〉 재중 조선족 문화예술분야 조선문 목록색인(1899~1920)

년도	제 목	저 자	출판형태	지역	출판사
1899	조선민담집(露語)	가린 미하일롭쓰끼	단행본		*최초의 조선민담집 *1988. 창작과비평사 「백두산민담」번역출판
1908	백두산전설집(中文) 140여 편(20여 편 韓人이 구술)	류건봉(劉建封) (한족)	지방지 수록		*장백산강강지략 (長白山江崗志略)
1910	(한나라생각), (너의 것)	신채호	자유시	연해주	*중국 자유시창작효시
	(월강곡)(漢文)		시		*사립학교 교과서 수록
	(기다림)(漢文)		시		*사립학교 교과서 수록
1911	(창강고)	김택영	시문집	통주	*통주 한묵림서국 발행
1914	(初等小學修身書), (60과, 프린트본)	리동휘,계봉우	민간우화	룡정	*민간우화 24편
1916	(꿈하늘)	신채호	소설		*조선족 소설의 효시
1920	통언(한국혼)	신정의	장편정론		*진단지에 연재

19세기 이후 전개된 중국지역 조선 문화예술분야에 대한 최초의 기
록 중 하나는 「백두산 전설집」으로 총 140편 중 20편의 글을 조선출신

에게 구술 받아 정리한 류건봉(1908)의 장백산강강지략(長白山江崗志略)이 있으며, 「조선민담집」이 중국을 거쳐 러시아에 전달되어 1899년에 편집번역출판되기도 했다. 1910년 이후 근대적인 형태의 정보자원이 출현하는데 신채호(1910)의 자유시 「한나라생각」, 「너의 것」 등이 연해주지역에서 생산되어 중국의 만주지역에 유포되기도 했다. 중국에서 최초로 소개된 한문으로 만들어진 조선 시로는 「월강곡」, 「기다림」 등으로 현지의 중등교과서에 수록되기도 했다. 또 김택영(1911)의 시문집 「창강고」가 통주에서 한글로 발행되었다. 1914년에는 리동휘, 계봉우가 「初等小學修身書」라는 이름으로 한글 민간우화 24편을 용정에서 발행하여 소개하였다. 1916년에는 신채호의 한글소설 「꿈하늘」이 출간되었으며, 1920년 신정의는 장편정론 「한국혼」을 연재했다.

1920년대에 들어서면서 조선족 집거지역에 「창조」, 「폐허」, 「장미촌」, 「백조」, 「금성」, 「조선문단」, 「해외문학」, 「문예시대」, 「문예공론」, 「조선문예」, 「문예월간」 등이 전해졌으며, 조선족 문인들은 자신의 작품을 이들 잡지에 발표하였다. 1921년에는 한문시동인이 「신유시사」라는 이름으로 한문시를 출간했으며, 1924년 리욱은 「생명의 례물」을 간도일보에 발표했으며, 주요섭은 「인력거꾼」, 「살인」, 「개밥」, 「할머니」를 출간했다. 1926년 윤극영은 「윤극영 100곡집」을 출간했다. 1927년 신채호는 낭만주의 소설 「룡과 룡의 대격전」을 펴냈으며, 1920년대 후반이후 다양한 잡지들이 활동하면서 다양한 작품을 출간했다. 1930년대 이후에는 심여추 「연변조사실록), 채택룡 「3인동요집), 리인수 「조문잡지, 조선민화), 최봉산, 윤동주, 강경애 등이 활동했으며, 주동교 등의 활동이 두드러졌으며, 1935년 정률성은 「5월의 노래」를 창작하기도 했다. 1936년에는 조선족소년월간지인 「카톨릭소년」이 황덕영에 의해 편찬되었다.

〈표 V-43〉 재중 조선족 문화예술분야 조선문 목록색인(1921~1939)

년도	제 목	저 자	출판형태	지역	출판사
1921	(신유시사.辛酉詩社)	한문시 동인	한문시	룡정	
1924	(생명의 례물)	리욱	서정시		간도일보에 발표
	(인력거군), (살인), (개밥), (할머니)	주요섭	단편소설		
1926	(윤극영 100곡집)	윤극영	동요곡	룡정	
	(소작인의 딸), (유모)	최상덕	단편소설	상해	상해일일신문기자
1927	(룡과 룡의 대격전)	신채호	소설		낭만주의 소설
1930	(연변조사실록)	심여추		연변	연변 민성보에서 발행
	(3인동요집)	채택룡	동요집	원산	원산문화학원에서 발행
1932	(조문잡지.朝文雜誌), (조선민화.朝鮮民話)	리인수	잡지	심양	조문학회 조직하여 창간
	(신건설. 新建設)	최봉산	잡지	심양	프린터본
1933	(북향)	이주복	잡지	용정	문학동인 단체지
1934	(초한대), (삶과 죽음)	윤동주	서정시	용정	은진중학생 윤동주의 첫 서정시
	(인간문제)	강경애			
	(봉황.鳳凰)	주동교	종합잡지		반일사상과 애국주의 정신
1935	(5월의 노래)	정률성	가요		처녀작 작곡
	(천가집. 天歌集)	윤세복 외	가요	흑룡강	대종교 동경성(3·1학원)
1936	(카톨릭소년)	황덕영	월간지	연길	중국조선족 첫 소년월간지
	(무빈골전설), (임야)	김창걸	소설		처녀작 무빈골전설
1937	(연안송), (연수요, 팔로군대합창)	정률성	가요	연안	인민음악가(작곡)
	(나의 神), (정오의 모랄), (화석의 고개), (가족), (비애)	함형수	서정시		
1938	(두번째 고향)	김창걸	단편소설		
	(류맹)	현경준	가요	도문	교사(작가)
	(생명의 서), (편지), (할빈또리공원),(음수)	유치환	시		조선에서 중국으로 이주

년도	제 목	저 자	출판형태	지역	출판사
	(노변음), (도라지), (설야), (고향)	송철리	시		
1939	(금붕어), (모아산)	이욱	서정시	간도	조광, 조선지광 잡지에 수록
	(아리랑 그후 이야기)	이우송	향토극		만선일보에 게재
	(한국혼), (아목루)	신정의		중경	예관선생기념회에서 발행(탄생 60주년)
	(아름다운 길), (의수, 중독자)	박영준	단편소설		농민작가, 중국에 이주
	(쌍영. 双影)	박영준	장편소설		

1937년에 정률성은 「연안송」 「연수요」, 「팔로군대합창」 등을 제작해 발표했으며 1938년 도문의 교사출신인 현경준은 「류맹」을 작곡해 발표했다. 1936년 김창걸의 「무빈골전설」, 「임야」 등이 발표되었고, 1938년부터 1939년까지 작품된 것으로 소설로는 김창걸의 「두번째 고향」, 이욱의 「금붕어」, 「모아산」, 이우송의 향토극 「아리랑 그후 이야기」, 신정의의 「한국혼」, 「아목루」, 박영준의 「아름다운 길」, 「의수」, 「중독자」, 「쌍영」 등이 있었다. 시로는 유치환의 「생명의 서」, 「하얼빈 도리고원」, 「편지」, 음수」, 송철리의 「노변음」, 「도라지」, 「설야」, 「고향」, 함형수의 시 「나의 神」, 「정오의 모랄」, 「화석의 고개」, 「가족」, 「비애」 등이 있었다.

나. 문화예술분야 조선문 정보자원 목록색인 (1940~1949)

〈표 Ⅴ-44〉 재중 조선족 문화예술분야 조선문 목록색인(1940~1949)

년도	제 목	저 자	출판형태	지 역	출판사
1940	(낙제)	김창걸	단편소설		
	(새화원)	이욱	서정시	간도	조광, 조선지광 잡지에 수록
1941	(싹트는 대지)	신영철 편			
	(만주조선문예선)	신영철	종합작품집		
1942	(만주시인집)	박팔양 외	시인집		청산인쇄소 발행
	(재만조선시인집)	김조규 편	시인집		‘예문당’ 발행
1944	(선구자), (접동새)	조두남	가곡	만주	

년도	제 목	저 자	출판형태	지 역	출판사
1945	(여명의 붉은선)	임효원	시	목단강	'건설잡지'
1946	(불꽃)	리두성	잡지	연길	조선문 창간호, 연길청년회기관지(3호간행 폐간)
	(신건설)	김상룡	잡지	연길	종합월간지
	(신청년)	류태선	잡지	목단강	목단강민주동맹청년회기관지
	(해방), (건설)		잡지	목단강	조선인민민주동맹목단강위
	(신강문화보물고의 새발견-옛 이드고 트키예술탐사기)	한락연	신강일보 중국어		신강일보에 발표. 중국최초의 신강고대문화유적지 소개
	(소생향의 아침)	김용식	서정시	목단강	'건설잡지'
	(홍광)	백남표	잡지		이홍광지대에서 발행
	(민주)	김유훈	잡지		종합지, 1호만 발행 후 폐간
1947	(태풍)		시집	연길	연길 한글연구회 편집
	(북두성)	리욱	시집		
1947	(공작원)	최정연	단막극		처녀작
	(현대소설의 구성)	이욱	소설		
1948	(연변문화)	이홍규	잡지		종합간행물
	(교육통신)	백호연	잡지	하얼빈	
	(교육통신)		잡지	연길	현재 '중국조선족교육' 전신
	(새노래)		잡지		창간 후 '연변음악' 개칭
1949	(북류의 서정)	리욱	시집		
	(교육통신)		잡지	연길	연변교육출판사
	(농민의 기쁨)		잡지	연길	종합월간지
	(문화)		잡지	연길	1951.10.25일까지 총25호
	(밭둔덕)	설인	시		동북조선인민보

1940년 작품으로는 단편소설인 김창걸의 「낙제」, 이욱의 시 「새화원」, 1941년에는 신영철의 시 「싹트는 대지」, 1942년에는 「만주시인집」에 박팔양 등의 시가 수록되었고, 「재만조선시인집」에는 김조규 등의 시가 실렸다. 한편 1944년 조두남은 「접동새」, 「선구자」를 작곡했다. 1945년 에 목단강출판사에서 임효원의 시집 「여명의 붉은선」이 출간되었고, 1946년에는 잡지, 「불꽃」리두성(주필), 「신건설」김상룡(주필), 「신청년」

류태선, 「해방」, 「홍광」(백남표), 「민주」(김유훈)등의 잡지가 출간되었
다. 1947년에는 연길한글연구회에서 편집한 「태풍」이 시집으로 출간되
었고, 리욱의 한글시집 「북두성」도 출간되었다. 한편 단막극으로 최정
연의 「공작원」이 출품되기도 했다. 또한 1948년에는 잡지 「연변문화」
가 이홍규에 의해 간행되었고, 잡지 「교육통신」이 백호연에 의해 하얼
빈과 연길에서 출간되었다. 한편 1948년 만들어진 음악잡지 「새노래」
는 창간 후 「연변음악」으로 개칭되어 활동했다가 1967년에 정간되었
고, 다시 문화혁명이 끝나던 1972년에 복간되었으며, 1993년에 정간되
었다가 1999년에 복간되었다. 1949년 출간된 잡지로는 「교육통신」,
「농민의 기쁨」, 「문화」 등이 있으며, 이 중에서 「교육통신」은 「연변조
선족교육」으로 발전해왔다.

다. 문화예술분야 조선문 정보자원 목록색인 (1950~1959)

〈표 Ⅴ-45〉 재중 조선족 문화예술분야 조선문 목록색인(1950~1959)

년도	제 목	저 자	출판형태	지역	출판사
1950	(소년아동) 연변청년	최형동	잡지	연길	연변소년편집위원회
	중국인민지원군행진곡	정률성	가요		
	사랑하는 군대 사랑하는 사람	정률성	가요		
	노래하자 백운봉	정률성	가요		
1951	(연변문예)	김동구	문예지	연길	연변문련준비위원회
	(항미원조희곡집)		문예지	연길	연변인민출판사
1952	(화물차)	이근전	단편소설		길림성창작성
	(희곡집), (가곡집)	연변문련준비 위원회	희곡,가곡		연변인민출판사
1953	(뿌리박은 터)	김학철	소설집		연변인민출판사
	(우리의 날)		동요동시		연변인민출판사
1954	(연변문예)	연변문련기관지	월간지	연길	35회까지 발행
	(연변조선민족자치구화집)				북경민족출판사
	(해란강)		시집	연길	연변인민출판사
	(해란강아 말하라)	김학철	장편소설	연길	연변인민출판사

년도	제 목	저 자	출판형태	지역	출판사
	(세전이벌)		단편소설	연길	연변인민출판사
	(젊은이들)		극본	연길	연변인민출판사
	(새나라 꽃봉오리)		동요동시	연길	연변인민출판사
1955	(인민미술촬영)		사진	연길	연변일보 특집
	(연변청년)	공청단주위	기관지	연길	창간
	(민족화보)	민족문화사 편	화보	북경	민족출판사
	(새싹)		동시집	연길	연변인민출판사
	(신기한 사과나무)		아동작품집	연길	연변인민출판사
	(풋병아리)		우화집	연길	연변인민출판사
	(사과나무)	최형동	동화집	연길	연변인민출판사
	(해바라기 네대)		동화집	연길	연변인민출판사
1956	(연변소년)–소년아동 잡지의 후신		잡지	연길	
	(아리랑)		잡지	연길	연변문예를 개칭
	(해란강반의 아이들)		시집	연길	연변인민출판사
	(창작선집)			연길	연변인민출판사
1957	(아리랑)	연변문회기관지	문학월간	연길	중국작가협회 연변분회기관지
	(장백산)	강정일	종합지		종합간행물
	(변강의 마음)	김철, 주선우	시집	연길	연변인민출판사
	(잊을 수 없는 녀인들)	주선우	시집	연길	연변인민출판사
	(꽃동산)	이행복	동시집	연길	연변인민출판사
	(나팔꽃)	채택룡	동시집	연길	연변인민출판사
	(수정공주와 놀부)	안성갑	동화시집	연길	연변인민출판사
	(번영, 고민)	김학철	소설	연길	연변인민출판사
	(꽃삼지)	김동구	중편소설	연길	연변인민출판사
	(떠메의 증오)	처정연작사, 정진옥작곡	판소리	연길	연변인민출판사
	(고향사람들)	이욱	시집	북경	북경민족출판사
	(진달래)	임효원	시집	북경	북경민족출판사
	(연변의 노래)	이욱	장편서사시	북경	북경작가출판사
1958	(고향생각), 『경음악선집』	김인준 작사, 허세록 작곡	가요	북경	북경음악출판사
	(김옥희와 팔거북)	리민창	장편서사시	연길	연변인민출판사

년도	제목	저자	출판형태	지역	출판사
	(풍년타령)	김철준	시	연길	연변인민출판사
	(동풍만리)	김철	시집	연길	연변인민출판사
	횃불이 타오른다)		시집	연길	연변인민출판사
	(빨간다리아)		단편소설	연길	연변인민출판사
	(빛나는 청춘)		작품집	연길	연변인민출판사
	(청개구리)	최형동	동화집	연길	연변인민출판사
1959	(새날이 밝아온다)		출연재료	연갈	연변인민출판사
	(강철), (모주석초상), (형제)		오체르크집	연길	연변인민출판사
	(청춘의 노래), (들끓는 변강)		시집	연길	연변인민출판사
	(병동에 핀 꽃송이)		소설집	연길	연변인민출판사
	(경쟁)		재담	연길	연변인민출판사
	(푸른언덕)	윤정석	동극집	연길	연변인민출판사
	(새싹에 내리는 봄비)		평론집	연길	연변인민출판사
	(장백산하)	한문, 리욱	시집	연길	연변인민출판사

　　1950년대에는 중국 조선족 정보자원에서 분야별 다양성이 더욱 뚜렷하게 나타난 시기라 할 수 있다. 조선족 문화활동공간이 안정을 되찾으면서 이 같은 현상이 뚜렷해졌으며, 각종 음악, 문학, 연극, 소설, 시집, 서사시가 출현하고 각종 문예잡지가 출간되었다. 이 시기의 대표적인 작품을 살펴보면 잡지출판으로는 1950년 최형동이 출간한 「소년아동」, 1951년 김동구의 「연변문예」가 있었고, 1954년에는 「연변문예」가 연변문예연합에 의해 출간되었고, 1956년에는 「소년아동」을 대신해서 「연변소년」, 「아리랑」이 출간되었다. 1957년에는 「아리랑」이 중국작가협회의 연변분회기관지로 간행 되었다. 1955년에는 「민족화보」, 「연변청년」 등이 간행되었다. 한편 어린이를 위한 동화 및 우화 및 동요 동시로는 1953년 「우리의 날」, 「새나라 꽃봉오리」, 우화집 「풋병아리」, 「사과나무」, 「해바라기 네 대」, 동시 「새싹」, 시집, 「해란강반의 아이들」, 「꽃동산」, 「나팔꽃」, 「수정공주와 놀부」, 최형동의 동화 「신기한 사과나무,

1955」,「청개구리, 1958), 윤정석의 동극집「푸른언덕」(1959) 등이 있었다. 또 희곡집으로는 1951년「항미원조희곡집」이 연변인민출판사에서 발간되었고,「희곡집」,「가곡집」이 연변문련준비위원회에 의해 1952년에 발간되었다. 한편 처정연이 작사하고 정진옥작곡한「떠메의 증오」라는 창작판소리가 1957년에 제작되기도 했다. 가요로는「중국인민지원군행진곡」,「사랑하는 군대 사랑하는 사람」,「노래하자 백운봉」등의 정률성의 음악이 1950년에 중국인민군가요로 수록되었으며, 김인준 작사, 허세록 작곡의「고향생각」이 1958년 북경인민음악출판사에서 발간되었다. 소설분야로는 김학철의「해란강아 말하라」(1954),「세전이벌」(1954),「번영, 고민」(1957), 김동구의「꽃삼지」(1957),「빨간다리아」(1957),「병동에 핀 꽃송이」(1959)등의 작품이 생산되기도 했다.

라. 문화예술분야 조선문 정보자원 목록색인 (1960~1979)

〈표 Ⅴ-46〉 재중 조선족 문화예술분야 조선문 목록색인(1960~1965)

년도	제 목	저 자	출판형태	지역	출판사
1960	(호랑이)	리근전	소설	연길	연변인출판사
	(가곡집)		가곡	연길	연변인민출판사
1961	(아침은 찬란하여라)		종합시집	연길	연변인민출판사
	(혁명가곡집)		가곡집	연길	연변인민출판사
1962	(범바위)	리근전	장편소설	연길	연변인민출판사
	(장화꽃), (봄날이야기)		소설집	연길	연변인민출판사
	(푸른 잎)		시집	연길	연변인민출판사
	(천지의 맑은 물)	정길운	구전설화집	연길	연변인민출판사
	(군중가곡집)		가곡집	연길	연변인민출판사
	(동극집)		동극	연길	연변인민출판사
1963	(인삼처녀)	3인집	민간이야기	연길	연변인민출판사
	(공사의 젊은이들)		오체르크집	연길	연변인민출판사
	(동요곡집)		동요곡집	연길	연변인민출판사
	(조선족민간문예자료집1, 2)	연변민간연구회	문예	연길	연변민간문예연구회

년도	제 목	저 자	출판형태	지역	출판사
1964	(연변시집.1950~1952), (변강의 아침)		시집	연길	연변인민출판사
	(창작휘편), (록엽집), (연변가곡집. 1946~1962)	연변작가협회편	시집	연길	연변작가협회
	(무지개), (새이야기), (출연재료)	연변군중예술관 편		연길	연변군중예술관
1965	(푸른전야)		오체르크집	연길	연변인민출판사
	(붉은싹)		동요동시집	연길	연변인민출판사

　　1960년 이후 혁명의 분위기 속에서 작품은 개인작품보다 집단이 우선시되는 현상이 나타났으나 일부의 개인 창작물도 나타난다. 소설은 리근전의 「호랑이」(1960), 「범바위」(1962), 작자미상의 「장화꽃」(1962), 「봄날이야기」(1962), 가요로는 「가곡집」, 「혁명가곡집」, 「군중가곡집」, 「동요곡집」, 동요집 「붉은싹」이 있으며, 연변민간연구회에서 발간된 「조선족민간문예자료집1, 2」(1962)이 주목할 만하다. 시 분야 작품으로는 연변인민출판사가 편찬한 「연변시집. 1950~1952」, 「변강의 아침」, 연변작가협회가 발간한 「창작휘편」, 「록엽집」, 「연변가곡집. 1946~1962」 등이 있다. 1966년부터 1970년까지는 문화혁명 여파로 모든 작품 활동 중지되었다.

<표 V-47> 재중 조선족 문화예술분야 조선문 목록색인(1971~1979)

년도	제 목	저 자	출판형태	지 역	출판사
1971	응모작품집1921~1971		단행본	연길	연변인민출판사
1972	(우두봉의 매)		단편소설	연길	연변인민출판사
	(응모작품집. (2))		단행본	연길	연변인민출판사
	(장백에 울리는 노래)		시집	연길	연변인민출판사
	(응모작품집)		단행본	목단강	흑룡강인민출판사
1973	(태양의 빛발아래)		시집	연길	연변인민출판사
	(붉은 넥타이)		동시집	연길	연변인민출판사
	(사과나무아래서)		연극집	연길	연변인민출판사
1974	(격전의 노래)		시집	연길	연변인민출판사

년도	제 목	저 자	출판형태	지 역	출판사
1975	(설령을 넘으며)		단편소설	연길	연변인민출판사
	(붉은수첩)		종합집	연길	연변인민출판사
	(조국에 드리는 노래)		시집	연길	연변인민출판사
	(변강의 해바라기)		동요동시	연길	연변인민출판사
	(돌격의 나팔소리)		동요동시	연길	연변인민출판사
	(홍소병들 태양 따르네)		종합시집	연길	연변인민출판사
1976	(우렁찬 전고소리)		시집	연길	연변인민출판사
	(격류)		산문집	연길	연변인민출판사
	(붉은수첩)		작품집	연길	연변인민출판사
	(가곡작품기초지식)		단행본	연길	연변인민출판사
1977	(조선무용기본동작)	박용원	단행본	연길	연변인민출판사
	(높은봉에 오르노라)		시집	연길	연변인민출판사
	(해란강반의 송가),		시집	연길	연변인민출판사
	(태양은 길이 빛나리)		시집	연길	연변인민출판사
	(영원히 화주석따라)		동요동시집	연길	연변인민출판사
	(불멸의 태양)		동시집	연길	연변인민출판사
	(붉은별)		유치원동요집	연길	연변인민출판사
	(매봉의 소나무)		아동응모작	연길	연변인민출판사
	(룡강의 봄)		시집	목단강	흑룡강인민출판사
1978	(잊을 수 없는 정월)		시집	연길	연변인민출판사
	(고동소리), (진달래)		작품집	연길	연변인민출판사
	(우리의 과일동산)		동화가극집	연길	연변인민출판사
	(철이의 선물)		소년소설집	연길	연변인민출판사
	(귀돌이와 세발가진 황소)		동화집	연길	연변인민출판사
	(나리꽃 피었네)	김성휘	시집	심양	요녕성인민출판사
	(동틀 무렵)	김철	시집	심양	요녕성인민출판사
	(꽃피는 새봄)		시집	심양	요녕성인민출판사
	(기러기)	허도남	시집	목단강	흑룡강인민출판사
1979	(변강의 무지개)		시집	연길	연변인민출판사
	(어머니 품이여)	임효원	시집	연길	연변인민출판사
	(시선집)		시집	연길	연변인민출판사
	(산향길)	김철	시집	연길	연변인민출판사
	(장백의 아들)	황봉룡	극집	연길	연변인민출판사
	(단편소설집)		단편소설	연길	연변인민출판사

년도	제 목	저 자	출판형태	지 역	출판사
	(청산의 매)	김경모	장편소설	연길	연변인민출판사
	(연변민간문학집)	정길운 수집	문학집	연길	연변인민출판사
	(백일홍)	상동	민담집	연길	연변인민출판사
	(조국의 꽃봉오리)		종합시집	연길	연변인민출판사
	(연변아동문학작품선)		동요, 동시	연길	연변인민출판사
	(개미와 코끼리)	허두남	우화시집	연길	연변인민출판사
	(빛나라 조국이여)		작품집	목단강	흑룡강인민출판사
	(장백산아 이야기하라)	김성휘	장편서사시	목단강	흑룡강인민출판사
	(동틀 무렵)	김철		심양	료령인민출판사

1971년 이후 조선문 정보자원이 다시 활동을 재개하면서 여러 가지 한글관련 자료의 정리와 창작물이 생산되었다. 연변인민출판사에서는 50주년을 맞이해서 1921년부터 1971년까지 시와 소설분야 응모작품을 모아 단행본을 출간했으며, 1971년 이후 1979년 사이에 출간된 시집과 시는 「장백에 울리는 노래」, 「태양의 빛발아래」, 「격전의 노래」, 「조국에 드리는 노래」, 「우렁찬 전고소리」, 「홍소병들 태양 따르네」, 「높은봉에 오르노라」, 「해란강반의 송가」, 「태양은 길이 빛나리」, 「룡강의 봄」, 「잊을 수 없는 정월」, 「나리꽃 피었네」, 「동틀 무렵」, 「꽃피는 새봄」, 「기러기」, 「변강의 무지개」, 「어머니 품이여」, 「시선집」, 「산향길」, 「조국의 꽃봉오리」 등이 있다. 동시집으로는 「붉은 넥타이」, 「변강의 해바라기」, 「돌격의 나팔소리」, 「불멸의 태양」, 「영원히 화주석따라」, 「연변아동문학작품선, 「꼬끼리」 등이 있다. 소설분야로는 「우두봉의 매」, 「붉은수첩」, 「설령을 넘으며」, 「단편소설집」. 「청산의 매」, 「빛나라 조국이여」 등이 있으며, 아동소설, 「철이의 선물」, 「귀돌이와 세발가진 황소」도 있다. 또 아동가요로는 「붉은별」이 있으며, 동화가극집으로는 「우리의 과일동산」, 「매봉의 소나무」 등이 있다.

마. 문화예술분야 조선문 정보자원 목록색인 (1980~1989)

〈표 V-48〉 재중 조선족 문화예술분야 조선문 목록색인(1980~1985)

년도	제 목	저 자	출판형태	지역	출판사
1980	샘물이 흐른다	리상각	시집	연길	연변인민출판사
	리욱시선집		시집	연길	연변인민출판사
	꿀벌이와 붕붕		종합시집	연길	연변인민출판사
	(장백의 소년)	류원무	중편소설	연길	연변인민출판사
	(만년필)		단편소설집	연길	연변인민출판사
	(딸의 고민)		단편소설집	심양	료녕인민출판사
	(사랑에 대한 이야기)		소설집	연길	연변인민출판사
	(숲속의 우등불)	류원무	중편소설	연길	연변인민출판사
	(웃음주머니)		희곡집	연길	연변인민출판사
	(천도복숭아)	김례삼 편저	구전설화집	연길	연변인민출판사
	(맑은 샘)	김득만	동요동시집	연길	연변인민출판사
	(애솔나무)	김동호	상동	연길	연변인민출판사
	(부엉이와 고양이)		동화집	연길	연변인민출판사
	(사자아저씨와 여우)		우화집	연길	연변인민출판사
	(코자랑)	장두욱	과학동화집	연길	연변인민출판사
	(꽃분이와 과학할아버지)	장월향	상동	연길	연변인민출판사
	(비행선과 잠수함)	장두욱, 강성춘	과학이야기	연길	연변인민출판사
	(꽃봉오리 봉긋봉긋)	김수복	시그림	연길	연변인민출판사
	(꽃노을)	림원춘	상동	심양	료녕인민출판사
	(빨간리봉)	김경석	동요동시집	심양	료녕인민출판사
	(만무과원 설레인다)	리상각	장편서사시	목단강	흑룡강인민출판사
	(새벌전)	김철	장편서사시	북경	민족출판사
1981	(봄바람)		시집	연길	연변인민출판사
	(파란손수건)	김경석	시집	연길	연변인민출판사
	(도강전야)	최택청	장편소설	연길	연변인민출판사
	(어둠을 뚫고)	윤일산	장편소설	연길	연변인민출판사
	(불타는 백사장)		단편소설집	연길	연변인민출판사
	(눈보라치는 밀영)	정영석	항일투쟁회상기	연길	연변인민출판사
	(골방쥐의 단꿈)	정치수	우화집	연길	연변인민출판사
	(깍쟁이랑반)	김충묵 수집정리	구전설화집	연길	연변인민출판사
	(악식과 분석)	초산	상동	연길	연변인민출판사
	(규중비사)	김용식	역사중편소설	심양	료녕인민출판사
	(황금가을)	리삼월	시집	목단강	료녕인민출판사
1982	(풀피리)	송정환	시집	연길	연변인민출판사

년도	제 목	저 자	출판형태	지역	출판사
	(붓나무)	박화	시집	연길	연변인민출판사
	(고난의 년대. 상)	리근전	장편소설	연길	연변인민출판사
	(조선족 민속. 혼성제)	홍세우	장편소설	연길	연변인민출판사
	(천지의 무지개)	최문섭	이야기집	연길	연변인민출판사
	(사랑산)	박창묵 수집정리	민간이야기	연길	연변인민출판사
	(불에 타 죽은 여우)	허봉남	우화시집	연길	연변인민출판사
	(꽃바구니)	강순길	동시집	연길	연변인민출판사
	(꾀꼴새)		종합시집	연길	연변인민출판사
	(들국화)	김성휘	시집	심양	료녕인민출판사
	(고향집)	김태갑	시집	심양	료녕인민출판사
	(마음의 지평선)	임효원	시집	심양	료녕인민출판사
	(풍운기)	리욱	장편서사시	심양	료녕인민출판사
	(장백산아 이야기하라)	김성휘	상동	심양	료녕인민출판사
	(배뱅이굿)	장동운	민간서사시	심양	료녕인민출판사
	(잊을 수 없는 사람)	한원국	중편소설	심양	료녕인민출판사
	(김창걸단편소설집)	김창걸	단편소설	심양	료녕인민출판사 (해방전편)
	(리홍과의 이야기)	김운룡	실화집	심양	료녕인민출판사
	(서정시집)		서정시집	북경	민족출판사
	(단편소설집)		단편소설	북경	민족출판사
	(평론집)		평론집	북경	민족출판사
	(가야금집)	김철	시집	북경	인민문학출판사
	(조선족민간이야기선)		민간이야기	상해	문예출판사
	(김덕순이야기집)	김덕순	이야기	상해	문예출판사
	(연변의 견우직녀)	연변민간문예연구회 편		한국	교양사
	(민간문학자료집)	상동		한국	교양사
	(봄은 어디에)	설인	시집	연길	연변인민출판사
	(성녀)	고신일	단편소설집	연길	연변인민출판사
	(접동골 녀인)	남주길	상동	연길	연변인민출판사
	(번개치는 아침)		중편소설집	연길	연변인민출판사
	(밀림의 딸)	김룡운	소년장편소설	연길	연변인민출판사
	(우리 선생님)	류원무	소년중편소설	연길	연변인민출판사
	(눈꽃)	김욱	동요동시집	연길	연변인민출판사
1983	(삼태성)	김명한 수집정리	민간이야기	연길	연변인민출판사
	(민요연구)	조성일	민요	연길	연변인민출판사
	(공장장의 하루)	리만호	단편소설집	연길	료녕인민출판사
	(꽃사슴)	리용득수집 정리	민간이야기	연길	료녕인민출판사
	(항전별곡)	김학철	전기문학	목단강	흑룡강인민출판사

년도	제 목	저 자	출판형태	지역	출판사
	(꾀당나귀의 꿈)	김례삼	이야기집	목단강	흑룡강인민출판사
1984	(고향의 넋)	리웅	단편소설집	연길	연변인민출판사
	(백성의 마음)	리원길	단편소설집	연길	연변인민출판사
	(군자란)		상동	연길	연변인민출판사
	(설량자)	김용식	장편소설	연길	연변인민출판사
	(고난의 년대. 하)	리근전	장편소설	연길	연변인민출판사
	(병아리)	채택룡	동요동시집	연길	연변인민출판사
	(해순이와 달남이)	김파	동화시집	연길	연변인민출판사
	(신세망친곰두령)	리영철	동화시집	연길	연변인민출판사
	(태양에로 가는 길)	김철	시집	심양	료녕인민출판사
	(몽당치마)	림원춘	단편소설집	심양	료녕인민출판사
	(짜개바지)	장동운수집 정리	민간이야기	심양	료녕인민출판사
	(불로초)	리용득수집 정리	민간이야기	심양	료녕인민출판사
	(칠색무지개)		시집	목단강	흑룡강인민출판사
	(산골녀성들)	김용식	장편소설	목단강	흑룡강인민출판사
	(외국견문)	정판룡		북경	민족출판사
	(민간문학자료집. 제4집)			북경	민족출판사
	(련화선자.蓮花仙子)	관전현민족 사무위원회 편			료녕성관전현 문화관
1985	(대문산비곡)		중편소설집	연길	연변인민출판사
	(무쇠바위)	김수영	중편소설	연길	연변인민출판사
	(호박꽃)	김수복	동요동시집	연길	연변인민출판사
	(쇠돌이 모험기)	리천석	동화집	연길	연변인민출판사
	(김학철단편소설집)	김학철	단편소설집	심양	료녕인민출판사
	(사품치는 격류)	김영남, 리상준	장편소설	심양	료녕인민출판사
	(유정세월)	고신일	중편소설	심양	료녕인민출판사
	(소설가의 안해)	김관웅	단편소설집	심양	료녕인민출판사
	(사랑의 꽃바구니)	리상각	시집	심양	료녕인민출판사
	(인간세상)	김철	시집	심양	료녕인민출판사
	(조선족문학작품선)	최용린		심양	료녕인민출판사
	(안중근전)	송정환	인물전기	심양	료녕인민출판사
	(바우돌과 현부인)	박창묵수집 정리	민간이야기	심양	료녕인민출판사
	(해당화)	한정춘수집 정리	향토전설집	심양	료녕인민출판사
	(조선옛말 365켤레 1, 2, 3)	김혁직, 윤봉현 편	향토전설집	심양	료녕인민출판사
	(투사의 슬픔)	윤림호	단편소설집	목단강	흑룡강조선민족출판사

년도	제 목	저 자	출판형태	지역	출판사
	(다시 찾은 고향)	류원무	중편소설	목단강	흑룡강조선민족출판사
	(소년부사)	김재권수집	민간이야기	목단강	흑룡강조선민족출판사
	(북극곰을 찾은 팽긴)	장두욱	과학동화집	목단강	흑룡강조선민족출판사
	(금잔디)	김성휘	시집	북경	민족출판사
	(하고 싶던 말)	정세봉	단편소설	북경	민족출판사
	(황봉룡희곡집)	황봉룡	희곡집	북경	민족출판사
	(장백산풍물전설.長白山風物傳說)	길림성무송현문화관 편			춘풍문예출판사

1980년대 이후에는 매우 풍성한 조선족 문화예술작품이 출현한다. 그 규모는 과거에 비할 수가 없을 정도다. 1980년부터 1985년까지 작품편수를 살펴보면, 우선 1980년에는 23편이 나왔고, 82년도에는 11편, 1982년 26편, 1983년 13편, 1984년 17편, 1985년에는 20편이 나왔다. 이 중에서 희극집으로는 「웃음주머니」, 「황봉룡희곡집」 등이 있으며, 단편소설과 장편소설은 32편이었고, 전래동화 및 구전설화집은 「천도복숭아」, 「깍쟁이량반」, 「사랑산」, 「천지의 무지개」, 「리홍과의 이야기」, 「조선족민간이야기선」, 「삼태성」, 「꽃사슴」, 「짜개바지」, 「불로초」, 「바우돌과 현부인」, 「소년부사」, 「해당화」, 「조선옛말 365컬레 1, 2, 3」 등 총 14편이었다. 시집으로는 25편이 출간되었다. 한편 동화소설은 「부엉이와 고양이」, 「쇠돌이 모험기」가 있었고, 과학 동화소설인 「북극곰을 찾은 팽긴」, 「꽃분이와 과학할아버지」, 「비행선과 잠수함」이 있었으며, 동요동시집으로는 「호박꽃」, 「병아리」, 「눈꽃」, 「빨간리봉」, 「맑은 샘」, 동화시집으로는 「신세망친곰두령」, 「해순이와 달남이」 등이 있었다.

〈표 V-49〉 재중 조선족 문화예술분야 조선문 목록색인(1986~1989)

년도	제 목	저 자	출판형태	지역	출판사
1986	(대장과 그의 벗들)	류원무	아동중편소설	연길	연변인민출판사
	(그리운 고향)	김순기	중편소설집	연길	연변인민출판사
	(체포령이 내린강도)		상동	연길	연변인민출판사
	(아, 꿀샘)	류원무	단편소설집	연길	연변인민출판사
	(포효하는 목단강)	윤일산	장편소설	연길	연변인민출판사
	(꽃수레)	김창석	시집	연길	연변인민출판사
	(천생배필)	황구연 구술, 김재권 정리	구전설화집	연길	연변인민출판사
	(격정시대. 상, 하)		장편소설	연길	연변인민출판사
	(범바위)	리근전	장편소설	목단강	흑룡강민족출판사
	(동집게)	문창남	수필집	목단강	흑룡강민족출판사
	(삼돌이와 호랑이)	집체정리	민간이야기	목단강	흑룡강민족출판사
	(청춘의 활무대)	김훈	단편소설집	북경	민족출판사
	(조선민족의 다채로운 민속세계)	조성일	단행본	북경	민족출판사
1987	(제2차 세계대전후의 세계문학)	정판룡, 허호일	단행본	연길	연변인민출판사
	(봄물)	류원무	장편소설	연길	연변인민출판사
	(김학철작품집)	김학철	장편소설	연길	연변인민출판사
	(까불이 모험기)	허봉남	과학환상소설	연길	연변인민출판사
	(기묘한 식물세계)	장두욱	과학소품	연길	연변인민출판사
	(무영탑)	김용식	중편소설집	심양	료녕민족출판사
	(교교한 달빛)	료녕성조선족작가작품	단편소설집	심양	료녕민족출판사
	(춘삼월)	리태수	단편소설집	심양	료녕민족출판사
	(수양버들)	박철준	시집	목단강	흑룡강조선민족출판사
	(격류속에서)		시집	목단강	(도라지) 잡지 창간 10돐기념집
	(팔선녀)	차병걸 구술, 림승환, 한광일 정리	옛이야기집	목단강	료녕민족출판사
	(새별전)	김철	시집	북경	민족출판사
	(9월의 들국화)	중국작가협회 연변분회 편			연변조선족자치주창립 35돐기념작품집

년도	제 목	저 자	출판형태	지역	출판사
	(새로운 길)	리광수	단편소설집	북경	민족출판사
	(장백옥구술)		시집		호남문예출판사
	(그리움. 相想集)	남영준	시집		시대문예출판사
	(조선족이야기집)	료녕성관전현민족사무위원회편	이야기집		료녕성관전현민족사무위원회
	(길림성민간문학집성)		민간문학		연변조선족자치주민간문학집성편집위원회
	(해동의 여왕)	최준수집정리	민간이야기		
1988	(쌍무지개)	한춘	시집	연길	연변인민출판사
	(개선)	리홍규	작품집	연길	연변인민출판사
	(북극갈매기)	리태학	단편소설집	연길	연변인민출판사
	(탄알 훔친아이)	김송죽	중편소설	연길	연변인민출판사
	(고개길)	김례삼	동요동시집	연길	연변인민출판사
	(푸른 꿈)	남영전	시집	심양	료녕민족출판사
	(간호원의 미소)	김근총	소설집	심양	료녕민족출판사
	(바다가에서 만난 려인)	김영금	소설집	심양	료녕민족출판사
	(전치천날)	김순기	소설집	심양	료녕민족출판사
	(야, 꼴이다)	김득만	동요동시집	심양	료녕민족출판사
	(신채호문학연구)	김병민	단행본	심양	료녕민족출판사
	(조선민족사연구)	박경휘	단행본	심양	료녕민족출판사
	(인생살이)	임효원	시집	목단강	흑룡강조선민족출판사
	(별찌)	김응준	시집	목단강	흑룡강조선민족출판사
	(짓밟힌 넋)	림원춘	장편소설	목단강	흑룡강조선민족출판사
	(신비한 세계)	최룡관	동화시집	목단강	흑룡강조선민족출판사
	(창산의 눈물)	리근전	장편소설	북경	민족출판사
	(김철시집)	김철	시집	사천	사천민족출판사
	(한국문학과 간도)	오양호		서울	문예출판사
1989	(김봉호작곡집)	김봉호	작곡집	연길	연변인민출판사
	(녀인들의 마음)	류재순	소설집	북경	민족출판사
	(조선족문학연구)	임범송, 권철	단행본	목단강	흑룡강조선민족출판사
	(피경노)	김재권, 박창묵정리	황구연민담집	북경	민족출판사
	(고산장군)	정영석 정리	민간이야기	연길	연변인민출판사
	(호랑이는 산에서 내린다)		아동중편소설	연길	연변인민출판사

년도	제 목	저 자	출판형태	지역	출판사
	(용감한 오이도적)	류원무	과학동화집	연길	연변인민출판사
	(나풀이와 붕붕이)	김학	상동	연길	연변인민출판사
	(그 언덕에 묻고 온 이름)	조룡남	시집	연길	연변인민출판사
	(하하하 호호호)	리용득	이야기집	연길	연변인민출판사
	(설야. 제1부)	리원길	장편소설	연길	연변인민출판사
	(눈물)	윤명철	중단편소설집	연길	연변인민출판사
	(메리의 죽음)	우광훈	소설집	연길	연변인민출판사
	(두만강의 아들)	정몽호	시집	목단강	흑룡강조선민족출판사
	(결백한 사랑)	김성휘	시집	목단강	흑룡강조선민족출판사
	(앞서가는 사람들)		실화문학집	목단강	흑룡강조선민족출판사
	(팔모진주)	흑룡강조선족민간문예연구회정리	민간이야기	목단강	흑룡강조선민족출판사
	(나의 고백)	석화	시집	연길	연변인민출판사
	(조선족문학예술연구)	연변문학예술연구소 편	시집	연길	연변인민출판사
	(가량잎)	마송학	시집	심양	료녕민족출판사
	(인간과 미)	임범송	미학저서	연길	연변대학출판사
	(샘골에 둔 마음)	리화숙	단편소설	목단강	흑룡강조선민족출판사
	(지상보살김교각법사)	김양, 김보민 편		연길	연변대학출판사

 1986년에 만들어진 작품은 총 13편, 1987년에 만들어진 작품은 19편, 1988년에 만들어진 작품은 19편, 1989년에 만들어진 작품은 20편이었다. 이 시기에 만들어진 작품들은 아동중편소설, 중편소설집, 단편소설, 시집, 구전설화집, 수필집, 민간이야기, 과학환상소설집 등 매체적 분화의 특성이 보다 확대되었다. 대표적인 소설로는 「그리운 고향」, 「체포령이 내린강도」, 「포효하는 목단강」, 「청춘의 활무대」, 「까불이 모험기」, 「교교한 달빛」, 「새로운 길」, 「북극갈매기」, 「짓밟힌 넋」, 「설야. 제1부」, 「메리의 죽음」, 「샘골에 둔 마음」, 「동집게」 등이 있으며, 설화 및 민담 또는 옛이야기집으로는 「삼돌이와 호랑이」, 황구연 구술, 김재권 정리한 「천생배필」을 비롯해, 차병걸이 구술하고 림승환, 한광일 정리한 「팔선녀」, 료녕성관전현민족사무위원회가 편집한 「조선족이

야기집」, 「해동의 여왕」, 「고산장군」, 「피경노」, 「앞서가는 사람들」, 흑
룡강조선족민간문예연구회가 정리한 「팔모진주」 등이 있다.

바. 문화예술분야 조선문 정보자원 목록색인 (1990~1999)

〈표 V-50〉 재중 조선족 문화예술분야 조선문 목록색인(1990~1995)

년 도	제 목	저 자	출판형태	지 역	출판사
1990	(세 번째 비밀)	허해룡	중단편 소설집	연길	연변인민출판사
	(여름밤)	박철규	장편소설	목단강	흑룡강조선민족 출판사
	(달빛의 언어)	김정호	시집	목단강	흑룡강조선민족 출판사
	(주소없는 편지)	한춘	시집	목단강	흑룡강조선민족 출판사
	(희곡개론)	김운일	저서	연길	연변대학출판사
	(중국당대문학사)	김종수, 최건	저서	연길	연변인민출판사
	(석천수 작곡집)		작곡집	연길	흑룡강조선민족 출판사
	(역경을 딛고선 사나이- 석산린)	리성권	장편실화문학	심양	료녕조선민족출 판사
	(꽃이슬)	김득만	동요 동시집	연길	동북조선민족교 육출판사
	(중국조선족문학사)	조성일,권철 편	저서	연길	연변인민출판사
	(들장미)	정철	시집	연길	연변인민출판사
	(금망아지)	황상박수집정리	전설집	연길	연변인민출판사
	(가야금소리)	김동진	시집	목단강	흑룡강조선민족 출판사
	(김덕균작곡집)		작곡집	연길	동북조선민족교 육출판사
	(우리의 기업가들)	연변일보사문예부편 집인실화문학총서		목단강	흑룡강조선민족 출판사
	(노래수첩	상동		목단강	흑룡강조선민족 출판사
	(당대조선족단편소설선)	진설홍, 뢰자금 편	단편소설	북경	민족출판사
	(도적잡은 이야기)	리용득수집정리	이야기집	연길	연변인민출판사
	(조선신화 전설집)	현상록, 리현복 편	신화와 전설	목단강	흑룡강조선민족출판사 조선문예총출판사

년 도	제 목	저 자	출판형태	지 역	출판사
1991	(만한국문학연구)	채훈	저서	서울	깊은샘
	(꿈속에서 깨어나면 또 꿈)	지오	소설집	목단강	흑룡강조선민족출판사
	(마닐라의 풍운)	오태호		연길	연변인민출판사
	(세월의 발자취)	박화림	신문작품집	연길	연변인민출판사
	(노루골의 비밀)	박영철	아동중편소설	연길	연변인민출판사
	(짐승들이 세운 기념비)	허범	동화소설집	연길	연변인민출판사
	(외다리기수)		중편소설	연길	연변인민출판사
	(비밀산골)		중편소설	연길	연변인민출판사
	(백두의 얼)		작품집	북경	민족출판사
	(색바랜무지개)	리성권	실화문집	심양	료녕민족출판사
	(중국조선민족문학선집. 희곡문화)	북경대학조선문화연구소 편		북경	민족출판사
	(단풍시절)	김영금	실화문학집	북경	흑룡강조선민족출판사
	(별과 꽃과 아이)	한석윤	동요동시집	연길	연변인민출판사
	(민족문예론)	임범송	문예이론	목단강	흑룡강조선민족출판사
	(김학철론)		문예이론	목단강	흑룡강조선민족출판사
	(금강산호랑이)	김민, 려원 정리	조선동화선집	목단강	흑룡강조선민족출판사
	(여름밤)	박철규	장편소설	목단강	흑룡강조선민족출판사
	(산의 넋. 山魂)	남영전	시집	심양	료녕민족출판사
	(중국조선민족예술론)	임범송	저서	심양	료녕민족출판사
	(수림속의 생사박투)	허봉남	동화집	연길	동북조선민족교육출판사
	(조선족전설집)	김태갑 편		북경	민족출판사
	(오늘은 너의 푸른하늘에)	임효원	시집	서울	명문당
	(이태백. 상, 하)	리여환	전기소설	서울	명문당
1992	(눈이 내린다)	김재현	서정시집	북경	민족출판사
	(중국조선민족문학선집. 해방후 시문학편)	북경대학 문화연구소 편		북경	민족출판사
	(남조선문학개관)	리해산, 채미화	저서	연길	연변인민출판사
	(뻐꾸기는 철없이 운다)	김철	시집	연길	연변인민출판사
	(정판룡문집)			연길	연변인민출판사
	(동녘의 메아리)		동요동시집	연길	연변인민출판사
	(중국조선족동요선집)	김득만 편	동요선집	연길	동북조선민족교육출판사
	(백학)	남영전	시집	북경	민족출판사
	(두만강)		비정기대형문학총서	심양	료녕민족출판사
	(항일전설설화집)	김태갑, 박창묵 편	전설설화집	연길	연변인민출판사

년 도	제 목	저 자	출판형태	지 역	출판사
	(동명성왕)	중국민간 문예가협화 편		연길	연변인민출판사
	(영리한 꾀동이)	상동		연길	연변인민출판사
	(해와 달)	상동		연길	연변인민출판사
	(효부종)	김재권정리		북경	민족출판사
	(우리문학에 대한 사고)	리묵	문학평론집	목단강	흑룡강조선민족출판사
	(꿈의 발자취. 夢的足迹)	김정호	시집	홍콩	문광출판사
1993	(중국초선족문학선집 · 구비문학편(상)	북경대학조선 문화연구소 편		북경	민족출판사
	(먼동이 튼다)	김길련	장편소설	북경	민족출판사
	(장강탐험기)	리춘일	여행기	북경	민족출판사
	(경쟁에서 일떠선 사람들)		실화문학총서	목단강	흑룡강조선민족출판사
	(인심)	문창남	수필집	북경	민족출판사
	(푸른바다 빨간노을)	김영금	수필집	연길	연변인민출판사
	(두 사람의 풍경)	리삼월	시집	목단강	흑룡강조선민족출판사
	(리상각시선집)			북경	민족출판사
	(주부의 눈물)	차병걸	옛이야기 집	목단강	흑룡강조선민족 출판사
	(큰 뜻을 품은 사람들)	송정환 주필	실화문학 총서	목단강	흑룡강조선민족 출판사
	(벌거벗은 사랑)	김문학	수필집		춘풍문예출판사
	(딱곰과 그의 벗들)	김영	아동소설집	연길	연변인민출판사
	(룡정전설)	룡정시문련 편	전설	연길	연변인민출판사
	(호랑이 옛말 50켤레)	김재권 편		연길	연변인민출판사
	(리련옥작곡집)		작곡집	연길	연변인민출판사
	(음악사전)	초산 등저	사전	연길	연변인민출판사
	(아동문학개론)	김만석	저서	연길	동북조선민족교 육출판사
	(봄바람편지)	김학송	동요 동시집	연길	동북조선민족교 육출판사
	(소원)	중국작가협회 편	백일장수상작	연길	중국작가협회
	(꽃피는 시절)	강효근	중단편소설집	심양	료녕민족출판사
	(내가 만나는 녀인)	김창석	단편소설집	심양	료녕민족출판사
	(석희만회화문선)			심양	료녕민족출판사
	(고요한 라고하)	윤림호	단편소설집	목단강	흑룡강조선 민족출판사
	(라련 裸戀)	김문학	수필집		춘풍문예출판사
	(흰돛. 제1부)	석산린 구술, 문창남 저	장편대하 소설		

년 도	제 목	저 자	출판형태	지 역	출판사
	(이룡산 명월호 전설집)	리용득 편	전설집		길림성 안도현 경제개발위원회
1994	(중국조선족미술사)	림국웅	저서	연길	연변대학출판사
	(중국조선족아동문학사)	김만석	저서	연길	연변대학출판사
	(예술사. 중국조선민족 문화사대계3)	북경대학조선 문화연구소	저서	북경	민족출판사
	(사랑의 향토)	김응준	장시집	연길	연변인민출판사
	(시창작리론연구)	전국권	저서	연길	연변대학출판사
	(인생의 고행길)	김례삼	시집	연길	연변인민출판사
	(천년묵은 호랑이)	정해철수집정리	구전설화집	연길	연변인민출판사
	(조선문학사)	김병민	저서	연길	연변대학출판사
	(조선족애창가요집)	리덕태, 최윤영편	가요집	심양	료녕민족출판사
	(각성과 곤혹)	최삼룡	문학평론집	목단강	흑룡강조선 민족출판사
	(아동문학선집)	연변작가협회	아동문학	북경	민족출판사
	(고구려전설)	강운룡, 김지덕정리	민간이야기		북방부녀 아동출판사
1995	(열심히 뛰는 사람들)		실화문학총서		흑룡강성조선민 족기업가
	(꽃도 웃고 나도 웃고)	김응준	시집	연길	동북조선민족 교육출판사
	(고향의 샘)	전광국	시집	연길	연변인민출판사
	(중국조선족문화론)	김경일	저서	연길	료녕민족출판사
	(유혹의 세계)	김영금	실화집	북경	민족출판사
	(해란강의 넋)	박하림	실화집	연길	연변인민출판사
	(별의 황혼)	리재춘	시집	목단강	흑룡강조선민족 출판사
	(중국조선족문학선집. 1권)	북경대학조선 문화연구소		북경	민족출판사
	(울고 웃는 정거장)	김동호	시집	연길	연변인민출판사
	(고려문학의식연구)	채미화	저서	북경	민족출판사
	(목단강)	정철	장편서사시	심양	료녕민족출판사
	(올케와 백치오빠)	장지민	단편소설집	심양	료녕민족출판사
	(청산처럼 창공처럼)	김영금	실화집	북경	민족출판사
	(그리며 사는 마음)	조룡남	시집	연길	연변인민출판사
	(웃음보따리 1, 2, 3권)	리용득 편	시집	연길	연변인민출판사
	(해당화)	한정춘수집정리	향토전설집	연길	연변인민출판사
	(세월과 더불어 숨쉬는 상, 하)	강룡길, 박정길 편	향토전설집	연길	연변인민출판사
	(봉이선달)	강룡길, 박정길 편	향토전설집	연길	연변인민출판사

년 도	제 목	저 자	출판형태	지 역	출판사
	(천지속의 룡꿍)	강룡길,박정길 편	향토전설집	연길	연변인민출판사
	(농부와 련꽃공주)	강룡길,박정길 편	향토전설집	연길	연변인민출판사
	(동서방비교문화의 향연)	김관웅, 김호웅	저서	연길	동북조선민족교육출판사
	(시론과 시조론)	리상각	저서	연길	동북조선민족교육출판사
	(조선고전시화연구)	임범송, 김동훈, 손덕표, 마금과	저서	연길	연변대학출판사
	(산우에 구름우에)	김철	수필집	심양	료녕민족출판사
	(눈물 젖은 숲)	림원춘	중편소설집	심양	료녕민족출판사
	(천안삼거리 능수버들)	리창인	민담집	심양	료녕민족출판사
	(중국조선족문화활동)	김종국, 김창호, 김산덕 편	저서	북경	민족출판사

1990년대에 출간된 자료로는 20편이 있으며, 1991년에는 22편, 1992년에는 18편, 1993년에는 26편, 1994년 15편, 1995년까지 23편이었다. 이 시기의 대표적인 시집으로는 김정호의 「달빛의 언어」, 한춘의 「주소 없는 편지」, 정철의 「들장미」, 남영전의 「산의 넋. 山魂」, 임효원의 「오늘은 너의 푸른하늘에」, 김재현의 「눈이 내린다」, 김철의 「뻐꾸기는 철 없이 운다」, 김정호의 「꿈의 발자취. 夢的足迹」, 김학송의 「봄바람편지」, 김례삼의 「인생의 고행길」, 김응준의 「꽃도 웃고 나도 웃고」, 전광국의 「고향의 샘」, 정철의 「목단강」, 리용득의 「그리며 사는 마음」등이 있다. 또 작곡집으로는 「석천수 작곡집」, 「김덕균작곡집」, 김응만의 「꽃이슬」, 김득만의 「중국조선족동요선집」, 김학송의 「봄바람편지」가 있다. 또 구전설화집의 경우 황상박이 수집 정리한 「금망아지」, 현상록, 리현복 편, 「조선신화 전설집」, 김태갑, 박창묵 편 「항일전설설화집」, 차병걸 「주부의 눈물」, 리용득 편 「이룡산 명월호 전설집」, 한정춘수집정리한 「해당화」, 강룡길,박정길 편 「봉이선달」, 「천지속의 룡꿍」, 「농부와 련꽃공주」, 강운룡, 김지덕이 정리한 「고구려전설」 등이 있다.

<표 V-51> 재중 조선족 문화예술분야 조선문 목록색인(1996~1999)

년도	제 목	저 자	출판형태	지 역	출판사
1996	(유머남자의 멋)	리화숙	수필집	연길	연변인민출판사
	(김길련작품집)	김길련	작품집	심양	료녕민족출판사
	(중국조선족풍속)	천수산, 김종국	저서	심양	료녕민족출판사
	(지붕도네달동네)	한석윤	동요동시집	목단강	흑룡강조선민족출판사
	(사시절가)	박은	소설집	북경	민족출판사
	(볏이 하얀 수탉)	김창석	작품집	연길	연변인민출판사
	(서울바람)	류연산	수필집	연길	연변인민출판사
	(중국조선족무용론고)	최봉석	평론집	연길	연변대학출판사
	(바람꽃)	허련순	장편소설	목단강	흑룡강조선민족출판사
	(거짓말나라 국경선)	허충남, 허봉남	동화집	연길	동북조선민족교육출판사
	(교원의 수기)	김만석	수필집	연길	동북조선민족교육출판사
	(별들의 울음소리)	연변작가협회 성립40주년기념	시집	목단강	흑룡강민족출판사
	(얼의 봄부림)	항장석, 김웅룡	장편실화소설	목단강	흑룡강민족출판사
	(반쪽은 다른 얼굴이다)	최룡관	시집	연길	연변인민출판사
	(짝짝귀로 된 카카)	최룡관	시집	심양	료녕민족출판사
	(별많은 하늘아래)	리상각	문집	심양	료녕민족출판사
	(동심아동문학작품집)	김창석	아동문학작품	연길	연변인민출판사
	(엄마찾는 아이)	허봉남	장편소설집	연길	연변인민출판사
	(윤동주유고집)	최문식, 김동훈 편	시집	연길	연변대학출판사
	(꿈을 깬 애기잎)	최문섭	동시집	심양	료녕민족출판사
	(세계속의 우리민족)	정판룡	저서	심양	료녕민족출판사
	(신단수)	님영전	시집	심양	료녕민족출판사
	(잠결에 울던 녀인)	김창대	소설집	심양	료녕민족출판사
	(나의 길)	김학철	산문집	북경	민족출판사
	(음성양쇠)	장춘식	단편소설집	북경	민족출판사
1997	(이슬꿰는 빛)	리성비	시집	연길	연변인민출판사
	(조선언어문학론문집)	연변대학조문학부	저서	심양	료녕민족출판사
	(흘러간세월)	리근전	수필집	목단강	흑룡강조선민족출판사
	(흥수는 누구?)	김경련	중편소설집	심양	료녕민족출판사
	(돌아보는 옛날)	김영금	수기	연길	연변인민출판사
	(청백리이야기)	황기철, 서대성	이야기집	연길	연변인민출판사
	(그리운 그대여 어디에 계시나요)	황장석	시집	심양	료녕민족출판사
	(조선민족문화연구)	로주철 주편	논문집	심양	료녕민족출판사
	(술에 취한 쥐)	허두남	우화집	목단강	흑룡강조선민족출판사
	(사색의 즐거움)		칼럼집	연길	연변인민출판사

년도	제 목	저 자	출판형태	지 역	출판사
	(가람 건느지 마소)	우광훈	작품집	목단강	흑룡강조선민족출판사
	(야경으로 가는 여자)	리혜선		목단강	흑룡강조선민족출판사
	(정판룡문집 2)		사설집	연길	연변인민출판사
	(사랑, 그리고 바보들의 이야기)	리임원	시집	연길	연변인민출판사
	(성산별곡)	윤태호	시조시집	심양	료녕민족출판사
	(고향떠나 50년)	정판룡	회상기	북경	민족출판사
	(흰 구름이 된 이야기)	홍용암	시집	목단강	*흑룡강조선민족출판사
	(인생에 부친 편지)	오태호	수필집	심양	료녕민족출판사
	(안국민작곡집)		작곡집	연길	연변인민출판사
	(최창규작곡집)		작곡집	연길	연변인민출판사
1998	(푸른종소리)	박화	시집	심양	료녕민족출판사
	(만보산풍운록)	김길련	실화집	심양	료녕민족출판사
	(희망탑)	장혜영	장편소설	목단강	흑룡강조선민족출판사
	(파멸에로의 욕망))	장춘식	창작소설집	목단강	흑룡강조선민족출판사
	(울다 웃을 일)	김창봉	구연작품집	목단강	흑룡강조선민족출판사
	(꿈꾸는 아가씨)	김근충	소설집	연길	연변인민출판사
	(세월이 흘러 락엽도 지고)	김영금	작품집	심양	료녕민족출판사
	(용드레우물)	허홍식	시집	북경	민족출판사
	(오, 달빛이여)	채철호	작품집	연길	연변인민출판사
	(태양산록)	김학철	문집	연길	연변인민출판사
	(불효자는 웁니다)	한원국	작품집	목단강	흑룡강조선민족출판사
	(꿈의 자리)	리명재	시집	목단강	흑룡강조선민족출판사
	(별을 스치는 겨울새)	신현철	수필집	목단강	흑룡강조선민족출판사
	(한세대의 별)	김염금	실화집	북경	민족출판사
	(녀성이 보는 사회)	리선희 주필	작품집	연길	동북조선민족출판사
	(녀사장의 이야기)	박향숙	장편연작소설	연길	연변인민출판사
	(꿈많은 봇나무 숲)	김학천	시집	연길	연변인민출판사
	(산울림)	김욱	동시집	연길	연변인민출판사
	(꽃나이 순정)	한동오	시집	연길	연변인민출판사
	(한국고대소설사)	김관웅	저서	연길	연변대학출판사
	(세월의 귀)	석화	시집	목단강	흑룡강민족출판사
	(실용수필창작기교)	정몽호	저서	목단강	흑룡강민족출판사
	(천국의 꿈에는 색조가 없었다)	김혁	작품집	연길	연변인민출판사
	(나무잎신화)	김현순	시집	연길	연변인민출판사
	(별동네 아이들)	김득희	동요동시집	연길	연변인민출판사
	(우주의 자궁)	허련순	작품집	목단강	흑룡강조선민족출판사

년도	제 목	저 자	출판형태	지 역	출판사
	(볼쉐이크의 이미지)	정세봉	소설집	목단강	흑룡강조선민족출판사
	(벌거숭이 삼국지)	김문학	저서	목단강	흑룡강조선민족출판사
	(녀인의 시각)	박민자 주필	작품집	심양	료녕민족출판사
	(고개길의 어머니)	한동오	장편서사시	연길	연변대학출판사
	(꿈속의 누각)	박향숙	작품집	목단강	흑룡강조선민족출판사
	(파멸에로의 욕망)	장춘식	작품집	목단강	흑룡강조선민족출판사
	(천생연분)	김재권 정리	이야기집	북경	민족출판사
	(김재권산문집)	김재권	산문집	북경	민족출판사
	(세기 교차점에 선 중국 조선족)	김종국	문집	연길	연변인민출판사
	(사랑이 동그라미)	림금산	시집	연길	연변인민출판사
	(빨간그림자)	리혜선	장편소설	연길	연변인민출판사
	(사슴뿔나무)	홍용암	동시집	연길	연변인민출판사
	(산울림)	김욱	동시집	연길	연변인민출판사
	(악어섬에서의 격전)		동물소설집	연길	연변인민출판사
	(일편단심)	마송학	시집	연길	동북조선민족교육출판사
	(사랑은 전개가 없다)	김영건	시집	연길	동북조선민족교육출판사
	(삶의 선택)	황장석, 김응룡	장편실화소설	연길	동북조선민족교육출판사
	(무명소졸)	김학철	작품집	심양	료녕민족출판사
	(호랑이를 이긴 산토끼)	정호원	동시집	심양	료녕민족출판사
1999	(9월은 울고 있다)	고신일	중편소설집	북경	민족출판사
	(격정시대. 상, 하)	김학철	문집	연길	연변인민출판사
	(문예미학연구)	임범송	저서	연길	동북조선민족교육출판사
	(투사와 작가)	김성호	평론집	목단강	흑룡강조선민족출판사
	(천추의 충혼 안중근)	김파	장편서사시	목단강	흑룡강조선민족출판사
	(안개의 강)	김동진	작품집	목단강	흑룡강조선민족출판사
	(사랑의 샘)	리상각	작품집	목단강	흑룡강조선민족출판사
	(작가의 시각과 사유)	김봉웅	평론집	연길	연변인민출판사
	(불, 그리고 피)	허봉남	소설집	연길	연변인민출판사
	(여름은 더운 계절이 아니다)	최국철	소설집	연길	연변인민출판사
	(설인시선집)	설인	시집	북경	민족출판사
	(김재권산문집)	김제권	산문집	북경	민족출판사
	(나의 길)	김학철	문집	연길	연변인민출판사
	(개구쟁이친구들)	석현	아동장편소설	연길	연변인민출판사
	(울며 웨치는 불운한 사람들)	류충일	수기	목단강	흑룡강조선민족출판사
	(뻐꾸기 울면 봄은 무너진다)	리해룡	작품집	목단강	흑룡강조선민족출판사

년도	제 목	저 자	출판형태	지 역	출판사
	(벽계수)	정철	작품집	목단강	흑룡강조선민족출판사
	(격변기의 문학선택)	최삼룡	평론집	목단강	흑룡강조선민족출판사
	(조선민속문화연구)	허휘훈	저서	연길	연변대학출판사
	(울고 울어도)	리여천	소설집	연길	연변인민출판사
	(지평선 사나이)	김성우	시집	심양	료녕민족출판사
	(달밤의 기타소리)	리문호	시집	심양	료녕민족출판사
	(환갑날)	김명욱	작품집	심양	료녕민족출판사
	(나의 류학생활)	전향선	수필집	연길	연변인민출판사
	(모녀가 본 구라파)	김영금, 전향선	여행기	연길	연변인민출판사
	(20세기의 마지막 밤)	김학송	시집	연길	동북조선민족교육출판사
	(희곡론)	김화병	저서	연길	연변대학출판사
	(중국조선족과 21세기)	정판룡	저서	목단강	흑룡강조선민족출판사
	(눈물젖은 두만강.상, 하)	최홍일	장편소설	북경	민족출판사
	(20세기 중국조선족문학작품선집)			북경	민족출판사
	(남자와 녀자와 녀자와 사랑과 시)	김응준	시집	북경	민족출판사
	(두만강전설집)	한정춘	전설집	북경	민족출판사
	(코대황제와 울보황후)	류원무	장편동화책	연길	동북조선민족교육출판사
	(당대중국조선족)			연길	동북조선민족교육출판사
	(백산록수)	해림시조선족작작품집		목단강	흑룡강조선민족출판사
	(아픔으로 크는 나무)	서영빈	수필집	북경	민족출판사
	(혈연의 강)	유연산	기행문	연길	연변인민출판사
	(흑토의 정)		작품집	목단강	흑룡강민족출판사
	(파랑새가 있다)	한춘	작품집	목단강	흑룡강민족출판사
	(소리없는 웨침난옥아)	김성호	소설집	연길	연변인민출판사
	(꿀벌집)	양범	수필집	연길	동북조선민족교육출판사
	(청자의 꿈)	김동지	시조선집	목단강	흑룡강민족출판사
	(안해의 꿈)	최호철	단편소설집	목단강	흑룡강민족출판사
	(고국에서 온 소식)	김종운	단편집	목단강	흑룡강민족출판사
	(간도전설)	최국철	장편소설	목단강	흑룡강민족출판사
	(동명성왕 고구려편)	림승환, 최금산	대하소설	목단강	흑룡강민족출판사
	(국제포스터작품화첩)	권오송 주필		목단강	흑룡강민족출판사

1996년 이후 수필집으로는 리화숙의 「유머남자의 멋」, 류연산의 「서울바람」, 김만석의 「교원의 수기」, 김경련의 「홍수는 누구?」, 김학철의

「나의 길」, 정판룡의 「고향떠나 50년」, 오태호의 「인생에 부친 편지」, 신현철의 「별을 스치는 겨울새」, 전향선의 「나의 류학생활」, 서영빈의 「아픔으로 크는 나무」, 양범의 「꿀벌집」, 리근전의 「흘러간 세월」 등이 있다. 이 시기 대표적인 소설으로는 박은의 「사시절가」, 허봉남의 「엄마찾는 아이」, 김창대의 「잠결에 울던 녀인」, 장춘식의 「음성양쇠」, 장혜영의 「희망탑」, 장춘식의 「파멸에로의 욕망」, 김근총의 「꿈꾸는 아가씨」, 정세봉의 「볼쉐이크의 이미지」, 리혜선의 「빨간그림자」, 고신일의 「9월은 울고 있다」, 허봉남의 「불, 그리고 피」, 최국철의 「여름은 더운 계절이 아니다」, 최홍일의 「눈물젖은 두만강·상, 하」, 최호철의 「안해의 꿈」, 김종운의 「고국에서 온 소식」, 최국철의 「간도전설」, 림승환, 최금산의 대하소설 「동명성왕 고구려편」 등이 있다. 전설이나 민담집으로는 한정춘의 「두만강전설집」, 김창봉의 「울다 웃을 일」, 김재권이 정리한 「천생연분」 등이 있다. 우화집으로는 허두남의 「술에 취한 쥐」, 아동문학작품으로는 김창석의 「동심아동문학작품집」, 석현의 「개구쟁이친구들」, 류원무의 「코대황제와 울보황후」가 있으며, 동요동시작품으로는 한석윤의 「지붕도네달동네」, 최문섭의 「꿈을 깬 애기잎」, 김득희의 「별 동네 아이들」, 홍용암의 「사슴뿔나무」, 김욱의 「산울림」, 정호원의 「호랑이를 이긴 산토끼」 등이 있다.

(2) 조선족 문화예술분야 인적자원 목록

1950년부터 1999년까지의 문화예술분야의 조선족 인적자원을 조사한 결과 시인 9명(윤동주, 김택영, 유치환, 송철리, 리행복, 김성휘, 신정(신규식), 문창남, 리욱(리학성), 작가 12명에는 극작가 2명(김진문, 황봉룡)을 포함 김창걸, 강경애, 리근전, 김염, 신정은, 최현숙, 김용식, 현경준, 박영준 등이 있으며, 작곡가 7명(윤극영, 조두남, 문하연, 김성민, 리인희, 조두남, 정진옥), 화가 3명(석희만, 신룡검, 한락연), 무용가 2명(최승희, 박용원), 민담구술가 2명(황구연, 김덕순), 아동문학가 2명(채택룡, 최형동), 구전설화 채집자 2명(김태갑, 정길운), 음악가 2명(정률성, 정준갑), 연주자 1명(정진옥), 민간예인(조종주) 1명, 문학가(신채호) 1명 등 전체 44명이다.

<표 V-52> 재중 조선족 문화예술분야 인물 디렉토리

분 야	이 름	출생(出)과 서거지(亡), 활동
시인	김택영	(출)1850. 10. 15. 경기도 개성부 자남산 (망)1927. 4
시인	신정(신규식)	(출)1879. 1. 3. 충청북도 문의군 동면 계산리 　　-1911. 신해혁명참가
화가	한락연	(출)1898.길림성 연길현 룡정촌
민담구술가	김덕순	(출)1900. 경상북도
작곡가	윤극영	(출)1903. 9. 6. 서울
작가	강경애	(출)1906. 황해도 장연군 장연읍 (망)1944. 4. 26.
시인	리욱(리학성)	(출)1907. 7. 15. 소련 울라지보스또크 신한촌
민담구술가	황구연	(출)1909. 2. 27. 경기도 양주군
작곡가	문하연	(출)1909. 3. 14. 길주 - 1932. 일본 음악학교 졸업. 연길, 간도, 룡정 등의 학교에서 　음악교원과 교장을 지냄. - 룡정대성중학교 취주악대와 하모니카대 꾸림 - 해방전 중국조선족음악교육계의 대표적 인물 - 가요 (두만강배사공) 등 작곡. 독창회 개최
작가	김염	(출)1911. 4. 7. 서울 -1931~1932. (영화황제)
무용가	최승희	(출)1911. 11. 24. 서울
작가	김창걸	(출)1911. 12. 20. 함경북도 명천군
작곡가	조두남	(출)1912. 10. 9. 평양
아동문학가	채택룡	(출)1913. 2. 6. 함경북도
민간예인	조종주	(출)1914. 7. 21. 평안북도 순천
화가	신룡검	(출)1916. 10. 26. 강원도 원산시 명석동 　- 1937. 8. 일본에 동경무사시노미술학원에서 5년간 유 　화 전공. 1943년 흑룡강성 목단강으로 망명 (망)1948. 5.
시인	윤동주	(출)1917. 12. 30. 길림성 룡정현(당시 화룡현) 명동 (망)1945. 2. 16.
음악가	정률성	(출)1918. 8. 13. 전라도 광주 량림
구전설화채	정길운	(출)1919. 5. 충청북도 연동군

분 야	이 름	출생(出)과 서거지(亡), 활동
집자		
작가	신정은	(亡)1922. 8. 5. 상해 애인리 57번
작가	최현숙	(출)1924. 2. 27. 연길현 룡정
작곡가	김성민	(출)1924. 3. 13. 경상남도 울산군
작곡가	리인희	(출)1924. 10. 23. 경상북도 안동군
작가	김용식	(출)1925. 1. 9. 경상북도 영양군
극작가	황봉룡	(출)1925. 11. 23. 길림성 안도현 차조구
작곡가	윤극영	1926년 1월부터 1935년까지 룡정 동흥중학교, 광명중학교, 광명여자고등학교에서 10여간 음악교원으로 재직하면서 많은 동요곡 작곡
작곡가	정진옥	(출)1926. 6. 14. 경상남도 통영군
아동문학가	최형동	(출)1928. 11. 13. 길림성 연길현 개산툰
작가	리근전	(출)1929. 3. 8. 자강도 자선군 삼풍면 운동봉
무용교육가	박용원	(출)1930. 11. 24. 경상북도 금천촌
시인	리행복	(출)1932. 길림성 화룡현
시인	김성휘	(출)1933. 10. 12. 길림성 룡정시 백금향 동명촌
작곡가	조두남	- 1933. 만주에 망명하여 (선구자), (접동새)(1944) 작곡. 귀국하여 (산조화), (그리움)등 200여의 노래 작곡
구전설화 채집자	김태갑	(출)1934. 9. 30. 흑룡강성 오림현 고산툰
화가	석희만	- 1937.2. 일본미술학생소묘콩클에서 1등상 수상 작품명은 (와세다대학소묘풍경)
작가	현경준	- 1938. 조선에서 중국에 이주
시인	유치환	- 1938. 조선에서 중국에 이주
시인	송철리	- 1930년대 후반기부터 시창작
연주가	정진옥	- 1939. 조선에서 료녕성 무순에 이주
농민작가	박영준	- 1939. 조선에서 중국에 이주
음악가	정준갑	(출)1941. 2. 3. 료녕성 무순
시인	문창남	(출)1944. 1. 15. 길림시
극작가	김진문	- 1945년 해방직후 목단강지구에서 창작 연극공연 김진문(원명 김대희)은 하얼빈에서 (태양극단)조직

조선족출신 문화예술가들의 출생지를 조사한 결과 해외의 경우 대부분 중국에서 출생하였다. 그 내용을 보면 길림성에서 가장 많은 7명이 출생하였고 소련, 길주, 상해, 연길, 룡정, 흑룡강, 일본, 료녕 등에서 출생하였다. 국내의 경우는 경상도 지역만 6명으로 많았고 나머지 지역 경기도, 서울, 평안도, 충청도, 함경도, 황해도, 강원도, 전라도, 자강도

모두가 1, 2명씩으로 나타났다. 조사된 문화예술분야의 조선족들은 문화예술가이면서 동시에 정치가이자 교육자로서 역할을 했다. 작곡가 문하연은 일본의 음악학교를 졸업하고 중국내의 여러 음악학교의 교장을 지냈으며, 해방 전 중국조선족 음악교육계의 대표적 인물이다. 또한 윤극영(작곡가)은 룡정의 동흥중학교 등 여러 학교에서 음악교원으로 지내면서 많은 동요곡을 작곡했다.

(3) 조선족 문화예술분야 음악활동과 작품목록

<표 V-53>에 나타나 있는 조선족의 음악활동과 작품을 조사해본 결과 활동 지역이 연변, 룡정, 연길, 길림, 상해, 간도, 할빈, 연안, 목단강, 화룡현 으로 조선족 집거지에 집중되었다. 단체의 활동은 선전대가 중심이 되어 집거지역의 조선족들에게 공연했다. 개인의 경우 각종 대회 참가와 공연, 그리고 해당 지역에 예술 센터 등을 설립하였다. 무용과 음악 공연뿐만 아니라 취주악, 판소리, 궁중무, 가야금 병창 등 국악공연도 많은 부분을 차지하고 있다.

〈표 V-53〉 재중 조선족 음악활동과 작품 목록(1896~1929)

년도	지역/사람/단체	음악활동과 작품
1896	연길천주교회	찬송가가 불려지기 시작
1903	룡정촌팔도구	포교시 찬송가 부름
1906	리상설, 리동녕	용정에 서전서숙(瑞甸書塾)설립. 교과목 중에 창가과가 있음
1908	사립학교	(행보가), (소년모험행진가), (작대가), (응원가) 등 계몽가요 보급
1914. 단오절	국자가(연길) 조선인사립학교	연합운동회. 100명의 학생들로 이루어진 악대출현
1915. 4. 10~17	길림시 조선족중학생	일제의 조선침략을 고발하는 내용을 담은 기동선전극 (원흉, 元兇)을 출연
1919. 6. 24	통화반라배우문관	(창가집) 간행

년도	지역/사람/단체	음악활동과 작품
1919	룡정	동흥, 대성, 은진, 영신, 명신 등 남녀중학교들 중 남자중학교에서 모두 (취주악대)가 있었음
1920	상해대동보 김한산, 김희산	상해대동보사 대동인쇄국에서 편찬 출판하여 동북각지에 배부 -(가곡선집)
1922	안도현	조선이주민들이 안도현 송강 송화의 한골짜기에 이르러 (아박무)를 춤. 가장 일찍이 중국조선족집거구에 전파된 춤
	룡정 중앙음악구락부	9월 상순에 음악회 개최
	룡정	윤도빈, 양자방, 한수산, 여학파 등이 룡정에 건평 1,000평방미터에 800개 좌석을 갖춘 대극장 (성세무대. 醒世舞臺)를 세움
1925	돈화	(민중교육관) 건립. 1971년 군중예술관, 1974년 군중문화관, 1985.2. 돈화시문화관으로 개칭
1927	연길, 룡정	송종기가 경영하는 (古書玉)에서 기타, 바이올린, 취주악기, 하모니카 등 악기와 교측본, 유행가곡집 등을 팔기도 함
1928	왕청현	중국조선족들 가운데서 왕청현 연들라자에서 제일먼저 농악이 성행한 것으로 알려짐
1929	룡정	영신소학교에서 음악회를 열고 음악, 무용, 동화 등 종목을 공연

1906년 리상설, 리동녕이 설립한 서전서숙(瑞甸書塾)에는 교과목 중에 창가과가 있었다. 1908년 만주지역의 조선족 사립학교에 「행보가」, 「소년모험행진가」, 「작대가」, 「응원가」 등의 계몽가요가 보급되었다. 1914년 단오절 국자가(연길)의 조선인사립학교 연합운동회에 100명의 학생들로 이루어진 악대들이 출현했으며, 1915년 4월 길림시조선족중학생들이 일제의 조선침략을 고발하는 내용을 담은 기동선전극 (원흉, 元兇)을 출연하였다. 또 1919년 6월 24일에는 통화반라배우문관에서 「창가집」을 간행하기도 했다. 1920년 상해대동보사에서는 「가곡선집」을 동북각지에 배부하기도 했다. 1922년에는 룡정 중앙음악구락부에서 9월 상순에 음악회가 개최되었다. 1922년에는 룡정에 윤도빈, 양자방, 한수산, 여학파 등이 800개 좌석을 갖춘 대극장 성세무대(醒世舞臺)를 세우기도 했다. 1927년 연길과 룡정에서는 송종기가 경영하는 고서옥 (古書玉)에서 기타, 바이올린, 취주악기, 하모니카 등 악기와 교측본, 유행가곡집 등을 팔기도 했다. 1928년 왕청현에서는 중국조선족들 가운

데서 농악이 성행하기도 했다. 1929년에는 룡정의 영신소학교에서 음악회를 열고 음악, 무용, 동화 등 종목을 공연하기도 했다.

〈표 V-54〉 재중 조선족 음악활동과 작품 목록(1931~1940)

년 도	지역/활동가	음악활동과 작품
1931	간도	9월 소학교에서 여학생 아동무용실연회 개최. 공연무용은 (꾸지람을 받고서), (반디불), (장게뽕), (갈매기의 노래), (요람), (남쪽의 바람), (빨간신), (비속의 달님), (처량한 달밤의 해변가에는) 등
1934	왕청	7월 소왕청 유격대의 연예대는 주보중 장군의 초청으로 북만에 가서 40여일간 순회공연
1935	정률성	봄. 정률성 항일문예단체 (5월 문예사) 창립대회에 참가. 즉석에서 (5월의 노래)를 작곡(처녀작)
	동산면	6월 동산면여회가 주최한 동산여자야학동정음악회가 명신여고 강당에 열림
	룡정	11월 광명여자고등학교 교내음악회 본교강당에서 열림
	룡정	11월 명신여자고등학교 학생 본교강당에서 공연 개최. 합창단 조직하여 연길, 도문, 북조선 주요도시에 가서 순회공연
	간도	12월 광명학원 소학부 동창회는 간도 공회당에서 (음악과 무용의 밤)을 개최. 음악종목 외에 독무(달의 사막), 무용(빛나는 희망), (인형춤), (하늘을 보는 겨울), (북만의 소녀) 등 공연
	한성준	조선아악원 민간, 민속무용가 한성준은 만주, 중국, 일본 등지에서 순회공연
1936	룡정	9월 평양의 천재 바이올린 연주가 백고산(6세) 독주회
	룡정	10월 조선의 성악가 김훈 룡정공화당에서 독창회
1937	반석현	고급조선인예기관 개업. 가야금 병창, 창극외에 궁중무 공연
	연안. 정률성	10월 (연안송), (연수요), (팔로군대합창) 등 작곡
	장춘, 할빈	신경음악학원 교향악단 설립. 할빈 교향악단 설립. 매년 두찰PTlr 연합공연. 봄에는 장춘, 가을에는 할빈
1937	길림성 반석현	조선족 집거구에 농악이 성행
1938	연안. 정률성	4월 연안로신예술학원 성립. 정률성 음악학부에 입학 3개월간 학습, 그 후 학교에서 성악과목 가르침
	연안. 정률성	8월 연안항일군정대학정치부에 배치받아 음악지도사업을 함. 항일군정대학 대합창단을 성립하고 직접지휘
1939	정률성	(팔로군행진곡)(공목 사, 정률성 곡)은 해방전쟁시기 (중국인민해방군행진곡)으로 개정 - 1951년 중국인민정부혁명군사위원회에서 공포한 (내무조령)에 따라 (중국인민해방군가)로 결정
	안도현	장흥신촌에서 신촌농악대 조직. 동북3성의 대표적인 농악대

년 도	지역/활동가	음악활동과 작품
1940.2	협화회 계림	2월 흑룡강성 협화회수도 계림분회 교륜반주최, 향토연예대회 진행. 가야금병창, 창극 (홍부전)외 모월선(승무) 공연
1940.2	무순	음악과 무도의 밤 개최. 림옥식의 무용(로씨야의 딸) 공연
1940.6	신경만철사원 구락부	조택원 신작무용발표회
1940.6	조선악극단	6.18~19. 목단강, 8.3~4. 신경풍랑극장, 8.5~8. 길림공회당, 8.6. 사평가에서 음악, 노래, 무용, 연극 등 공연
1940.8	서신안가	서신안가 가솔극장에서 목단강조선권본의 춤과 노래의 밤 개최. (승무), (칼춤) 등 무용
1940	흑룡강성 목단강	최승희 무용공연. (천하대장군), (관세음보살), (명절놀이), (몸은 늙었어도 마음 늙지 않네), 쌍무 (목동과 소녀) 등

1931년 소학교에서 여학생 아동무용실연회 개최. 공연무용은 「꾸지람을 받고서」, 「반디불」, 「장게뽕」, 「갈매기의 노래」, 「요람」, 「남쪽의 바람」, 「빨간신」, 「비속의 달님」, 「처량한 달밤의 해변가에는」 등. 1934년 소왕청 유격대의 연예대는 주보중 장군의 초청으로 북만에 가서 40여 일간 순회공연하기도 했다. 1935년 정률성은 항일문예단체(5월 문예사) 창립대회에 참가하여, 즉석에서 (5월의 노래)를 작곡(처녀작)하였다. 1935년 조선아악원 민간, 민속무용가 한성준은 만주, 중국, 일본 등지에서 순회공연하기도 했다. 1936년 조선의 성악가 김훈이 룡정공화당에서 독창회를 열었다. 1936년 길림성 반석현에서는 조선족 집거구에 농악이 성행했다. 1938년 8월 정률성은 연안항일군정대학정치부에 배치받아 음악지도사업을 하였다. 항일군정대학 대합창단을 성립하고 직접지휘하게 되었다. 1939년 정률성은 「팔로군행진곡」(공목 사, 정률성 곡)은 해방전쟁시기 「중국인민해방군행진곡」으로 개정하였다. 1940년 조선악극단은 6월부터 8월까지, 목단강, 신경풍랑극장, 길림공회당, 사평가에서 음악, 노래, 무용, 연극 등의 공연을 치르기도 했다. 1940년 서신안가 가솔극장에서 목단강조선권본의 춤과 노래의 밤 개최. 「승무」, 「칼춤」 등 무용공연이 진행되었다. 1940년 최승희는 목단강에서 무용공연으로 「천하대장군」, 「관세음보살」, 「명절놀이」, 「몸은 늙었어도 마

음 늙지 않네」, 쌍무 「목동과 소녀」 등을 공연했다.

〈표 Ⅴ-55〉 재중 조선족 음악활동과 작품 목록(1941~1949)

년 도	지역,사람,단체	음악활동과 작품
1941	화룡현	화룡현 두도구 평강촌에 (공기조합) 농악대 조직
1942	동북, 화북	2월 이후 최승희 공연. 130여 차례
	정률성	5월이후 정률성 연안문예좌담회 참석
	최승희	(명비곡. 明妃曲), (양귀비연무지도), (향비. 香妃)
1943	연길현	연길현 2구 태포촌(지금의 팔도향)에 있던 민간예인 우상학 농악대를 조직
	연변지구	연변지구 국민고등학교 교육대회에서 취주악공연
1944	북경 최승희	북경에 (동방무용연구소) 설립, 중국고전희곡속의 무용예술연구
1945	목단강	10월 무궁화악극단에서 경음악 공연
	연변	11월 연변음악전문학교 설립
	목단강	12월 목단강지구 가요콩쿨대회 개최
1946	화룡현	1월 화룡현 두도구 북산촌에 맹경호 농악대 조직
	목단강시	3월 동북신흥예술협회 설립. 협회 산하에 음악부, 연극부, 미술부 설치
	목단강	4월 「조선민주동맹문공단(민맹문공단)」이 설립
	통화	5월 리홍광지대의 문예선전대가 통화에서 공연 -합창(리홍광지대의 노래)(집체작사, 정진옥 작곡), (공산당이 없으면 새중국도 없다), (닐리리). -주선옥의 독창(봉선화), (9.18), (노들강변). -정진옥의 바이올린독주((민요련곡), (류량자의 노래), (도루꼬소야곡). -최춘희의 섹스폰독주(양산도). -경음악(노들강변). -무용(쏘련답보춤), (닐리리), (쏘련 따따르춤) 등, 독무, 쌍무, 군무 등이 무대에 오름
1946	목단강	(동북신흥예술협회)와 (인민신보) 주최로 목단강 제1회 음악, 연극, 무용연구회 개최
	룡정	(동북신흥예술협회)에서 제2차 (문예연구의 밤) 개최. 작가, 시인, 평론가, 작곡가, 화가 등 참석
		룡정 문예선전대 제2대는 연길에 와서 6일간 (평강공주)와 (이향아리랑)을 공연
	왕청현	왕청현 라자구에 군정대학문공단 건립. 조한족 두연예대를 조직. 전체 40여 명으로 구성
1947	길림	길림군구정치부문공단 제2대대 공연. 취주악과 합창공연
	목단강	(목단강시조선인문공단) 창립
		조득현이 제3지대선전대에 들어감. 이 시기 무용 (소고춤), (목각춤), (인형춤), (로동자의 승리), 소형무극 (참군) 등이 창작되어 공연
	흑룡강성 일대	조선의용군제3지대선전대 순회공연. -장인자의 독창 (노들강변), 취주악합주 (팔로군 행진곡), (최후의 결전), (조선의용군행진곡), (군민대생산), (나의 집은 송화강반에 있다), 무용 (소고춤), (로씨야춤), (로동자의 승리) 등

년 도	지역,사람,단체	음악활동과 작품
1948	심양	심양시 서탑국민학교와 무순시중학교 연합공연. 무용 (반달), (내가 살던 고향), (성가) 등
	두도구	두도구에 (북산촌과외극단) 조직. 회원 30여 명
	연길	(8.15)를 맞이하여 연변문예공작단 주최로 연신극장에서 연변음악경연대회 개최
	연길	연변문공단은 연길공원에서 열린 동북해방기념경축대회에서 여러 학교 연합으로 120명 관악대 조직하여 (축첩행진곡) 등 연주
	료녕성	료녕성에서 동북민주련군독립4사정치부선전대가 중국 인민해방군 166사정치부문공단으로 개편
		농악무가 두도구의 (북산촌과외극단)에 의해 계승되고 예술무대에 오름
	왕청현	서위자향농악대 조직
1949	연길현	연길현인민문화관 개관. 1953.8.1. 연길현문화관개설. 1987. 룡정시문화관으로 개칭
	할빈	목단강조선인문공단 할빈에서 조선문공단조선족대로 편입
	연변	연변문공단 일행 43명 북경에 가서 국경절경축문예공연에 참가. 무용 (려명), (집단농장무), (우크라이나 춤), (농악무) 등 공연

1941년에 화룡현 두도구 평강촌에 (공기조합) 농악대가 조직되었다. 1942년 2월에 최승희는 130여 차례 동북과 화북지역에서 공연을 진행했다. 1942년 12월에 최승희는 「명비곡. 明妃曲」, 「양귀비연무지도」, 「향비. 香妃」를 공연했다. 1944년 최승희는 북경에 (동방무용연구소) 설립하고 중국고전희곡속의 무용예술을 연구하기 시작했다. 1945년에는 연변음악전문학교가 설립되었다. 1946년 11월에는 동북신흥예술협회에서 제2차 「문예연구의 밤」을 개최하여 작가, 시인, 평론가, 작곡가, 화가 등이 참석했다. 1947년 심양시 서탑국민학교와 무순시중학교 연합공연에서는 무용 「반달」, 「내가 살던 고향」, 「성가」 등이 공연되었다. 1947년 흑룡강 일대에서는 조선의용군제3지대선전대 순회공연이 있었으며, 이곳에서는 장인자의 독창 「노들강변」, 취주악합주 「팔로군 행진곡」, 「최후의 결전」, 「조선의용군행진곡」, 「군민대생산」, 「나의 집은 송화강반에 있다」, 무용 「소고춤」, 「로씨야춤」, 「로동자의 승리」 등이 진행되었다. 이상의 사실에서 보듯이 중국조선족의 활동에는 어느 정도

사회문화적 변화가 음악예술활동에서 중요한 사회적 배경이 되고 있음을 알 수 있다.

(4) 조선족 문화예술분야 연극 · 영화 활동과 작품목록

조선족의 연극 · 영화 활동은 반일민족단체들의 독립운동과 관련된 내용으로 극화되었다. 1930년대에 많은 극단이 만들어져서 정기공연을 가졌으며 1927년 '아리랑'을 필두로 영화 활동이 시작되었다. 또한 한국 내의 극단들이 조선족 집거지역을 방문하여 공연을 펼쳤으며 독립군을 대상으로 한 위문공연도 이루어졌다. 특히, 연극 공연은 독립운동의 일환으로서 일본의 탄압을 못 이겨 중국으로 이주한 많은 조선족들에게 고국에 대한 애국심을 고취시키고 항일운동 의지를 확고히 하는 데 큰 역할을 했으며 1930년대 조직된 극단들의 규모가 커지고 정기적인 공연이 이루어졌다. <표 V-56>에 조선족의 연극 · 영화 활동과 작품 목록이 나타나 있다.

<표 V-56> 재중 조선족 연극 · 영화 활동과 작품목록(1914~1949)

년 도	지역/인물	연극 · 영화 활동과 작품
1914	연길	- 도시와 농촌에서 근대적인 연극활동 전개(민권자유, 남녀평등, 자유혼인, 미신타파 등). - 작품: (신가정), (미신타파) 등
1920	남만	- 길흥학교에서 (안중근의사가 할빈역두에서 이또히로부미를 저격한) 내용을 담은 극이 공연
1922	간도	- 동경유학생 순회극단 간도까지 순연 - 작품: 리득현 편 (한국연극사)
1922	남경기독여자청년회	- 독립운동하다 곤욕당하는 광경을 묘사하는 연극을 출시
1925	독립신문	- 동년 7월 28일 독립운동을 배경으로 한 연극공연 - 작품: (백년의 공) 출연진 림창모, 오유정 등
1925	훈춘/왕청	- 반일민족단체들이 장막극과 혁명연극 공연 - 작품: 장막극 (경숙의 마지막), 혁명연극 (어디로 갈것인가), (야학으로 가는 길)
1925	룡정	- 대성학교에서 문예단체 (문우사)를 세우고 공연 - 작품: (파랑새)

년 도	지역/인물	연극·영화 활동과 작품
1926	룡정	- 간도극장에서 (광명일요학교일요회) 주최로 공연 - 작품: (신년축하동화극)
1926	남양촌	- 보통학교에서 (걸만동) 운동부 주최로 남양촌 보통학교 교정에서 이틀밤 극단공연 - 작품: 비극 (선약의 결과), (삼야종성.三夜鐘聲), 희극 (조혼의 피해. 早婚의 피해), (도박쟁이의 말로)
1926	상해	- 인성소학교 연예대에서 연극공연 - 작품: (형제)(안세권 작)
1927	연길/룡정	- 조선의 명배우 라운규가 출연한 무성영화 널리상영 - 작품: (아리랑)
1927	룡정	- 반직업적인 연그단체 (예우), (문우회), (연극호) 등 극단이 나옴
1928	상해	- 조선인 정기택이 상해대화백합영화공사와 합동으로 조선민족영화의 효시로 되는 의병장 안중근을 형상화한 시나리오 - 작품: (애국혼)(전창근 작)
1928	룡정	- 과외극단 (연극호)에서 무대공연 - 작품: (수상한 청년)
1929		- 20년대 후반기에서 30년대 사이 반일투사들에 의해 연극 공연 - 작품: (아버지의 뜻을 이어), (혁명가의 안해)
1930년대	상해	- 리경손, 전창근, 김광주, 최채 등의 발기하에 (보헤미안 극단)이 조직됨. 해마다 3·1절이면 공연활동
1932	룡정	- 리치하가 유랑극단 (애극사)을 세움. 연극 (형제사이) 등을 가지고 조선에 까지 다니면서 순회공연, 경제난으로 극단해산
1933	장재촌	- 장재촌 항일 유격대와 유격구인민들이 조직한 연한모임에서 아동단연예대가 중조인민의 단결을 주제로 한 단막극과 가무를 절충하여 공연 - 작품: (단심줄), (될터이다) 등
1935	도문	- 도문극장 준공
1935	훈춘	- 6월 4일 훈춘공회당 준공
1935	연길	- 9월 6일 연길신부극장 준공
1936	연길	- 2월 3일~5일. 조선유일극단 연길신부극장에서 (울고 갈길을 왜 왔는고), (비극, 전1막), (목동과 신녀성), (풍자극, 전1막), (사이베쯔), (캉스극, 전1막), (새와 녀인), (어촌애화, 전1막), (고향에 돌아가는 사람들), (향토비극, 전3막) 등 공연
1937		- 8월 항일무장투재대오내에서 조직된 문예선전대 공연 - 작품: (혈해지창), (까마귀 작, 2장 1막), (싸우는 밀림), (4.6제), (유언을 받들고), (굿과 약)
1937	태항산	- 태항산 조선족항일투사들은 항일선전사업으로 항구청년회관, 무한, 료하구, 서안, 락양, 태항산 등지에서 단막극과 장막극 공연 - 작품: 단막극 (서광)(김학철 작), 장막극 (조선의 딸)(김창만 작)
1940	할빈	- 윤극영은 1940년 할빈에 와서 예술단을 조직, 일제의 탄압으로 일년동안 견지. 룡정에 와서 계속 활동하다가 1947년 서울로 감

년 도	지역/인물	연극·영화 활동과 작품
1938 ~41	김학철	- 작가 김학철은 1938년부터 1941년까지 단막극을 창작하여 무한, 류양, 태항산 항일 근거지 등에서 공연 - 작품: (서광), (승리), (등대)
1940. 2. 11	협화회	- 협화회 회관에서 반동연극 공연 - 작품: (김동한), (전3막)
1940. 4. 3~9	경성극단	- 경성동양극단 직속극단 호화선 만주 방문순연. 봉천의 봉천극장, 신경의 만철사원구락부, 할빈의 카피톨극장, 목단강의 신안전영원, 도문의 국제극장, 연길의 신부극장, 룡정의 룡정극장에서 공연 - 작품: 비극(무정. 5막), (그 려자의 방랑기. 3막7장), (장한가. 3막5장), (정열의 대지. 4막5장), (인생의 향기. 3막4장), (귀향. 4막5장), (나는 고아요. 4막6장), (선인가. 3막4장), 희극(애처와 미인. 1막), (련애특급. 3막), (부인시험)
1940. 4. 17~18	만철사구락부	- 제1야 사회비극(녀죄수. 4막5장), 제2야(花柳哀話), (정조와 싸우는 사람. 3막)
1940. 7	문화부	- 문화부 하기공연 - 작품: (려명전후. 전3막), (가짜죽음. 전1막), (협화. 전1막)
1941. 2. 3	한국청년 전지공작 지대	- 작품: (조선의 딸)
1942. 5	태항산	- 호가장전투를 역사배경으로 한 장막극 공연 - 작품: (태항산에서)(진동명 작)
1942. 5	김학철	- 일본에 압송
1943. 11	훈춘	- 훈춘에 조선족 (청년극단) 조직. 연극공연 - 작품: (미국해적선), (친구의 편지)
1944. 6	화북	- 화북조선혁명군사정치간부학교 구락부건립. 연극공연 - 작품: (호가장전투), (북경의 밤), (조선은 살았다), (개똥철학), 무언극(태양기아래의 사람들), (엉터리 리발관)
1944	연안	- 연안 의용대성립대회에서 연극공연 - 작품: (철)
1945. 5. 15	도문	- 도문시민문화관 성립. 1963년 도문시문화관으로 개명
1945. 9. 15	훈춘	- (애문연극사)에서 가극공연 - 작품: (나의 고향)(김원주 작, 김영선 주역)
1945. 10. 19	목단강	- 목단강시에서 (무궁화) 악극단 특별공연 - 작품: 가극(그리운 강남)
1945. 10	목단강	- 목단강지구 평안가청년부에서 문예프로 공연 - 작품: 장막극(너 이놈?), (안해의 힘), 연극(광명), (발광하는 리박사) 등
1945. 10	흑룡강성	- 신안진에서 (고려악극단) 창립. 1946. 12. 해산
1945.	목단강	- (무궁화 악극단)에서 공연

년 도	지역/인물	연극·영화 활동과 작품
10~12		- 작품: 가극(강남에서의 사랑), (추수), (희망의 렬차), 희극(결혼), 풍자극(팔자에 없는 불출) 등
1945. 11. 7~10	이쓰그라	- (이쓰그라극단)에서 10혁명기념일을 맞아 공연 - 작품: (에밀레종. 3막5장), 바라이데 (해방의 종소리. 20경)
1945. 11. 11~13	간도	- 간도예문협회의 (양양극단)에서 공연 - 작품: (해란강. 3막)(박로을 창작)
1945. 11. 13~22.	도문	- 도문로농예술동맹연예부에서 공연 - 작품: 역사극(고려지사. 2막), 현대극(선구자) (김창무 작)
1945. 11. 16		- (무궁화악극단) 공연 - 작품: (추수), (희망렬차)
1945. 11. 16~19	룡정	- 룡정청년회연예대는 룡정극장에서 공연 - 작품: (적. 4막6장)(맹심 작), (파몽기. 2막3장)
1945. 12. 10~12.	연변	- 연변문예공작단에서는 (쓰딸린극장)에서 공연 - 작품: (풍장. 4막)
1945	훈춘	- (인민연극사) 설립, 총인원 22명
1945	흑룡강성	- (태평극단) 설립
1945	료녕성	- 홍경현(신빈현)에 (청년문예대) 설립
1945	목단강	- 해방 후 목단강지구에서 제일먼저 연극 창작공연 김진문(원명 김대희) - 할빈에서 (태양극단)조직. 목단강 동안극장에서 창작극 공연 - 작품: 장막극(안중근)
1946. 1	통화	- 리홍광지대문예선전대 창립 - 작품: (리홍광), (심청)(최아림, 진덕명 등 창작)
1946. 2	연길현	- 연길현(현 룡정시) 팔도구에 중국 조선족의 첫 연극단 (태평구극단) 설립(단원 20명) - 작품: 장막극 (해방의 종소리)(한계선 작), (일남이와 녀선생)(남매) (한일 작), 번역극(피의 빛) 등
1946. 3. 31~4. 3		- 길동보안군정치부문예공작대는 쓰딸린 극장에서 공연 - 작품: (토성)(4막1장, 박로을 작)
1946. 4. 4~6	연길시부 녀회	- 쓰딸린 극장에서 공연 - 작품: (딸 3형제)(3막 4장, 김수진 작)
1946. 5. 1	통화	- 리홍광지대 문예선전대 공연, -작품: (리홍광)
1946. 5	목단강	- 5.1절을 계기로 목단강시 동안극장에서 2차공연 - 단막극(짐수레)(번역극), 무언극(동방의 거센불길)(김례삼 작), 풍자극(공산주의 렬차)(조경홍이 착안한 풍자극) 등
1946. 6	훈춘	- 훈춘 (인민연극사)를 (훈춘현문예공작대)로 개칭
1946. 7. 13	목단강	- (신흥회관)에서 (동북신흥예술협회)와 (목단강민맹문공단)이 건립. 첫 기념행사로 일본작품 장막극을 공연 - 작품:(전선)(4막 9장)
1946.		- 이쓰라극단은 쓰딸린극장에서 김평, 천일, 신영준 집체작으로 된 연극

년 도	지역/인물	연극·영화 활동과 작품
10.30~11.1		공연 - 작품: (승리의 혈사), (해란강대혈안을 반영)
1946. 12. 5	목단강	- 목단강민맹문공단은 리공사범학교에서 장막극을 공연, 작품: (피빛) (전3막 4장)
1946.	목단강	- 목단강시 조선인민주동맹 서안구 2구 창년들 동안극장에서 - 작품: 무언극(동방의 거와)(김례삼 작), 풍자극(공산주의 렬차)(김례 삼, 조경홍 작)
1946		- (태평구극단)에서 장막극을 공연 - 작품: (해방의 종소리)(집체 창작, 정창환 집필, 연출)
1947. 1	길림	- 길림군구정치부문공단 제2대대 공연 - 작품: 가극(인민은 무장하였다), (북경의 밤), (신 한컬레)
1947. 1	목단강	- (목단강시조선인문공단) 공연 - 작품: 장막극(봉기)(집체 작), (막다른 골목)(리한룡 작), (무명화) (리한룡 작), (독충)(황봉룡 작), (서장나으리)(신룡검 작), (승리의 날)(김태희 작), (싸우는 사람들)(황봉룡 작), (승리의 진미)(황봉룡 작), (승리한 로동자들)((원주삼 작), (은반지)(3·1봉기)(밀림의 고 백)(리한룡 작) 등
1947. 2	길림	- 길림군구정치부문공단에서는 연안로신예술학원 집체작 공연 - 작품: 가극(백모녀), (눈이 밝아졌다), (옹군애민), (진가복환가), (평안무사), (나의 향촌), (나는 인민을 위하여 참군한다), (서해수) 등
1947. 3. 24		- 리홍광지대선전대는 무송현 휘남극장에서 공연 - 작품: (지뢰수조성두용사)(전1막 2장)
1947. 8. 15	연길	- 연길시 인민광장에서 길림군구정치부문공단과 경위단 연합 - 작품: 대명극(지주보복반대투쟁)
1947. 9. 18~20	길림	- 길림군구정치부문공단은 연신극장에서 공연 - 작품: (해방구로가자), (영웅만세), (우리는 강철부대다), (인민영 웅), (류문성의 적구해방), (옥로파의 아이보기) 등
1947		- 최정연은 자기가 팔로군에 있을 때의 생활을 제재로 공연 - 작품: 단막극(공작원)(처녀작)
1948. 1	길림	- 길림군구정치부문공단은 연신극장에서 연길현 고빈농대회 - 작품: 가극(백모녀) 공연
1948. 12	연길	- 연변문공단에서 공연 - 작품: 가극(승리를 향해 진군하자)
1949. 1. 1	심양, 북경	- 리홍광지대선전대 공연 - 작품: 대형가극(영광패)(정진옥, 김우수 곡. 3막4장), 대형가무극(뱀 과 농부)(최정연, 주선우 창작, 유덕수 곡)(4막5장)
1949. 7. 2~19	북경	- 북경에서 전국 제1차문예공작자대표대회 개최 - 작품: 가무극(혁명을 끝까지 하자), 무용(춘경무), (법고무)

1914년 연변에서는 용정지역에서 도시와 농촌에서 근대적인 연극 활

동 전개되기 시작했다. 이 당시 주제는 민권자유, 남녀평등, 자유혼인, 미신타파 등로 작품명도 「신가정」, 「미신타파」 등이었다. 1920년 남만의 길흥학교에서는 안중근의사가 할빈역에서 이또히로부미를 저격한 내용을 담은 극이 공연되었다. 이후 1922년에는 동경유학생들의 순회극단공연이 간도지역에서 진행되었다. 1922년 7월 28일에는 독립운동을 배경으로 한 연극공연 「백년의 공」이 공연되었다. 1925년에는 훈춘과 왕청지역에서 항일단체들에 의한 장막극과 혁명연극 공연이 진행되었다. 이 시기에 장막극은 「경숙의 마지막」, 혁명연극은 「어디로 갈것인가」, 「야학으로 가는 길」 등이 공연되었다. 1926년에는 보통학교에서 운동부 주최로 남양촌 보통학교 교정에서 이틀 밤 극단공연이 진행되기도 했다. 이때 공연된 작품은 비극으로 「선약의 결과」, 「삼야종성.三夜鐘聲」, 희극으로 「조혼의 피해. 무婚의 피해」, 「도박쟁이의 말로」 등이었다. 한편 상해에 있는 인성소학교 연예대에서는 안세권의 작품 연극 「형제」가 공연되었다. 1920년대 후반기에서 30년대 사이 반일투사들에 의해 연극 공연이 진행되었는데 대표작품으로 「아버지의 뜻을 이어」, 「혁명가의 안해」 등이 있다. 1932년에는 리치하가 유량극단(애극사)을 세웠고, 연극 「형제사이」 등을 가지고 조선에 까지 다니면서 순회공연했으나 경제난으로 해산되었다. 1933년 장재촌에서는 장재촌 항일유격대와 유격구인민들이 조직한 모임에서 아동단 연예대가 단막극 「단심줄」과 가무 「될터이다」를 공연했다. 1936년 2월에는 조선유일극단이었던 연길신부극장에서 「울고 갈길을 왜 왔는고」, 「비극, 전1막」, 「목동과 신녀성」, 「풍자극, 전1막」, 「사이베쯔」, 「캉스극, 전1막」, 「새와 녀인」, 「어촌애화, 전1막」, 「고향에 돌아가는 사람들」, 「향토비극, 전3막」 등을 공연했다. 1937년 8월에는 항일무장투재대오내에서 조직된 문예선전대 공연으로 「혈해지창」, 「까마귀 작, 2장 1막」, 「싸우는 밀림」, 「4.6제」, 「유언을 받들고」, 「굿과 약」 등이 공연되었다. 또 1937년 태항산에서는 – 태항산 조선족항일투사들은 항일선전사업으로 항구청년회관, 무한, 료하구, 서안, 락양, 태항산 등지에서 단막극과 장막극 공연인 단막극 「서광」(김학철 작), 장막극 「조선의 딸」(김창만 작)이 공연되었다. 한편 1940년 할빈에서 예술단을 조직한 후 일제의 탄압으로 일시 중지하다가 룡정에서 활동하다가 1947년에 서울로 갔다. 1940년 2월 일본의 지원을 받은 협화회가 협화회 회관에서 반동연극인 (김동한), 「전3막」을 공연하기도 했다. 1942년 태항산에서는 호가장전투를 역사 배경으로 한 장막극인 「태항산에서」(진동명 작)를 공연하였다. 1945년 9월에는 「애문연극사」에서 가극 「나의 고향」(김원주 작, 김영선 주역)을 공연하였다. 1945년 12월에는 목단강시에서 (무궁화) 악극단 특별공연인 가극 「그리운 강남」이 공연되었다. 또 1945년 10월에는 목단강지구 평안가청년부에서 문예프로 공연되어 장막극 「너 이놈?」, 「안해의 힘」, 연극 「광명」, 「발광하는 리박사」 등이 공연되었다. 또 1945년 10월에는 흑룡강성 신안진에서 (고려악극단) 창립되었으나 1946년 12월에 해산되었다.

(5) 조선족 문화예술분야 미술활동과 작품목록

〈표 V-57〉 재중 조선족 미술활동과 작품목록(1920~1949)

년 도	활동지 (인물)	미술활동과 작품
1924	한락연	- 상해미술전과학교를 졸업. 심양의 소남관풍우대 부근에 미술전과학교 창설
1931	한락연	- 프랑스 파리 미술대학에 입학 서양화 전공 - 항일전쟁후 다시 프랑스에 가서 (빠리시보)의 촬영기자를 지냄
1939	석희만	- 함경북도 청진에서 개인미전 - 작품: (정물), (소묘), (라체), (유화풍경) 등 50점
1940	석희만	제19회 조선미술전람회 입선 - 작품: 유화 (연길거리)
1942	연길	전 간도성 미술전람회 개최
1943	한락연	- 서안, 란주 등에서 여러차례 개인미술전 개최

년 도	활동지 (인물)	미술활동과 작품
1946	목단강	- 목단강지구 제1차 미술전람회가 열림 - 작품: 김례삼, 신룡검의 (탈곡장), (담가대), (자위전), (가두공연) 등 40여폭 전시. 심룡검의 류화(팔로군기병통신원), 김례삼의 수채화(남녀평등) 등
1946	목단강	- 목단강공민회관에서 신룡검 개인미술전 개최. 20여폭 전시 - (신흥미술협회) 창립
1947	한락연	- 우루무치(신강일보)에서 개인미술전 개최 작품: (커지르천불동의 림화) 등
1947	목단강	- 신룡검, 목단강지구의 북산렬사탑(높이 34.8미터)조형

조선족의 미술 분야의 활동은 1930, 40년대에 한락연과 석희만으로 대표된다. 한락연은 1924년 상해미술전과학교를 졸업하고 심양의 소남관풍우대 부근에 미술전과학교를 창설했으며, 파리 미술대학에 입학 서양화 전공하였으며, 유학 후에는 서안, 란주, 우룸치 (신강일보)의 후원으로 「커지르 천불동의 림화」등을 전시하기도 했다.

석희만은 조선미술전람회에서 입선한 이후 함경도 등지에서 미술전을 개최하였다. 1939년에는 작품: (정물), (소묘), (라체), (유화풍경) 등 50점을 전시하였고, 1940년 조선미술전람회에 유화(연길거리)라는 작품으로 입선하기도 했다. 1942년에는 연길과 목단강에서 미술전람회가 개최됨으로서 조선족 미술가들의 참여와 활동이 활발해 졌다. 1946년 11월에는 목단강지구 제1차 미술전람회가 열려, 김례삼, 신룡검의 (탈곡장), (담가대), (자위전), (가두공연) 등 40여 폭이 전시되었고, 심룡검의 류화(팔로군기병통신원), 김례삼의 수채화(남녀평등) 등이 전시되었다. 1946년에는 목단강공민회관에서 신룡검의 개인미술전을 개최하고 20여 폭이 전시되었으며, 이곳에서 「신흥미술협회」가 창립되기도 했다. 한편 1947년 9월에는 신룡검은 목단강지구의 북산렬사탑(높이 34.8미터)을 신룡검이 조형하여 준공하였다. 1920년대 이후 1940년대까지 중국조선족 미술가들의 활동은 다루는 소재나 주제들은 자유로웠지만, 어떤 부분에서는 급변하는 시대 상황에 적응해야 하는 어려움 때문에 창작의 제약성이 존재했던 것도 사실이다. 이후 1949년 중국혁명이후 중국의 문화예술인들은 보다 안정된 사회구조 속에서 문화예술의 창작 기회를 가지게 되었지만 한국전쟁, 1960년대 중반과 1970년대 초반에 진행된 문화대혁명의 경험이 작품에 반영된다.

Ⅵ
결 론

1. 연구결과의 요약

1) 조사대상에 대한 연구수행 결과와 연구 성과

앞에서 살펴본 것처럼 이 연구는 재외한인 정보자원의 보존형태에 대한 조사와 자료목록의 수집을 통한 목록화와 데이터베이스화를 목표로 진행된 것이다. 이를 위해 연구에서는 첫째 정보보존형태로서 보존기관에 대한 분류(① 도서관, ② 문서보관소, ③ 언론출판, ④ 연구·교육기관, ⑤ 개인), 정보자원의 현황(① 소장여부, ② 소장규모(정보량), ③ 정보형태(분류), ④ 소장범위), 기관운영형태에 대한 조사(① 소재위치, ② 기관특성, ③ 활동내역, ④ 인적구성, ⑤ 기타정보)를 실시했으며, 둘째, 자료관리체제에 대한 조사로 정보자원의 관리(① 열람구조, ② 문서보존여부, ③ 자료통제, ④ 자료접근성), 정보관리정책(① 도서관법, ② 지적재산권법, ③ 매스미디어-출판지원법), 정보유통체제에 대한 조사(① 관리자(수집구조), ② 유통자(유통구조), ③ 생산자(생산활동))를 실시했다. 또 자료발굴관리의 측면에서 서지정보의 구성(① 서지정보 → 목록화(문서형태와 디지털형태)), 한글색인개발(② 용어색인 → 검색구조형성), 정보네트워크의 구축작업을 실시하고 이를 통해 재외한인 정보자원 디지털 도서관의 발전방향에 대한 정책제언을 했다.

연구결과 총 49개의 정보자원의 생산, 유통, 생산, 보존, 관리, 연구기관에 대한 조사를 진행했다. 그 연구기관은 다음과 같다. 첫째 연방 국가문서보관소로는 ① 러시아연방 국립문서보관소, ② 러시아연방 의회도서관 문서보관소, ③ 러시아연방 국립역사문서보관소, ④ 러시아 국립경제문서보관소, ⑤ 러시아 국립 사회정치사 문서보관소, ⑥ 러시아 국립 군 역사문서보관소, ⑦ 러시아 국립 음성기록보관소, ⑧ 러시아 국립영화기록보관소, ⑨ 러시아 현대문서보관센터, ⑩ 러시아 역사기록물 보관센터에 대한 조사를 실시했으며, 둘째, 정부기관 부설 국가문서보존소로는 6개의 기관에 대한 조사를 실시했고, 지방차원의 문서보관소로 ① 러시아 국립 극동역사 문서보관소(톰스크), ② 러시아국립 극동연해주 역사문서보관소(블라디보스토크), ③ 이르쿠츠크 주정부 국립문서보관소, ④ 하바로프스크 변강 국립문서보관소, ⑤ 사할린주 국가고문서보관소에 대한 조사를 실시했으며, 셋째, 연방도서관에 대한 조사로는 ① 러시아 레닌 국립도서관, ② 살치-코프 쉐드린 도서관, ③ 러시아연방 외국문학도서관, ④ 모스크바 국립 역사도서관에 대한 조사를 실시했으며, 넷째, 과학아카데미 산하 연구도서관에 대한 조사로는 ① 러시아과학아카데미 산하 극동문제연구소 한반도센터, ② 러시아과학원 동방학연구소 쌍뜨 뻬쩨르부르그 도서관, ③ 모스크바 러시아과학원 동방학연구소, ④ 러시아 과학아카데미 사회과학정보연구소, ⑤ 모스크바 레닌교육연구소 부설 도서관에 대한 조사를 실시했다. 다섯째, 대학부설 도서관별에 대한 조사는 ① 모스크바국립대학 고리끼 과학도서관, ②상뜨 뻬쩨르부르그대학 중앙도서관, ③ 모스크바 국제관계대학교 도서관, ④ 모스크바국립대 부속 아시아 아프리카 대학 도서관, ⑤ 극동국립대 도서관에 대해 조사했으며, 여섯째, 학교교육기관으로는 ① 모스크바국립대학 한국학 국제센터, ② 상뜨 뻬쩨르부르그대학 동방학과 한국어문화센터, ③ 모스크바 국제관계대학교 국제관계학부, ④ 모스크바 국립언어대학교 한국어과, ⑤ 극동국립대 한국학대학, ⑥ 1086 한국국제학교에 대한 방문조사를 실시했다. 일곱째, 언론사 및 출판사로는 ① 러시아고려인신문사, ② 고려인 잡지 「아리랑」, ③ 고려인 잡지 「통일」, ④ 생활정보 소식지, ⑤ 종간 내지 발행이 멈춘 신문, ⑥ 삼일문화원, ⑦ 모스크바 러시아과학원 산하 동양문헌출판사, ⑧ 상뜨 페쩨르부르그 동방학연구소 부설 동방학 출판사에 대해 조사했다.

이 연구는 5가지 단계에 따라 진행되었다. 사전조사 단계 → 현지조사단계 → 정보자원 분석 및 조직 단계 → 데이터베이스 구축 → 디지털 라이브러리 구축 방안 제시의 과정이 그것이다. 예비적 연구는 이미 2003년부터 시작되었으며, 이 연구를 위해 실질적인 연구계획서를 작성한 시점인 2005년 5월부터 사실상 연구를 위한 준비가 시작되었다고 할 수 있다. 따라서 연구기간은 공식적으로 지정된 기간을 포함해서 2005년 5월부터 2006년 6월까지 진행되었다고 할 수 있다. 그동안 연구팀은 이 분야에 대한 국내외 연구들과 연구목록들을 조사하기 위해 노력했다. 그 결과 러시아, 중앙아시아, 중국에서 발간된 학술논문, 단행본, 기사에 대한 전체적인 규모와 조사대상 범위를 설정할 수 있었다. 이 연구에서는 러시아와 중국에서 발행된 정보자원에 대한 연구를 조사하기위해 분야별의 저서와 역서, 논문자료와 번역논문자료을 중심으로 자료조사와 발굴작업을 진행했다. 조사결과는 중국에서 발간된 자료의 경우 1949년부터 1990년까지 발행된 것으로 단행본이 1,397권(저서 1,067권, 역서 333권), 논문이 7,947편, 번역논문이 636편으로 전체 9,983편이었다. 러시아에서 발간된 자료들에 대한 조사는 러시아에서 고려인에 의해 발간된 자료와 러시아인에 의해 발간된 한국관련 문헌을 포함해서 접근했다. 이 연구에 대해서는 그동안 국내에서 전문적인 접근이 되지 못하고, 분산적인 연구만이 진행되었기 때문에, 종합적인 규모를 파악하기 위해, 국내학자들과 러시아 한국학연구자들이 설정한 문헌목록자료를 최대한 활용하였다. 그 결과 콘세비치와 볼로디나 (L.Volodina)가 공편한 「Bibliografija Korei, 1917~1970), 1981」와 콘세비치와 프랑스 언어학자 루카스(A, Lucas)가 쓴 「한국어 서지학 1961~ 1985」은 주로 언어학 분야 해외 한국학 연구목록, 「소련에서 한국문학 목록 1917~1986, 1989」, 심바르찌바 따찌아나의 한국학문헌목록 등을 참조하였으며, 실질적으로는 자료에 대한 실태조사를 위해 해외현지조 사를 통해 현지기관에 대한 방문조사와 한국학 연구자 30여 명에 대한 면접조사를 통해 관련 자료와 기관에 대한 정보를 습득할 수 있었다. 연구를 통해 다음과 같은 1차적인 교훈과 성과를 얻었다. 첫째, 러시아 의 방대한 문서보관체제에 대한 종합적인 이해도를 높였다는 점이다. 둘째, 러시아의 한국학 연구자에 대한 각종 인적 정보자료에 대한 자료 수집을 진행했으며, 현재 활동 중인 연구자에 대한 인물디렉토리를 정 립할 수 있었다. 셋째, 러시아에서 진행되고 있는 정보자원의 위기실태 와 문제점에 대한 총체적인 문제인식에 크게 도움을 받았다.

이 연구는 크게 정보자원의 분포구조 및 정보자원 정책구조, 관리 실 태에 대한 조사와 함께 연구지역의 정보관리정책에 대한 정보자원 수 집과 분석을 진행하였다. 이를 위해 현지조사는 러시아의 수도인 모스 크바, 상뜨 뻬쩨르부르그를 중심으로 현지조사를 진행하였다. 해당지역 의 목록이나 관련문헌에 대한 예비적 기초조사를 마치고, 다음과 같은 4가지 방식으로 연구를 수행하였다. ① 정보자원 소장량이 가장 많은 곳, ② 기존 연구에서 정보부족 때문에 생략된 기관들, ③ 고려인 정보 자원에 대한 접근통로를 제공할 수 있는 전문가집단과의 접촉, ④ 관리 기관의 책임자와의 중간관리자와의 면담을 통한 보존관리 실태에 대한 정보를 수집하였다. 레닌국립도서관, 모스크바국립역사도서관, 러시아 연방외국문헌도서관, 러시아과학아카데미 동방학연구소와 극동연구소, 모스크바국립대 고리끼 도서관, 러시아연방 역사문서보관소, 뻬쩨르부 르그 대학도서관 등 여러 기관을 직접 방문하여 재러 한인 정보자원 소 장기관의 자료현황을 조사하였다.

2) 정보자원 목록에 대한 자료수집과 분석결과

(1) 중국 조선족 정보자원의 자료수집 결과

중국문헌은 조선족 정보자원에 대한 각종 단행본, 논문, 번역서 등에 대한 자료의 수집결과를 제시했다. 조사 결과로서 조선문 정보자원 목록 색인으로 조선족이 한반도에서 중국으로 이주 이후 공식적으로 발표하거나 발행한 잡지와 잡지 속에서 나타난 문화예술분야의 콘텐츠 목록을 연대별로 분류하여 제시했다. 이 결과들은 다음과 같이 기시적으로 구분할 수 있다. 제1기는 1850년대 이후 1920년까지로 초기 조선족 정보자원의 태동기라 할 수 있다. 제2기는 1921년부터 1949년까지로 독립운동시기에서 1949년 중국사회주의혁명 직전까지가 해당된다. 제3기는 1949년 이후 1999년까지가 해당된다. 이 시기에 대한 정보자원의 수집을 통해 이 연구에서는 2차 년도에 수집정리하지 못했던 1957년 이후의 자료에 대한 수집과 목록작업을 진행했고, 3차년도에는 새로운 정보자원 분야로 문예, 민담, 연극, 미술, 음악, 문화예술에 관한 정보자원의 분류와 목록화를 추진하였고, 또 인적자원으로 시인, 소설가, 화가, 작곡가, 민담 채집가, 음악가, 무용가 등에 대한 자료조사도 수행했다.

(2) 러시아 고려인 정보자원의 자료수집 결과

재러 한인 정보자원의 조사에 앞서 우선 정보자원의 생산 환경의 변화를 고려인사회 변동의 차원에서 검토하였다. 그 결과 다음과 같은 특징을 나타내고 있다.

① 제1차(1860~1905년대)는 연해주 남부 변강지역으로의 농사를 짓기 위해 시작된 '경제적 동기'의 디아스포라였다. 이 시기에 고려인들은 주로 농촌단위의 촌락공동체를 형성하였다. ② 제2차(1905~1937)는 한반도의 일제강점이라는 외적 요인의 영향을 받아 이주의 성격도 해

방, 저항, 도피의 차원에서 전개된 것이었다. 조선에서 지식인들이 대거 넘어오면서 교육기관, 언론기관, 출판기관이 생기게 되었고 이들에 의해 체계적인 정보자원의 생성이 가능해지게 되었다. ③ 제3차(1937~)는 연해주 고려인의 자발적 선택보다 스탈린시대 소비에트정권에 의해 강압적으로 진행된 '정치적 성격'의 디아스포라였다. 정보자원의 관리와 생성이 고려인사회에서 소련정부로 이동함에 따라 소연방 수도인 모스크바가 고려인 정보자원의 지역적 거점, 관리적 거점으로 부상하게 되었다. ④ 1980년대 말 소연방의 해체를 통해 고려인 디아스포라는 새로운 변화를 경험했다. 첫째, 중앙아시아에 있었던 소규모의 군집단위로 존재해왔던 한인공동체의 지역적 기반이 언어와 문화적 요소에 의해 중대한 도전에 직면하게 되었다. 둘째, 사회주의체제의 해체이후 지역적 차원에서 생성된 민족요인에 의해 고려인의 문화와 민족정체성에 새로운 위기를 초래하는 현상이 나타났다는 점이다. 셋째, 21세기의 모든 국가들에서 나타난 현상으로 정보통신의 발전에 따라 지역적 한계를 넘어서는 지식정보의 접촉 현상이 일상화되고 보편화되고 있다는 점이다. 넷째, 오랫동안 지역적으로, 이념적으로 단절되었던 모국인 한국과의 접촉기회가 늘어났다는 점이다.

러시아에서 한국학의 형성과 발전은 다음과 같은 시대적 구분으로 이루어졌다. 그 내용은 ① 19세기 러시아에서 한국학의 기원, ② 러시아 혁명기 러시아 한국학의 변화, ③ 2차대전 이후 모스크바를 중심으로 형성된 한국학 정보자원의 출현, ④ 소비에트연방 해체와 고려인의 러시아재이주, ⑤ 연해주에서의 고려인 정보자원의 폐허와 재생, ⑥ 사할린 지역에서의 고려인 정보자원의 전개이다.

(3) 러시아연방의 정보자원관리체계

정보자원의 관리체제의 특성을 정보자원관리기관의 변화, 기록관리

제도의 변화, 정보자원 법률의 변화를 통해 조사하였다. 구체적으로 러시아연방의 도서관법, 매스미디어 및 출판지원법, 지적재산권법을 조사하였다. 또한 도서관체제의 발전과정, 공공도서관의 출현과 연구도서관의 활성화, 기록보존체계, 도서관 제도와 관중 구성, 도서관별 활동범위와 장서규모, 국가와 지방차원의 문서보관소 등을 조사했다.

(4) 러시아연방 고려인 정보자원의 분포와 보존실태

19세기 중반이후 러시아정부는 연해주에 정착한 고려인 정보에 대해 체계적 기록관리를 진행했으며 다양한 기록 자료를 각급 단위 문서보관소에 보관해왔다. 러시아연방국립문서보관소, 러시아국립역사문서보관소를 비롯한 총 13개 연방 문서보관소와 러시아 국립 극동역사 문서보관소, 러시아 국립 극동역사문서보관소를 비롯한 총 7개의 지방 문서보관소의 자료관리 실태와 특성을 조사하였다. 한국관련 문서를 별도로 보관하고 있는 러시아 국립 레닌 도서관의 동양문헌센터, 러시아연방 외국문학도서관, 러시아과학아카데미 산하 극동문제연구소 한반도센터, 모스크바 러시아과학원 동방학연구소 등 다수의 연방도서관, 연구도서관, 아카데미 도서관을 한국관련 정보자원을 조사하였다.

한글교육이 이루어지면서 교육기관에서 소장하고 있는 고려인 정보자원도 발굴되고 있다. 모스크바국립대학 한국한 국제센터, 상뜨 뻬쩨르부르그대학 동방학과 한국어문화센터, 모스크바 국립언어대학교 한국어–영어과를 비롯한 6개 교육기관의 특징과 한국·고려인 관련 정보자원을 조사하였다. 한글로 쓰여지거나 고려인을 대상으로 하는 정보자원을 발행하는 언론사 및 출판사를 조사하였다. 러시아고려인신문사, 「아리랑」, 「통일」, 「매일신보」, 「겨레일보」, 「다바이코리아」 등이 조사되었다. 출판사로는 삼일문화원, 모스크바 러시아과학원 산하 동양문헌 출판사, 쌍뜨 뻬쩨르부르그 동방학연구소 부설 동방학 출판사 등이 있다. 마지막으로 1945년 이후 활동한 한국학을 연구하는 고려인과 러시아인들의 인물 디렉토리를 구성하였다.

이 밖에도 러시아 고려인 정보자원에 관한 문헌목록 및 중국 조선족 문화예술 활동에 대한 콘텐츠와 기록을 정리한 자료들을 발굴하여, ① 출판형태와 주제에 따라, ② 소장기관에 따라, ③ 시대별로 구성하여 메타데이터 형태로 정리하였다.

3) 발굴 자료에 대한 데이터베이스 구축과 활용

시스템 구축을 위한 데이터베이스 구축과 메타데이터 입력폼은 다음과 같이 구성하였다. 우선 ① 구축대상 선정에 있어서 조사된 정보자원 중 목록집과 색인집에 등재된 자료를 우선 대상으로 하고 현지 조사를 통해 수집된 자료를 그 다음으로 구축한다. ② 구축대상으로 선정된 정보자원을 단행본, 정기간행물, 학위논문으로 형태별 분류했다. ③ 형태별로 각각의 기술항목을 선정한다. ④ 향후 원문서비스 제공을 위해 시스템 구축 시에 원문정보를 포함시킨다. ⑤ 목차와 초록정보도 포함시킨다. ⑥ 다국어 입력 폼을 설정한다. ⑦ 한국십진분류표(KDC) 뿐만 아니라 중국도서관분류표와 러시아의도서분류표(ББК)도 기술하도록 한다. ⑧ 이러한 틀을 바탕으로 자료에 대한 디지털 관리를 위하여 회원제형 포맷도 구축한다. 이밖에도 ⑨ 키워드 중심의 색인방법은 자연어를 기본으로 선정하고, 이를 위해 키워드 색인 모듈과 불용어사전 모듈을 이용한다.

시스템 구현을 통해 나타난 본 시스템의 특징은 다음과 같다.

① 관리시스템(입력시스템)과 검색시스템이 모두 웹상에서 이루어지도록 하였다. ② 입력시스템이 포함된 관리자 시스템의 메뉴는 단행본 등록, 정기간행물 등록, 학위논문 등록, 검색/수정, 관리자 관리, 회원관리로 구서하였다. ③ 형태별 입력 포맷에 필수 입력 항목을 선정하여

양질의 서지정보 구축을 꾀하였다. ④ 목차사항과 초록사항은 TEXT나 HTML로 입력자가 직접 입력하도록 하였다. 해당 정보의 포함 유무를 확인하는 선택란을 추가하였다. ⑤ 원문정보는 PDF파일로 저장되며 파일명은 자동부여된 서지정보의 등록번호와 일치시켰다. 해당 정보의 포함 유무를 확인하는 선택란을 추가하였다. ⑥ 각 기술사항의 데이터 특성에 따라 입력필드를 가변장 필드, 고정장 필드, 그리고 혼합형 필드로 구분하여 구축하였다. ⑦ 양질의 서지정보 입력을 위해 입력자에게 고유 아이디를 부여하였다. ⑧ 파일구조는 색인파일, 문헌번호파일, 서지파일로 구성하였다. ⑨ 검색조건은 자연어 검색, 키워드 검색, 전방일치 검색 방법을 사용하였다. ⑩ 간단검색과 상세검색으로 구분하고 그 결과는 한 화면에 15개씩 리스트로 디스플레이 되도록 하였다. ⑪ 검색 결과 리스트에는 서명, 저자, 발행지, 발행년, 그리고 목차, 초록, 원문정보의 유무가 디스플레이 된다.

(1) 정보자원 데이터 베이스 구축

이 연구의 계획 단계에서 조사를 통해 수집된 정보자원 데이터 베이스를 다음과 같이 구축했다.

제1단계는 ① 디지털 라이브러리에 대한 개념 설정 → ② 디지털 라이브러리 구축논리(사용자와 관리자형 논리구성) → ③ 디지털 라이브러리의 기본 설계와 기본모형 설정으로 진행되었다.

제2단계는 ① 디지털 도서관의 사례분석 → ② 디지털 자료보존방법 구축(자료구축 표준 및 포맷 설정) → ③ 수집전략의 수립(자료수집 범위 및 정보관리체계, 저작권 문제 처리 및 자료공동이용체계구축)으로 진행했다.

제3단계는 ① 정보자원 단위의 유형화와 특성화(문헌정보, 신문정보,

멀티미디어 정보) → ② 데이터베이스의 분리 구축(웹 서버와 멀티미디어 자료를 위한 미디어 서버 설정) → ③ 원문정보 시스템 구축(유료 서비스를 위한 정보보호 과금 관리 시스템과 디지털 콘텐츠 관리 시스템)의 순서에 따라 진행된다.

제4단계는 수집된 정보자원의 디지털화를 위한 데이터 요소의 설정과 데이터의 입력단계로 ① 문헌정보는 모든 유형의 정보자원을 하나의 입력시스템으로 입력한다. ② 신문정보는 모든 기사색인을 작성할 수 없기 때문에 기사 제목만을 대상으로 한다. ③ 멀티미디어정보는 각종 영상관련 데이터와 녹취록 및 구술자료, 사진정보를 입력하고, 멀티미디어의 특징적 데이터 요소를 추가한다.

이를 기초로 서지정보 데이터베이스 구축을 토대로 디지털 라이브러리 구축을 위한 방안을 제시했으며, 디지털 라이브러리의 특성과 국내 사례를 조사하고 정보자원의 수집범위와 선택기준, 그리고 수집전략과 보존계획을 제시하였다. 또한 데이터베이스 구성, 서버 구성방안, 데이터요소 등을 제시하고, 디지털 라이브러리의 활용 전략을 제시했다.

이렇듯 이 연구는 중국의 조선족, 러시아의 고려인과 관련된 정보자원 정책과 유통현황을 제시하고 문헌정보자원을 총 망라하여 목록으로 집대성하고 그 내용을 데이터베이스로 구축함으로써 향후 재외 한인 정부자원의 학술적, 경제적 측면에서 많은 기여를 할 것으로 기대된다.

2. 연구의 한계와 향후과제

(1) 연구결과의 제약성

이 연구는 짧은 기간에 매우 광범위한 연구대상을 정리하고 조사하여, 자료화시키고, 이를 데이터베이스화함으로써 많은 어려운 과정을 경험해야 했다. 연구팀은 연구과정에서 발생한 많은 난관들을 러시아와 중국지역의 학자들, 국내의 전문가들의 도움을 받아 극복했다. 그러나 이 연구는 다음과 같은 측면에서 한계를 가지고 있다. 첫째, 연구대상지역의 방대함으로 인해 연구조사과정에서 자료의 검색, 자료대상기관과의 접촉, 자료기관의 방문, 자료관에 대한 실태조사, 자료관의 정보자원에 대한 실질적인 기록과 녹화, 자료정리 활동에는 많은 시간적 제약이 따랐다. 둘째, 이 연구는 여전히 기초연구라는 제약성을 가지고 있다. 이것은 이 조사의 결과가 정책연구로 직결되기 어려운 한계를 가지고 있다는 의미를 가진다. 그동안 연구를 수행하면서 체험한 것은 재외한인 정보자원에 대한 조사발굴은 그 사업의 성격상 매우 많은 예산과 인력의 지원이 필요한 국가사업이라는 점이다. 넷째, 정보자원에 대한 조사결과 해외 한민족은 다양한 형태의 문화공동체를 형성, 유지, 발전시켜왔고, 이를 보존하기 위해서는 기록차원의 접근뿐만 아니라 영상, 미디어, 문화콘텐츠의 관리와 같은 보다 입체적인 접근이 필요하다. 이를 위해서 국내에서 진행되었던 개별적인 문헌자료의 수집방식으로부터 탈피해 보다 종합적 차원에서 향후 연구대상으로 문헌정보자원 뿐만 아니라 신문정보와 민속문화정보(민속놀이, 축제, 세시놀이 등) 분야로 확대시킬 필요성을 인식했다.

종합 정리하면 연구를 통해 수집된 서지정보와 구축된 데이터베이스를 기초로 삼아 모든 형태의 정보자원을 포함한 재외 한인 정보 데이터베이스를 구축에 대한 향후 연구가 필요하다고 할 수 있다. 정보자원 수집은 단지 해외에서 생산된 문헌자료를 본국의 국민에게 서비스하는 개념은 아니다. 온라인과 오프라인의 데이터베이스 구축의 성과를 세계 한민족 모두 활용하기 위해서는 학계와 정부의 재외한인 기록 거버넌스 구축이 시급하다 할 것이다. 이것은 재외한인 정보자원 디지털 라이브러리 구축을 통해 재외 한인 정보에 대한 효율적인 이용뿐만 아니라 재외 한인 정보의 가치도 향상될 것이며, 나아가 재외한인 네트워크 구축에도 기여할 것이다.

(2) 연구결과의 활용방안

이 연구를 통해 획득된 종합적인 연구결과는 다음과 같이 활용되어 질 수 있다. 우선 지역별, 정보자원 측면에서 연구의 수행결과는 다음과 같이 활용될 수 있다. 각 지역별로 소장 정보자료들을 체계적으로 수집하여 정리한 결과 서지목록DB를 구축할 수 있다. 중국, 러시아, 중앙아시아 등이 중심이 될 것이다. ① 정보화 기반조사로서 서지정보, DB구축, 용어색인(한글) 등을 개발하여 이용자들의 정보검색의 효율성을 높여 시간적·공간적 부가가치를 창출할 수 있다. ② 정보자원 네트워크 구축으로 정보자원별, 인적자원별, 기관(도서관, 출판사)별로 한민족정보자원의 상호교환을 통하여 국가적 정책개발과 시행, 경제적으로 한상 비즈니스 네트워크 구축으로 인한 기업과 수출상품의 경쟁력 향상, 한민족 동질성·정체성 정립으로 인한 후세대에게 국가와 민족을 사랑하는 교육의 지표를 제공할 수 있다. ③ 재외 한민족 디지털라이브러리를 시대별, 국가별, 주제별, 인명별, 직업별로 구축함으로써 향후 세계한민족 문화콘텐츠와 문화공동체의 기반을 구축하는데 기여할 것이다. ④ 한민족 관련 통합 정보 네트워크를 구성할 수 있다. ⑤ 한민족을 연구하는 학문 분야에 기초적이고 핵심적인 정보자원에 대한 참고문헌들을 제공하여 전반적으로 학문발전에 기여할 수 있다. ⑥ 정보자원 분석을 통해 해당지역의 정치·경제·사회·문화발전 성향을 알 수 있다. ⑦ 각 지역의 정보자료실 및 정보자원 현황과 정보관리 정책을 알 수 있다. ⑧ 산재된 정보자원을 보다 효율적으로 검색할 수 있어 학술적으로나 일반적인 지식검색에 있어 좋은 정보원을 제공할 수 있다는 장점을 가지고 있다.

둘째, 재외 한민족의 정치, 경제, 사회, 문화 등의 정황을 알 수 있는 토대를 제시하면 다음과 같다. ① 학문적으로는 한민족의 해외이민사 등 관련 분야의 연구에 기초적이고 핵심적인 정보자원을 제공할 수 있다. ② 사회적으로는 민족의 정체성을 되살리고 조국과의 교량역할을 제공함으로써 재외 한민족들과의 공감대를 형성할 수 있다. ③ 경제적으로는 각 지역의 한 민족에 대한 생활상에 대한 정보를 제공함으로써 국내 기업인들의 현지실태 파악 및 정보교류의 핵심자원으로 활용하여 세계 한민족의 문화와 기업, 언론, 정보자원 주체들 사이의 네트워크와 교류의 기반을 구축하는데 도움을 제공할 수 있다. ④ 문화적으로는 잃어버린 우리고유문화를 복원하는 기초정보를 제공한다. 즉 민족문화유산의 교류를 활성화할 수 있다. ⑤ 교육적으로는 한민족의 역사와 문화, 지리, 예절, 우리말 사용과 민족교육에 대한 정보를 제공한다. 또한 한인2~3세 교육의 기초자원으로 제공될 수 있다. ⑥ 정치적으로는 해외 한민족의 현황을 파악할 수 있는 정보를 제공함으로써 재외동포 관리 정책을 입안하고 시행하는데 핵심정보가 될 것이다.

셋째, 재외 한민족과의 정보교환의 장을 만드는데 다음과 같이 활용될 수 있다. ① 국내의 국립중앙도서관, 국회도서관, 각 대학도서관에 한민족 정보교류부서를 두어 이를 체계적으로 수집하고 정리하여 이용자에게 서비스를 제공한다. ② 중국, 러시아, 중앙아시아의 공공도서관 및 대학도서관에 한민족 정보자료실을 운영할 수 있도록 지원한다. ③ 정보교류의 장을 활성화시킬 수 있는 정보사서와 같은 전문인력을 배출할 수 있다. ④ 연구원들과 대학원생들에게 관련 분야에 대한 학문연구와 한민족관련 정보실태에 대한 조사를 수행할 수 있는 기회를 제공할 수 있다. ⑤ 한민족 정보자료네트워크를 각 초, 중, 고, 대학교에 연계하여 한민족의 정체성, 우수성 등의 민족교육과 국가관을 고취할 수 있는 교육자료로 제공한다. ⑥ 새로운 시장을 개척할 예정이거나 비즈니스현장에서 필요로 하는 정보를 즉시 활용할 수 있는 지식정보센터의 역할을 수행할 수 있다.

참고문헌

경향신문사, 한민족문화네트워크연구소(1999). "민족문화네트워크 형성을 위한 북방지역동포 현황 조사 연구", 「재외동포재단 연구보고서」 98-3, pp.1~44.

김게르만(1992). "소련 극동지역 소비에트 정권수립투쟁과 재소한인(1918~1922) -소련학계의 연구 동향을 중심으로", 「박영석 교수 회갑기념논총」.

김연수(1986), "소련 속의 한국문제", 「일념」, p.60.

김연수(1989). "소련속의 한국문학", 「시문학」, 210권.

김중섭(2002). "러시아 및 중국지역 한국어교육 실태조사 및 지원방안 연구", 「교육정책연구」 2001-1-24, pp.1-196.

남 S.G.(1998). "재러한인들: 역사와 문화".

니꼴라이 N.(1998). "회적 귀화와 민족동원: 재러한인들의 경험".

니꼴라이 브가이(1992). "한인들의 카자흐스탄 및 우즈베키스탄 이주와 취업사," 「회보」, 모스크바, p.88.

러시아국립문서보관소, 서고 200(1919). "연해주 군관구 참모본부 군사통계부 보고서", 하바로프스크.

리 블라디비르 효도르비치(2002). "복권은 진정한 것이어야 한다".

모스크바 동방민족연구소(1961). "한국어".

모스크바 동방민족연구소(1966). "러한대사전".

박 보리스(1995). "소비에트 러시아의 한인들 1917~1930년".

박보리스, 김영웅. "1930~40년대 한인들의 강제이주에 관한 백서", vol.1, p.47.

박일(1951). Korejskij fond Alma-Atinskoj biblioteki im. Pushkina.

박재근(1999). "재러한인: 한국에서의 이주단계".

반병률(2004). "러시아 극동지역 한국학 관련 기관과 한인자료 현황", 「역사문화연구」, vol.20, pp.1-19.

블라디미르, 김영웅(1992). "1930~1940년대 러시아 한인 강제이주에 대한 백서". vol.1.

양원식(1998). "고려일보의 어제와 오늘" *Kore Ilbo(Lenin Kichi Senbon) 75: Bremia Gazetnoi Strokoi Almaty*, p.13.

엄순천(2003). "러시아에서의 한국문학 번역현황 조사 및 분석", 「러시아연구」, vol.13 no.2, pp.59~91.

엄순천(2003). "러시아의 한국고대시가 번역 현황과 안나 아흐마토바의 역할," 「노어노문학」.

이광규(1998). "러시아연해주의 한인사회", 집문당, pp.44~52.

이명재(2002). "러시아 지역의 한글 문학 현황", 「통일문학」, vol.1 no.1.

이혜승, 방일권(2004). "상트 뻬쩨르부르그 한국학 연구와 원자료", 「역사문화연구」, vol.20.

임영상, 조영관(2004). "러시아 모스크바 지역의 한국학 연구", 「역사문화연구」, vol.20.

장사선, 우정권(2004). "고려일보 문예페이지 소설의 주제론적 연구-CIS 지역 한국 관련 문예자료의 발굴 조사 연구 Ⅲ", 「우리말글」, vol.20, pp.1~16.

정상진(2002). "재소련 고려인 문학의 정체성", 「민족발전연구」, vol.6.

최건영(1988). "페레스토로이카와 재소 한인 작가", 「공산권연구」, vol.118.

최승진, 김석원(2004). "우크라이나의 한국학자료와 고려인", 「역사문화연구」, vol.20.

한득봉(1958). "*Ким Ф. З. Звуковой состав корейского языка 19 века*", Канд. дис. М.

한득봉(1960). "*Мазур Ю. Н*", Корейский язык. М.

한득봉(1962). "*Иванова В. И. Ли Ги Ён*", Жизнь и творчество. М.

한발레리, 최소영(2004). "우즈베키스탄 지역의 한국학 자료 현황: 문헌 자료 및 영상 자료", 「역사문화연구」, vol.20.

全國總書目: 1949, 1966~1983, 1985~1987.

全國新書目: 1984~1992.

全國內部發行圖書總目: 1949~1986.

民族出版社圖書目錄: 1953.1~1993.1.

民族出版社. 朝鮮文圖書目錄: 1953~1993.

延邊人民出版社. 圖書目錄: 1947~1982(朝鮮文).

延邊人民出版社. 圖書目錄: 1983~1990(朝鮮文).

遼寧民族出版社. 圖書目錄: 1975~1985.

遼寧民族出版社. 圖書目錄: 1986~1990.

開拓前進的十五年: 1976~1991 黑龍江朝鮮民族出版社圖書目錄

北京大學圖書館館藏朝鮮學書目彙編.

全國主要期刊重要資料索引: 1954.

全國主要期刊資料索引: 1955.

全國主要報刊資料索引: 1956~1966.

全國報刊索引: 1973~1991.

人民日報索引, 光明日報索引: 五十年代部分.

中央民族學院圖書館編. 中國少數民族資料合輯本: 朝鮮族.

韓民族學會編. 中國內 朝鮮史研究目錄 한민족, 第三集.

中國社會科學院少數民族文學研究所編(1990). 當代少數民族作家文學研究資料
        索引.

中國社會科學院少數民族文學研究所編(1990).中國少數民族文學論文, 作品索引:
        1981~1990.

中國社會科學出版社(1993). 中朝佛敎文化交流史.

中央民族大學出版社(1993). 中國朝鮮族人口簡論.

中國社會科學出版社(1994). 海東人華求法高僧傳.

黑龍江朝鮮民族出版社(1995). 韓國文化研究.

崔蓮, 金順子編(1995). 中國朝鮮學─韓國學研究 文獻目錄: 1949~1990. 中央民
        族大學出版社.

Avgustin, arkhimandrit(1993). *Russkaja pravoslavnaja missija v Koree, Pravoslavie na
        Dal'nem Vostoke*, Vyp.1 SPb.

Б. Д. Пак(1919). *Великий Октябрь и Корея (Накануие Мартовског о Восстания 1919 года)*, Источниковедение и Историография Стран Востока: Узловые П-роблемы Теорий p.105.

СИМБИРЦЕВОЙ Т.М.(2000). Потриарх православной церкви Корее арх имандрид Хрисанф (1869~1906): Его дела и время, «*Христианс тво на дельнем Востоке,* Мат. меж. науч. конф.

Eliseev D.D(1972). *Nikitina M.I. Koreevedenie: Aziatskij Muzej Leningradskoe otedlenie Instututa vostokovedenija AN SSSR,* M., s.202~204.

Grigorcevich S.S.(1957). *Lz istorii otechestvennogo vostokovedenija: Vladivostokskij Vostochnyj institut v 1899~1916 gg.,* Sovetskoe vostlkovendenie, no.4, s.131~140.

Khokhlov A.N.(1999). *Korejskij patriot Hwan Kil-myon v ocenke rossijskoj dal'nevostochnoj pressy,* Rossijskoe koreevedenie, Al'manakh, Vyp.1 M., s.72~80.

Kim G.N., Ross King(1993). *Istorija, Kul'tura I jazyk korjo saram,* Almaty.

Концевич Л. Р, L. Volodina.(1981). *Библиография Корея 1917~1970.*

Korejcy na rossijskom Dal'nem Vostoke(2001). *Vtoraja polovina XIX: nachalo XX vv. Dokumenty I materialy/Podgot. Rossijskij gosudarstvennyj istoricheskij arkhiv Dal'nego Vostoka: DVGU, Centr koreevedcheskijh issledovanih,* Vladivostok.

Пуцилло М(Putsyllo. M.)(1874), Опыт русско-корей ского словаря. СПб.

Zatisev. N.A.(1969). *Putevoditel' po Ussurisku,* Ussurisk.

Przheval'skii, N. M(1969). *Putesbestvie v Ussurisskom Kray: 1867~1869.*

Pak Ir.(1951). *Korejskij fond Alma:Atinskoj biblioteki im. Pushkina,* Kratkie soobshchenija Instituta vostokovedevija ANSSSR, no.1, s.42~44.

Рагоза А.(1912). *Краткий исторический Очерк перес еления коре й цев в наши передедым материалам Приамурского упра вления, 1905. унгерберге П. Ф. Приамурский 1906~1910гг,* Спб с.3

Petrov A.I. *Korejskaja diaspora na Dal'nem Vostoke Rossii.1897 - 1917.*

Rossiiskii Gosudarstvennyi Iastoricheski Arkhiv(2000). *Ukazatel' dokumentov op istoriii goroda Valsdivostoka, Vladivostok..*

Simbirtseva T.M.(1998). *Poseshchenie Korei ehkspedicidj admirala Putjatina: nakhodki I kommentarii juzhnokorejskogo istorika, Koreja,* Sbornik statdj. K 80-letiju so daja rozhadenija prof. M.N. Paka, s.272~283.

Simbirtseva T.M.(2001). *Iz istorii khristianstva v Koree: k stoletiju pravoslavija,* Rossijskoe koreevedenie, Al'manakh, Vyp.2 M., s.261~301.

S.V, Nedachin(1913). *K voprosu o priniatiatii Koreitsev v khristianstvo I v Russkoe poddanstvo,* St. Petersburg.

Trotsevich A.F.(2001). *Rukopisnye sobranija 'neoficial'nykh istorij' (jasa) v biblioteke Vostochnogo fakul'teta SPeterburgskogo gosudarstvennogo universiteta,* Rossijskoe koreevedenie, Al'manakh, Vyp.2 M., s.197~208

Tyagay G.D.(1998). *U istokov russko: korejskikh kul'turnykh svjazej,* Koreja. Sbornik staej. K 80-letiju so dnja rozhdenija prof. M.N. Paka, M., s.284~296.

찾아보기